WOLFGANG WILL

ATHEN ODER SPARTA

WOLFGANG WILL

ATHEN ODER SPARTA

Die Geschichte des Peloponnesischen Krieges

C.H.Beck

Die erste Auflage dieses
Buches erschien 2019.

Mit 9 Abbildungen und 11 Karten

2., durchgesehene Auflage. 2020

www.chbeck.de
Umschlaggestaltung: Kunst oder Reklame, München
Umschlagabbildung: Rüstung und Waffen eines Kriegers, Ausschnitt aus einer Hydria, griechische Vasenmalerei, rotfigurig, um 490/480 v. u. Z., Inv. G 179, Dép. des Antiquités Grecques et Romaines, Paris, Musée du Louvre. © akg-images/Erich Lessing
Satz: Fotosatz Amann, Memmingen
Druck und Bindung: GGP Media GmbH, Pößneck
Gedruckt auf säurefreiem, alterungsbeständigem Papier
(hergestellt aus chlorfrei gebleichtem Zellstoff)
Printed in Germany
ISBN 978 3 406 74098 5

myclimate
klimaneutral produziert
www.chbeck.de/nachhaltig

INHALT

Anhang

VORWORT

Als G. W. F. Hegel im Wintersemester 1822/23 seine Vorlesungen zur Philosophie der Geschichte hielt, stand die Thukydides-Rezeption in Deutschland noch am Anfang, doch Hegel gab ihr mit einem einzigen Satz bereits eine Richtung vor: «Thukydides hat uns die Geschichte des größten Teils des Peloponnesischen Krieges hinterlassen, und dieses unsterbliche Werk ist der absolute Gewinn, welchen die Menschheit von jenem Kampf hat.» Das Werk war von Interesse, sein Thema zweitrangig. So steht der Legion von Thukydides-Monographien in Deutschland eine einzige über den Krieg selbst gegenüber. Der Grund ist nachvollziehbar. Thukydides schildert das militärische Geschehen, doch er abstrahiert auch den Krieg und macht ihn zum zeitlosen Lehrmeister. Die Lehren, die Thukydides zieht, ohne sie *ex cathedra* zu verkünden, bewahren noch nach zweieinhalbtausend Jahren ihre Gültigkeit und verschaffen dem Werk und seinem Schöpfer bleibende Aktualität.

Desungeachtet bleibt der historische Krieg der Athener und Spartaner bis heute von Interesse, ist er doch singulär in seinen geographischen und zeitlichen Dimensionen. Als «Peloponnesischer Krieg» wurde er erst spät bezeichnet. Thukydides selbst sprach von einem 27jährigen Krieg, den er – nach heutiger Zeitrechnung – in die Jahre zwischen 431 und 404 datiert. Sein Werk bricht bereits mit dem Jahr 411* ab, wenn auch weite Passagen davon erst nach 404 verfaßt wurden. Der Athener Xenophon, ein Sokrates-Schüler, führte das aus dem Nachlaß veröffentlichte Fragment fort, und zwar über den vorgesehenen Abschluß hinaus bis zum Jahre 362, in dem die innergriechischen Kriege mit der Schlacht von Mantineia in einem militärischen Patt endeten. Dem historiogra-

* Soweit nicht eigens angegeben, beziehen sich im weiteren alle Jahreszahlen auf die Zeit vor Christus.

phischen Befund zufolge währte das, was heute «Peloponnesischer Krieg» genannt wird, de facto also von 431 bis 362. Gegen die thukydideische Periodisierung setzte sich eine solche Vorstellung freilich nie durch. Daß Thukydides den Krieg mit der Kapitulation Athens und dem Ende des athenischen Reiches 404 für beendet hielt, ist zwingend. Dieses Jahr bedeutete einen Einschnitt, und den Fortgang des innergriechischen Krieges hat Thukydides allenfalls in den zögerlichen Anfängen erlebt. Xenophon markiert keine Zäsur in seiner von 411 bis 362 reichenden Darstellung, verbeugt sich aber vor dem Werkplan seines Vorgängers, indem er das Geschehen bis 404 in einem an Thukydides angelehnten Stil schildert.

Die weitaus größere Bedeutung kommt sicherlich dem 27jährigen Krieg zu, und den Grund dafür formuliert Thukydides bereits im ersten Satz seines Werkes. Als Lakedaimonier und Athener in diesen Krieg eintraten, befanden sich, schreibt er, beide «auf der vollen Höhe ihrer Machtmittel», die den Krieg «zur gewaltigsten Erschütterung für die Griechen und einen Teil der Barbaren, ja sozusagen unter den Menschen überhaupt» machten. Davon blieb, als er im 4. Jahrhundert fortgesetzt wurde, wenig. Nun kämpften Verlierer – auch die Lakedaimonier entpuppten sich bald als solche – gegeneinander, die am Ende des Krieges so schwach waren, daß sie sich nicht einmal gemeinsam gegen neue Machtkonkurrenten wehren konnten.

Der Peloponnesische Krieg ist so eng mit Thukydides verbunden wie der Gallische mit Caesar. Es gibt keine andere Periode der abendländischen Geschichte, deren Verständnis in ähnlicher Weise von einem einzigen Historiker geprägt wurde; stellenweise ist daher jede moderne Darstellung Thukydides-Interpretation, -Kritik und -Paraphrase in einem. Thukydides schrieb für Zeitgenossen, und er schrieb gegen seinen Vorgänger Herodot, dem er vorwirft, in militärischen Dingen unwissend zu sein. Entsprechend wichtig war ihm selbst Genauigkeit im Detail. Militärische Fragen stehen im Vordergrund, ob sie nun Heeres- und Flottenbewegung, Mobilmachung Truppengattung, Mannschaftsstärke, Schlachtaufstellung und -taktik, Ausrüstung, Bewaffnung, Strategie, natürliche und künstliche Befestigungen, Namen von Feldherren und Nauarchen (Flottenführer), Offizieren und Trierarchen, Verlust- und Verwundetenzahlen betrafen. So bleiben Lücken. Kulturelle Fragen werden ausgeblendet, wirtschaftliche am Rande behandelt, Religion, Moral,

Rechtsvorstellungen oder Staatsverfassungen nur gestreift, vor allem aber innenpolitische Vorgänge allenfalls beleuchtet, sofern sie unmittelbare Auswirkungen auf den Krieg hatten. Aus heutiger Sicht erscheint dagegen die umgekehrte Fragestellung von weit größerem Interesse: Welche Effekte zeitigte der Krieg im Hinblick auf die damalige athenische Verfassung, d. h. auf die Demokratie?

Auch die Folgen des Krieges interessieren Thukydides nicht über die unmittelbare Niederlage hinaus. Das liegt nicht daran, daß das Werk vorzeitig abbricht. Der Historiker schrieb noch im 4. Jahrhundert an seinem Werk. Nach 404 beschäftigte ihn jedoch eine ganz andere Frage, und zwar diejenige nach den Ursachen einer (für ihn) unerwarteten Niederlage. Die späte Umarbeitung weist daher stark apologetische Züge auf. Thukydides verteidigt den athenischen Staatsmann Perikles († 429), der den Krieg begann (und sich selbst, der ihn offenbar anfangs befürwortete). Eine moderne Darstellung kann diese Verzerrung korrigieren, sie kann Lücken füllen, die Thukydides mitunter bewußt läßt, und sie kann andere Schwerpunkte setzen. Für Thukydides endete der Krieg mit dem Untergang des athenischen Reiches, doch der Krieg war nicht nur einer zwischen den Hegemonialmächten Athen und Sparta. In den griechischen Städten selbst wurde ein ähnlich erbitterter Kampf zwischen Anhängern der Demokratie und der Oligarchie (der Herrschaft einer kleinen gesellschaftlichen Elite) ausgefochten. Militärisch unterlag Athen den Spartanern, doch brachte diese Niederlage auch einen unerwarteten (und von Thukydides nicht mehr beachteten) Sieger hervor: die athenische Demokratie. Nach dem Sturz der von den Spartanern installierten oligarchischen Regierung, jener der sogenannten 30 Tyrannen, entfaltete sich die Demokratie zu einer Staatsform, die – anders als im 5. Jahrhundert – von innen niemals gefährdet war und bis zum Tode Alexanders des Großen (323) und den folgenden Umbrüchen stabil blieb. Wie im Gefolge der Perserkriege die Demokratie entstand, so erreichte sie im Anschluß an den 27 Jahre währenden Peloponnesischen Krieg ihre Blütezeit, und diese Entwicklung versucht vorliegende Monographie über das Kriegsgeschehen hinaus nachzuzeichnen.

1

VOR DEM KRIEG
(479–431)

Der Überfall auf Plataiai In der Nacht vom 4. auf den 5. April, knapp drei Tage vor Neumond, fiel in Boiotien starker Regen. Er hielt die Nacht über an und blieb nicht ohne Einfluß auf das, was in den frühen Morgenstunden geschehen sollte. Nach attischem Kalender schrieb man das Ende des Monats Anthesterion, die Amtszeit des eponymen Archonten Pythodoros (432/1), nach dem das Jahr benannt und gezählt wurde, neigte sich dem Ende zu. Gegen zehn Uhr, zur Zeit des «ersten Nachtschlafes», näherten sich etwas mehr als 300 Männer aus Theben von Norden her – vorbei am Heroon, der Kultstätte des mythischen Androkrates – der Nachbarstadt Plataiai. Diese lag – 70 Stadien oder etwa zwei bis drei Wegstunden entfernt – strategisch bedeutsam an der Straße nach Athen. Vor knapp einem halben Jahrhundert hatten bei Plataiai die verbündeten Griechen unter Führung von Sparta und Athen das Landheer des Xerxes geschlagen. Die Thebaner hatten damals auf seiten des persischen Gegners gekämpft, doch die Feindschaft zwischen Theben und Plataiai reichte noch weiter zurück, bis in die archaische Zeit. Nach der Schlacht von 479 erhielt Plataiai einen Ehrenstatus unter den siegreichen Griechen, den militärischen Schutz gegen den übermächtigen Nachbarn Theben übernahm Athen. Daß Plataiai und Athen nicht nur Kampfgefährten waren, sondern beide auch demokratisch regiert wurden, hatte dabei eine wichtige Rolle gespielt.

Die Plataier ahnten nicht, welche Gefahren auf sie zukamen. Zwar hatte in diesem Jahr die Kriegsrhetorik in Sparta und Athen wieder einmal zugenommen, aber das besaß inzwischen kaum noch Neuigkeitswert. So war trotz der späten Abendstunden noch eine ganze Anzahl von

Einwohnern draußen auf den Feldern. Wachen hatte man keine aufgestellt, beging man doch gerade das Fest der Mondgöttin. Dennoch war die Stadt alles andere als ungeschützt. Sie besaß eine starke Befestigungsmauer von nicht geringer Höhe, deren Tore mit mächtigen Querbalken verriegelt waren. Wohnhäuser aus Lehm und mit Ziegeln gedeckt lehnten an der Stadtmauer oder umgaben, direkt aneinander anstoßend, den Markt, zu dem ungepflasterte Straßen führten; zum Zeitpunkt des Angriffs waren sie tief verschlammt.

Für einen Überfall auf eine Stadt waren 300 Männer nicht viel, auch wenn sie gut bewaffnet waren. Zudem waren sie erschöpft. Doch die Hoffnung, die sie in ihren Plan setzten, stützte sich nicht allein auf ihre eigene Kampfkraft; sie gründete vielmehr auf einer fünften Kolonne in Plataiai selbst. Dort lief ein Riß zwischen dem Lager der Spartanerfreunde und jenem der Verbündeten Athens. Ein anderer Riß, der die gesamte Bürgerschaft spaltete, zog sich durch beide Lager: Es war das Mißtrauen, mit dem sich Demokraten und Oligarchen in manchen Städten belauerten. In Plataiai war aus Mißtrauen Haß geworden, und dieser Haß entlud sich, da beide Parteien auf die Hilfe ihrer Vormächte hoffen konnten, in blutiger Gewalt. Thukydides beschreibt den Bürgerzwist, der sich nicht auf Plataiai beschränkte, in einem kurzen Kapitel, der sogenannten Pathologie: «Ob sie nun durch unredliche Abstimmung oder mit Gewalt zur Herrschaft kamen, sie waren zu allem bereit, nur um ihre Streitwut zu sättigen. Mit ehrlichem Gewissen handelte keine der beiden Parteien, wem es aber gelang, abscheuliche Taten unter dem Deckmantel schöner Phrasen zu verbergen, der stand in besserem Ruf.»

So war auch der Anstoß, die Stadt zu überfallen, gar nicht von den Thebanern ausgegangen, die nur eine günstige Gelegenheit nutzen wollten, den alten Feind zu unterwerfen. Die Idee stammte von Bürgern aus Plataiai selbst. Sie planten einen Putsch und hatten deswegen Verbindung zu dem oligarchisch regierten Theben aufgenommen. Der Tag des Handstreiches war klug gewählt, und es war alles andere als ein Zufall, daß er auf das Fest der Mondgöttin fiel. So standen «die Verräter», wie Thukydides sie nennt, schon bereit, als der Feind anrückte. Sie entriegelten unbemerkt eines der Stadttore und führten die Thebaner zum Markt. Bis dahin verlief alles wie verabredet, dann jedoch kam es zu einem ersten Streit zwischen den Verschwörern und ihren Helfern. Als die Verräter verlangten, die Thebaner sollten in die Häuser eindringen und ihre innenpolitischen Widersacher im Schlaf massakrieren, weigerten sich diese. Sie waren erschöpft von dem langen Anmarsch unter widrigen Bedingungen, wollten wohl auch das neu zu schließende Bündnis mit ihrer Heimatstadt nicht mit einem Gemetzel beginnen, zudem war aus Theben Verstärkung unterwegs, die bis zum Morgen eintreffen sollte. So wähnten sie sich in der überlegenen Position.

Zunächst gab es keine Probleme. Die Einwohner schreckten aus dem Schlaf, wähnten ihre Stadt besetzt, den Markt von Feinden umstellt. Indessen versuchte ein thebanischer Herold, das boiotische Nationalgefühl gegen das Bündnis mit Athen auszuspielen: Wer nach Vätersitte für den Kampfbund aller Boiotier sei, solle bewaffnet zu ihnen auf den Markt stoßen und sich den Empörern anschließen. In ihrer Verwirrung fügten sich die Plataier, zumal sie die Zahl der Gegner wegen der Dunkelheit nicht einschätzen konnten und diese zunächst auf Gewalt verzichteten. Sie gingen auf die Vorschläge ein, akzeptierten den Anschluß an Theben, doch während sie noch verhandelten, wurde ihnen allmählich bewußt, wie wenige ihre Gegner tatsächlich nur waren. So faßten sie Mut – und einen Plan: Da keine Brandmauern zwischen den Häusern existierten, durchbrachen sie die Zwischenwände, die ja nur aus Lehm und Geflecht bestanden, und konnten sich auf diese Weise, unbemerkt von draußen, in ihren Häusern bewaffnen und sammeln. Während sie dann Fuhrwerke in die Gassen zogen, um die Wege zu blockieren, wurden die Belagerer nach und nach und unbemerkt zu Belagerten.

Kurz vor dem Morgengrauen brachen die Plataier schließlich aus ihrer Deckung hervor. In der Finsternis waren sie aufgrund ihrer genauen Ortskenntnis im Vorteil. Als die Thebaner erkannten, daß sich das Blatt gewendet hatte und in welcher Gefahr sie schwebten, formierten sie sich zu einem Abwehrblock, und es gelang ihnen tatsächlich, den ersten, zweiten und sogar einen dritten Angriff zurückzuschlagen. Inzwischen aber hatten Frauen und Sklaven, die die Szene von den Hausdächern aus beobachtet hatten, begonnen, sie von oben mit Steinen und Ziegeln zu bewerfen. Die Thebaner gerieten in Panik. Sie flohen durch die Stadt, fanden aber die Gassen durch Wagen versperrt.

Immer noch fiel starker Regen, der inzwischen die Straßen in einen einzigen Morast verwandelt hatte. Für die Eindringlinge wurde er zur tödlichen Falle, in der sie steckenblieben. In ihrer Verwirrung wußten sie nicht mehr, wohin sie sich wenden sollten. Das einzige offene Tor, durch das sie gekommen waren, hatte ein Plataier inzwischen mit einem Lanzenschaft verriegelt. Einige Thebaner erklommen die Stadtmauer und stürzten sich von dort zu Tode, andere wurden in den Straßen niedergemacht. Nur eine kleine Gruppe erreichte ein unbewachtes Tor. Eine unbekannte Frau reichte ihnen eine Axt, mit deren Hilfe es ihnen gelang, den Riegel aufzubrechen – es sollten die einzigen bleiben, die in dieser Nacht entkamen. Der Haupttrupp der Thebaner aber gelangte schließlich in ein großes Gebäude unter der Stadtmauer. Die Männer glaubten, als sie auf eine halboffene Tür stießen, diese führe geradewegs ins Freie. Doch es gab nicht einmal eine Treppe zum Dach, von dem aus über die Mauer hinweg Flucht vielleicht noch möglich gewesen wäre. Als die Thebaner ihren Irrtum erkannten, waren sie bereits umstellt. Die Plataier erwogen, kurzerhand das ganze Gebäude in Brand zu stecken, doch scheuten sie schließlich davor zurück – sei es, daß es noch zu stark regnete, sei es, daß sie fürchteten, der Brand könne auf andere Gebäude übergreifen. Die Eingeschlossenen und wer sonst noch von den Thebanern umherirrte, ergaben sich auf Gnade und Ungnade.

Zwar war das ersehnte Hilfskontingent noch nachts aus Theben aufgebrochen, doch der heftige Regen hatte den Vormarsch gestoppt. Der Fluß Asopos, der auf dem Weg lag, war angeschwollen und nur schwer zu überqueren. Als die Thebaner endlich das Gebiet von Plataiai erreichten, erfuhren sie sogleich, daß ihre Mitbürger teils gefallen, teils in Gefangenschaft geraten waren. So machten sie Jagd auf jene Plataier, die sich noch auf ihren Feldern befanden, weil sie – wenn auch vor der Stadt – ebenso von dem Überfall überrascht worden waren. Vielleicht würde es möglich sein, mit den Gefangenen als Geiseln die eigenen Landsleute in der Stadt freizupressen. Die Plataier schickten sogleich einen Herold und drohten, alle Thebaner umzubringen, die sie in ihrem Gewahrsam hielten, falls die Angreifer nicht sofort wieder ihr Gebiet verließen. Sollten sie sich aber zurückziehen, versprachen sie, die Gefangenen freizulassen. Dieses Versprechen – behaupteten die Thebaner später – hätten sie mit einem Eid bekräftigt. Die Thebaner räumten daher das Land, die Plataier aber töteten, kaum daß sie ihre Habe aus den Feldern gerettet hatten, unverzüglich die Gefangenen – es waren noch 180 – bis auf den letzten Mann. Drei Jahre später sollte dieses Kriegsverbrechen ein anderes provozieren. Im Peloponnesischen Krieg galt von Anfang an das Prinzip der Rache für erlittene Rache.

Noch in der Stunde des Überfalles war es den Plataiern gelungen, einen Boten nach Athen zu schicken – immerhin mehr als 60 Kilometer entfernt. Ein zweiter folgte ihm unmittelbar nach der Gefangennahme der Thebaner. Die Athener reagierten sofort und nahmen alle Boiotier in Attika fest. Mitten im Streit um das benachbarte Megara wollten sie einen neuen Konfliktherd vermeiden; ihnen schwante nichts Gutes, und so schickten sie ihrerseits einen Boten zu den Plataiern. Sie warnten diese, auf keinen Fall etwas zu überstürzen, und forderten sie auf, unbedingt ihren, der Athener, Rat einzuholen. Der wurde freilich nicht mehr gebraucht. Als der Bote in Plataiai eintraf, waren die Thebaner erschlagen. Es war der Anfang, nicht das Ende eines Konflikts, wie Athens Reaktion verrät. Ein Heer marschierte sofort nach Plataiai und brachte, offenbar in Erwartung einer Belagerung, Korn für die Stadt. Außerdem blieb eine athenische Besatzung zurück; Frauen, Kinder und für den Kampf untaugliche Männer wurden evakuiert. Wir kennen sogar genaue Zahlen. In Plataiai verblieben 400 Bürger, 80 Athener und zur Bereitung der Speisen, namentlich zum Brotbacken, noch 110 Frauen. Einige Wochen später fiel dann auch ein thebanischer Heerbann in das Land um Plataiai ein und verwüstete es. Das war dann freilich bereits eine Episode jenes Krieges, den die Zeitgenossen nach dem Spartanerkönig Archidamos benannten und der bis 421 dauern sollte – des Archidamischen Krieges.

Thukydides und der Beginn des Krieges Während der Vorgänge in Plataiai hielt sich Thukydides wahrscheinlich in Athen auf. Sicher bezeugt ist seine Anwesenheit in der Stadt nur für den Sommer 430, als er an der dort grassierenden Pest erkrankte. Noch in den dreißiger Jahren hatte Thukydides, angeregt durch die Lesungen Herodots, erste schriftstellerische Versuche in einem Metier unternommen, das erst im Entstehen begriffen war, in der Historiographie. Ein Werkstück aus dieser Zeit ist vermutlich der im sechsten Buch plazierte Einschub über die Tyrannis in Athen. Der junge Autor wollte jedoch nicht die Geschichte einer fernen Vergangenheit schreiben, sondern suchte vielmehr ein großes, aktuelles Thema – und das schien ihm der sich offenkundig anbahnende Konflikt zwischen den Hegemonialmächten Athen und Sparta zu bieten. Im Jahre 431 steuerte die Krise wegen des Streits um die Stadt Megara auf einen Höhepunkt zu, und wir dürfen deshalb annehmen, daß Thukydides in Athen war, als schließlich der große Krieg begann.

Abb. 1: Kopf des Thukydides, Doppelherme (mit Herodot). Römische Kopie nach einem griechischen Original des 4. Jhdt.s

Thukydides war athenischer Bürger, doch sein familiärer Hintergrund reichte bis in den Norden der Ägäis. Der Name seines Vaters, Oloros, ist gräzisiert, stammt aus Thrakien und war in Athen wenig gebräuchlich. Die Familie besaß Nutzungsrechte an Gold- oder Silberminen im Pangaion-Gebirge, westlich der heutigen Stadt Kavala. Der genaue Herkunftsort läßt sich nicht lokalisieren. Zu vermuten ist er nördlich der wichtigen Stadt Amphipolis auf thrakischem Gebiet. Dort verbrachte Thukydides wohl den größten Teil seines Lebens, die militärische Ausbildung erhielt er in Athen. Politische Betätigung und der Beruf als Bergwerkspächter machten ihn zu jemandem, der gleichzeitig im Zentrum und am Rande der athenischen *Arché* (Herrschaftsbereich) tätig war. Später, als ihm wegen seiner Verbannung der Weg nach Athen versperrt war, befuhr er das Mittelmeer und kam bis Sizilien. Selbst nach Sparta reiste er, war dort aber erwartungsgemäß nicht gut gelitten. In seinem Werk beklagt er sich über die spartanische Geheimniskrämerei.

Der Spartafreund Thukydides ist eine Legende, die antike Philologen in die Welt setzten. Tatsächlich hatte der Historiker für die in sich geschlossene Gesellschaft Spartas wenig Sympathien.

Thukydides wurde etwa zwischen 460 und 454 geboren. Im Frühjahr 424 wählten ihn die Athener zum Strategen – ein Amt, für das ein Mindestalter von 30 Jahren galt. Er selbst sagt von sich, er habe den Krieg vollständig erlebt und sei schon zur Zeit seines Ausbruchs aufgrund seines Alters in der Lage gewesen zu begreifen, was sich da ereignete. Diese Ausführungen lassen darauf schließen, daß er 431 wohl noch nicht das dritte Lebensjahrzehnt überschritten hatte. Nach eigenem Bekunden begann er damals sofort mit seinen Aufzeichnungen. In den ersten Jahren sammelte er Material, kopierte Urkunden und Inschriften, schrieb Reden mit oder hielt Aussagen von Augenzeugen fest, für die er das Wort *Paróntes* (Anwesende) verwendete. Zu dem wenigen, das davon erhalten blieb, könnte auch eine frühe Schilderung des Massakers von Plataiai gehören. Sie fußt jedenfalls auf Berichten solcher *Paróntes*.

Als Sparta und Athen im Jahre 421 Frieden schlossen, ja sogar ein Bündnis eingingen, hielt Thukydides, wie alle Zeitgenossen, den Krieg für beendet. Das war der Punkt, an dem er mit seiner Darstellung des, wie er ihn zunächst nannte, Zehnjährigen Krieges beginnen konnte. Eine erste Fassung entstand in der Zeit des Nikias-Friedens, etwa zwischen 421 und 415. Thukydides führte die Darstellung jedoch nicht zu Ende. Sie bricht mitten im vierten Buch ab; damals fesselte die Aufmerksamkeit des Historikers ein neuer Krieg – Athens Flottenexpedition gegen Sizilien, die er vielleicht in Form einer Monographie darstellen wollte.

Nach Kriegsende 404 konzipierte Thukydides zwar alles neu, aber die ersten vier Bücher weisen noch erkennbare Spuren einer frühen Niederschrift auf. In dieser Schlußredaktion bekam dann auch die Plataiai-Episode eine neue Funktion. Thukydides macht sie gleichsam zum Eckstein seiner Chronologie, indem er ihr nun ein Kapitel voranstellt, in dem – das ist singulär im ganzen Werk – ein Ereignis, das Massaker von Plataiai nämlich, absolut datiert wird.

Eine Chronologie zu finden, die über die Grenzen der eigenen Stadt hinaus gültig war, war ein großes Problem für die griechischen Historiker, da jede Polis ihre eigene Zeitzählung pflegte. Thukydides hätte nach Olympiaden zählen können, aber das war damals nicht gebräuchlich. So schuf er sich einen gleichsam Archimedischen Punkt, markiert durch die Ereignisse von Plataiai, von dem er jahrweise weiterrechnen konnte: «Es beginnt nun hier der Krieg zwischen Athenern und Peloponnesiern und ihren beiderseitigen Bundesgenossen, in dem sie nicht mehr ohne Herold miteinander verkehrten und im Kriegszustand ununterbrochen kämpften. Beschrieben ist er in der Reihenfolge der einzelnen Ereignisse nach Sommern und Wintern.» – «Vierzehn Jahre hatte der dreißigjährige Frieden gedauert, der nach der Eroberung von Euboia geschlossen worden war, im fünfzehnten Jahr – Chrysis war damals in Argos achtundvierzig Jahre Priesterin, Ainesias Ephor in Sparta und Pythodoros noch vier Monate Archon in Athen –, zehn Monate nach der Schlacht bei Poteidaia, begab sich folgendes: etwas über 300 Thebaner drangen zur Zeit des tiefsten Schlafes bewaffnet in das boiotische Plataiai ein, eine Bundesstadt Athens.»

Mit seiner Fixierung auf diesen frühen Kriegsbeginn stand Thukydides allein. Die Zeitgenossen betrachteten im Gegensatz dazu erst den direkten Zusammenstoß der beiden Hegemonialmächte als Anfang des Krieges, also den Angriff des Spartanerkönigs Archidamos, der etwa Mitte Juni in Attika einfiel. Auch Thukydides hing wohl zuerst dieser Meinung an und änderte sie erst spät im Lichte der Chronologie des gesamten Krieges. Die Entscheidung, den Kriegsbeginn auf das Geschehen von Plataiai vorzuverlegen, vereinfachte die Zeitrechnung und machte sie genauer, da der Historiker nun sowohl für die Dauer des Archidamischen Krieges (zehn Jahre) als auch des Gesamtkrieges (dreimal neun Jahre) runde Zahlen erhielt.

Der letzte Friedensmonat Die Rüstungen beider Seiten hatten längst vor dem Überfall auf Plataiai begonnen, nun aber wurden sie ausgeweitet. Boten reisten, um Bündnisse zu schließen oder um Hilfe gleich welcher Art zu erbitten, zu den Ägäischen Inseln und zum Hellespont, nach Italien und Sizilien, an die kleinasiatische Küste und sogar zum persischen Großkönig Artaxerxes I. Die Athener versicherten sich ihrer Bundesgenossen, wobei sie vor allem jene im Blick hatten, deren Gebiete – wie die Inseln Kerkyra und Zakynthos – die Peloponnes gleichsam umlagerten. Der Plan, die Spartaner und ihre Verbündeten von der Versorgung abzuschneiden und auszuhungern, lag auf der Hand. Die Peloponnesier wußten dies und verstärkten angesichts dessen ihre Anstrengungen.

Athen und Sparta: Die Machtblöcke
Athen und seine Verbündeten im Peloponnesischen Krieg (431–404 v. Chr.)
Sparta und seine Verbündeten im Peloponnesischen Krieg
Attischer Seebund (nach 480 v. Chr.)
Neutrale griechische Staaten
Grenze des griechischen Kulturkreises
0
50
100
150 km
N
S
REICH DER ODRYSEN
PERSERREICH
MAKEDONIEN
THESSALIEN
EPIRUS
ACHAIA
PELOPONNESOS
Phrygien
Lydien
Karien
Chalkidike
Phthiotis
Boiotien
Lokris
Aitolien
Arkadien
Attika
Messenien
Lakonien
Kykladen
Ägäis
Propontis
Kretisches Meer
Ionisches Meer
Byzantion
Pergamon
Sardes
Ephesos
Priene
Milet
Halikarnassos
Lindos
Rhodos
Karpathos
Telos
Kos
Leros
Patmos
Samos
Ikaros
Chios
Mytilene
Lesbos
Imbros
Samothrake
Lemnos
Thasos
Amphipolis
Pella
Methone
Skyros
Skiathos
Euböa
Theben
Chaironein
Athen
Aigina
Keos
Troizen
Leuktra
Delphi
Sikyon
Korinth
Argos
Tegea
Sparta
Mantineia
Megalopolis
Messene
Olympia
Elis
Ambrakia
Ithaka
Leukas
Kephallenia
Zakynthos
Kerkyra
Kythera
Andros
Tenos
Mykonos
Naxos
Paros
Amorgós
Siros
Seriphos
Siphnos
Sikinos
Melos
Anaphe
Kreta
Gortyn
Nestos
Axios
Aoos
Acheloos
Hermos
Maiandros
Makestos

Griechenland taumelte in den Krieg. War fünfzig Jahre zuvor bei der drohenden Invasion der Perser noch Angst das beherrschende Gefühl, so trat jetzt Zuversicht an deren Stelle. Namentlich die Jugend, die Krieg vor allem aus den Epen Homers kannte und mit den Heldengeschichten der Väter und Großväter aus den Schlachten von Marathon, Salamis und Plataiai aufgewachsen war, begeisterte sich für den Waffengang. Die üblichen Vorzeichen traten auf, Orakel wurden neu gedeutet, Göttersprüche gingen um, Weissagungen verhießen Gelingen oder Unheil, Zufälle erhielten den Rang göttlicher Willensäußerungen, Naturereignisse wandelten sich zu Prophezeiungen. Auf der heiligen Insel Delos bebte die Erde, was bis dato nach der gemeinsamen Erinnerung der Griechen noch nie geschehen war. Beide Kriegsgegner glaubten an einen schnellen Sieg, das übrige Griechenland versprach sich ein Spektakel, das nichts kostete und an dessen Ende Athen am Boden liegen würde. Der Haß richtete sich, so Thukydides, insbesondere gegen die Athener, deren Herrschaft die einen abzuschütteln, die anderen zu verhindern wünschten.

In Athen herrschten desungeachtet Gelassenheit und Siegeszuversicht vor. Nichts unterbrach die Routine des gewohnten Jahresablaufs. *Inter arma silent Musae:* Für Athen galt dieser Satz nicht. Der Krieg brachte die Musen keineswegs zum Schweigen. Sophokles, Euripides und die Komödiendichter führten ihre Stücke weiter auf. Mit der Ausnahme der frühen *Alkestis* stammen alle Dramen des Euripides aus der Zeit des Krieges, das erste aus dem Jahr 431, das letzte aus dem Jahr 406. Neun der elf überlieferten Komödien des Aristophanes kommentieren den Krieg von 425 bis 405, nur die *Ekklesiazusen* und der *Plutos* sind jünger.

Als die Großen Dionysien des Frühjahrs 431 gefeiert wurden, hatten die Nachrichten vom Massaker in Plataiai Athen vermutlich schon erreicht, doch die Stadt gestattete sich den Luxus einer aufwendigen, mehrtägigen Feier. Erst spät zwang der Krieg zu einem Sparprogramm. Die im Monat Elaphebolion (März/April) gefeierten Großen Dionysien waren das Hauptfest Athens. Der Tyrann Peisistratos oder seine Söhne hatten es im 6. Jahrhundert eingeführt. Im Kampf gegen die aristokratische Konkurrenz suchten die Alleinherrscher die Unterstützung des Demos, und im einfachen Volk genoß Dionysos hohe Verehrung. Er war der Gott, der half, den Alltag erträglich zu machen. Sechs Tage dauerte die Veranstaltung. Am Vorabend des Festes wurde die Statue des Gottes in einer feierlichen Prozession vom Land in die Stadt gebracht und im Dionysos-Bezirk am Fuß der Akropolis aufgestellt. Das Pensum war groß und begann mit 20 Choraufführungen. Der nächste Tag brachte fünf Komödien, an den letzten drei Tagen wurde jeweils eine Tetralogie, bestehend aus drei Tragödien und einem Satyrspiel, aufgeführt. Im Frühjahr 431 stand ein Drama auf dem Spielplan, das Literaturgeschichte schreiben sollte. Der Mehrheit der Zuschauer freilich gefiel es zunächst nicht. Euripides fiel mit seiner Tetralogie durch und erhielt nur den dritten und letzten Preis. Sein Siegeszug begann erst im nächsten Jahrhundert, währte dann aber bis ins 21. Jahrhundert.

Die Athener, die sich 431 im Theater versammelten, kannten den Mythos, den der Dramatiker für sein Werk ausgesucht hatte: Auf der Jagd nach dem Goldenen Vlies ist Iason aus Thessalien nach Kolchis am Schwarzen Meer gelangt. Medeia, die Tochter des Königs und Nichte der Göttin Kirke, verschafft ihm mit ihren Zauberkräften das Widderfell und flieht zusammen mit Iason. Um seine Herrschaft gebracht, wird auch Iason zum Flüchtling. Er und Medeia werden in Korinth aufgenommen, doch die Ressentiments sind groß. Schließlich töten die Korinther aus Angst vor der Barbarin und Zauberin beider Kinder.

An diesem Tag im Frühjahr des ersten Kriegsjahres sahen die Athener Ungewohntes. Euripides hatte radikal in den Stoff eingegriffen, ihn verändert und ihm eine neue Akzentuierung gegeben. Als Iason droht, sie zu verlassen und die Tochter des Königs Kreon von Korinth zu heiraten, ist es Medeia, die ihre und Iasons Kinder tötet. Sie verschmäht die Opferrolle, die zumindest geeignet war, Sympathien für die Fremde zu wecken. Wie im Krieg, der folgte, gibt es keine klaren Trennlinien mehr. Niemand ist dem Lager der Guten, niemand dem der Bösen zuzuordnen. Medeia beendet mit ihrer drastischen Tat eine Zeit der Unterdrükkung, der sie als Barbarin und als Frau doppelt unterlag. Vom Sonnengott Helios geleitet, erhält sie sodann Asyl in Athen.

Noch steht der Krieg nicht im Mittelpunkt des Stückes. Euripides behandelt ein Thema, das ihn überleben sollte. Ein neues Bild der Frau kündigte sich an, das ganz im Gegensatz zu dem konservativen steht, welches das offizielle Athen – im selben Jahr – in Gestalt seines ersten Mannes, des Perikles, propagierte und das zumindest von begüterten und adligen Frauen Zurückgezogenheit verlangte. Das war das Neue, das, was blieb. Zum ersten Mal (zumindest für die Nachwelt) zeigte sich der Einfluß eines neuen Denkens, das auch Thukydides prägen sollte – der Sophistik.

Auch der politischen Aktualität trägt das Stück Rechnung. Vor dem Konflikt mit Sparta steht für Athen derjenige mit Korinth, und in dieser Situation ergreift Euripides für seine Vaterstadt Partei. Anders als Thukydides ist er wohl kein Anhänger des Perikles, des mächtigsten Atheners dieser Zeit. Nirgends findet sich ein Hinweis auf eine Freundschaft mit dem nur ein paar Jahre älteren Strategen – Euripides ist etwa 483 geboren –, wie sie für Sophokles und den Historiker Herodot überliefert ist. Doch Euripides versteht sich als Athener, und so spiegelt er die Abneigung gegen das Korinth der Gegenwart, das aus Handelsneid auf die athenischen Nachbarn Sparta zum Krieg drängt, zurück auf das Korinth der mythischen Zeit und dessen König Kreon. Athen dagegen erscheint – wie später noch in Euripides' anderen Stücken der frühen Kriegsjahre – als Hort der Freiheit, in dem die zu Unrecht Verfolgten Asyl finden. Wenn dieses Athen Krieg führen muß, dann führt es ihn zur Verteidigung seiner Autonomie und seiner *Arché*. Der Dichter wünscht seiner Stadt Erfolg, doch offene Kriegsbegeisterung, wie sie rundum in der Stadt (nicht auf dem Land in Attika) sichtbar wurde, findet sich bei Euripides nicht. «Und deutlich zieht schon herauf/ das Wettergewölk der Klage – wie schnell wird es/ in größerer Wut entflammen!» lautet im Stück die frühe Warnung an Medeia, die auch eine an das Publikum war, denn die Kriegsgefahr rückte näher. Auch Medeia selbst war ein Symbol dafür, denn sie gehörte zu den Frauen, deren Raub, wie die Athener aus den Vorträgen Herodots wußten, in mythischer Zeit zum ersten großen Krieg zwischen Griechen und Barbaren geführt hatte.

Drei Anlässe Die Vorgeschichte des Krieges reicht lange zurück, genaugenommen bis zu einem Sommerabend des Jahres 479. An diesem Abend bargen die Perser ihren Kommandeur Mardonios, der in der Schlacht von Plataiai im Kampf gegen die Truppen des Hellenischen Bundes, angeführt von Sparta und Athen, gefallen war. Die Niederlage zwang die Perser zum Abzug aus Griechenland, die Invasion des Großkönigs Xerxes war gescheitert. Der Mehrheit der Griechen war dem Verteidigungsbündnis ferngeblieben, Sparta und Athen trugen gemeinsam die Hauptlast des Krieges, doch im Moment des Sieges trennten sich die weiteren

Wege. Athen umgab sich ungeachtet des Einspruchs des Verbündeten mit einer Stadtmauer, die es uneinnehmbar machen sollte. Die Stadt gründete einen Seebund, ihre Interessen lagen nun auf dem Meer, namentlich in der Ägäis; Sparta dagegen blieb eine Landmacht, die sich auf den von ihr geführten Peloponnesischen Bund stützte. Im Winter 446/5 fanden sich die beiden Hegemonialmächte noch einmal zu einem Frieden zusammen, dem sogenannten Dreißigjährigen, der den ebenfalls sogenannten Ersten Peloponnesischen Krieg nach 14 Jahren Dauer beendete. Der Friede schrieb den Status quo fest, an dem beide Seiten nun nicht mehr offen rüttelten. Sie beschränkten sich darauf, ihn verdeckt zu unterminieren, direkte Konfrontationen blieben lange Zeit aus. Der neuerliche Waffengang nahm seinen Anlauf auf langen Umwegen – er führte über die Handelskonkurrenten Athens, jene Hafenstädte, die Mitglieder des Peloponnesischen Bundes waren oder es gerne gewesen wären: Aigina, Megara und insbesondere Korinth mit seinem Zugang zu zwei Meeren. In den griechischen Poleis lagen Anhänger der Volksherrschaft und der Oligarchie, die einen von Athen, die anderen von Sparta unterstützt, im Streit, vielerorts bedrohten Nachbarstädte einander, und die beiden großen Bündnisorganisationen belauerten sich. Das Ganze glich einem Pulverfaß mit vielen Lunten.

Etwa 435 eskalierte dann in der epeirotischen Hafenstadt Epidamnos (dem heutigen Durrës in Albanien) einer der vielen kleinen Bürgerkriege zwischen Volk und Aristokraten. Letztere wurden vertrieben und baten in Kerkyra um Hilfe. Das Volk wandte sich an die Korinther. Epidamnos war eine Gründung Kerkyras, Kerkyra eine Tochterstadt Korinths, und damit hatte der Konflikt bereits eine höhere Ebene erreicht, jene der beiden großen Bünde. Dem diplomatischen Konflikt folgte der militärische. Kerkyra siegte in einer Seeschlacht, doch das unterlegene Korinth rüstete, um den Krieg fortzusetzen. Die Kerkyraier wußten, daß sie ohne Unterstützung auf Dauer nicht bestehen konnten, und wandten sich mit einem Hilfegesuch an Athen; der Streit war bei den Hegemonialmächten selbst angekommen.

Die Athener waren sich der möglichen Weiterungen bewußt, doch Kerkyra war als Flottenbasis für eine expansive Politik unverzichtbar. Von dort aus ließ sich die Peloponnes einkreisen, und dort verproviantierten sich die Schiffe, bevor sie nach Sizilien oder Unteritalien aufbrachen. Die Volksversammlung vertagte sich nach erregter Diskussion, in der zweiten Sitzung beschloß sie ein Defensivbündnis. Das schien der Kompromiß zu sein, der die Befürchtungen zerstreute, ohne die Erwartungen zu dämpfen. Zur Unterstützung der Insel sandte Athen zunächst zehn, später 20 Schiffe aus. Als die kerkyraiische Flotte bei den Sybota-Inseln den korinthischen Trieren unterlag, griff das athenische Kontingent seinen Anweisungen gemäß nicht in den Kampf ein, hinderte die Korinther aber, den Sieg auszunutzen. Sie mußten abdrehen und zum Isthmos zurücksegeln.

Dieses war die erste Veranlassung zum Krieg, resümiert Thukydides später und meint mit dem Wort *Aitía*, das er dafür gebraucht, eigentlich die Vorwürfe, die Korinth bei seiner Vormacht Sparta gegen die Athener erhob. Auch die sogenannte zweite *Aitía* des Thukydides ist eine Beschwerde der Korinther über die Athener. Der Ort, um den nun gestritten wurde, hieß Poteidaia und lag im Norden der Ägäis auf der Chalkidike. Dieses Poteidaia war wie Kerkyra eine korinthische Gründung, jedoch seit den siebziger Jahren auch Mitglied des Attischen Seebundes. Poteidaia zahlte den hohen Tribut (Beitrag) von 15 Talenten, und das war der Grund, warum Athen fürchtete, die Stadt könne sich in der Kontroverse mit Korinth auf dessen Seite schlagen. Es wäre ein Präzedenzfall gewesen. Weitere thrakische Städte drohten abzufallen. Dies zu verhindern, stellte Athen einen Forderungskatalog auf: Ausweisung korinthischer Beamter, Stellung von Geiseln, Abriß der südlichen Mauer, die vor Angriffen von der Seeseite aus schützte. Ergebnis dieser Erpressung war, daß Poteidaia damals tatsächlich den Seebund verließ; das diplomatische Gerangel mündete auch diesmal in ein militärisches. Athenische Schwerbewaffnete landeten im Sommer 432 auf der Halbinsel, Poteidaia wurde trotz militärischer Hilfe aus Korinth belagert. Das band wichtige militärische Reserven, doch anders als im Falle von Kerkyra, als sich Athen in eine Angelegenheit Korinths eingemischt hatte, stand nun die eigene Vorherrschaft auf dem Spiel. Für die Athener bedeutete Nachgeben den Beginn einer Erosion, die zur Zerstörung ihres Seebundes führen konnte. Sparta sprach dagegen von einem Kampf um die Freiheit und stellte heimlich Hilfe in Aussicht. Für Athen nahmen die Bedrohungen zu. Schon sondierte auch Mytilene auf Lesbos die Modalitäten eines Seitenwechsels. Die Nachbarinsel Aigina, Athen in langer Feindschaft verbunden, hatte zwar 456 kapitulieren müssen, doch ihren Widerstand nie aufgegeben; auch die Aigineten sprachen in Sparta vor.

Daneben vertiefte sich die Feindschaft mit Megara, das, nur wenige Kilometer von Attika entfernt, an der Straße zum Isthmos lag. Seine zentrale Lage und seine beiden Häfen Nisaia und Pagai machten Megara zu einem Zankapfel nicht nur der benachbarten Athener und Korinther. Auch die Thebaner und die in der Ferne lebenden Spartaner beteiligten sich an dem Streit. Im Jahre 480 hatten die Megarer noch gegen die Perser gekämpft, danach kämpften sie nur noch gegen andere Griechenstädte, Korinth vorneweg, mit dem es immer wieder Grenzstreitigkeiten gab. 461 traten sie aus dem Peloponnesischen Bund aus und in den Attischen Seebund ein, 15 Jahre später wählten sie den umgekehrten Weg. Je näher sich Nachbarstädte waren, desto tiefer ging der gegenseitige Haß. Etwa im Sommer 434 verhängte Athen eine Wirtschaftsblockade. Zu ihrer Durchsetzung wurden die Landesgrenzen, soweit das möglich war, überwacht, Kontrolleure versuchten den einsetzenden Schmuggel zu unterbinden. Weit wirksamer als dies war aber die Blockade des Handelshafens. Die Volksversammlung erließ ein Dekret, das megarische Schiffe von den Häfen des Seebundes ausschloß. Das nahe Attika sowie die Inseln und Städte des Seebundes bildeten den weitaus größten Markt in Griechenland, wirtschaftlich befand sich Megara daher in einem Würgegriff, in dem es bald zu ersticken drohte. Das Embargo gegen den Nachbarn war auch ein allgegenwärtiges Thema in Athen; noch lange nach Ausbruch des Krieges unterhielt Aristophanes sein Publikum damit: «In unsrer Mitte, Bürger – nicht das Volk, beileibe, nein, ich meine nicht das Volk – hier, sag' ich, gab es Burschen – schlechte Münze, verrufnes Lumpengeld, hier eingeschwärzt: Durchschnüffelt haben die den Megarern die Jacken; wo sie eine Gurke sah'n, ein Häschen, Ferkel, Knoblauch oder Salz, gleich war's aus Megara und konfisziert.»

Der Spaß, den sich Aristophanes hier macht, wird schließlich bitter, wenn der Dichter einen Bauern aus Megara auftreten läßt, der, von Hunger getrieben, seine beiden Töchter in Säcke steckt, um sie – über die Grenze geschmuggelt – den Athenern als Schweine zu verkaufen. Das war Slapstick für das Publikum, das sich bereits über den bäurischen Dialekt der Nachbarn amüsierte, doch hinter der komödiantischen Verzerrung scheint die prekäre Lage der megarischen Bevölkerung durch. Die Hilfsgesuche an Sparta wurden dringlicher, die Vorwürfe an Athen heftiger. Umgekehrt wurden die Megarer von den Athenern beschuldigt, sich heiliges Tempelland angeeignet zu haben; ein Herold ging nach Megara und Sparta, um Klage zu führen. Als der Herold ermordet wurde, eskalierte die Lage weiter, obwohl die Megarer alle Schuld abstritten. Ein Antrag kam vor die Volksversammlung, jeder Megarer, der attischen Boden betrete, solle hingerichtet werden, ein anderer wollte die Feldherren durch einen bei Amtsantritt zu leistenden Eid verpflichten, zweimal pro Jahr mit dem Heer in der Megaris einzufallen. Sparta mischte sich mit einer Kriegsdrohung ein. Nur eine sofortige Aufhebung des Embargos, des sogenannten Megarischen Psephisma (Volksbeschluß), konnte den Waffengang noch verhindern.

Die Differenzierung des Thukydides: Anlässe und Grund Es war die Auffassung aller Zeitgenossen, daß das Megarische Psephisma, genau genommen die Weigerung Athens, es aufzuheben, den Krieg im Frühsommer 431 auslöste. So spricht auch der athenische Redner Andokides noch 391 von einem Krieg *dià Megaréas*, wegen der Megarer. Die Konflikte um Kerkyra und Poteidaia gehörten daneben in die mittelbare Vorgeschichte des Krieges. Thukydides behandelt sie ausführlich, denn sie zeigen die Feindschaft zwischen den Handelsstädten Athen und Korinth, die noch zunahm, als Athen auch nach Westen expandierte, den die Korinther als ihre Domäne betrachteten. So ist es in erster Linie Korinth, das Sparta in den Krieg reißt. Das glaubten jedenfalls – wohl nicht zu Unrecht – damals die Athener. Die Abneigung gegen die Nachbarn war, wie gesehen, noch auf der attischen Theaterbühne zu spüren, wo der korinthische Gegner in Gestalt seiner mythologischen Vorfahren eine wenig schmeichelhafte Rolle spielte. Zu diesem grundsätzlichen Konflikt zwischen den Handelsstädten trat in dieser Situation noch die athenische Blockade von Megara. Auch in der Antike konnte die Wirtschaft als Druckmittel eingesetzt und damit zur Waffe werden. Es drohte die Kapitulation eines Bundesgenossen; Sparta mußte handeln, wollte es nicht sein Ansehen im Peloponnesischen Bund aufs Spiel setzen. Die Forderung, das Embargo zu beenden, schien zudem erfüllbar. Nur wenige erwarteten deswegen einen Krieg, und als er tatsächlich kam, suchten nicht allein die Peloponnesier, sondern auch die neutralen Städte, das sogenannte dritte Griechenland, die Schuld bei Athen. Thukydides sah das anders, aber auch für ihn war das Megarische Psephisma offenbar neben dem Streit um Kerkyra und Poteidaia zunächst der Kriegsgrund – nicht aber der Anlaß des Krieges. An dieser Überzeugung konnte er lange Zeit festhalten. Er mußte sie erst in Frage stellen, als er – irgendwann im letzten Jahrzehnt des 5. Jahrhunderts, vielleicht erst nach 404 – zur Auffassung gelangte, daß alle Kampfhandlungen seit 431 Teile eines einzigen, nur von einem unechten Frieden unterbrochenen Krieges waren; dies galt gleichermaßen für den Archidamischen Krieg der zwanziger Jahre wie auch für die Sizilienexpedition (415–413) und den Ionischen Krieg nach 414. Dieser große Krieg, der erst 404 mit der (vorläufigen) Niederlage Athens endete, konnte aber nicht Megaras wegen geführt worden sein – dieses Problem hatte sich schon in den zwanziger Jahren erledigt –, sondern um einer anderen, weit bedeutenderen Ursache willen. Diese sah Thukydides schließlich in der althergebrachten Rivalität der beiden großen griechischen Mächte, aus der sich zwangsläufig ein Kampf bis zur Vernichtung einer der beiden Seiten entwickeln mußte. Von diesem Dualismus sprach der Historiker nun als *alethéstate Próphasis*, als dem wahrsten Grund, gleichzeitig «dem meistverschwiegenen». Mit dieser Erkenntnis mußten die vormaligen Kriegsgründe zurückgestuft werden. Thukydides machte sie terminologisch zu *Aitíai*, Vorwürfen (gegen Athen), und *Diaphoraí*, Streitpunkten (zwischen den Großmächten). Er hatte damit die für die weitere Geschichtsschreibung so wichtige und auch heute noch oft verkannte Unterscheidung von Anlässen (Megara, Kerkyra, Poteidaia) und Gründen (Dualismus) etabliert.

2

DER ARCHIDAMISCHE ODER ZEHNJÄHRIGE KRIEG (431–421)

DIE PERIKLEISCHEN JAHRE

«Der erste Mann» Der Krieg besitzt auch eine *innere* Vorgeschichte. Sie trägt den Namen Perikles. «Denn er war der mächtigste Mann seiner Zeit, und als Führer des Staates wirkte er überall Sparta entgegen, ließ keine Nachgiebigkeit zu und trieb Athen zum Krieg» – mit diesen klaren Worten stellt Thukydides den athenischen Staatsmann bei dessen erstem Auftreten in seinem Werk vor. Während in Sparta die Ephoren, die den außenpolitischen Kurs festlegten, wechselten und zudem dieses fünfköpfige Gremium nicht immer einer Meinung war, bestimmte in Athen Perikles seit 446/5, als er seine wichtigsten Gegner entmachten konnte, mit dem Mandat eines jährlich gewählten Strategen die athenische Politik.

Perikles war durch die Demokratie groß geworden, diese durch ihn mächtig. Mit einem Gesetz, welches das Bürgerrecht auf diejenigen Söhne beschränkte, deren *beide* Eltern Athener waren, hatte er den Zugang zu diesem Vorrecht noch weiter verengt. Die es besaßen, mußten ihm danken, denn es war mit vielerlei wirtschaftlichen Vorteilen verbunden. Unter Perikles' Ägide wurden nicht allein die Ratsherren besoldet, sondern vor allem auch die rund 6000 Geschworenen, die jährlich erlost wurden, um in den zahlreichen Prozessen zu entscheiden, die an mehr als 200 Tagen pro Jahr stattfanden.

Getreidespenden auswärtiger Mächte, von Städten und Königen, die um die Gunst Athens warben, wurden nur an Leute verteilt, die in die

Abb. 2: Büste des Perikles mit korinthischem Helm. Römische Kopie nach einem Original des 5. Jhdt.s

Bürgerlisten der Demen (Gemeinden der Stadt) eingeschrieben waren. Indem er den Zugang zu diesen privilegierte, verschaffte er selbst den ärmeren Bürgern, aus denen sich sein Anhang rekrutierte, das Gefühl der Exklusivität. Sie stellten die Mehrheit in der Ekklesia (der athenischen Volksversammlung), und solange Perikles sie hinter sich versammeln konnte, hatte er maßgeblichen Einfluß auf die athenische Politik. Er verwirklichte, was Aristoteles seinem Ahnen Kleisthenes zuschreibt – er machte das Volk zu seiner Hetairie, einer Art ihm ergebener politischer Kampfgenossenschaft. Thukydides hat dies auf den berühmten Satz verkürzt, Athen sei (in den dreißiger Jahren) dem Namen nach eine Demokratie, in Wirklichkeit aber die Herrschaft des ersten Mannes gewesen. Perikles' institutionelle Möglichkeiten beruhten auf dem 15 Jahre ohne Unterbrechung ausgeübten Feldherrnamt, die Erfolge in der Volksversammlung auf seiner Rednergabe, und nicht zufällig galt er als größter Redner seiner Zeit.

Perikles' Politik galt dem Erhalt und der Ausbreitung der *Arché*. Ihm habe das Volk die Macht verliehen, urteilte schon früh die politische

Komödie, «die Städte [der Verbündeten] zu binden oder zu lösen, die steinernen Mauern zu erbauen oder sie dann wieder niederzureißen, die Steuern zu erhöhen und zu senken, Verträge zu schließen und über Krieg und Frieden zu entscheiden». Das von ihm geführte Volk, so ein anderes Bild der Komödie, bespringe wie ein wildes Pferd, das der Zügel ledig sein will, die Inseln (der Ägäis) und beiße Euboia. Thukydides zufolge entsprang Perikles' Kriegskurs aber nicht einer Laune, sondern der Einsicht, daß der Krieg mit Sparta unausweichlich sei und daher zu den für Athen bestmöglichen Bedingungen geführt werden müsse.

Die Kassen Athens Athens Überlegenheit beruhte auf zwei Faktoren: der Flotte und dem Geld, das sich in den Kassen der Stadt angesammelt hatte. Durch den Mund des Perikles gibt Thukydides in einem berühmten Kapitel des zweiten Buches einen Überblick über die finanzielle Lage Athens am Vorabend des Krieges. In die Bundeskasse der Hellenotamiai, der Schatzmeister des Seebundes, flossen demnach jährlich etwa 600 Talente aus den Tributen der Bundesgenossen. In den beiden Tempelkassen, also denjenigen der Athena Polias (der Stadtgöttin) und der «anderen Götter», lagen 6000 Talente. Mindestens 500 Talente an ungemünztem Gold und Silber ergaben die Weihgeschenke, die heiligen Geräte für Umzüge und Wettspiele sowie die Beute aus den Perserkriegen. Dazu kamen «nicht unbedeutende Reichtümer» aus anderen Heiligtümern. Schließlich steuerte auch die Göttin Athena im Parthenon selbst zu den Kriegskosten bei: Der abnehmbare Schmuck, den sie trug, war aus purem Gold im Wert von 40 Talenten.

An laufenden Einnahmen verbuchte die Staatskasse Pachterlöse aus den Minen von Laureion im Südosten Attikas, aus der Vermietung von Staatsland und -gebäuden, aus Gerichtsgebühren, Strafgeldern, allgemeinen (*Télê*) und außerordentlichen Abgaben (*Eisphoraí*), Schenkungen und Stiftungen, Zöllen und Hafengebühren, schließlich aus dem *Metoíkion*, der Kopfsteuer für die Metoiken – die dauerhaft in Athen wohnenden Fremden mit eingeschränktem Rechtsstatus – in Höhe von 12 Drachmen, *in toto* ungefähr 500 Talente pro Jahr. Die Göttin Athena erhielt neben Weihegeschenken und anderem die Pacht aus Tempelländern, den Zehnt aus der Kriegsbeute, weiterhin seit 454 die *Aparché*, ein Sechzigstel der an die Bundeskasse gezahlten Tribute (*Phóroi*) der Bundesgenossen. Thukydides ist sich sicher, daß Athen wirtschaftlich für einen erfolgreichen Krieg gerüstet war. Er verhehlt aber auch nicht, daß die Reserven schwanden.

Zur Zeit des Höchststandes enthielten die Kassen noch fast 10 000 Talente (genau gerechnet, 9700), also rund 60 Millionen Drachmen. Das muß etwa zu Beginn der vierziger Jahre gewesen sein. Danach begannen die Bauarbeiten auf der Akropolis. 1500 Talente soll der Parthenon gekostet haben (eine von Archäologen bezweifelte Summe), ca. 1000 davon aus der Kasse der Athena. Es wurden Schiffshäuser gebaut, deren Kosten der Redner Isokrates im 4. Jahrhundert auf 1000 Talente veranschlagt, eine zumindest stark aufgerundete Zahl. Für weitere Bauten in und außerhalb Athens kamen Summen in unbekannter Höhe dazu. Die Unterwerfung des abtrünnigen Verbündeten Samos in den Jahren 440 und 439 verschlang, wie in einer erhaltenen Inschrift (IG I^3 363) aufgerechnet wird, rund 1400 Talente. Diese wurden freilich den Besiegten aufgebürdet. Zu leeren begannen sich die Kassen aber wohl nach 438. Thukydides selbst nennt den Krieg gegen Poteidaia und den Bau der Propyläen. Heliodor von Athen, ein Periheget (Reiseschriftsteller), beziffert Ende des 2. Jahrhunderts die Gesamtkosten für diesen Torbau – wieder zweifeln die Archäologen – auf genau 2012 Talente, vornehmlich bezahlt aus der Kasse der Göttin. Die Aufwendungen für die Seeoperationen gegen Poteidaia und die Belagerung der Stadt in der Zeit zwischen Sommer 432 und Winter 430/29 stiegen dem Redner Isokrates zufolge auf 2400 Talente. Geradezu preisgünstig nimmt sich daneben die Entsendung von Schiffen zur Unterstützung der Insel Kerkyra aus. Sie belief sich auf ungefähr 70 Talente.

Auch der Friede kostete Geld. Die Kasse der Bündner wurde herangezogen, um die Kosten für die Patrouillenfahrten der attischen Trieren, die Instandhaltung von Marineanlagen, den Bau von Schiffshäusern oder Arsenalen zu bestreiten; die Staatskasse kam für zivile Bauten wie das Odeion, für Staatsopfer, Festgesandtschaften, Kultangelegenheiten oder öffentliche Speisungen auf, vor allem aber trug sie die Aufwendungen für die Teilnahme der Bürger an den politischen Institutionen, insbesondere im Rat der Fünfhundert und in den Geschworenengerichten (zwei Obolen pro Tag und Geschworenem). Auf diesem Feld ließen sich also keine Rücklagen bilden.

431 aber waren die Kassen noch so voll, daß ein großer Krieg geführt und gewonnen werden konnte. Das ist ganz offenkundig die Meinung des

Thukydides, auch wenn er sie Perikles in den Mund legt. Für diesen galt es also, den *Kairós*, den richtigen Zeitpunkt für den Krieg, zu bestimmen. Das Schwinden der Ressourcen durfte er nicht abwarten. Der Krieg, so teuer er zunächst war, konnte auch eine Investition in die Zukunft Athens werden. Er verhinderte das Auseinanderbrechen des Bundes, versprach Beute und reduzierte mittelbar die Wohlfahrtsforderungen des Demos.

Die Gegner des Perikles Alle Quellen – die historiographischen wie die biographischen, die Komödie wie die Redner – stimmen darin überein, daß Perikles den Krieg wollte, ihm zumindest nicht auswich. Für Thukydides war es, wie bereits erwähnt, die Einsicht in eine Notwendigkeit; sämtlichen anderen Zeugnissen zufolge wollte Perikles mit einem außenpolitischen Abenteuer von inneren Schwierigkeiten ablenken. Es war vor allem die Komödie, die die Kriegsentscheidung personalisierte. Sie lebte von Angriffen auf Politiker, und Perikles war, seit er Mitte der vierziger Jahre zum mächtigsten Mann Athens aufgestiegen war, ihr bevorzugtes Ziel. Sie karikierte Perikles' Zwiebelkopf, führte dessen (zweite) Frau Aspasia als Hure vor, machte ihn als Demagogen verächtlich, vor allem aber bezichtigte sie ihn, eine Alleinherrschaft anzustreben. Der Dichter Kratinos nannte ihn den größten der Tyrannen, ein Geschöpf des Kronos und der Bürgerkriegsfurie *Stasis*, seine Gefolgschaft – vor dem Hintergrund der athenischen Tyrannen des 6. Jahrhunderts – den «neuen Peisistratiden». Ein Gesetz gegen Komödienspott, das Perikles beantragte, scheiterte jedoch oder blieb wirkungslos.

Nach Plutarch (ca. 45 bis 127 n. Chr.), dem späten Biographen des Perikles, folgte dem groben Spaß auf der Bühne der Ernst vor Gericht. Angeblich reichte der Komödiendichter Hermippos selbst eine Klage gegen Aspasia wegen Gottlosigkeit (*Asébeia)* ein. Darunter konnte damals ziemlich viel verstanden werden, zum Beispiel daß sie, die Ausländerin aus Milet, die zu philosophischen Zirkeln in ihr Haus lud, sich nicht den Normen unterwarf, die Athenerinnen auferlegt waren. Aspasia wurde freigesprochen, berichtet Plutarch. Nicht auszuschließen ist freilich auch, daß der Prozeß gegen Aspasia nur im Theater stattfand und Plutarch die Bühne mit der Agora verwechselte.

Ein zweiter Prozeß richtete sich gegen den Philosophen Anaxagoras, ein dritter gegen den Bildhauer Pheidias. Beide galten als Freunde des Perikles. Datieren lassen sich die Prozesse nicht. Da zumindest im letzteren Fall von der Komödie ein direkter Zusammenhang zum Kriegsausbruch hergestellt wurde, liegt ein spätes Datum, vielleicht 432, nahe. Die Ankläger beschuldigten zunächst Anaxagoras des Landesverrates (*Medismós*) und darüber hinaus, wie Aspasia, der Gottlosigkeit. Der Philosoph habe die Sonne als eine glühendheiße, feurige Eisenmasse, größer als die Peloponnes, erklärt.

Der Widerstand gegen Perikles kam aus oligarchischen Kreisen und der konservativen Priesterschaft. So hatte der Chresmologe (Orakeldeuter) Diopeithes – Aristophanes nennt ihn den Mann «mit den krummen Fingern» – beantragt, jeden unter Anklage zu stellen, der sich in aufklärerischem Sinn mit überirdischen Dingen beschäftige. Anaxagoras verließ die Stadt bei Nacht. Das Gericht verurteilte ihn in Abwesenheit zum Tode.

Das größte Aufsehen aber erregte der Prozeß gegen Pheidias, der beschuldigt wurde, bei der Anfertigung der Statue der Athena Parthenos größere Mengen Goldes und auch Elfenbein unterschlagen zu haben. Anzeige stellte ein Gehilfe des Pheidias, nachdem ihm Straflosigkeit – falsche Anzeigen wurden mit der Todesstrafe geahndet – zugesichert worden war. Da Perikles im Gremium saß, das die Abrechnungen für den Parthenon zu kontrollieren hatte, lag die Verbindung zu Pheidias nahe. Aristophanes stellt sie jedenfalls her. In seiner Komödie *Eirene* (*Der Frieden*) von 421 klärt er sein Publikum auf, Perikles selber habe die Stadt in Brand gesteckt, um sich vor des Freundes (Pheidias') Geschick (einen Prozeß wegen Unterschlagung) zu schützen. Das lief auf den alten Vorwurf hinaus, Perikles habe ein Nachgeben in der Megara-Frage verhindert, denn im *Frieden* ist das Megarische Psephisma der Funke, der die griechische Welt zur Explosion bringt. Ob indes Perikles' innere Position so gefährdet war, daß er sich in einen Krieg retten mußte, bleibt zweifelhaft. Aus der Pheidias-Affäre ging er unbeschadet hervor. Das überlieferte Todesurteil gegen den Bildhauer ist zudem fraglich. In den zwanziger Jahren zumindest arbeitete er noch an der berühmten Zeusstatue in Olympia.

Es gab Widerstand gegen Perikles, doch ernsthaft gefährden konnte dieser dessen Stellung und Politik nicht. Von seinem wichtigsten Gegner, Thukydides, Sohn des Melesias, der Mitte der dreißiger Jahre aus der Verbannung zurückgekehrt sein muß, hören wir nichts mehr. Die Oligarchen opponierten weiter gegen die Volksherrschaft, doch wirklich in Frage stellten sie diese wohl vorerst noch nicht. Es war meist Kritik an der Methode, nicht an der Sache. Die Seeherrschaft war die Grundlage der athenischen Macht, und die ruhte auf den einfachen Leuten, die die Trieren ruderten, auf den Theten.

Einen Einblick in das Denken der konservativ-aristokratischen Opposition gewährt ein von anonymer Hand verfaßtes Opusculum, später *Staat der Athener* betitelt. Die Flugschrift zirkulierte vermutlich Ende der dreißiger Jahre oder – wahrscheinlicher – während der ersten Hälfte des Archidamischen Krieges in Athen. Sie stammte – unklar, ob Pamphlet, Brief oder eine Art wissenschaftlich-theoretischer Abhandlung – aus der Feder eines «in der Wolle gefärbten» Oligarchen; jedenfalls beklagt der Autor pauschal die Herrschaft der «Minderwertigen», also des niederen Volkes. Der Verfasser, vielleicht ein Reeder oder Großhändler, war sich bewußt, daß Athens Reichtum nicht zuletzt auf der demokratischen Ordnung beruhte. Er klagt über die Demokratie, beschwichtigt aber, nachdem sie nun einmal eingeführt sei, sei es auch zweckmäßig, sie (modifiziert) zu bewahren. Das ließ Raum für personelle Veränderungen. Perikles zu stürzen mag ein Ziel der Oligarchen gewesen sein, doch fand seine Kriegspolitik gegenüber Sparta 431 sicherlich eine zum Teil sogar begeisterte Mehrheit. Eine systematische und womöglich konzertierte Aktion von Periklesgegnern aus unterschiedlichen Lagern ist nirgends zu erkennen. Allerdings liegt das auch daran, daß Thukydides nichts dergleichen verlauten läßt. Er erwähnt weder die Prozesse noch Kritik aus dem konservativen Teil des Adels oder von Demagogen. Thukydides Melesiou (der Sohn des Melesias) tritt bei ihm nicht auf und Kleon, der Feind aus den eigenen Reihen, erst im Jahre 427, als Perikles längst tot war. Ein quasi privates Motiv scheint doch zu schwach bzw. die Stellung des Perikles zu stark, um diesen zu veranlassen, innere mit äußeren Schwierigkeiten zu vertauschen. Was Thukydides *expressis verbis* behauptet, bestätigen die Komödienfragmente indirekt: In den dreißiger Jahren war Perikles' Position als erster Staatsmann Athens unangefochten.

Der Einmarsch In Sparta war der Krieg in der Versammlung des Peloponnesischen Bundes schon 432 beschlossen worden. Der Gott von Delphi hatte auf Anfrage der Spartaner verlauten lassen, der Sieg gehöre ihnen, sofern sie denn nach Kräften kämpften. Da sie an eine Bedingung geknüpft war, blieb es eine Ermutigung zweiter Klasse. Die Spartaner hatten sich mehr erwartet, denn der Spruch war – wie in früheren Fällen – vermutlich bezahlt worden. Desungeachtet riefen sie ihre Verbündeten in- und außerhalb der Peloponnes auf, ihre Heereskontingente mit dem für einen Einsatz im Ausland erforderlichen Proviant zu versorgen – das Ausland war Attika – und sich mit zwei Dritteln ihrer jeweiligen Streitmacht zu einem festgesetzten Zeitpunkt auf dem Isthmos von Korinth zu versammeln.

Das bedeutete noch wenig. Vor dem Frühsommer 431 konnte der Krieg nicht beginnen. Korinther, Thebaner und Aigineten drängten Sparta, doch der Überfall auf Plataiai hatte die Bemühungen, die Kriegsschuld allein auf die Athener zu schieben, empfindlich gestört. So schickte König Archidamos zunächst einen angesehenen Spartaner als Boten nach Athen. Er hegte die Hoffnung, Athen werde noch einlenken. Zu groß schien die Übermacht des peloponnesischen Heeres, das nun unmittelbar an der Grenze zum weithin ungeschützten Attika stand. Der Gesandte wurde jedoch bereits an den Stadttoren abgewiesen und zurück zur Grenze eskortiert. Auf Antrag des Perikles hatte die Volksversammlung beschlossen, keine Herolde der Lakedaimonier zu empfangen, solange sich diese im Feld befanden. Mit der Vorliebe der Spartaner für wenige, aber große Worte ließ der König es sich nicht nehmen, noch schnell einen Satz in die Geschichtsbücher zu diktieren: Mit dem heutigen Tag breche großes Unheil über die Griechen herein.

Dennoch wollte Archidamos, auch in Kenntnis der wirtschaftlichen Schwäche Spartas, den großen Krieg noch nicht eröffnen. Zunächst mußte er aber reagieren und gab Befehl, bis zum ersten Ort in Attika vorzurücken. Das war Oinoe, ein mit Mauern gesicherter Demos im Grenzgebiet zu Boiotien. Die Peloponnesier versuchten sich an einer Erstürmung, doch mit dem Belagerungsgerät dieser Zeit – die Poliorketik (Belagerungstechnik) steckte erst in den Anfängen – war dies ein vergebliches Unterfangen. Vermutlich hielt sich Archidamos auch nur damit auf, weil er den Athenern ein zweites Mal Zeit geben wollte, sich die Sache zu überlegen und doch noch in Verhandlungen einzutreten. Seine Passivität brachte ihm den Ruf eines Athenerfreundes ein, und namentlich die Verbündeten der Spartaner mißbilligten seine Politik. Sie wollten einen schnellen Sieg, um dann in ihre Heimatstädte zurückkehren zu können. Archidamos aber glaubte immer noch, die Athener würden davor zurückschrecken, ihr Land verwüstet zu sehen.

Die Spartaner pflegten den Mythos von Heldenmut und Opfer-

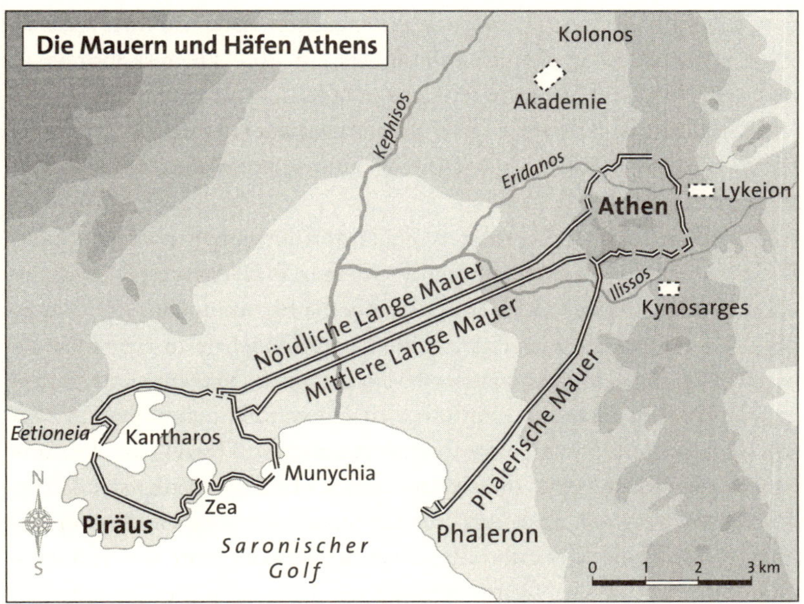

bereitschaft. Propagandistisch hatten sie das Debakel an den Thermopylen, als im Jahr 480 300 Spartiaten und ihr König Leonidas gegen die Perser gefallen waren, in einen nachträglichen Sieg verwandelt. Tatsächlich aber waren sie eher zögerlich und vermieden jedes Risiko. Der Historiker Xenophon bietet dafür ein amüsantes Beispiel: So brechen die Spartaner einen Angriff im Feld ab, als sie sehen, daß der Gegner nicht, wie erwartet, flieht. Sie geben ihm, indem sie sich zurückziehen und ein zweites Mal vorrücken, eine neue Chance zur Flucht und, als der Feind verstockt bleibt, noch eine dritte. Unbeschadet solcher Vorsicht war die Tapferkeit der Spartaner sprichwörtlich, denn auf jedem Hopliten lastete sozialer Druck. Wer sich als *Kakós*, als Feigling, erwies oder nur für einen solchen gehalten wurde, war vom gesellschaftlichen Leben ausgeschlossen. Der einzige Überlebende der 300, die zu den Thermopylen gesandt worden waren, verlor seine wichtigsten Bürgerrechte, kein Spartaner sprach mehr mit ihm.

Vielleicht war Archidamos, wie ihm vorgeworfen wurde, allzu zögerlich, vielleicht sah er auch nur die Folgen klarer als andere. Die Athener jedenfalls zogen Nutzen aus seinem Verhalten. Sie schlossen die Evakuierung der Landbevölkerung ab und waren danach noch weniger als zuvor bereit, mit dem König zu verhandeln. Aus Athen traf kein Herold mehr ein. Etwa am 80. Tag nach dem thebanischen Überfall auf Plataiai, «zur Zeit, als das Korn reif war», gab Archidamos Befehl, in Richtung Athen vorzurücken. Damals begann jener Krieg, den die Zeitgenossen den «Archidamischen» nannten.

Perikles hatte die Invasion erwartet und in seinem Kriegsplan, der sich in wenigen Worte zusammenfassen läßt, einkalkuliert: Defensive zu Lande und Offensive zur See, hieß das Konzept, das nicht ohne Risiko war. Zwar trug der Feldherr damit den militärischen Gegebenheiten Rechnung, widersprach damit aber den menschlichen. Die letzten großen Schlachten hatten die Athener im Perserkrieg geschlagen. Inzwischen war fast ein halbes Jahrhundert vergangen, doch gerade das hatte die damaligen Erfolge in der Erinnerung überhöht und die augenblickliche Zuversicht gestärkt. Was Perikles nun aber vorschlug, war ein Krieg ohne Schlachten, ein Zermürbungskrieg, in dem nicht Waffen, sondern Drachmen ins Gewicht fielen.

Athen mußte dabei jedoch quasi in Vorleistung treten, denn der Plan sah vor, attisches Land dem Feind preiszugeben. Auch wenn die Bevölkerung darauf vorbereitet war, würde die Evakuierung auf Schwierigkeiten stoßen. Vor allem die attischen Bauern kam es schwer an, ihr Land zu verlassen. Sie waren dort aufgewachsen und klagten nun, ihre von den Vätern ererbten Tempel und Häuser preisgeben, ja ihre ganze Lebensart ändern zu müssen. Unwillig schafften sie Kleinvieh und Zugtiere auf Lastschiffen nach Euboia und die näher gelegenen Inseln, luden den Hausrat auf Karren – manche rissen sogar von den Hütten das Holzwerk ab – und zogen in den Schutz der athenischen Mauern. Wer Verwandte oder Freunde in der Stadt hatte, konnte bei ihnen Schutz suchen, doch das war die Minderheit. Die Evakuierten zogen auf die unverbauten Plätze der Stadt, sie quartierten sich in den Heiligtümern, den Tempeln und Kultstätten der Heroen ein – nur das Eleusinion und die Akropolis waren tabu –, sie besetzten die Türme der Mauern und weite Teile des Piräus, ja sie nahmen sogar das sogenannte Pelargikon, ein Terrain am Abhang der Akropolis, in Besitz, dessen Besiedlung unter Fluch stand und mit einer Buße geahndet wurde. Schließlich kampierten sie in Hitze und Staub auf den freien Flächen zwischen den Langen Mauern, die den Weg von den Häfen zur Stadt sicherten.

Von der Grenze aus zog Archidamos nach Eleusis und in die thriasische Ebene. Er setzte alles auf die Landschlacht, die Perikles wiederum mit allen Mitteln vermeiden wollte. Um sie zu erzwingen, drohte Archidamos, das ungeschützte Land vor den Toren Athens zu verwüsten. In Griechenland hatte sich eine Methode der Kriegführung entwickelt, welche die Heroen der mythischen Zeit verwundert hätte. Wo sich einst Heere Schwerbewaffneter gegenübergestanden hatten, wurden nun Schlachten gegen die Zivilbevölkerung geführt. Der Kampf richtete sich gegen Pferde, Rinder und Weidevieh. War dieser gewonnen, wurden Häuser angezündet, Ernten zertrampelt und nicht zuletzt die wertvollen, nur langsam wachsenden Olivenbäume abgeholzt. Um ins Gebiet des Nachbarn einzufallen und es zu verwüsten, brauchte es keinen Grund, sondern nur eine Gelegenheit. «Er richtete die üblichen Verwüstungen an», notiert Thukydides lapidar über das Vorgehen des Archidamos in den ersten Tagen der Invasion.

Archidamos' Ziel war der Demos Acharnai, 60 Stadien oder zwei Stunden Weges vor Athen. Der Ort stellte 3000 Schwerbewaffnete im Heer, war also kein Dorf, sondern eine veritable Kleinstadt. Inzwischen war es Sommer geworden, das Getreide auf den Feldern reifte, die Feuer, die die Peloponnesier legten, fanden Nahrung und waren von den Mauern Athens aus zu sehen. Zunächst hielt sich der Schaden aber in Grenzen. Die Peloponnesier verschonten noch das fruchtbare Ackerland nahe der Stadt, sei es, daß sie dort die attische Reiterei fürchteten, sei es, daß Archidamos immer noch an Verhandlungen glaubte.

Die Ernte war zwar verloren, doch Einfuhren aus den Gebieten am Schwarzen Meer oder von Euboia kompensierten zunächst den Ausfall. Die Gefahr für Perikles war eher psychologischer Natur. In der ländlichen Bevölkerung machte sich große Unruhe breit. Nicht nur, daß sie unter unwirtlichen Umständen in der Stadt zusammengepfercht war und sich um den zurückgelassenen Besitz, um Ölbäume und Rebstöcke, sorgte. Ließ sich doch täglich beobachten, was der Feind unternahm, freilich ohne ihn an irgendetwas hindern zu können. Zwischen Bauern und Städtern herrschte Mißtrauen – mehrere Komödien des Aristophanes wie eben auch *Die Acharner* aus dem Jahr 425, welche die spartanische Invasion zum Thema haben, leben sogar von dieser atmosphärischen Spannung; Perikles' Strategie stieß auf Unverständnis, in erster Linie bei den Evakuierten, aber auch bei der städtischen Jugend, die nicht einsehen wollte, warum ihr – den Feind vor Augen – der Kriegsruhm, den die Väter für sich reklamierten, versagt bleiben sollte. Wieder einmal hatten Wahrsager Konjunktur, zumal sie berufsgemäß für jeden eine passende Wahrheit hatten. In den Straßen rotteten sich die Gegner der Defensivpolitik zusammen, auf den Märkten entbrannte der Streit mit den Anhängern des Perikles. Dieser verweigerte – unklar ist, mit welcher Kompetenz – jedwede Zusammenkunft und berief keine Volksversammlungen mehr ein. Alles drehte sich um die Acharner, auf denen, wie diese selbst glaubten, das Schicksal der Stadt ruhte. Und tatsächlich standen sie im Fokus der spartanischen Überlegungen. Setzten die Acharner sich durch, bekäme Archidamos die offene Feldschlacht, die zu gewinnen er überzeugt war. Scheiterten sie, würden sie, ihres eigenen Besitzes beraubt, wenig Neigung zeigen, für die Güter anderer Athener ihr Leben zu riskieren. Ein Riß durchzöge das athenische Lager. Der einen Befürchtungen, der anderen Erwartungen erfüllten sich jedoch nicht. Die Peloponnesier zerstörten zwar noch schnell einige weitere Orte zwischen Parnes und Brilessos-Gebirge, aber dann zogen sie ab. Sie wurden bei den Ernten in den Heimatstädten gebraucht – zumindest soweit diese nicht von den Athenern zerstört worden waren. Während die feindlichen Heere in Attika standen, umfuhren diese nämlich gemäß dem Perikleischen Plan mit 100 Trieren die Peloponnes und taten dort, was ihnen die Peloponnesier vorgemacht hatten. Sie fielen ins Land ein und verwüsteten die Küstenregionen. Die Schiffe stießen bis zur Insel Kephallenia vor, die kampflos genommen wurde. Die Athener griffen zur See auch Lokris an und fielen auf dem Landweg in das Gebiet der Nachbarstadt Megara ein. Den größten Vorteil brachte die Annexion der Insel Aigina, welche die Spartaner nicht schützen konnten. Unter dem Vorwurf der Kriegstreiberei – neben den Korinthern hatten die Aigineten am heftigsten in der spartanischen Apella Klage gegen Athen geführt – vertrieben die Invasoren die ansässige Bevölkerung und brachten eigene Siedler nach Aigina. Das wirtschaftlich wichtige Euboia wurde durch die Anlage einer Festung auf der Insel Atalante gesichert. Als mit Herbstanfang die athenischen Schiffe mit Geiseln und Beute an Bord zurückkehrten, hatte sich die Stimmung wieder gedreht. Zu den Erfolgen der Flotte traten diplomatische: Der Thrakerkönig Sitalkes und der Makedonenkönig Perdikkas wurden Verbündete Athens. Die Strategie des Perikles schien sich trotz allem bewährt zu haben.

Die *Acharner* des Aristophanes Ihre Feste, namentlich die zu Ehren des Gottes Dionysos, ließen sich die Athener nicht nehmen, und so wurden auch während des gesamten Krieges im Januar oder Anfang Februar die Lenaien und im März die Großen Dionysien gefeiert. Zu diesen kamen auch Gäste aus den Städten und Inseln des Seebundes, die Rechts- oder Handelsgeschäfte in den Piräus führten. Bei den Lenaien waren die Athener unter sich, namentlich Bauern aus Attika nutzten die Zeit, in der weniger Arbeit anfiel, zu einem Besuch der Stadt. Beliebt war vor allem der Tag, an dem der Komödien-Agon stattfand. Mit fünf Aufführungen stritten die Dichter der Perikleischen Zeit um die drei zu vergebenden Preise. Eine Inszenierung war teuer, aber sie belastete die Staatskasse nicht, denn sie wurde aus der Privatschatulle eines reichen Bürgers bezahlt. Die Einschränkung, die der Krieg später dann doch brachte, war die Reduzierung auf drei Komödien, um die Reichen zu entlasten, die auch für die Kriegskosten herangezogen wurden.

Im Winter 425 trat neben den bereits arrivierten Komödienschreibern, die schon zu Friedenszeiten große Erfolge errungen hatten, auch ein junger, etwa 25 Jahre alter Dichter auf, der gerade zwei Jahre zuvor bereits mit Erfolg seine erste Komödie auf die Bühne gebracht hatte, Aristophanes. Er wird für die Nachwelt *der* Dichter der sogenannten Alten Komödie, denn allein von ihm sind noch Stücke erhalten, elf an der Zahl, und das, welches 425 gespielt wurde, ist das älteste unter ihnen. Schon der Titel *Die Acharner* zeigt die Aktualität der Komödie. Fünfmal fielen die Peloponnesier zwischen 431 und 425 in Attika ein – das letzte Mal nur kurz nach der Aufführung der Komödie –, fünfmal wurde die Kleinstadt Acharnai zerstört. Sie stand also im Mittelpunkt einer Kriegsdiskussion, die 425 nicht anders geführt wurde als 431.

Der Chor der acharnischen Köhler gibt dem Stück den Namen, hat jedoch nicht die Hauptrolle inne. Die gehört einem Weinbauern mit dem sprechenden Namen Dikaiopolis, einem Mann also, der in seiner Stadt das Recht handhabte. Dikaiopolis' Weinstöcke werden von den Peloponnesiern herausgerissen. Seiner Ernte beraubt, will er jedoch nicht Rache, auf die seine inneren Gegner, die acharnischen Köhler, sinnen, er will Frieden, um in Ruhe sein Land zu bebauen und Handel zu treiben. Als guter Bürger geht er dazu zunächst auch den richtigen Weg, er ist stets der Erste in der Volksversammlung, um dort für den Frieden zu stimmen. Allein, die Prytanen, die geschäftsführenden Ratsherren, sind uninteressiert, sie verweigern das Reisegeld für einen Gesandten nach Sparta. Dikaiopolis finanziert ihn, denn da die Stadt nicht will, ist er entschlossen, seinen Privatfrieden mit Sparta zu schließen. Das stößt nicht überall auf Gegenliebe, und so wird er des Defätismus bezichtigt und als Nestbeschmutzer tituliert. Die Kriegsfraktion ist stark, selbst auf dem Land, wo die acharnischen Köhler zum Vernichtungskrieg gegen den Feind, der immer wieder ihre Habe zerstört, hetzen. Die Abneigung gegen Sparta teilt auch Dikaiopolis, doch er sucht die Schuld mehr noch bei den eigenen Politikern, bei den Rüstungsfabrikanten und Drückebergern, die es sich in der durch Mauern geschützten Stadt gut gehen lassen. Perikles wird beschuldigt, den Krieg vom Zaun gebrochen zu haben, wenn auch sein Motiv – eine Hetärenentführung – eher Spaß und Parodie auf die Frauenraubgeschichten ist, mit denen Herodot sein Geschichtswerk eröffnet.

Den Krieg zu verdammen, dessen Folgen zumindest die Landbevölkerung nur zu gut kannte, hält Aristophanes nicht für nötig. Er preist statt dessen – was beim Publikum besser ankam – die Annehmlichkeiten und Freuden des Friedens. Daneben attackiert er dessen Gegner, die Sykophanten (gewerbsmäßige Verleumder), Kriegsgewinnler und kriegsbesessenen Generäle. Als Zielscheibe seines Spotts dient ihm insbesondere der Stratege Lamachos, der später zu den treibenden Kräften des Sizilienzuges zählen wird. Im Theater triumphiert Dikaiopolis wohl über den kriegslüsternen Lamachos – doch vor den Mauern Athens gingen die Zerstörungen weiter.

Der junge Aristophanes besaß den Mut, die gegen Sparta gerichtete Kriegshysterie zu bekämpfen, indem er den athenischen Anteil am Krieg ungeschminkt auf die Bühne brachte, ohne daß er als Spartafreund erschien. Das Publikum, in dem Besucher vom Land überwogen, bejubelte jedenfalls die *Acharner*; vor seinen arrivierten Kollegen Eupolis und Kratinos erkannte es Aristophanes den ersten Preis zu. Dies war ein Votum für den Frieden, auch wenn eine Abstimmung im Theater keine in der Volksversammlung war. Dennoch geben das Stück und sein Erfolg eine Stimmung wieder, in welcher der Überdruß am Krieg in Bereitschaft zum Frieden umschlagen konnte. Er kam nicht zustande – weder 431 noch 425 –, da jeweils die Seite, die dazu neigte, ihn zu wünschen, die andere durch ihre Offerte davon überzeugte, daß er für sie von Nachteil war.

Athen im Winter 431/0 Athen schloß zu Winteranfang jedes Kriegsjahr – das nicht identisch ist mit dem attischen Kalenderjahr, das von Sommer bis Sommer reicht – mit einer Gedenkrede auf die Gefallenen (Epitaphios) ab. Die Gebeine bahrten die Athener, wie Thukydides berichtet, drei Tage vorher auf einem eigens errichteten Holzgerüst auf, um den Angehörigen, für welche die Feier gedacht war, Gelegenheit zu geben, die Toten zu ehren und sich von ihnen zu verabschieden. Dann wurden sie beim Leichenzug in zehn Särge aus Zypressenholz, für jede Phyle eine, gebettet und zur Begräbnisstätte gefahren. Eine verhüllte Bahre wurde leer mitgeführt; sie galt dem Andenken derer, die nach der Bergung der Toten vermisst wurden. Am Zug nahmen Bürger wie Fremde teil, im Mittelpunkt standen die Frauen, die den Verlust eines Vaters, Sohnes, Ehemannes oder Bruders zu beklagen hatten. Die Rede auf die Gefallenen zu halten – vor den Gräbern war dazu eigens eine hohe Holztribüne errichtet worden – war eine besondere Ehre, und im Winter 431/0 wurde sie dem Staatsmann Perikles zuteil. Die Wahl galt wie im Jahre 440 während des Krieges mit Samos, als Perikles zum ersten Male die Totenrede hielt, als Bestätigung seines politischen Kurses. Perikles' Epitaphios ist, wie er sich bei Thukydides findet, die große Würdigung der athenischen Demokratie vor der Folie des oligarchischen Systems von Sparta. Die demokratische Verfassung, nach der sie lebten, hebt Perikles mit Stolz an, gleiche keiner fremden, sie sei ohne Vorbild, sei nicht auf wenige Bürger (*Olígoi*) beschränkt (wie in Sparta), sondern umfasse die Mehrheit (*Pleíones*). Jeder besitze in seinem privaten Bereich gleiche Rechte, im öffentlichen Leben aber könne jeder nach Talent und Verdienst Anerkennung gewinnen: «Frei leben wir als Bürger miteinander im Staat.»

Was Thukydides hier überliefert, ist nicht die Rede, die Perikles hielt – dieser Epitaphios stammt von Thukydides selbst und wurde erst nach Kriegsende konzipiert. Dennoch dürfen wir davon ausgehen, daß die Demokratie und ihr erster Bürger unangefochten in das zweite Kriegsjahr gingen. War doch der Kriegsplan aufgegangen – vorerst jedenfalls. Die athenischen Aristokraten konnten die Schäden verschmerzen, die die Peloponnesier auf ihren Ländereien angerichtet hatten, die attischen Bauern wurden für den Ernteausfall entschädigt. Sie durften sogar auf neues Siedlungsland hoffen. Auch ersparte die Strategie des Perikles Athen viele Kriegstote. Umgehauene Bäume wüchsen nach, doch falle es schwer, erschlagene Männer zu ersetzen, läßt Plutarch ihn sagen und macht ihn mit seiner Vorliebe für Seefahrtmetaphern zum umsichtigen Steuermann. «Wie der Kapitän bei aufkommendem Sturm auf hoher See alles festmachen und die Segel reffen läßt und seine Kommandos gibt, ohne sich um die Tränen seekranker und ängstlicher Passagiere zu kümmern, so auch Perikles: Er ließ die Tore schließen, stellte zur Sicherheit der Stadt überall Posten auf und traf seine Entscheidungen nur nach seinem Willen, Geschrei und Murren der Bürger ließen ihn kalt.»

Spartas harte Haltung weckte zudem das Nationalgefühl der Athener. Es ergriff selbst einen Euripides, der bereits ein halbes Jahrhundert zählte. Der *Medeia* folgte nun ein zutiefst patriotisches Stück, *Die Herakliden*. Es ist ein Preislied auf Athen, und nicht ganz zu Unrecht gilt es als eine Art Dramatisierung der Grabrede des Perikles. Nach dem Tod des Herakles irren dessen Kinder, verfolgt von Eurystheus, dem König von Mykene, durch Griechenland. Niemand möchte ihnen aus Furcht vor dem mächtigen Eurystheus Asyl gewähren. Verzweifelt versammeln sich die Flüchtenden bei Marathon und hoffen auf die Athener. Diese bieten tatsächlich auch dem Despoten aus Mykene die Stirn. Mit ihrer Hilfe gelingt den Herakliden schließlich die Rückkehr in die Peloponnes, und dort gründen sie eine nachmals berühmte Stadt – Sparta. Euripides macht Athen zur Mutterstadt des Gegners, und sicherlich muß Beifall aufgebrandet sein, wenn im Stück die geretteten Herakliden ermahnt werden, in den Athenern stets ihre Wohltäter und Freunde zu sehen und ihr Land niemals mit Krieg zu überziehen.

Euripides schlägt die Trommel. Seine Stadt ist wehrhaft, weil sie frei ist. Die Spartaner treffen «auf ein freies Volk, auf Männer, die sich nicht fürchten». Niemandem sei seine Stadt unterworfen, erklärt der attische König Demophon, an den die Herakliden sich wenden. Athen, das sei die Stätte, wo jeder «nach der Reihe frei sprechen wie auch hören darf» und wo selbst der König ein Demokrat ist. Euripides' Athen schützt die Schwachen und hilft den Asylsuchenden. Lieber will es gegen mächtige Feinde ziehen als sich Mächtige zu Freunden machen, wenn diese Unrecht begehen. Den Athenern klangen die Ohren ob so viel Patriotismus, vielleicht auch dem Dichter selbst, denn er beschwichtigt dann doch die Gemüter: «Genug vom Lob Athens! Denn allzu lautes Rühmen erregt nur Anstoß.»

Die Pest Es kam der Frühsommer 430. Perikles besaß wenig Grund, seinen Kriegsplan zu ändern. In Sparta dagegen stellte sich die Frage, wie ein Gegner besiegt werden sollte, welcher der Schlacht auswich. Sie blieb unbeantwortet; die Ephoren waren zu kurz im Amt, um eine langfristige Strategie zu entwickeln.

So marschierte der peloponnesische Heerbann wieder nach Norden, um erneut die Weinstöcke Attikas zum Kampf herauszufordern. Es wäre ein weiterer nutzloser Sieg geworden, doch unerwartet erschien ein mächtiger Verbündeter. Nicht nur Kriege suchten in diesen Jahren die Griechen heim. Thukydides berichtet von Erdbeben, die Mauern in Trümmer legten, von Tsunamis, die Küstenstädte überschwemmten, von lang andauernden Dürren, die ganze Landstriche veröden ließen. Als «der härteste Schlag aber, ja zum Teil auch die Vernichtung», so der Historiker, erwies sich eine Seuche, die in jenem Sommer in Attika wütete. Die Nachwelt hat sich angewöhnt, diese Seuche als «Pest» zu bezeichnen. Es war aber mit Sicherheit nicht die bekannte (mittelalterliche) Beulenpest, denn Ratten wanderten erst sehr viel später in Europa ein. Die Griechen hatten nicht einmal einen Namen für diese, in den wenigen Erwähnungen aus späterer römischer Zeit heißen sie «ägyptische Mäuse». Periodisch wiederkehrende Versuche, die Krankheit zu identifizieren – etwa 34 verschiedene wurden bisher gezählt –, führen trotz der genauen Beschreibung des Thukydides zu nichts. Der berühmt gewordene Bericht über den Ausbruch der Seuche, an der er selbst litt, scheint unter dem unmittelbaren Eindruck der Erkrankung entstanden zu sein. Als Protokoll mit minutiös festgehaltenen Details wirkt er wie aus frischer Erinnerung geschrieben. Allein, das täuscht. Das Krankheitsbulletin ist dichterisch gestaltet; zu vermuten ist auch, daß Fallbeschreibungen aus medizinischen Veröffentlichungen der Zeit eingeflossen sind. Nichtsdestoweniger oder gerade deshalb entfaltete Thukydides' Bericht eine große Ausstrahlungskraft und beeinflußte alle späteren Pestbeschreibungen, angefangen von Lukrez über Daniel Defoe und Alessandro Manzoni bis zu Albert Camus. Unberührt davon bleibt die Authentizität der Darstellung, soweit sie die Vorgeschichte und vor allem die Folgen des Pestausbruchs betrifft. Sie fußen auf strenger Beobachtung, vor allem verweigert sich der Historiker allen Spekulationen, die die Betroffenen in ihrer Verunsicherung zuhauf anstellten. Gewiß war nur, daß die ersten Krankheitsfälle etwa zu Beginn des Sommers im Piräus auftraten. Zu diesem Zeitpunkt konnte den Menschen noch nicht bewußt sein, daß es sich um eine Epidemie handelte. Seit wenigen Tagen erst standen erneut peloponnesische Truppen in Attika und verwüsteten die Felder. Wieder waren die Leute vom Land in die Stadt geflüchtet, lebten eng gedrängt in den von Hitze stickigen Hütten. Die Krankheit traf zusammen mit dem Feind ein, und so kam schnell das Gerücht auf, die Peloponnesier hätten – im Piräus gab es kein Quellwasser – die Brunnen vergiftet. Allein, die Krankheit erwies sich bald als ansteckend und breitete sich schnell aus. Nun hieß es, sie sei aus Äthiopien gekommen, ein Land irgendwo am südlichen Rande der Erdscheibe, von dem der weitgereiste Herodot in seinen Lesungen erzählt hatte. Über Ägypten, Libyen und das Reich des Großkönigs sei sie, von Seeleuten eingeschleppt, in den Piräus gelangt. Andere wollten wissen, daß sie auch im attischen Herrschaftsbereich, auf der entfernten, in der nordöstlichen Ägäis gelegenen Insel Lemnos, aufgetreten sei. Thukydides weist all diese Gerüchte zurück. Er beschreibt statt dessen, wie die Seuche vom Hafen hinauf in die Oberstadt stieg und daß dies um so schneller geschah, als das ansonsten unbesiedelte Terrain zwischen den langen Mauern von Evakuierten überfüllt war. Binnen kurzem begann, berichtet der Historiker, ein nie zuvor gekanntes Massensterben. Viele glaubten an eine Strafe der Götter: Sie zürnten den Athenern, die in ihrem Dünkel die ihnen gesetzten Grenzen überschritten hätten, und so träfe sie die Nemesis der Gottheit.

Die Tempel füllten sich mit betenden Menschen. Sie hofften auf günstige Orakel und setzten auf tröstende Weissagungen. Von einem neuen medizinischen Denken beseelte Ärzte suchten nach rationalen Ursachen der Epidemie. Manche sahen die Ursache nicht in einer ansteckenden Krankheit, sondern in den Umweltbedingungen: Schwere Regengüsse hätten im Winter die tiefer gelegenen Gebiete in Seen verwandelt, in denen das Wasser wie in Sümpfen stockte. Durch die Erwärmung im Sommer nun beginne dieses Wasser faulig zu werden, dichte, übelriechende Gase stiegen auf, verpesteten die Luft und brächten die Krankheitskeime, die sich rasch entwickelten, da die verfügbare Nahrung wäßrig und nahezu völlig verdorben sei. Das Fieber, das die Kranken befalle, steige an, da die Luft glühendheiß sei und die etesischen Winde ausblieben, die sonst Kühlung verschafften.

Alle Erklärungen halfen nichts. Da sich die Ärzte bei den Kranken infizierten, starben sie als Erste, wie Thukydides berichtet. Es mangelte an Pflege, und wo solche doch möglich war, erwies sie sich als vergebens. Alle Heilmittel versagten. Die Ärzte beobachteten genauestens die Symptome, doch darüber hinaus versagte ihre Kunst. Ohne sichtbaren Anlaß entwickelte sich am Kopf eine Rötung, die Augen entzündeten sich, Hals und Zunge wurden blutigrot, der Atem übelriechend. Niesen, Heiserkeit, starker Husten, Erbrechen folgten. Viele wanden sich in heftigen Krämpfen, ein Flor kleiner Blasen und Geschwüre bildete sich auf der Haut. Unrast und Schlaflosigkeit befielen die Kranken. Sie hasteten, beobachtet Thukydides, zu den Brunnen, da das Fieber übermäßigen Durst hervorrief, umlagerten sie in starkem Verlangen nach Wasser, manche stürzten sich in ihrer Qual hinein. Nichts half, wieviel sie auch tranken. Die Leiden verlängerten sich, leistete der Körper noch Widerstand, auf sieben oder neun Tage. Dann brachen Geschwüre am Unterleib auf, Durchfall stellte sich ein, schließlich völlige Entkräftung, die in den Tod überging. Auf den Straßen lagen Gestorbene und Sterbende übereinander. Selbst die Tempel, geweihte Orte, füllten sich mit Leichen. Wer die Pest überstand, verlor Finger und Zehen oder erblindete. Andere verloren ihr Gedächtnis.

Schrecken verbreitete auch das Verhalten der Tiere. Vögel, die ansonsten Aas fraßen, blieben der großen Zahl der Leichen fern oder verendeten, wenn sie von ihnen gefressen hatten. Schließlich verschwanden sie ganz. Solche Beobachtungen verstärkten die allgemeine Hoffnungslosigkeit. Wer die ersten Symptome der Seuche an sich entdeckte, überließ sich der Verzweiflung.

Als sich die Zahl der Toten mehrte, gaben die meisten es auf, sie gemäß den üblichen Bräuchen zu bestatten. Jeder begrub seine Verstorbenen, wie es ihm möglich war. Manche legten die Leichen auf fremde Scheiterhaufen, bevor diese entzündet waren, oder warfen sie auf bereits brennende, um dann zu flüchten. Freunde und Verwandte begannen sich zu meiden, so daß viele isoliert und hilflos dahinstarben, manche Häuser verwaisten gänzlich.

Thukydides, der diesen Sommer in Athen verbrachte, wurde zum Kronzeugen der Epidemie, und er notierte, selbst erkrankt, wie die Pest die Menschen nicht nur äußerlich entstellte. Menschliche Gesetze versagten, die anfängliche Furcht vor den Göttern schwand. Wer sah, daß alle ohne Unterschied starben, dem wurde es gleichgültig, ob er als fromm galt oder nicht. Strafen büßten an Abschreckungswirkung ein, die Nähe des eigenen Todes setzte sie außer Kraft. Noch einmal leben, Genuß für den Augenblick war, was noch blieb. Besitztümer wechselten wie nur in Zeiten politischer Umbrüche, nie zuvor schien wirtschaftlicher Aufstieg so leicht. Für einen kurzen Moment war reich und arm nur eine Floskel. Den Aristokraten blieb die Flucht auf ihre Landgüter vor der Stadt versperrt, denn diese hatten die Peloponnesier zerstört oder besetzt. In Kenntnis der grassierenden Seuche erschlugen die Invasoren aus Angst vor Ansteckung jeden, den sie für einen Athener hielten.

In dem Chaos menschlicher Unzulänglichkeit vergißt Thukydides die Gegenbeispiele nicht. Es waren die Ärzte – auch Hippokrates soll einer späten Quelle zufolge bereits damals in Athen gewesen sein –, die ihre Patienten nicht im Stich ließen. Auch die Hilfsbereitschaft unter den Bürgern versiegte nicht ganz. Wo die Verwandten, «überwältigt von der Größe des Leids», ausblieben, kamen Freunde zu den Kranken und – Thukydides setzt ihnen ein literarisches Ehrenmal – starben ob ihrer Selbstlosigkeit zuhauf. Hilfe kam auch von denen, die genesen waren. Sie kannten den Verlauf der Krankheit und wußten bald, daß sie niemanden zweimal befiel. Sie wurden, schreibt Thukydides, von den anderen glücklich gepriesen und hegten auch selbst «in der übergroßen Freude des Augenblicks für alle Zukunft die unbeschwerte Hoffnung, es könnte ihnen nie mehr eine andere Krankheit den Tod bringen».

Der Krieg pausierte derweil nicht, er überließ der Seuche nur kurzzeitig den Vorrang. Die Athener kapitulierten vor der Pest, aber nicht vor den Feinden. Noch während die Peloponnesier in der attischen Ebene standen und bevor sie zur Südostspitze der Halbinsel und zu den Bergwerken von Laureion aufbrachen, um dort die Küstenstriche zu verheeren, rüstete Athen 100 Schiffe – 50 Trieren von den verbündeten Inseln Lesbos und Chios stießen dazu – zur Fahrt in Richtung Peloponnes. An Bord befanden sich 400 Schwerbewaffnete, die Pferdetransportschiffe führten 300 Reiter mit. Das Kommando hatte Perikles selbst. Als das erste Vorhaben, die Eroberung von Epidauros, scheiterte, blieb den Athenern nur, es den Peloponnesiern gleichzutun und sich auf bloße Zerstörung zu beschränken. Sie verwüsteten die Küstenstriche in der Gegend von Troizen, Halieis und Hermione und brannten ein lakonisches Seestädtchen nieder. Als sie von der Feindfahrt zurückkehrten, waren auch die peloponnesischen Truppen – nach etwa 40 Tagen – wieder abgezogen. Die Furcht vor der Pest hatte sie schließlich zum Abzug genötigt. Dennoch waren die Verheerungen umfangreicher als im Vorjahr. Die Hoffnung, den Krieg in einer Schlacht entscheiden zu können, war erloschen, Zerstörung das einzige Ziel. Dabei war der Aufwand größer als die Beute. Dies betraf vor allem Athen, da dort die gesamte Bevölkerung vom Krieg heimgesucht war. Die Bilanz der Flottenfahrt war zu mager, um für das doppelte Leiden der vergangenen Wochen entschädigen zu können. Hastig wurde beschlossen, mit demselben Heer, aber unter anderem Kommando, einen Feldzug in den Norden, zur Chalkidike, zu unternehmen. Vor allem sollte das nun schon länger belagerte Poteidaia genommen werden. Zum Einsatz kamen zum ersten Mal Belagerungsmaschinen, doch nichts gelang. Im Gegenteil, zusammen mit ihren Kriegsgeräten hatten die Athener auch die Pest mitgebracht. So gingen nicht nur die bereits Infizierten zugrunde, sie steckten überdies die schon vor Poteideia stehenden Belagerungstruppen an. In nur 40 Tagen starben allein von den 4000, die aus Athen aufgebrochen waren, rund 1500. Wer lebend nach Athen zurückkehrte, durfte allein dies als Erfolg verbuchen.

Die erste Welle der Seuche war inzwischen über die Stadt hinweggerollt. Die Überlebenden erwachten aus der Lethargie, die sie zuletzt befallen hatte. Außer Hunderten zivilen und militärischen Toten – «drinnen starben die Menschen, draußen verödete das Land», faßt Thukydides zusammen – hatte das zweite Kriegsjahr nichts gebracht.

Ende einer Ära In den Augen seiner Kritiker trug Perikles eine doppelte Verantwortung. Durch seinen Krieg gegen die Lakedaimonier hatte er den Zorn der Götter heraufbeschworen. Sie schickten die Pest, die damals als Folge seiner Strategie zur Epidemie wurde und in einem Massensterben endete. Ältere Athener erinnerten sich wieder eines Götterspruchs, der all dies schon lange prophezeit habe: «Kommen wird einst der dorische Krieg, ihm aber folgt die Pest (*Loimós*).» Tatsächlich aber sprach die Prophezeiung von einem näherliegenden Phänomen, das keine Gottheit schicken mußte, nämlich vom Hunger (*Limós*). Aus einem einzigen Buchstaben zimmerten sich die Perikles-Gegner jedoch eine Waffe, mit der sie ihren Feind seines Amtes entheben zu können hofften. Thukydides konstatiert lakonisch, die Menschen formten sich die Erinnerung immer nach dem gerade Erlebten, und er wagt selbst eine Prophezeiung: Wenn dereinst wieder ein Krieg gegen Sparta ausbreche, der Hunger zur Folge habe, würde es wohl wieder *Limós* heißen. Neue Brisanz gewann zudem die Prophezeiung, die die Spartaner zu Beginn des Krieges beim Apollon-Orakel in Delphi eingeholt hatten: Krieg nach Kräften geführt, bringe (ihnen) den Sieg. Er selbst greife ein. Schon bei Homer hatte Apollon, um die Griechen zu strafen, die Pest in ihr Heerlager vor Troia gebracht. Es lag also nahe, ihn auch diesmal am Werk zu sehen, denn die Seuche grassierte nur in Athen, während die Peloponnes verschont blieb.

Die Kritik erreichte die Volksversammlung, in der Perikles eine starke Klientel besaß, da sie überwiegend von Bürgern der Oberstadt und des Piräus frequentiert wurde, die – anders als die meisten Bürger außerhalb der Mauern – den Krieg begrüßt hatten. Die Hochstimmung, die zuvor jene erfaßt hatte, die im Glauben an die nationale Sache mehr auf Hoffnungen als auf Wissen vertrauten, war 430 allerdings verflogen. Die Athener hatten den Krieg so kennengelernt, wie sie ihn selbst gegen ihre Feinde und abtrünnige Verbündete geführt hatten – als Plünderung, Zerstörung und Verwüstung.

Perikles' jährliche Wiederwahl zum Strategen beruhte auf seinem Ansehen, und das speiste sich weniger aus militärischen Siegen (von denen es nach dem Samoskrieg von 439 keine bedeutenden mehr gab), sondern vor allem aus der wirtschaftlichen Prosperität der Stadt. Im zweiten Kriegssommer 430 stand es darum schlecht. Bei einer der routinemäßig in jeder Prytanie – also zehnmal pro Jahr – stattfindenden Abstimmungen über die Amtsführung der Magistrate legte der Rat der Fünfhundert im Herbst der Volksversammlung den Antrag vor, den Strategen Perikles seines Amtes zu entheben. Es wurde per Hand abgestimmt, eine Mehrheit votierte dafür, Perikles verlor (auf Zeit) sein Amt und mußte vor einem Geschworenengericht Rechenschaft ablegen. Die Anklage lautete auf Unterschlagung öffentlicher Gelder, ein Vorwurf, der ihm schon im Zusammenhang mit der Pheidias-Affäre gemacht worden war. Die Athener fühlten sich schnell um Gelder aus der Staatskasse betrogen, die sie für ihre eigenen hielten. Perikles' Gegner stellten den Antrag, nicht die Rechnungsbeamten (Logisten), sondern die Prytanen die Überprüfung vornehmen zu lassen, und unter diesen waren – wie offenbar im gesamten Rat – viele Perikles feindlich gesinnt. Das abschließende Urteil war einem Gerichtshof von 1500 Geschworenen vorbehalten, aber auch dort dominierten die Kläger. Perikles wurde zu einer hohen Geldstrafe von 15, anderen Nachrichten zufolge sogar von 50 Talenten verurteilt –

nach heutigen Vorstellungen eine Millionenstrafe. Platon will wissen, daß er nur knapp der Hinrichtung entging. Mehr ist nicht zu erfahren. Vor allem Thukydides gibt sich wortkarg. «Und wirklich ruhten sie alle zusammen in ihrer Wut auf ihn nicht eher, als bis sie ihm eine Geldbuße auferlegt hatten.» Mehr Details hat der Historiker nicht oder gibt sie nicht preis. Andere Quellen nennen drei unterschiedliche Kläger. Kleon gehört dabei zu den üblichen Verdächtigen, die beiden anderen sind weitgehend unbekannt. Vielleicht spricht das für die Authentizität der Namen.

In Athen gab es freilich keine personelle Alternative zu Perikles. Der Demos erfuhr das rasch. Eine Delegation, die gleich nach Perikles' Entmachtung nach Sparta geschickt worden war, um über den Frieden zu verhandeln, kehrte ergebnislos zurück. Die Spartaner wähnten sich nun auf der Siegesstraße und stellten unannehmbare Bedingungen. In dieser Situation wurde Perikles zwar wieder zum Strategen gewählt, doch seine Kraft war gebrochen, der Krieg fiel auf ihn und seine Familie zurück. Er erkrankte an der Pest, und auch seine beiden legitimen Söhne fielen ihr zum Opfer. Im September 429 starb Perikles, der Krieg nahm seinen Fortgang.

Im berühmten Kapitel 2.65, das, nach 404 verfaßt, ein erstes und, da Thukydides bald danach starb, auch letztes Resümee des Krieges bietet, hat der Historiker dem Staatsmann ein Denkmal gesetzt, das dauerhafter war als die großen Bauten, die Perikles hinterließ: «Nicht viel später (nach seiner Absetzung) freilich – wie es schon Art der Menge ist – wählten sie ihn wieder zum Feldherrn und übertrugen ihm alle Verantwortung, weil jeder gegen sein eigenes Elend schon eher abgestumpft war und sie ihn für den Würdigsten hielten, den Forderungen des Gesamtstaates zu genügen. Denn solange er die Stadt in Friedenszeiten leitete, führte er sie mit Besonnenheit und lenkte sie sicher durch alle Fährnisse, und unter ihm wurde sie mächtig. Als dann der Krieg ausbrach, zeigte es sich, wie richtig er auch hierin die Machtmittel (des Staates) im voraus eingeschätzt hatte. Er lebte dann noch zwei Jahre und sechs Monate; nach seinem Tod erkannte man noch deutlicher seine klare Voraussicht für den Krieg. Wenn sie Ruhe bewahrten, die Flotte instand hielten, ihre Herrschaft während des Krieges nicht erweiterten und die Stadt nicht aufs Spiel setzten, dann, so sagte er, würden sie siegen. Sie verkehrten all das ins Gegenteil: Sie betrieben von Staats wegen alles mögliche, was mit dem Krieg augenscheinlich nichts zu tun hatte, aus persönlichem Ehrgeiz und persönlicher Gewinnsucht, doch zum Nachteil Athens und der Verbündeten; solche Unternehmen brachten bei Erfolg dem einzelnen Ehre und Vorteil, schadeten beim Scheitern aber der Stadt im Krieg. Der Grund hierfür war, daß jener, mächtig durch sein Ansehen und seine Einsicht, in Geldangelegenheiten rein und unbestechlich, die Masse in Freiheit niederhalten konnte und sich nicht von ihr führen ließ, sondern selber führte, weil er nicht, um die Macht mit unlauteren Mitteln zu erlangen, ihr zu Gefallen redete, vielmehr gestützt auf sein Ansehen ihr auch im Zorn widersprach. Sooft er jedenfalls merkte, daß sie sich in frecher Überheblichkeit erkühnten, jagte er ihnen mit seinen Worten Angst und Schrecken ein, aus grundloser Furcht aber richtete er sie auf und flößte ihnen wieder Mut ein. So war es dem Namen nach Demokratie, in Wirklichkeit aber Herrschaft des ersten Mannes.»

MYTILENE UND PLATAIAI

Der Krieg geht weiter Als Perikles im September 429 starb, ging der Krieg ins vierte Jahr. Das erhoffte schnelle Ende war nicht gekommen, selbst die Hoffnung auf ein langsames verflogen. Beiden Seiten mangelte es an Konzepten und Strategien, die Aktionen waren unkoordiniert und nahmen vielleicht auch deswegen an Brutalität zu. Die Athener brachten spartanische Gesandte auf dem Weg zum Großkönig, die ihnen zufällig in die Hände gefallen waren, widerrechtlich nach Attika, wo sie ohne Prozeß und Urteil und ohne weitere Anhörung hingerichtet und – die Strafe für gewöhnliche Verbrecher – in eine Schlucht geworfen wurden. Die Spartaner kaperten Handelsschiffe, welche die Peloponnes umfuhren, töteten die Besatzungen, gleichgültig ob Verbündete der Athener oder Neutrale, und beseitigten die Leichen an Land, indem sie sie ebenfalls in Schluchten warfen. Wenn es nur der eigenen Sache zu dienen schien, scheuten weder Athener noch Spartaner Mittel dieser Art. Neu war, daß sie das gar nicht mehr zu verbergen versuchten. Bei Kriegsbeginn bemühten sie sich noch darum, vor der griechischen Öffentlichkeit als diejenigen dazustehen, die das Recht auf ihrer Seite hatten. Die

Gleichgültigkeit gegenüber den angewandten Mitteln machte solche Prinzipien vergessen. Jede Seite mußte sich eingestehen, daß das, was sie vorbrachte, um die eigenen Untaten zu bemänteln, bei niemandem mehr auf Glauben stieß. Was getan wurde, geschah oft aus dem Augenblick heraus; und Angst, Wut oder Rache waren schlechte Ratgeber. Einen Plan besaß niemand mehr, da der Krieg wegen der Ungleichheit der militärischen Strategien asymmetrisch geführt wurde. Ziel war oft nur ganz allgemein, die eigene Sache zu stärken und die des Gegners zu schwächen. Meist bestimmte der Zufall, was geschah.

Im Jahr 429 waren die Peloponnesier nicht in Attika eingefallen. Die Pest schreckte sie ab. Der Sommer war mit einem Angriff der Lakedaimonier auf das mit Athen verbündete mittelgriechische Akarnanien und Seekämpfen am Ausgang des Golfes von Korinth, den die Athener zu blockieren suchten, verstrichen. Anfang des Winters unternahmen die Peloponnesier einen Überraschungsangriff auf den Piräus, doch er scheiterte. So zogen sie erst im Frühsommer 428, «zur Zeit, in der das Korn reifte», unter dem Kommando des Archidamos ein drittes Mal nach Norden, um athenisches Land zu verwüsten. Die Pest war inzwischen abgeflaut, die Evakuierung fast schon Routine, und je öfter die Peloponnesier in Attika einrückten, desto weniger fanden sie etwas, das sie zerstören konnten. Den Athenern drohte 428 anderes Ungemach, und das kam aus der Ferne von der Insel Lesbos am Rande der *Arché,* ihres Herrschaftsbereichs.

Aufstand in Mytilene Die Auseinandersetzung zwischen den Siegern der Perserkriege war seit der Entmachtung des konservativen Adelsrates (Areopag) und der Etablierung einer demokratischen Ordnung 461/0 in Athen auch ein Kampf der politischen Systeme. Wo sie konnten, setzten die Spartaner oligarchische Regierungen ein, die Athener installierten demokratische. Allenfalls in Städten, deren Loyalität außer Frage stand, verzichteten die beiden Vormächte darauf, in die inneren Verhältnisse einzugreifen. Zuletzt hatte Athen 438 einen Konflikt der Insel Samos mit dem kleinasiatischen Nachbarn Milet genutzt, um mit großem militärischem Aufwand die oligarchische Regierung der verbündeten Insel zu stürzen und eine loyale Volksherrschaft einzurichten. Der Umsturz schien den Athenern um so dringlicher, als Samos zu den letzten drei Verbündeten gehörte, die keine Geldtribute bezahlten, sondern Schiffe

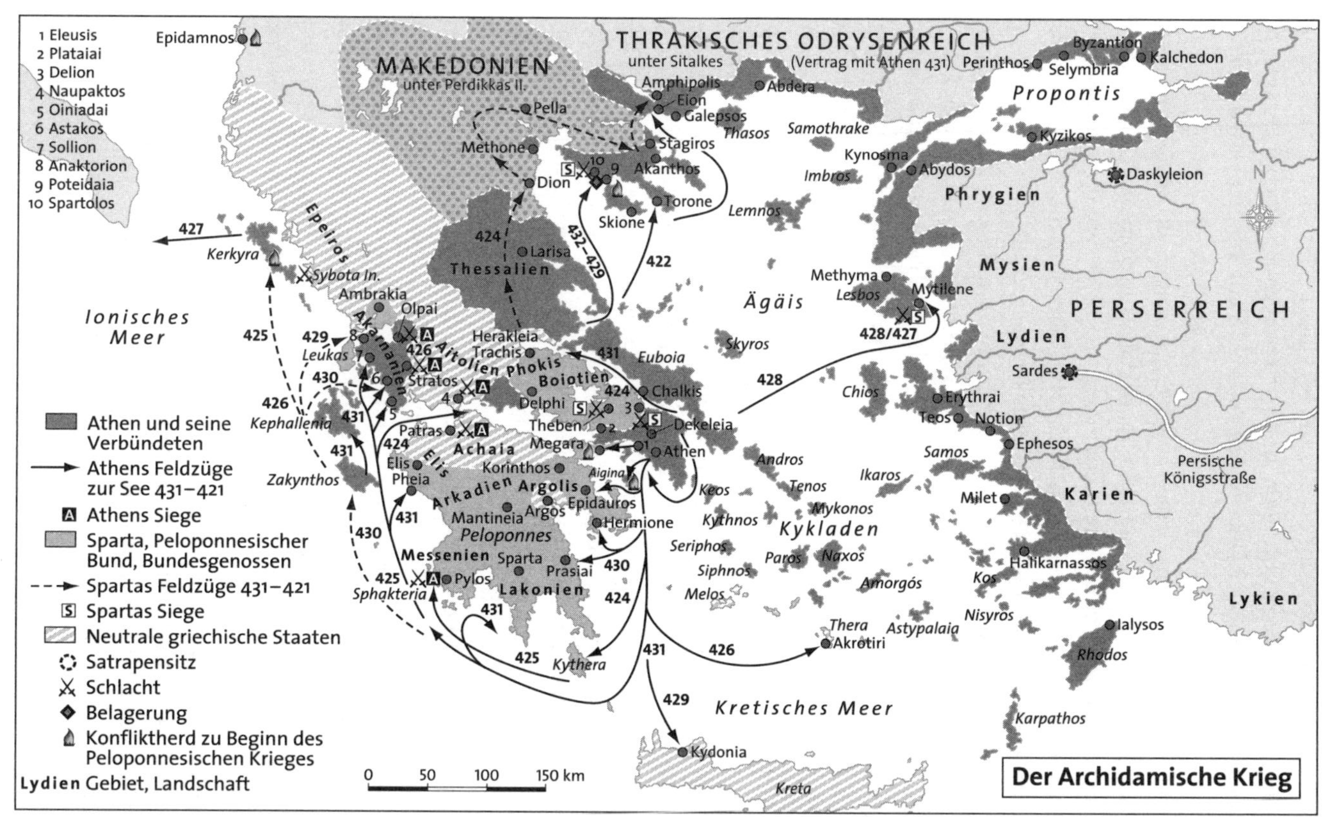
Der Archidamische Krieg
1 Eleusis
2 Plataiai
3 Delion
4 Naupaktos
5 Oiniadai
6 Astakos
7 Sollion
8 Anaktorion
9 Poteidaia
10 Spartolos
Athen und seine Verbündeten
Athens Feldzüge zur See 431–421
Athens Siege
Sparta, Peloponnesischer Bund, Bundesgenossen
Spartas Feldzüge 431–421
Spartas Siege
Neutrale griechische Staaten
Satrapensitz
Schlacht
Belagerung
Konfliktherd zu Beginn des Peloponnesischen Krieges
Lydien Gebiet, Landschaft
0 50 100 150 km
MAKEDONIEN
unter Perdikkas II.
THRAKISCHES ODRYSENREICH
unter Sitalkes
(Vertrag mit Athen 431)
PERSERREICH
Epidamnos
Pella
Methone
Dion
Amphipolis
Eion
Galepsos
Abdera
Stagiros
Akanthos
Torone
Skione
Thasos
Samothrake
Imbros
Lemnos
Kynosma
Abydos
Perinthos
Selymbria
Byzantion
Kalchedon
Propontis
Kyzikos
Daskyleion
Phrygien
Mysien
Lydien
Sardes
Persische Königsstraße
Karien
Lykien
Methyma
Lesbos
Mytilene
Ägäis
Skyros
Chios
Erythrai
Teos
Notion
Samos
Ephesos
Ikaros
Milet
Halikarnassos
Kos
Nisyros
Ialysos
Rhodos
Karpathos
Andros
Tenos
Mykonos
Kykladen
Keos
Kythnos
Seriphos
Siphnos
Paros
Naxos
Melos
Amorgós
Thera
Akrotiri
Astypalaia
Kretisches Meer
Kydonia
Kreta
Ionisches Meer
Epeiros
Kerkyra
Sybota In.
Ambrakia
Olpai
Akarnanien
Aitolien
Phokis
Boiotien
Leukas
Stratos
Kephallenia
Zakynthos
Thessalien
Larisa
Herakleia
Trachis
Delphi
Theben
Euboia
Chalkis
Dekeleia
Athen
Megara
Aigina
Patras
Achaia
Elis
Pheia
Korinthos
Arkadien
Argolis
Epidauros
Argos
Mantineia
Hermione
Peloponnes
Messenien
Sparta
Prasiai
Lakonien
Pylos
Sphakteria
Kythera
427
425
426
429
430
431
424
432–429
422
428
428/427

für die gemeinsame Flotte stellten. Die beiden anderen waren die großen Inseln Chios und Lesbos, und auf der letzteren regierten auch zu Beginn der zwanziger Jahre in den meisten Städten noch die Aristokraten.

Die Ereignisse auf Samos führten diesen jedoch vor Augen, daß auch ihre Herrschaft gefährdet war, jedenfalls mißtrauten sie den Athenern ebenso wie diese ihnen. Der Krieg mit Samos war freilich teuer gewesen. So unternahmen die Athener zunächst nichts, und die Bewohner von Lesbos, voran die des Hauptortes Mytilene, beschränkten sich auf Geheimdiplomatie. Während sie nach außen ihre Bündnispflichten gegenüber Athen erfüllten, schickten sie noch vor Kriegsbeginn Gesandte zu den Spartanern, um sich ihnen anzudienen. Diese winkten zunächst ab, die Verträge von 446 schlossen einen offenkundigen Bündniswechsel aus. Mytilene hielt indes an seinem Vorhaben fest. Ein langfristiger Plan ersetzte in dieser Situation den sofortigen Seitenwechsel. In einer Art Synoikismos – die alte Form einer Stadtgründung durch das «Zusammensiedeln» kleinerer Orte – begann Mytilene, die Bewohner der Insel um die Stadt herum zusammenzuziehen, Mauern und Befestigungsanlagen aufzustocken, neue Schiffe zu bauen, für die Zeit einer befürchteten Belagerung Getreide von den Küsten des Schwarzen Meeres zu kaufen und von dort auch Bogenschützen anzuwerben.

Die Bauarbeiten blieben freilich nicht unentdeckt. Aus Methymna, der einzigen Stadt auf Lesbos, die sich dem Aufstand nicht anschließen wollte, sowie von der benachbarten Insel Tenedos wurden die Beobachtungen nach Athen gemeldet. Zudem besaßen die Aristokraten in der eigenen Stadt Gegner, die einen Umschwung fürchteten. Die Stärke der demokratisch Gesinnten lag in ihrer Nähe zu Athen. Sie durften sich von einem Wechsel auf die spartanische Seite wenig versprechen. Daß Aristoteles der Meinung ist, der Konflikt sei rein privaten Motiven entsprungen, nämlich der Verärgerung eines Bürgers namens Dexandros, erscheint eher als ein Kuriosum: Aus Rache dafür, daß seine beiden Söhne nicht die Erbtöchter eines Aristokraten ehelichen durften, habe dieser einen Bürgerkrieg angezettelt, die Athener aufgehetzt, da er deren Gastfreund (*Próxenos*) war, und überhaupt sei er zum Anlaß vieler verhängnisvoller Ereignisse und des Krieges mit Athen geworden, heißt es in der *Politik* des Aristoteles.

Die Nachrichten über heimliche Vorbereitungen der Mytilener, den

Bund mit Athen aufzukündigen, nahmen zu und verdichteten sich schließlich zur Gewißheit. Lange Zeit wünschten die Athener, durch die Pest und die Flottenfahrten erschöpft, das zu glauben, was keine neuen Belastungen brachte. Schließlich bequemten sie sich doch zu eigenen Erkundungen und dirigierten, da Mytilene nicht bereit war, die Rüstungen abzubrechen, unverzüglich vierzig Schiffe, die segelbereit vor Anker lagen, um die Peloponnes zu umfahren, nach Lesbos. Die Angst trieb sie nun zur gewaltsamen Aktion. Von den Gegnern der Oligarchen hatten sie Informationen erhalten, daß außerhalb der Stadt ein Fest des Apollon Maloeis gefeiert werde, zu dem sich das ganze Volk versammeln würde. Diese Gelegenheit hofften sie zum Überfall nutzen zu können, um die Stadt in ihre Hand zu bekommen. Das Problem war freilich die Umsetzung, und die – die Mytilener waren gewarnt worden – scheiterte.

Als der Konflikt offen ausbrach, ließen die Behörden die Besatzungen der zehn mytilenischen Schiffe, die sich vertragsgemäß in Athen aufhielten, um auf ihren Einsatz zu warten, sofort in Gewahrsam nehmen. Aus Verbündeten wurden Geiseln. Einer der Seeleute entkam jedoch, lief zu Fuß zur attischen Ostküste und schlug sich bis zum Hafen von Geraistos auf Euboia durch. Dort gelangte er an Bord eines gerade auslaufenden Lastkahns, mit dem er nach zwei Tagen den Hafen von Mytilene erreichte. So waren, als die athenische Flotte wenig später vor Lesbos eintraf, die erst halbfertigen Maueranlagen mit Palisaden verstärkt, Wachen aufgezogen und die Zufahrten zum Hafen versperrt. Der athenische Kommandant erklärte den Krieg, den er nun freilich nicht mehr führen konnte. So wurde ein Waffenstillstand geschlossen, eine mytilenische Gesandtschaft ging offiziell nach Athen, eine weitere fuhr heimlich und auf Umwegen nach Sparta, um dort Unterstützung auszuhandeln.

Zu Land zogen die Mytilener gegen die Nachbarstadt Methymna, auf dem Meer erwartete Athen für eine Meeresblockade den Zuzug von Verbündeten, die auch bereitwillig kamen, da sie Lesbos für weit unterlegen hielten. So beherrschte die eine Seite das Land, die andere die See. Es entstand eine Pattsituation, in der die Mytilener auf das Eintreffen der spartanischen Verbündeten, die Athener auf deren Ausbleiben hofften.

Nachdem die Delegation aus Mytilene bei den Spartanern angekommen war, leiteten diese sie umgehend nach Olympia weiter, dem Ort, an dem sich ganz Griechenland versammelte. Sie gedachten die Spiele zu einer PR-Veranstaltung in eigener Sache und deren Besucher zu Zeugen ihrer Weltsicht zu machen. In dieser nahmen die Sieger der Perserkriege feste Plätze ein: hier die Athener, die Unterdrücker Griechenlands, dort die Spartaner, die Kämpfer für Freiheit und Autonomie. Ob viele Griechen dies glaubten, ist unklar. Den Mytilenern hing der Ruch von Abtrünnigen an, deren sich die Spartaner zwar im Kampf gegen Athen zu bedienen gedachten, die sie aber trotzdem als Verräter der bisherigen Freunde verachteten. Sogar die peloponnesischen Verbündeten Spartas schenkten der Freiheitsrhetorik wenig Glauben. Statt mit ihrer Vormacht in einen Krieg auf seiten der Mytilener zu ziehen, dachten sie an die gerade anstehende Ernte. So suchten sie zunächst nach einer Entschuldigung, dann verzögerten sie die Entsendung von Truppen und unterließen sie schließlich ganz.

Die Spartaner selbst hatten sich zu weit vorgewagt und konnten nicht mehr zurück, zumal die Schilderungen der Mytilener zunächst einen leichten Sieg versprachen. Freilich hatten diese zum eigenen Vorteil und späteren Verdruß der Spartaner die Situation stark beschönigt: Die Athener seien von der Pest mitgenommen, erschöpft von den hohen Kosten des Krieges. Ihre Flotte sei geteilt, die einen Schiffe kreuzten vor Lakonien, die anderen ankerten vor Lesbos, weitere seien schwerlich zur Hand. Wenn gleichzeitig das peloponnesische Heer Attika angreife, drohe Athen ein Zweifrontenkrieg. Die Spartaner glaubten das, weil sie nicht anders konnten. Sie bereiteten wieder eine Invasion in Attika vor und rüsteten Schiffe aus. Am Isthmos legten sie Walzenbahnen von sechs Kilometern Länge an, mit denen sie den Höhenunterschied von 80 Metern überwanden, um Schiffe aus dem Golf von Korinth ins Ägäische Meer ziehen zu können. 40 Trieren unter dem Kommando des Nauarchen Alkidas sollten den Mytilenern zu Hilfe kommen.

Indes, alle Pläne liefen ins Leere, die Seemacht der Athener hatte sich, anders als erhofft, behauptet. Zur allgemeinen Überraschung, zumindest aber derjenigen der Spartaner, rüsteten jene 100 Trieren aus und bedrohten damit die Peloponnes. Die Spartaner verwünschten ihre Glaubensseligkeit mitsamt den Mytilenern, brachen das Unternehmen ab und zogen sich nach Hause zurück. Athen fühlte sich nun in der Lage, die Sache gewaltsam zu entscheiden. Zu Beginn des Herbstes brachen 1000 Schwerbewaffnete unter dem Kommando des Strategen Paches nach Lesbos auf. Vor Ort angelangt, umschlossen sie Mytilene mit einer Ringmauer und schnitten die Stadt von jeder Zufuhr ab. Die Spartaner konnten vor Frühjahrsbeginn wenig tun. So sandten sie zur moralischen Unterstützung und zur militärischen Beratung einen einzelnen Offizier mit dem Namen Salaithos los. Er landete unbemerkt in einer weit in die Insel ragenden Bucht bei Pyrrha, schlug sich dann entlang eines Wildbaches nach Osten durch und überquerte unbemerkt von den Athenern den Wall, mit dem diese Mytilene umringt hatten. Salaithos organisierte die Verteidigung. Vor allem aber verband sich mit ihm die Hoffnung auf spartanische Schiffe. So überstanden die Mytilener den Winter, doch als das Frühjahr kam, schwand mit jedem neuen Tag auch die Hoffnung auf die versprochenen Trieren. Als erster wußte wohl Salaithos, daß sie nicht kommen würden. Vielleicht ahnte er spätestens jetzt, daß sie gar nicht kommen sollten. Außerhalb der Peloponnes kannten die Spartaner nur Interessen.

So saß Salaithos in der Falle. Er konnte zu Spartas Ehren verhungern, doch das ersetzte nicht den Tod auf dem Schlachtfeld. Schließlich überzeugte er die «Mächtigen» von Mytilene, einen Ausfall zu wagen. Dazu mußte er aber das Volk, das bisher nur die Leichtbewaffneten stellte, mit schweren Waffen versehen. Mit der Rüstkammer öffnete er freilich auch ein soziales Pulverfaß. Als das Volk bewaffnet war, verlangten seine Anführer Anteil an dem Getreide, das die Oligarchen gehortet hatten: Andernfalls würde sich das Volk mit Paches einigen und ihm die Stadt ausliefern. Die Drohung wirkte. Die Oligarchen kapitulierten, allerdings nicht vor dem Volk, sondern vor den Athenern. Sie hatten mehr Angst vor jenem als vor diesen. Mit Paches wurde ein Vertrag geschlossen: Die Stadttore seien zu öffnen, die Athener könnten über Mytilene verfügen; bevor eine nach Athen zu entsendende Delegation zurück sei, dürfe Paches aber keinen Einwohner fesseln, als Sklaven verkaufen oder gar töten. Danach rückten die Belagerer in die Stadt ein, in panischem Schrecken flohen die, welche die Sache Spartas verfochten hatten, an die Altäre, Salaithos versteckte sich. Paches hielt sich an den Vertrag, das Schicksal Mytilenes lag in den Händen der Volksversammlung, er konnte nur deren Aufträge ausführen. Er ließ die Rädelsführer bzw. diejenigen, die er dafür hielt, festnehmen und überredete die Geflohenen, ihr Asyl aufzugeben. Den Spartaner Salaithos zog er aus seinem Versteck und ließ ihn mit den anderen Gefangenen nach Athen bringen.

Das mytilenische Exempel In Athen schlug die ausgestandene Angst, mit dem Abfall von Mytilene zerbreche der Seebund, in Wut und Aggression um. Zunächst richteten die Athener den Spartaner Salaithos hin, obwohl dieser ihnen allerlei Dienste anbot. Kleon und sein Anhang beherrschten die Rednerbühne. Sie forderten ein abschreckendes Exempel, und in dieser aufgeheizten Atmosphäre faßte die Volksversammlung einen Beschluß von vorher noch nicht gekannter Brutalität. Nicht allein die Gefangenen in Athen, überhaupt alle Männer von Mytilene, ob schuldig oder unschuldig, ob Demokrat oder Oligarch, ob Anhänger Spartas oder Athens – letzteres wollten nun alle sein –, seien ohne Ausnahme hinzurichten, Frauen und Kinder als Sklaven zu verkaufen. Den Zorn speiste insbesondere der Gedanke an die peloponnesische Flotte des Alkidas, obwohl die längst geflüchtet war. Ihre bloße Existenz verriet, daß der Abfall keine spontane Idee, sondern von langer Hand vorbereitet war.

Im Piräus lag eine Triere bereit. Noch am Tag des Beschlusses verließ sie den Hafen mit dem Befehl an Paches, gemäß dem Willen des athenischen Volkes, alle Mytilener hinzurichten. Bis Lesbos war es bei günstigem Wind eine Fahrt von drei Tagen. Der erste verstrich, und in Athen begann sich Unmut zu regen. Unmenschlich sei der Beschluß, eine ganze Stadt zu vernichten, statt nur die Schuldigen zu bestrafen. Bürger, die sich für ihre Stadt schämten, aber auch die anwesenden mytilenischen Gesandten, die den allmählichen Umschwung in der herrschenden Meinung bemerkten, wandten sich an die Feldherren. Zwar konnten nur die Prytanen eine neue Versammlung des Volkes einberufen, die Feldherren aber besaßen die Möglichkeit, jene über ein Ratsdekret dazu aufzufordern. Der Widerstand gegen das Dekret wuchs schnell, und noch am selben Tag trat die Volksversammlung ein zweites Mal in der Causa Mytilene zusammen. Niemand sonst konnte den Beschluß rückgängig machen. Als die beiden Hauptredner Kleon und ein Mann namens Diodotos, von dem ansonsten nichts bekannt ist, gesprochen hatten, hielten sich die Auffassungen die Waage. Weitere Redner brachten weitere Gründe und Gegengründe vor, und noch immer zeichnete sich keine Mehrheit ab. Schließlich forderte der Herold auf Geheiß des Vorsitzenden zur Abstimmung auf. Der Antrag, über den zu entscheiden war, vermutlich der des Diodotos, wurde formuliert, danach hoben die Ekklesiasten, die für diesen waren, die

Hand. Das Ergebnis war unklar. So erfolgte die Gegenprobe. Schließlich verkündete der Vorsitzende den Beschluß. Eine knappe Mehrheit hatte für Diodotos und damit für die Rücknahme des ersten Dekrets votiert.

Eine zweite Triere lag schon segelfertig, doch die Sache schien aussichtslos. Das Schiff, das den Hinrichtungsbefehl überbringen sollte, hatte bereits ein Drittel der Strecke zurückgelegt und besaß einen Vorsprung von einem Tag und einer Nacht. Die Gesandten der Mytilener eilten in den Hafen, brachten der Besatzung Wein und Gerstenmehl und versprachen hohe Belohnungen für den Fall, daß es ihr gelingen sollte, das vorausgefahrene Schiff noch abzufangen. Selbst der sonst so kühl urteilende Thukydides steht im Bann dieses Geschehens. Es sind die wenigen Augenblicke, in denen dieser Krieg auch ein menschliches Antlitz zeigte. Die Ruderer der zweiten Triere aßen das mit Wein und Öl angerührte Brot, ohne die Fahrt zu unterbrechen. Wechselweise schliefen die einen, während die anderen ruderten. Und sie hatten Glück. Kein Gegenwind kam auf, und das erste Schiffe machte wegen des «widerwärtiges Auftrages» – allein hier gebraucht Thukydides dieses Adjektiv – nur langsame Fahrt, während das zweite aus ebendiesem Grund seine Fahrt beschleunigte. Gerade als Paches sich anschickte, den Beschluß der Athener Volksversammlung zu verlesen, um ihn dann ausführen zu lassen, lief die zweite Triere in den Hafen von Mytilene ein. «So nah», schließt Thukydides, «war Mytilene der Gefahr gewesen.»

Die Strafen waren dennoch hart. Gnade fanden neben Frauen und Kinder in erster Linie die Anhänger der Volkspartei, die in Lesbos verblieben waren. Die sogenannten Rädelsführer, die Paches bereits nach Athen hatte deportieren lassen, wurden ohne Ausnahme hingerichtet. Insgesamt starben über 1000. Dazu schleiften die Athener die Mauern von Mytilene, brachten die Schiffe auf und beschlagnahmten Acker- und Weideland auf Lesbos. Daraus bildeten sie 3000 Grundstücke in Erbpacht, 300 gingen an die Götter, der Rest wurde an die ärmeren Bürger Athens verlost. Die Lesbier durften ihr Land bestellen, mußten aber die athenischen Kleruchen mit einem Zins von 200 Drachmen pro Jahr und Gut alimentieren.

Epilog Paches verschwindet danach aus der Geschichte des Thukydides, nicht aber aus der Athens. Nur kurz nach den Ereignissen wurde dort eine Untersuchung gegen ihn eingeleitet. Das unterschied die demokratische von der oligarchischen Gesellschaft. Obwohl sein spartanischer Gegenpart Alkidas die Anfahrt nach Mytilene so verschleppt hatte, daß er zu spät kommen mußte – freilich weiß niemand, ob das nicht auf heimlichen Befehl des Ephorats geschah –, obwohl er keinen Kampf gegen die Athener wagte, statt dessen voreilig floh, und obwohl er Spartas Ruf in Kleinasien durch die widerrechtliche Tötung von Gefangenen – die einzige Tat, die er mit dem Schwert vollbrachte – geschädigt hatte, blieb er im Amt. Paches hingegen mußte sich – die Gründe sind unklar – aufgrund einer Eisangelia-Klage (einer Klage wegen Verletzung von Staatsinteressen) vor der Volksversammlung verantworten. Noch während des Prozesses zog der Feldherr sein Schwert und tötete sich auf der Rednerbühne.

Mytilene selbst bewahrte die Erinnerung an die Schreckenszeit, die sich mit dem Namen des Paches verband, in Form einer frommen Legende, die in der *Anthologia Graeca* überlebte.

Zwei Heldenfrauen von Lesbos
Sie, die sel'ge Hellanis, und mit ihr die schöne Lamaxis
waren dem heimischen Land Lesbos ein strahlendes Licht.
Als mit athenischen Schiffen hier Paches dereinstens gelandet
und Mytilenes Gebiet wüstend verheerte, da kam
schlimme Liebe ihn an zu beiden: er mordete ihre
Männer, um so mit Gewalt sich ihren Frauen zu nah'n.
Die aber fuhren auf tiefen und weiten ägäischen Wassern
rasch nach Mopsopia (Attika) fort, hin zu dem bergigen Land
und entdeckten dem Volk die schändlichen Taten des Paches,
bis sie ihm endlich den Tag seines Verderbens gebracht.
Also habt ihr getan, ihr Frauen; dann kehrtet ihr wieder
zu der Heimat, und dort liegt ihr begraben im Tod.
Früchte trug euer Tun: denn ihr schlummert beim Male der Gatten
und seid selber ein Mal leuchtender Reinheit und Zucht.
Heut' noch besingen euch alle als Heldinnen gleichen Gefühles,
die für kränkende Tat Heimat und Gatten gerächt.

Die Belagerung von Plataiai Teilweise parallel zu den Geschehnissen von Mytilene vollzog sich, wenn auch über einen längeren Zeitraum, nämlich vom Sommer 429 bis zum Sommer 427, das Drama von Plataiai.

Entsprechend seiner annalistischen Erzählweise wechselt Thukydides' Darstellung dann auch zwischen beiden Schauplätzen. Dies zwingt zu einem Vergleich beider Ereignisse, den der Historiker niemals anspricht, aber doch wohl intendiert hat.

Die Allianz des benachbarten Plataiai mit Athen war ein Pfahl im Fleisch der Thebaner. Allein waren sie zu schwach, um wieder die Oberhand über die Nachbarstadt zu bekommen, doch in Sparta besaßen sie einen mächtigen Verbündeten, in dessen Interesse es lag, die wichtige Verbindungsstraße zwischen dem Hafen Megara und Boiotien wieder in die Hand zu bekommen. Im Sommer 429 wütete, wie gesagt, die Pest in Athen, und so dirigierte der König Archidamos sein Heer in das nordwärts gelegene Gebiet von Plataiai um und ließ das offene Land verwüsten. Der Einmarsch war freilich heikel, denn Plataiai besaß in Griechenland besonderes Ansehen und besonderen Schutz. Der Name der Stadt stand für den endgültigen Sieg über die Perser. So beklagten sich auch die Plataier umgehend: Der spartanische Feldherr Pausanias habe 479 feierlich die immerwährende Unabhängigkeit ihrer Stadt gelobt. Archidamos stellte dies nicht in Frage, aber eine Bedingung: Die Plataier müßten an der Befreiung all der Griechen teilnehmen, die damals die Last des Krieges mitgetragen hätten, nun aber unter der Herrschaft der Athener stünden. Der ganze jetzige Krieg und alle Rüstung Spartas, behauptete der König, diene nur dazu, Unterdrückte zu befreien, und die gab es nach seiner Lesart nur im Attischen Seebund.

Das Problem für die Plataier war, daß sie das Bündnis, selbst wenn sie wollten, nicht ohne weiteres wechseln konnten. Ihre Frauen und Kinder befanden sich seit dem Überfall von 431 in Athen. Was die Plataier zunächst als eine reine Sicherheitsmaßnahme zu ihrem Schutz verstanden hatten, offenbarte nun seine Kehrseite. Die Athener konnten mit diesem Pfand jede Einigung der Plataier mit einer anderen Macht unterbinden. So erbaten sich die Plataier einen Waffenstillstand, um Gesandte nach Athen zu schicken. Nach deren Rückkehr beschlossen sie, «die Athener nicht zu verraten», notfalls die Verwüstung ihres Landes und was «alles sonst an Leiden auf sie zukäme», auf sich zu nehmen. Thukydides' Worte sind wohlformuliert und verraten die Absicht. Der Historiker kontrastiert das Verhalten der Plataier mit dem der Mytilener, und er bewundert es, ohne das ausdrücklich zu sagen.

Für Archidamos war nun der *casus belli* gegeben, und er bekundete dies mit einer Anrufung der Götter. Die Spartaner pflegten dies vor allen militärischen Angelegenheiten zu tun, sei es beim Auszug ins Feld, am Morgen eines Kampftages oder bei Beginn der Schlacht, besonders intensiv aber dann, wenn ihre Handlung nicht im Einklang mit den Geboten stand, zum Beispiel wenn sie eine griechische Stadt während eines heiligen Monats angriffen, in dem Kampfhandlungen verboten waren. So zeigt auch diesmal die Inbrunst, mit der Archidamos nun die Götter zu Zeugen seiner gerechten Sache machen wollte, daß es nicht eben leicht war, sie von dieser zu überzeugen.

Plataiai im Sturm zu nehmen war nicht möglich. Zwar wurde die Stadt nur von knapp 500 Männern verteidigt, doch betrug die Länge der Umfassungsmauer auch nur ungefähr 1500 Meter. Archidamos ließ zunächst Bäume fällen, um den Ort mit Palisaden zu umgeben. Dann wurde ein Wall aus Erde, mit Reisig und Steinen gemischt, aufgeschüttet und mit Gehölz aus dem Kithairon – einem Bergzug nordwestlich von Attika – befestigt. 70 Tage wurde ununterbrochen in Schichten gearbeitet. Die Verbündeten aus den peloponnesischen Städten begehrten bereits auf, sie seien zum Kampf und nicht zu Erdarbeiten gekommen.

Auf der Gegenseite blieben die Plataier nicht untätig. Sie erhöhten die vorhandene Mauer mit einem Holzgerüst, füllten es mit Ziegelsteinen und verkleideten es mit Fellen und Häuten, um das Holz vor Brandpfeilen zu schützen. Zudem durchbrachen sie dort, wo der gegnerische Damm wuchs, ihre eigene Mauer, trugen die Dammerde ab und schafften sie in die Stadt. Als die Peloponnesier dies bemerkten, gruben die Plataier einen unterirdischen Gang und schleppten auf diesem Weg das Füllmaterial weg. Obwohl sich rasch Hohlräume bildeten und der Damm an vielen Stellen einsank, bemerkten die Angreifer lange nichts davon. Innerhalb der Stadt bauten die Plataier dort, wo die Außenmauer besonders gefährdet war, eine zweite Mauer in Form eines Halbmondes, um einen weiteren Schutz und dazu ein besseres Schußfeld zu haben, wenn denn die Hauptmauer an dieser Stelle eingenommen werden sollte.

Schließlich führten die Peloponnesier Rammböcke an die Mauer, sogenannte Widder, die damals zum ersten Mal in Griechenland zum Einsatz kamen. Aber auch angesichts dieser Gefahr wußten sich die Belagerten zu helfen. Sie montierten zwei Kräne auf die Mauer, hängten schwere Balken an Eisenketten daran und ließen diese mit Wucht auf die

Rammsporne fallen. Das war der Moment, in dem sich Archidamos die Sinnlosigkeit seiner bisherigen Bemühungen eingestehen mußte. Er bereitete nun, da auch die Zeit zum (partiellen) Abzug drängte, die völlige Umschließung der Stadt durch eine Mauer vor. Zuvor wollte er aber noch den Versuch unternehmen, die Stadt bei günstigem Wind in Brand zu setzen. Zwischen Aufschüttung und Mauer ließ er große Reisigbündel werfen und, soweit es möglich war, Holzstöße aufschichten. Die Belagerer warfen dann Brandfackeln mit Pech und Schwefel hinein, und als Wind aufkam, loderte ein Flammenmeer empor, wie es die Beteiligten – so Thukydides – vorher nur bei großen Waldbränden beobachtet haben wollten. Um Haaresbreite, schreibt der Historiker, entgingen die Plataier der Vernichtung, doch der aufkommende Wind entfachte zwar das Feuer, trieb es aber nicht in Richtung der Stadt. Heftige Gewitter löschten schließlich die Flammen.

Die Peloponnesier waren nicht für eine längere Kampagne ausgerüstet, und so zog der größere Teil des Heeres Ende Juli oder Anfang August wieder ab. Einzelne Truppenkontingente erhielten den Auftrag, die Umfassungsmauer fertig zu bauen; etwa um den «Frühaufgang des Arkturos», also Mitte/Ende September, war sie fertiggestellt. Archidamos ließ nur Wachtposten zurück, denn als einzige Möglichkeit, die Stadt zu nehmen, blieb nurmehr, sie auszuhungern. Die Mauern um Plataiai herum bestanden wie nachmals das Bollwerk Caesars vor Alesia (52) aus zwei Ringen. Einer schloß die Belagerten ein, der zweite schützte vor einem Angriff von außen, d. h. aus Richtung Athen. Die Gegner aus der Peloponnes schätzten die Bündnistreue der Athener offenbar höher ein als die Verbündeten aus Plataiai selbst, bei denen die Hoffnung auf Entsatz längst geschwunden war. Der Zwischenraum von ca. 16 Fuß war verbaut, dort hausten die Belagerer.

Die Flucht Der Winter verstrich und ebenso der Sommer 428, Nachschub drang nicht durch, aus Athen kam keine Hilfe. Als der zweite Belagerungswinter nahte, faßten die Eingeschlossenen, 400 Bürger aus Plataiai und 80 Athener, den Plan, die Zernierung zu durchbrechen und zu fliehen. Ein solcher Ausbruch aus einem Belagerungsring war mit großer Gefahr verbunden, und so scheute die knappe Mehrheit dann doch davor zurück, 220 Freiwillige aber wollten es wagen. Alles hing davon ab, schnellstmöglich die Umfassungsmauer zu überwinden. Indem sie immer wieder die Ziegelsteinreihen der nach außen unverputzten Einschließungsmauer zählten – ein Irrtum war tödlich –, ermittelten sie das genaue Maß für die Leitern, die sie zimmern mußten. Nun warteten sie eine mondlose Nacht ab. Die letzten Vorbereitungen waren getroffen, da setzte Regen ein. Der Regen ging in Schnee über, es begann zu stürmen, und auf dem Wasser in den Gräben bildete sich eine dünne Eisschicht. Die Fliehenden überwanden den ersten Graben, dabei immer Abstand wahrend, um sich nicht durch das Aufeinanderprallen ihrer Waffen zu verraten. Sie trugen leichte Rüstung und waren nur mit einer Sandale am linken Fuß beschuht, um im Schlamm nicht auszugleiten. Wegen des Unwetters hatten sich die Wachtposten auf die Türme zurückgezogen, von wo aus sie in der Dunkelheit nicht weit sehen konnten.

Zwölf leichtbewaffnete Plataier stiegen nun auf die Leitern zur Brustwehr, je sechs wandten sich gegen die beiden Türme, die diesen Mauerabschnitt flankierten. Weitere Leichtbewaffnete folgten von unten mit Speeren. Die Wachen waren ahnungslos und wurden erst aufmerksam, als ein Plataier beim Anfassen der Zinnen einen Ziegel löste, der mit einem dumpfen Laut auf dem Boden aufprallte. Nun endlich erhoben die Posten ein großes Geschrei, und die, die im Lager weilten, rannten in die Richtung, in der sie das Geräusch zu hören glaubten. Niemand wußte in der Dunkelheit und dem Schneegestöber, was vor sich ging. Gleichzeitig versuchten die in der Stadt Verbliebenen auf der gegenüberliegenden Seite einen Ausfall gegen die Umschließungsmauer, die Verwirrung erhöhte sich. Die meisten Peloponnesier blieben daher auf ihren Posten stehen, nur 300 Mann, die eine erste Eingreiftruppe für den Alarmfall bildeten, liefen die Mauern entlang zum Turm, an dem sie das Warngeschrei orteten. Leuchtfeuer wurden angezündet, um den Thebanern zu melden, daß es einen Ausbruchsversuch gab. Das aber hatten die Plataier vorausgeahnt und in der Stadt Fackeln bereitgehalten, die sie nun ebenfalls anzündeten und emporhielten, so daß die Thebaner nicht enträtseln konnten, was die Feuersignale melden sollten, und die Zeit verstreichen ließen, die es gebraucht hätte, um den Flüchtenden den Weg abzuschneiden.

Inzwischen hatten die Plataier beide Türme erklommen und deren Wächter niedergemacht. Von dort aus konnten sie diejenigen, die zur Abwehr herbeiliefen, mit Pfeilen und Speeren in Schach halten, während die Hauptmasse der Fliehenden mit ihren Leitern das Mauerstück zwischen den beiden Türmen überwand. Schließlich stiegen auch die Leute von den Türmen herab, und in dem Augenblick, in dem sich alle Plataier vor dem zweiten, tieferen Graben versammelten, stießen sie aufeinander. Da die Belagerer Fackeln trugen, standen sie in deren Lichtkegel, die Plataier hingegen waren im Dunkeln nicht leicht zu erkennen waren. Mit heftigem Beschuß nutzten sie ihren Vorteil und durchquerten den Graben, obwohl ihnen das eiskalte Wasser bis zum Kopf reichte.

Das Unwetter war mittlerweile heftiger geworden. Das begünstigte die weitere Flucht. Links am Heiligtum des Androkrates vorbei zogen sie die Straße nach Theben entlang, auf dem Weg also, auf dem die Verfolger sie am wenigsten vermuteten. Sie jagten ihnen statt dessen auf der Straße nach Athen in Richtung zum Kithairon-Gebirge nach. Währenddessen bogen die Plataier nach einer Viertelstunde Weges von der nordwärts führenden Straße ab und schlugen sich zum Gebirge gegen Erythrai hin durch, von wo aus sie ungefährdet Athen erreichten. Insgesamt waren es 212 Mann, die, soweit sie nicht zur athenischen Besatzung gehörten, nun das Bürgerrecht erhielten. Niemand wurde getötet, ein einzelner Bogenschütze war am äußeren Graben von den Peloponnesiern gefangengenommen worden, sieben waren aus Angst vor dem Übersteigen der Mauern wieder umgekehrt. Sie berichteten in der Stadt, alle ohne Ausnahme seien umgekommen. So schickten die Plataier bei Tagesanbruch einen Herold, um über die Herausgabe der Toten zu verhandeln. Es gab keine, wie sie nun erst erfuhren.

Das Urteil Das geschah im Winter 428/27. Im folgenden Sommer fielen die Peloponnesier ein viertes Mal in Attika ein, entging Mytilene nur knapp der vollständigen Vernichtung (*Panolethría*) und eroberte der Stratege Paches den Hafen Notion und der Stratege Nikias die Insel Minoa. Zu dieser Zeit ergaben sich auch die Plataier, die zurückgeblieben waren. Nach der Flucht der 200 reichte der Proviant noch einige Monate, doch im Hochsommer waren die Lebensmittel erschöpft. Die Kräfte schwanden, die Verteidiger waren nicht mehr in der Lage, einem Sturmangriff auf die Mauern standzuhalten. Als der lakedaimonische Kommandant dies erkannte, ließ er die Angriffe einstellen. Er hatte entsprechende Weisungen aus Sparta, und möglicherweise befand sich auch einer der Ephoren vor Ort.

Die Spartaner hatten in Griechenland nicht nur den Ruf der Tapferkeit, sie waren auch für ihre diplomatischen Winkelzüge bekannt. Würden sie Plataiai mit Gewalt einnehmen, stand zu befürchten, daß sie nach einem Friedensschluß mit Athen die Stadt wieder herausgeben mußten, denn wesentlicher Bestandteil von Friedensvereinbarungen war, im Krieg eroberte Orte gegenseitig zurückzugeben. So übermittelte der Kommandant durch einen Herold sein Angebot, im Falle freiwilliger Aufgabe würden nur die Schuldigen bestraft, widerrechtlich aber niemand.

Die Plataier waren so entmutigt, daß sie in alles eingewilligt hätten. Die Lakedaimonier versorgten sie nun mit Verpflegung, bis die Richter aus Sparta, fünf an der Zahl, eingetroffen waren. Statt Anklage zu erheben, stellten sie nur die rhetorische Frage, ob die Plataier ihnen in diesem Krieg schon einen Dienst erwiesen hätten, und sie stellten sie jedem der 225 noch Verbliebenen – die übrigen waren, soweit sie nicht flüchten konnten, gefallen oder verhungert. Die Antwort war vorgegeben und hieß «Nein». Jeden, der sie gab, freiwillig oder erzwungen, ließen die Richter abführen und exekutieren. Die Frauen in der Stadt verkauften die Lakedaimonier als Sklavinnen, die Stadt wurde den Thebanern übergeben, welche als treibende Kraft im Hintergrund deren Zerstörung gefordert hatten. Sie überließen sie zunächst auf ein Jahr Vertriebenen aus Megara und jenen Plataiern, die zur prothebanischen Fraktion gehörten und ihre Stadt schon früher verlassen hatten. Schließlich rissen sie Plataiai bis auf die Grundmauern nieder und errichteten auf den Fundamenten des alten einen neuen Tempel der Stadtgöttin Hera samt einer Herberge für die Festgäste, 200 Fuß im Geviert. Das Land wurde auf zehn Jahre an thebanische Bürger verpachtet.

DER BÜRGERKRIEG IN KERKYRA

Stasis Die einzige kriegerische Aktion, die alle Griechen gemeinsam unternommen hatten – zur Abwehr des Perserkönigs Xerxes fand sich 480 gerade ein Drittel bereit –, war, glaubt man dem Mythos, die Fahrt gen Troia. Das Unternehmen endete mit einem Sieg, der sich jedoch bald als Niederlage entpuppte. Homers Helden waren keine: Palamedes wurde verleumdet und gesteinigt, Thersites von einem Mitkämpfer zu

Tode geprügelt, Achill durch einen Fersenschuß getötet, Philoktet auf einer Insel ausgesetzt, Odysseus jahrelang durch ein feindliches Meer getrieben, Agamemnon im Bad erschlagen, Aias, der Telamonier, brach in eine Schafherde ein, und Aias, der Lokrer, fiel in einen Dunghaufen. Danach zogen es die Griechen vor, gegeneinander ins Feld zu ziehen, zumal der Anreiseweg kürzer war. So war der Peloponnesische Krieg, der längste und verlustreichste, den sie je führten, ein Kampf der Griechen *untereinander*, in dem andere Völker – im Sinne des Wortes – nur am Rande beteiligt waren. Die Griechen selbst nahmen ihn zunächst, obwohl sie sich in vielem als Einheit empfanden und gegen die Barbaren abgrenzten, nicht als einen Krieg unter Angehörigen eines Volkes wahr. Er trug die gleiche Bezeichnung, nämlich *Pólemos*, wie die Kämpfe, die sie mit Makedonen, Thrakern oder Persern führten. Daß es sich tatsächlich aber um eine *Stasis*, einen Bürgerkrieg im Großformat, handelte, erkannte erst das 4. Jahrhundert, das sich der Folgen stärker bewußt war. «Daß also Griechen mit Barbaren und Barbaren mit Griechen, wenn sie gegeneinander kämpfen, Krieg führen, wollen wir wohl sagen, und daß sie von Natur einander verfeindet sind und man diese Feindschaft Krieg (*Pólemos*) nennen müsse; wenn aber Griechen gegen Griechen etwas dergleichen tun, daß sie von Natur einander freund sind und daß in diesem Zustand Griechenland nur krank ist und unter sich verfehdet und man diese Feindschaft einen Bürgerkrieg (*Stásis*) nennen müsse», heißt es in der *Politeia* Platons.

Unter diesem Aspekt war der Bruderkrieg unter den Griechen ein dreifacher. Es kämpften die Hegemonialstaaten Athen und Sparta samt ihren Verbündeten miteinander, unter dieser Ebene lagen Nachbarstädte oder -inseln in tödlichem Streit, so etwa Athen und Aigina, Theben und Plataiai, Sparta und Argos oder Mytilene und Methymna auf Lesbos. Der blutigste Kampf aber tobte in den Städten selbst: Oligarchen und Demokraten stritten um die Vorherrschaft in den einzelnen Poleis, und wenn dieser Machtkampf früher meist mit Verbannungen geendet hatte, so massakrierten sich, seit die Großmächte eingriffen, nun die inneren Feinde gegenseitig.

Der Peloponnesische Krieg, den Thukydides beschreibt, begann mit einer lokalen Stasis, der von Plataiai, und er endete mit einer solchen, nämlich der Schreckensherrschaft der 30 Tyrannen in Athen. Nahezu keine griechische Stadt blieb von politischen Attentaten, Putschversuchen und inneren Unruhen verschont. Die Bürger fürchteten ihre inneren Feinde mehr als die äußeren, und besonders grausame Gewaltexzesse spielten sich auf der Agora ab, dem Hauptplatz einer jeden Polis, und nicht auf dem Schlachtfeld. Die Liste der Städte und Inseln, in denen zeitweilig Bürgerkrieg herrschte, reicht von Lesbos bis Samos, von Megara über Sikyon, Tegea, Mantineia bis zu Korinth und Theben; und wer im 27jährigen Krieg bis zur Kapitulation Athens 404 noch fehlte, trug sich in den nächsten vier Jahrzehnten in die Liste ein. Selbst Sparta, das sich einer seit Jahrhunderten stabilen Verfassung rühmte, erlebte nach 400 einen Umsturzversuch.

Für Thukydides waren die Staseis in den Städten insofern von Bedeutung, als sie wesentliche Etappen im Verlauf des großen Krieges waren. Er hat sie nicht immer in allen Einzelheiten beschrieben, doch ihre Bedeutung exemplarisch gezeigt. Das wichtigste Fallbeispiel ist die berühmte Schilderung der Stasis von Kerkyra.

Spielball der Hegemonialmächte Die Insel Kerkyra im Ionischen Meer nahm bis 413, dem Ende der sizilischen Expedition, eine Schlüsselrolle im Krieg ein. Sie war gleichsam das Sprungbrett nach Süditalien und Sizilien. Dort mußten die athenischen Trieren nach der Umsegelung der Peloponnes Proviant und Wasser aufnehmen, bevor sie die Fahrt über die Adria wagten. Die Spartaner fürchteten, wie gesagt, die athenische Präsenz auf Kerkyra – 433 hatte die Insel mit Athen eine Epimachie, ein Defensivbündnis, geschlossen –, weil dort einer der wichtigen Häfen lag, von denen aus eine Blockade der Peloponnes möglich schien. Nachdem die maritime Unterstützung für Mytilene als Fiasko geendet hatte, schickten die Spartaner die damals bereitgestellten Schiffe unter dem Kommando des Nauarchen Alkidas gegen Kerkyra. Begleitet wurde er von einem Berater namens Brasidas, der bald zum wichtigsten Feldherrn der Spartaner im Archidamischen Krieg aufsteigen sollte. Ihr Auftrag lautete, die Schlappe von Lesbos zu kompensieren und in die inneren Unruhen auf Kerkyra einzugreifen, bevor eine größere Flotte aus Athen die Verbündeten unterstützen konnte. Die zwölf im nahen Naupaktos stationierten athenischen Schiffe brauchten sie nicht zu fürchten.

Die Wirren auf Kerkyra hatten etwa im Frühjahr 427 begonnen. Ausgelöst wurden sie durch die Fernwirkung eines Ereignisses, das schon fast sechs Jahre zurücklag. In der bereits erwähnten Schlacht bei den

Sybota-Inseln hatten 433 die Korinther über die Flotte von Kerkyra gesiegt und über 1000 Gefangene gemacht. 800 davon, offenbar Sklaven, verkauften sie, 250, in der Mehrzahl vermögende Bürger, verbrachten sie nach Korinth. Sie versprachen ihnen die Freiheit, falls sie sich in Kerkyra für einen Regierungswechsel und eine Auflösung der Epimachie mit Athen einsetzen würden. Die plötzliche Rückkehr nach so langer Zeit löste dann auch Überraschung aus, doch die Heimgekehrten behaupteten, es sei für sie die – ungewöhnlich hohe – Bürgschaft von 800 Talenten geleistet worden. Sie entwickelten sofort eine große Betriebsamkeit, sprachen mit allen Bürgern und versuchten sie für ihre Ziele zu gewinnen. Ein erster Erfolg bestand darin, daß die Stadt Kerkyra in Anwesenheit athenischer und korinthischer Gesandter sich auf den seltsamen Kompromiß einigte, zwar das Bündnis mit Athen wahren zu wollen, gleichzeitig aber wie seit alters – Kerkyra war ja eine korinthische Gründung – in ein freundschaftliches Verhältnis zu den Peloponnesiern zu treten. Dadurch ermutigt, zogen die Gegner Athens einen gewissen Peithias, der Führer der Volkspartei war und den Status eines athenischen Proxenos (Staatsgastfreund) besaß, mit der Beschuldigung vor Gericht, er wolle Kerkyra unter das Joch Athens bringen. In den griechischen Poleis wurden die Gerichte oft dazu entfremdet, dem inneren Gegner Ehre oder Vermögen zu nehmen – wenn es möglich war, auch beides, selbst wenn sich dies selten in einer Person vereinigte. Peithias wurde jedoch freigesprochen.

Nachdem der Angriff auf seine Bürgerehre gescheitert war, reichte Peithias eine Gegenklage gegen die fünf reichsten Oligarchen ein. Er wollte sie dort treffen, wo es für sie am schmerzlichsten war, am Vermögen. Sie hätten, behauptete er, die Pfähle für ihren Weinbau aus dem heiligen Bezirk des Zeus und des Alkinoos geschnitten. Kerkyra galt als das mythische Land der Phaiaken, an deren Küste Odysseus kurz vor seiner Rückkehr nach Ithaka gestrandet war und wo er am Hofe des Alkinoos die Geschichte seiner zehnjährigen Irrfahrt erzählt hatte. Auf diese Weise war Alkinoos ein legendenumrankter Heros geworden und der Diebstahl von Holz im heiligen Bezirk mithin ein Sakrileg. So wurden die Angeklagten verurteilt, für jeden Pfahl eine Buße von einem Stater zu zahlen. Die Strafe war, sofern es sich um Goldstatere handelte, immens hoch, und deshalb setzten sich die Betroffenen als Schutzflehende an die Altäre, um zumindest eine Zahlung in Raten durchzusetzen. Peithias war Ratsherr, und offenbar besaßen seine Anhänger eine Mehrheit. Die Bitte wurde abgeschmettert, die Gerichtsposse schlug in einen blutigen Bürgerkrieg um. Die Oligarchen rotteten sich zusammen, bewaffneten sich, drangen in das Ratsgebäude ein, erstachen Peithias und dazu gleich auch noch 60 Anwesende, Ratsherren und Privatleute. Einige wenige von den Anhängern des Peithias entkamen auf einer attischen Triere, die zufällig im Hafen lag. Das Schiff nahm unbehelligt Kurs in Richtung Piräus. Die Attentäter gaben der Sache inzwischen einen rein politischen Anstrich. Peithias habe als Ratsherr versucht, das Volk dafür zu gewinnen, dieselben Freunde und Feinde wie die Athener zu haben, mit anderen Worten, das bestehende Defensivbündnis in eine vollwertige Allianz umzuwandeln.

Die Morde schüchterten das Volk ein. Die Attentäter dominierten die eilends einberufene Versammlung: Nun sei es den Athenern unmöglich, das Volk zu unterjochen. Keinem der beiden Kriegsgegner würden sie mehr das Anlaufen des Hafens gestatten, es sei denn, sie kämen mit nur einem Schiff und – dies zu formulieren war überflüssig – in friedlicher Absicht. Nähere sich eine größere Flotte, werde das als feindseliger Akt betrachtet. Die neuen Machthaber schickten sogleich Gesandte nach Athen, um dies kundzutun und um die geflohenen Anhänger des Peithias daran zu hindern, dort gegen sie Stimmung zu machen. Die Athener aber verhafteten die Gesandten. Sie konnten den Regimewechsel nicht dulden, denn damit verloren sie ihre Flottenbasis auf Kerkyra.

Vielerlei Tode Der offene Bürgerkrieg zwischen den Parteien brach aus, als ein korinthisches Schiff in den Hafen einlief, an Bord Gesandte aus Sparta. Diese versprachen, Hilfe zu leisten, und dies ermutigte die Oligarchen zum sofortigen Angriff auf ihre Gegner. Sie retteten sich bei Anbruch der Nacht auf die Akropolis und andere Anhöhen und nahmen einen der beiden Häfen in Besitz. Die Oligarchen wiederum besetzten den Markt und den zweiten Hafen. Selbst Sklaven wurden unter dem Versprechen der Freilassung rekrutiert. Die Masse von ihnen schloß sich dem Volk an, dessen Gegner erhielten Zuzug von Gesinnungsfreunden vom nahen Festland.

Ein weiterer Tag verlief ruhig, dann erneuerte sich der Kampf. Der Vorteil lag nun auf seiten des Volkes. Es hatte seine Stellungen befestigt und war in der Überzahl. Als besonderes Detail vermerkt Thukydides, daß auf dessen Seite die Frauen mit besonderer Tapferkeit kämpften. Von den Dächern der Häuser aus schleuderten sie Ziegelsteine auf die heranrückenden Gegner. Bis zum Nachmittag währte der Kampf, dann zogen sich die Oligarchen zurück. Sie fürchteten, das Volk könne sich im Gefühl des Sieges auch des Arsenals bemächtigen. So setzten sie, um jeden Zugang dorthin zu blockieren, die Häuser um den Markt in Brand, die dort gelagerten Waren gingen in Flammen auf. Allein ein plötzlich aufkommender Gegenwind verhinderte, daß das Feuer sich über die ganze Stadt ausbreitete.

Die spartanischen Gesandten fürchteten nun um ihr Leben und brachen sofort auf, auch ein großer Teil der oligarchischen Unterstützer vom Festland verließ die Insel. Schon am nächsten Tag traf der athenische Stratege Nikostratos ein. Seine zwölf Schiffe hatten 500 messenische Schwerbewaffnete aus Naupaktos an Bord. Er versuchte zunächst zu vermitteln. Athen, mit dem nun der Bündnisvertrag geschlossen werden sollte, war der eigentliche Sieger der Stasis, so daß ihm die Rolle als Schlichter leichtfiel. Die Verständigung zwischen den Parteien war auch gut eingefädelt. Beide Seiten sollten die zehn Hauptschuldigen ausliefern, damit sie dann vor Gericht gestellt werden konnten. Nikostratos plante bereits seine Abfahrt, als ihn die Führer des Volkes beredeten, fünf athenische Trieren zu ihrem Schutz zurückzulassen. Sie sollten durch eine entsprechende Zahl kerkyraiischer Schiffe ersetzt werden. Der Hintergedanke der Demokraten war, sich auf diese Weise ihrer Gegner zu entledigen, indem sie deren Namen in die Mannschaftslisten eintrugen. Die Betroffenen freilich fürchteten, nach Athen verschleppt zu werden, und flüchteten sich in den Schutz des nächstgelegenen Heiligtums der Dioskuren. Nikostratos konnte die Lage nicht mehr beruhigen. Mit Mühe verhinderte er, daß der Mob sich zusammenrottete und einzelne Gegner auf offener Straße erschlug. Weitere 400 Oligarchen retteten sich in ein anderes Heiligtum, der Hera geweiht. Schließlich wurde doch noch eine Einigung erzielt. Die Geflüchteten sollten auf eine Insel vor dem Heraion evakuiert und dort mit Lebensmitteln versorgt werden.

Die Machtverhältnisse wechselten ständig, und so durften sich die Demokraten nicht lange als Sieger wähnen. Nur vier oder fünf Tage nachdem sie ihre Gegner auf die Insel verbracht hatten, erblickten sie in der Ferne an der Küste des gegenüberliegenden Festlandes die Segel zahlreicher Schiffe. Es war – womit niemand gerechnet hatte – die peloponnesische Flotte des Alkidas und seines Beraters Brasidas. Die Trieren ankerten vor dem Hafen Sybota und nahmen bei Tagesanbruch Kurs auf Kerkyra. Die Demokraten gerieten in Panik, stürzten voller Furcht zum Hafen und fuhren mit ihren Schiffen aufs Geratewohl gegen den Feind. Zwar befanden sich noch die zwölf athenischen Trieren aus Naupaktos vor Ort, doch es gab keine taktische Ordnung, die Kerkyraier schlugen jeden Rat der Athener aus und verloren 13 Schiffe. Daß es nicht mehr wurden, war den athenischen Schiffen zu danken, die sie bei ihrer Flucht schützten, indem sie die Verfolger aufhielten.

Wieder schien sich das Blatt zu wenden. Die Demokraten befürchteten eine Landung des Alkidas auf der Insel und schafften daher eilends ihre inneren Gegner von der kleinen Insel, auf die sie diese gebracht hatten, wieder zurück nach Kerkyra. Gleichermaßen überrascht wie verwirrt suchten sie nun eine Einigung mit denen, die sie kurz zuvor noch gerne massakriert hätten. Nur so glaubten sie sich vor dem Angriff der Peloponnesier schützen zu können. Dieser blieb jedoch aus. Wider Erwarten und auch gegen den Rat des Brasidas entschied sich der spartanische Nauarch Alkidas gegen eine Landung. Er fuhr zunächst zum Festland und am nächsten Morgen zum Vorgebirge Leukimme, um dort – wenig überraschend – die Äcker zu zerstören.

Für die Demokraten auf der Insel bedeutete dies gewonnene Zeit, denn schon befand sich die attische Flotte, die sofort nach dem Eintreffen der Flüchtlinge aus Kerkyra in Athen ausgefahren war, in der Nähe. Feuerzeichen meldeten in der folgenden Nacht ihre Anfahrt. Die Peloponnesier gaben ihre Sache verloren und rüsteten sich noch in der gleichen Stunde zum Aufbruch. Sie fuhren an der Küste entlang und zogen ihre Schiffe sogar über die Landenge von Leukas, um nur nicht bei der Umfahrung der Insel entdeckt zu werden.

Die Demokraten hatten den Bürgerkrieg gewonnen, und sofort machten sie sich daran, ihre Gegner, die sie gerade noch für eine Einigung hatten gewinnen wollen, zu ermorden. Sie umstellten das Heiligtum der Hera, überredeten 50 der Schutzflehenden, sich einem Prozeß zu stellen, und verurteilten sie dann zum Tode. Die im Heraion Zurückgebliebenen gaben jede Hoffnung auf und erhängten sich in den Bäumen des Heiligen Hains. Jeder beging – so der Bericht – Selbstmord, wie er eben konnte. Sieben Tage lang lag die athenische Flotte im Hafen, und sieben Tage dauerte das Morden. Die Oligarchen hätten die Demokratie stürzen wollen, begründeten die Sieger ihre Morde, tatsächlich aber nutzten viele die Gelegenheit, persönliche Rache zu üben oder Leute, denen sie Geld schuldeten, zu beseitigen. Thukydides schließt: «Der Tod zeigte sich da in vielerlei Gestalt, wie es in solchen Läufen zu gehen pflegt, nichts, was es nicht gegeben hätte und noch darüber hinaus. Erschlug doch der Vater den Sohn, manche wurden von den Altären weggezerrt oder dort selbst niedergehauen, einige auch eingemauert im Heiligtum des Dionysos, daß sie verhungerten.»

Der Bürgerkrieg währte noch einige Jahre und endete schließlich im Sommer 425, als die letzten Anhänger der Oligarchie gefangen und massakriert wurden.

FELDHERR UND SOLDAT

Die Strategen Mit der Ausweitung des Attischen Seebundes war die Bedeutung der Strategen in dem Maß gewachsen, in dem Außen-, d. h. Seebundspolitik, zur Innenpolitik wurde. Von militärischen Befehlshabern waren sie zu politischen Führern aufgestiegen und längst die wichtigsten Magistrate (*Archaí*) des athenischen Reiches (*Arché*) geworden. Bis zum Ende des 6. Jahrhunderts wurden sie innerhalb der Phylen gewählt, denn die Phylen stellten auch die Regimenter der Schwerbewaffneten. Das änderte sich 501. Nun erfolgte ihre Wahl durch alle (stimmberechtigten) Bürger (*ex hapátôn*), und sie waren daher auch dem Gesamtvolk verantwortlich. Sie mußten nicht, wie noch die Archonten, aus den beiden oberen Klassen stammen, und sie konnten – das war Voraussetzung für längerfristige Zielsetzungen – beliebig oft wiedergewählt, aber auch – und dies sogar mitten in der Amtszeit – abgesetzt werden.

In Friedenszeiten waren die Strategen für den Schutz der Grenzfestungen, der Stadtmauern und Hafenanlagen zuständig, in Kriegszeiten führten sie – meist zu mehreren im Kollektiv – die vom Volk beschlossenen Feldzüge an. Sie besaßen jederzeit Zugang zum Rat und zur Volksversammlung und konnten Anträge stellen, die Einberufung dieser Gremien war allerdings nur mittels der Prytanen möglich. Da die Feldherren oft für ein bestimmtes Programm standen, entschied sich manchmal schon bei ihrer Wahl die Politik des kommenden Jahres.

Mitte März oder Anfang April zogen die Athener in jedem Jahr nach der 6. Prytanie hinauf zur Pnyx, um dort die zehn Feldherren für das im Juli beginnende neue Amtsjahr zu wählen. Es sollte noch genug Zeit sein zu überprüfen, ob sie für das Amt formaljuristisch geeignet waren und die dafür gestellten Bedingungen erfüllten. Der Ausgang der Wahlen war offen: Strategen, die erfolgreich waren oder sich in den Augen des Volkes bewährt hatten, durften aber mit Wiederwahl rechnen. Nachdem der Herold die Versammlung eröffnet hatte, begann die Abstimmung über den ersten Kandidaten – sei es, daß er im Vorfeld benannt worden war oder *ad hoc* vorgeschlagen wurde. Möglicherweise erklärte sich auch jemand selbst als geeignet. Die Ekklesiasten, die Teilnehmer der Volksversammlung, berieten über jeden Vorschlag einzeln und wählten den Kandidaten oder lehnten ihn ab. Schließlich bildete sich eine Mehrheit für zehn Strategen, doch damit war die Prozedur nicht beendet. Ein neuer Kandidat wurde vorgeschlagen und trat gegen einen bereits Gewählten an, und nun entschied das Volk in einer Kampfabstimmung. Die Hände hoben sich, und ihre Zahl wurde abgeschätzt. Nur wenn es ein knappes Votum war oder Widerspruch erfolgte, wurde auch gezählt. Wer schließlich gewählt worden war, hatte noch Zeit, sich auf seinen Einsatz vorzubereiten. Das Amtsjahr begann ja erst im Hochsommer.

In der Darstellung des Thukydides sind die Strategen die wichtigsten militärischen Führer des Peloponnesischen Krieges überhaupt. Das überrascht wenig. Der Historiker schreibt aus der Sicht Athens, und er war selbst Stratege. Über die spartanische Kommandostruktur – nicht über einzelne Kommandeure – äußert er sich eher abfällig, ohne freilich ihre Effizienz anzuzweifeln. Im Schicksal der Strategen spiegelte sich für den Historiker auch der Kriegsverlauf. Eine erfolgreich geführte Kampagne brachte Ansehen, eine Niederlage aber verspielte es so rasch, wie es gewonnen war. Es war eine Ehre, zum Strategen gewählt zu werden, der sich die reichsten Bürger nicht entziehen konnten, und so wurde die Ehre auch gelegentlich zur Last, wenn jemand über viele Jahre das Amt bekleidete. So ehrenvoll die Wahl zum Strategen war, so gefährlich erwies sie sich in Kriegszeiten. Von den etwa 80 Strategen, von denen wir mehr wissen als nur die Namen, starb mehr als die Hälfte auf dem Schlachtfeld, bei Überfällen oder auf der Flucht. Ein weiteres Viertel wurde beim Geldeintreiben für die Staatskasse erschlagen, exiliert oder hingerichtet – wegen Bereicherung, Bestechlichkeit, Verrat – oder auch nur wegen Unfähigkeit abgesetzt, vor Gericht gestellt und zu Geld- oder anderen Strafen verurteilt. Die Athener billigten, wenn ein Stratege mit allen Mitteln, und das hieß Täuschung, Betrug und Lüge, den Feind schädigte und selbst Beute machte. Der Stratege Paches etwa gewann den kleinasiatischen Hafen Notion, indem er dessen Kommandanten sicheres Geleit zu Verhandlungen versprach, um ihn dann, als er das Angebot annahm, mit Pfeilen niederschießen zu lassen. Wenig Nachsicht zeigten die Athener dagegen, auch wenn es gelegentlich Freisprüche oder zumindest spätere Rehabilitation gab, im Falle einer Niederlage, sofern diese nicht schon mit dem sofortigen Tod des verantwortlichen Strategen endete. Eine Niederlage stellte das schlimmste Vergehen dar und wurde entsprechend geahndet. Thukydides selbst wurde 424 für 20 Jahre in die Verbannung geschickt, weil er das wichtige Amphipolis nicht vor dem Zugriff der Spartaner hatte schützen können. Ob er überhaupt die dazu nötigen Truppen befehligte, spielte dabei keine Rolle. Bekannt und zum Menetekel für die athenische Demokratie wurde der tragische Fall der sechs Feldherren aus der Schlacht bei den Arginusen, die trotz des Sieges 406 hingerichtet wurden, weil sie die Schiffbrüchigen nicht gerettet hatten.

Der Druck auf die Feldherren war immens hoch, jedes Versagen oder nur etwas, was die Volksversammlung als solches empfand, konnte zu Absetzung, Geldbuße, Exil oder eben zur Hinrichtung führen. Wer konnte, verzögerte, sofern der Auftrag, mit dem er aufgebrochen war, nicht erfüllt werden konnte, die Rückkehr nach Athen. Vielleicht ließ sich das Manko durch einen anderen Erfolg wettmachen. Als der Feldherr Demosthenes 426 bei einem Feldzug gegen die Aitoler im Westen eine schwere Niederlage hinnehmen mußte, vermied er unter allerlei Scheingründen, Ausreden und Ausflüchten die Rückkehr nach Athen, bis er durch einen militärischen Erfolg sein früheres Versagen wettgemacht zu haben glaubte. Beim Feldzug nach Sizilien schließlich führte die Angst des Nikias vor einer vorzeitigen Rückkehr schließlich zum Totalverlust der Flotte und damit wohl auch zur letztlichen Niederlage.

Ein Hoplit Thukydides führt die Namen von Königen und Feldherren auf – letztere oft auch nur als statistisches Material. Hopliten hingegen – die Schwerbewaffneten, die in der Schlachtreihe kämpften – bleiben namenlos, denn sie treten nicht als Individuen auf. Sie kämpfen, töten, sterben oder fliehen in der Masse. Massenphänomene hat Thukydides beschrieben – so kommt er zum Schluß, je größer ein Heer sei, desto stärker sei die Bereitschaft zu vorzeitiger Flucht –, um das Verhalten einzelner Soldaten aber hat er sich nicht gekümmert. Zu belanglos schien es ihm – anders als Caesar in seinen *Commentarii* – für den Ausgang der Schlacht. Daß die Nachwelt dennoch etwas über einen solchen weiß, verdankt sie nichthistoriographischen Quellen und dem Umstand, daß Künstler und Philosophen nicht vom Kriegseinsatz befreit waren. Einer, der seine Bürgerpflichten besonders ernst nahm, war der Philosoph Sokrates. Er war Ratsherr – im Arginusenprozeß trat er als Prytane auf –, und er war Soldat im Heer der Schwerbewaffneten. Nachdem er 399 zum Tode verurteilt und hingerichtet worden war, bemühten sich seine Schüler, allen voran Platon und Xenophon, seine staatsbürgerliche Ehre wiederherzustellen und ihn geradezu als Vorbild des Bürgers in Waffen erscheinen zu lassen. Seinen Auftritt für die Nachwelt hat der Soldat Sokrates dabei im *Symposion* Platons. Dieses bietet das fiktive Gespräch einer Tafelrunde im Hause des Dichters Agathon an einem Abend des Jahres 416: Noch herrscht Friede – der «faule» des Nikias –, doch es zeichnet sich die Expedition nach Sizilien ab. Während die verschiedenen Teilnehmer, darunter der Komödiendichter Aristophanes und Sokrates selbst, über das Wesen des Eros sprechen, platzt ein stark angetrunkener Alkibiades, Athens begabtester Stratege, in die Gesellschaft. Er hält eine Lobrede auf seinen väterlichen Freund Sokrates, wobei er ihn insbesondere als guten Bürger rühmt. Ein solcher zahlt die nicht regelmäßig erhobene, sondern nur im Kriegsfalle und zur «Rettung des Staates» anfallende direkte Vermögenssteuer (*Eisphorá*) – die erste in diesem Krieg in Höhe von 200 Talenten wurde im Winter 428/7 erhoben – und verwaltet sorgfältig das Amt, in das er gelost wird; vor allem aber leistet er bereitwillig seinen Dienst im Krieg, je nach Vermögen als Reiter, Schwer- oder Leichtbewaffneter bzw. als Ruderer in der Flotte. Wenn er reich genug ist, übernimmt er eine *Leiturgía*.

Alkibiades' Augenmerk gilt in seiner Laudatio vor allem dem, was in Zeiten des Krieges wichtig ist: Sokrates' Einsatz in den Reihen der Schwerbewaffneten. Wie jeder Bürger – die Theten ausgenommen – mußte Sokrates im Alter zwischen 18 und 60 Jahren als Schwerbewaffneter ins Feld ziehen. Die Ausrüstung als Hoplite – Helm, Brustpanzer,

Abb. 3: Sokrates kämpft vor Poteidaia. Umrißstich von Wilhelm Müller

Beinschienen, Schwert – war selbst zu finanzieren; Lanze und Schild (das *Hóplon*) erhielt der Jungbürger, der Ephebe, am Ende seiner Ausbildungszeit.

Sokrates rückte schon vor Beginn des Krieges aus, nämlich zur Belagerung der abtrünnigen Stadt Poteidaia, die 432 begann und sich über einen Zeitraum von zweieinhalb Jahren bis hin zum Winter 429/8 erstreckte. Zusammen mit ihm, behauptet Alkibiades in Platons Dialog, habe Sokrates einen Sommer und einen Winter als Hoplite vor Poteidaia gelegen. Wie es einen Katalog mit Eigenschaften gab, die den guten Feldherrn ausmachten, so bestand auch Konsens darüber, wie sich der gewöhnliche Soldat zu verhalten hatte. Insbesondere mußte er die Strapazen der Märsche, Hunger, Kälte und Durst ohne Klagen aushalten. Sokrates war darin Vorbild. In der Kälte des thrakischen Winters, als seine Kameraden entweder gar nicht oder nur dick vermummt und mit Filz und Schaffell an den Füßen nach draußen gingen, spazierte der Philosoph, so sein Lobredner, bei grimmigem Frost im abgetragenen dünnen Mantel und barfuß übers Eis. Wenn es galt, abgeschnitten von der

Versorgung ohne Essen auszuharren, sei er der Genügsamste gewesen, wie er andererseits auch – Trinkwettbewerbe gehörten zum soldatischen Ritual – alle beim Trinken übertreffen konnte. In der Schlacht selbst habe Sokrates ihn, den verwundeten Alkibiades, gerettet und trotzdem den von den Feldherren verliehenen Siegespreis nicht annehmen wollen.

Auch nach der Niederlage am Delion im Winter 424/3 erwies sich, Platon zufolge, Sokrates als Held. Während alle Hals über Kopf flüchteten, nicht wissend, in welche Richtung sie sich wenden sollten, sei er allein ruhig geblieben. Er sei seines Weges gegangen, gelassen Freund und Feind betrachtend – «einherstolzierend und seine Blicke nach allen Seiten werfend», zitiert der Platonische Alkibiades einen Vers aus den *Wolken* des beim Symposion ja gleichfalls anwesenden Aristophanes – und so jedem schon von weitem verdeutlichend, daß er auf heftigste Gegenwehr stoße, wenn er versuche, sich an ihm zu vergreifen. Auf solche Weise, rühmt Alkibiades, habe er sich und alle Athener, die sich ihm anschlossen, gerettet. Einer anderen Überlieferung gemäß war es der Schutzgeist (*Daimónion*) des Sokrates, der auf der Flucht den rechten Weg wies und alle in Sicherheit brachte, die der Philosoph überzeugen konnte, ihm zu folgen. Wieder nach Platon bewahrte er dabei den Feldherrn Laches vor dem Tod, nach einer anderen Quelle Alkibiades (zum zweiten Mal) und nach einer dritten seinen Schüler Xenophon, der – Verfasser einer Lehrschrift über den *Reiteroberst* – vom Pferd gefallen war.

Es gab noch einen dritten Feldzug, an dem Sokrates teilnahm. Dies erfahren wir von ihm selbst, und zwar aus seiner (bzw. Platons) Apologie. Sokrates begleitete damals, im Sommer 422, Kleon auf dessen unrühmlichem Marsch nach Amphipolis. Mehr als die bloße Teilnahme ist nicht bekannt, doch sie zeigt, mit welchem Einsatz der Philosoph seinen Bürgerpflichten nachkam.

Die Nachrichten über den Soldaten Sokrates kommen aus dessen Umfeld, von seinen Schülern Platon und Antisthenes. Was diese berichteten, wurde von späteren antiken Autoren umgestaltet, pointiert und ausgeschmückt. Platon war Partei, und so hegte schon die Antike Zweifel an der Authentizität seiner Aussagen. Als Widerlegung galt ein *argumentum e silentio*: Thukydides, der ausführlich über die Feldzüge schreibe, erwähne Sokrates nirgends. So berechtigt die Einwände gegen Platon auch sein mögen, der Historiker ist der falsche Zeuge. Nirgends berichtet er, wie gesagt, namentlich von Personen mit untergeordnetem militärischem Rang. Anekdotisches Material ist ihm ganz fremd. So sind die Mitteilungen der Sokratiker, diktiert vom Wunsch, ihren Lehrer zu rehabilitieren, tatsächlich ein Gewinn, auch wenn kein einziges der genannten Details biographisch ganz korrekt sein dürfte. Es bleibt jedoch als scheinbar dürres Faktum: Sokrates nahm im Verlauf des Archidamischen Krieges zwischen 432 und 422 an drei Feldzügen der Athener teil.

Was für die äußere Geschichte belanglos sein muß, verrät jedoch, in welchem Umfang der Krieg das Leben *aller* Bürger bestimmte. Noch waren es nicht Söldner, die sie im Kampf vertraten. Jeder Bürger, unabhängig von seiner sozialen Stellung, seinem Beruf, Ansehen oder Alter – Sokrates war vor Poteidaia 40 Jahre alt und vor Amphipolis fast 50 –, mußte für seine Polis das Leben aufs Spiel setzen, und die Verluste waren, da auch Verletzte sehr oft nicht überlebten, hoch. So starben vor Poteidaia ca. 1500 der 4000 eingesetzten Hopliten – dort wütete im übrigen noch die Pest –, beim Delion knapp 1000 und in dem kurzen Gefecht vor Amphipolis immerhin noch 600.

Der Soldat Sokrates ging dank Platon in die Geschichte ein, weil er (als Philosoph) der Ausnahmefall war. Als Soldat freilich verkörpert er das Muster eines athenischen Bürgers – nichts anderes, als er selbst sein wollte –, d. h. eines Bürgers, der in Athen seinem Beruf nachgeht und der, wenn die Stadt Krieg führt, mit seinem Regiment, seiner *Taxis*, ins Feld zieht. Die fiktiven Gefahren, welche die Sokratiker in seinem Fall beschworen, waren die realen, denen sich ein Schwer- oder Leichtbewaffneter im athenischen Heer ausgesetzt sah. Insofern besitzt, was Platon darüber sagt, doch Authentizität.

SCHLACHTEN IM WESTEN: KRIEG OHNE KONZEPT

Nachbarschaftsstreit Unter den athenischen Strategen des Peloponnesischen Krieges stechen neben Alkibiades, einem Ausnahmefall, zwei heraus: Nikias und Demosthenes. Beide wurden 427 zum ersten Mal ins Amt gewählt, und beide starben 413. Nikias bekleidete, ausgenommen das Jahr 419, vierzehnmal in Folge die Strategie; Demosthenes dagegen mußte nach einer Niederlage im Jahre 423, für die er mitverantwortlich gemacht wurde, eine Zeitlang als Militär zurücktreten, bevor sich die

Volksversammlung in der sizilischen Krise wieder seiner erinnerte. Er bleibt dennoch der wichtigste Feldherr des Archidamischen Krieges. Sein Amtsjahr 427/6 ist ein Beispiel, das auch Thukydides selbst herausgehoben hat, vielleicht deswegen, weil sich später, während seiner eigenen kurzen Amtszeit, ähnliche Probleme zeigten – mit ungünstigerem Ausgang. Von den zehn Strategen, die 427 gewählt wurden, sind neben Nikias und Demosthenes noch vier weitere der Nachwelt bekannt, Nikostratos, Eurymedon, Laches, Charoiades. Alle genannten Feldherren fielen – sofort oder Jahre später – im Kampf oder wurden gefangengenommen und hingerichtet. Keiner von ihnen starb in der Heimat.

Im Juli 427 fuhren athenische Flottenverbände nach Kerkyra und Sizilien und griffen in die dortigen Bürgerkriege ein. Danach endete die Schiffahrtssaison. Der Winter 427/6 brachte nochmals alle Schrecken der Pestjahre 430 und 429. Die Seuche, die nie ganz erloschen war, trat erneut auf. Seit 430 fielen ihr insgesamt 4400 Schwerbewaffnete, 300 Reiter und eine nicht zu beziffernde Zahl von Theten zum Opfer. Erdbeben erschütterten die Peloponnes und das mittlere Griechenland, und in ihrem Gefolge überschwemmte eine Flutwelle Küsten Euboias und die Insel Atalante. Die Peloponnesier hatten sich etwa im Mai des neuen Jahr bereits wieder auf dem Isthmos versammelt, um unter dem Kommando des Königs Agis erneut in Attika einzufallen, doch nun vermeinten sie, die Stimme Poseidons zu hören. Wenn die Lakedaimonier etwas fürchteten, dann war es dessen Zorn. Sofort stimmten alle den Lobgesang (Paian) auf den Gott an, und Agis entschloß sich zur sofortigen Umkehr. Er glaubte noch an das Wirken der Götter und brach auch Jahre später einen Feldzug gegen das benachbarte Elis ab, als die Erde bebte. Später ließen sich die Spartaner von Poseidon nicht mehr beirren. Als dieser während eines Feldzuges gegen die Argiver im Jahre 390 wieder die Erde erschütterte und die Soldaten schon einen sofortigen Abzug erwarteten, erklärte der König Agesipolis: Wenn die Erde gebebt hätte, als er im Begriffe war, ins Land einzufallen, wäre er der Meinung gewesen, der Gott habe ihn hindern wollen. Da er aber schon in das Land eingefallen sei, glaube er vielmehr, er wolle ihn ermutigen.

Der Abzug des Peloponnesier machte den Weg frei für athenische Aktivitäten. Sobald es die Witterung zuließ, brach Nikias mit 60 Schiffen und 2000 Schwerbewaffneten auf, um die nachmalige Schicksalsinsel Melos zu unterwerfen, die als einzige Insel der Kykladen keine Tribute zahlte. Der Hauptkrieg wurde in diesem Jahr jedoch im Westen Griechenlands geführt, und der im Vorjahr gewählte Feldherr, der hier agierte, hieß Demosthenes. Als Demosthenes etwa Anfang Juni 426, begleitet von seinem Kollegen Prokles, mit 30 Schiffen den Piräus verließ, waren seine Aufgaben nur ungefähr bestimmt. Er mußte flexibel reagieren können, denn in diesem Kriegssommer wurde an allen Fronten gekämpft. Thukydides macht eine seiner wenigen Bemerkungen in der ersten Person. Er werde nur die Taten, die der Rede wert seien, sei es von seiten der Athener und ihrer Verbündeten, sei es von seiten der Gegner, in Erinnerung rufen.

Im Visier beider Seiten stand zunächst Mittelgriechenland. Die Lakedaimonier gründeten nur wenige Kilometer von den berühmten Thermopylen entfernt eine neue Kolonie, Herakleia Trachis. Der Ort sollte als Basis für Angriffe auf das für Athen wirtschaftlich so wichtige Euboia dienen und auch den Weg in den thrakischen Bezirk sichern. Die Athener dagegen trachteten, von Westen aus durch das Gebiet der Lokrer und Phoker gegen die verhaßten Boiotier vorzustoßen. Das war die Aufgabe des Demosthenes. Dabei sollte er sich etwas zunutze machen, was den Krieg unter den Griechen so blutig machte, nämlich die gegenseitige Abneigung, mit der sich gerade Nachbarstädte begegneten. Über wenig anderes empfanden sie mehr Freude, als wenn gerade ihren Anwohnern irgendeine Katastrophe drohte. So gehörte es zur Kriegsstrategie beider Seiten, sich solcher Animositäten zu bedienen, denn es gab keine benachbarten Poleis, zwischen denen nicht irgendein Streit schwelte. Wie im einzelnen vorzugehen war, sollte Demosthenes vor Ort entscheiden. Er verbündete sich zunächst mit dem Volk der Akarnanen auf dem Festland, das mit den Bewohnern von Leukas in Fehde lebte, und verwüstete deren Insel. Der Hauptort hielt der Belagerung stand, und so verlangten die Akarnanen von Demosthenes, ihn mit einer Mauer einzuschließen. Sie wollten sich ein für allemal ihrer feindlichen Nachbarn entledigen.

Auch die Messenier, die von den Athenern im Flottenstützpunkt Naupaktos angesiedelt worden waren, besaßen Nachbarn, denen sie grollten, und so forderten sie die Athener auf, sie sollten sich gegen diese, die Aitoler, wenden. Sie seien leicht zu besiegen, da sie in weit auseinander liegenden und unbefestigten Dörfern wohnten. Ein großer Teil spreche eine unverständliche Sprache, dazu seien sie Rohfleischesser. Demosthenes ließ sich auch auf dieses Vorhaben ein, obwohl er nun wieder die Akarnanen gegen sich aufbrachte, die seine Anwesenheit vor Leukas wünschten.

Es war ein konfuser Krieg, in dem sich die Fronten stetig verschoben und verwischten. Demosthenes stand unter dem Druck eines schnellen Sieges. Das erwartete die Volksversammlung, die ihn gewählt hatte, und so zog er ohne genügende Vorbereitung in den Kampf gegen die Aitoler. In der Eile wartete er nicht einmal auf die angekündigten Verstärkungen. Es lockte die leichte Eroberung unbefestigter Städte und Dörfer. Sie gelang auch zunächst mühelos. Drei Tage rückte Demosthenes vor, ein Ort nach dem anderen fiel. Die Aitoler freilich kannten seine Pläne. Unter Verzicht auf die Verteidigung einzelner Orte hatten sie sich zu einer großen Streitmacht versammelt und warteten ab, bis die Athener die im voraus geräumte Stadt Aigition einnahmen. In diesem Augenblick griffen sie von den Höhen oberhalb des Ortes an. Leichtbewaffnete waren in diesem Gelände den athenischen Hopliten überlegen, deren Vorstöße ins Leere liefen. Der Kampf wogte lange Zeit hin und her und entschied sich, als die athenischen Bogenschützen, die eine Zeitlang Deckung gewährten, versprengt wurden. Erschöpft vom Kampf, wandten sich die Athener zur Flucht, und nun rächte sich, daß sie auf einem Terrain kämpften, das ihnen fremd, den Aitolern aber vertraut war. Die schnelleren Leichtbewaffneten holten sie ein und erstachen sie mit ihren Speeren. Einige der Fliehenden konnten sich zum Meer durchschlagen und auf diese Weise retten. Der Hauptteil flüchtete in einen Wald, aus dem es kein Entkommen gab. Die Aitoler zündeten das Gehölz ringförmig an und ließen den Eingeschlossenen keinen Ausweg. Dem Heer wurde jede Art von Flucht und Untergang vor Augen geführt, schreibt Thukydides: Allein 120 Hopliten seien gefallen, im besten Alter, die tapfersten Männer aus Athen in diesem Krieg. Gefallen war auch der zweite Feldherr, Prokles, während sich Demosthenes retten konnte. Er blieb unverwundet, doch das war sein Problem. Demosthenes wußte, daß das Volk ihn nach der katastrophalen Niederlage zur Rechenschaft ziehen würde. So kehrte er, obwohl seine Amtszeit abgelaufen war, nicht nach Athen zurück und blieb unter dem Vorwand, Naupaktos schützen zu müssen, am Golf. Er hoffte auf eine Chance, die Niederlage durch einen Sieg wettzumachen, denn ein Kleinkrieg zog den nächsten nach sich. Die Chance kam im Spätherbst 426.

Im Westen nichts Neues Tief im Westen führten die Hegemonialmächte weitere Stellvertreterkriege. Streitigkeiten kleinerer Poleis untereinander entwickelten sich dabei schnell von Provinzpossen zu veritablen Kriegen. So zogen im Spätherbst 426 etwa 3000 Ambrakioten, sobald sie sich der Hilfe Spartas versichert hatten, gegen das am Ambrakischen Golf gelegene, mit dem berühmten Ort auf der Peloponnes namensgleiche Argos. Sie besetzten zunächst Olpai, eine Anhöhe, die an der Küste und etwa 25 Stadien oder eine Wegstunde vom Hafenort Argos entfernt lag. Dort stieß der Spartaner Eurylochos mit seinen peloponnesischen Truppen zu ihnen. Auf der anderen Seite versammelten sich die Akarnanen im bedrohten Argos. Sie wiederum riefen die Athener zu Hilfe, was Demosthenes die dringend gesuchte Chance bot, sich zu rehabilitieren. Mit seinen 20 Schiffen lief er in den Golf ein und umschloß von der Seeseite her den Hügel von Olpai. Dort lagen sich dann, durch eine Schlucht getrennt, die Gegner gegenüber. Fünf Tage lang lagerten die beiden Heere in Sichtweite. Nachts sahen sie die Wachtfeuer der Feinde und hörten vereinzelte Stimmen. Peloponnesier und Ambrakioten waren mit 6000 Mann ihren Gegnern deutlich überlegen und drohten so dessen rechten Flügel, gebildet von Athenern und Messeniern, zu umfassen. Dagegen hatte sich Demosthenes eine List einfallen lassen. Er versteckte in einem von Buschwerk beschatteten Hohlweg rund 400 leicht- und schwerbewaffnete Akarnanen, die erst in den Kampf eingreifen sollten, wenn dieser eröffnet war, um dann den linken Flügel des Eurylochos, der sich zur Umzingelung des Feindes weit auseinanderzog, aus dem Hinterhalt anzugreifen. Der Plan glückte. Die Akarnanen stürmten in den Rücken der Feinde und schlugen diese, mit dem Überraschungsmoment auf ihrer Seite, in die Flucht. Eurylochos fiel, und da gerade seine Abteilung als die stärkste galt, rissen deren Flucht und der Tod des Feldherrn auch einen Großteil des übrigen Heeres mit ins Verderben. Die Ambrakioten auf dem rechten Flügel retteten sich, obwohl zunächst siegreich, mit knapper Not und unter Auflösung aller Ordnung nach Olpai.

Der Nachfolger des gefallenen Eurylochos, mit seinen Truppen zu Wasser und Land eingeschlossen, schätzte die Lage als wenig aussichtsreich ein und nahm mit Demosthenes Verhandlungen auf. Jede Seite barg ihre Gefallenen, über den Abzug der geschlagenen Truppen aber konnte keine Einigung erzielt werden. Dies war die offizielle Version.

Die griechische Westküste

Unter der Hand freilich hatte der neue spartanische Kommandant für sich und die peloponnesischen Truppen freien Rückzug ausgehandelt. Sparta zuerst, war für die Lakedaimonier das Prinzip des Krieges. Der Feldherr Brasidas war später die Ausnahme.

Demosthenes hatte sich auf den Handel eingelassen, da der ihm die Ambrakioten mehr oder minder auslieferte. Diese ahnten nichts von dem Verrat, aber auch die Akarnanen auf der Seite des Demosthenes waren nicht eingeweiht. So kam es zum kuriosesten Szenarium des Krieges. Die Peloponnesier entfernten sich unter dem Vorwand, Früchte oder Holz sammeln zu wollen, in kleinen Gruppen von den Ambrakioten. In Sichtweite des gemeinsamen Lagers gingen sie – dem vorgeblichen Zweck angemessen – langsam, um dann, je weiter sie Abstand gewannen, desto schneller zu fliehen. Das Sammeln hatten sie vergessen, und so fiel irgendwann auch den zurückgelassenen Ambrakioten auf, daß irgendetwas vor sich ging, und sie stürmten den Peloponnesiern nach. Der Tumult verstärkte sich, da die gegnerischen Akarnanen in Unkenntnis der geheimen Abmachungen nun Peloponnesier wie Ambrakioten gleichermaßen verfolgten. Als die akarnanischen Feldherren ihren Soldaten den Unterschied erklärt hatten, begann der Streit, wer von den Gefangenen nun Peloponnesier und wer Ambrakiote war. An der Kleidung war das nicht zu erkennen, und so entschied der richtige griechische Dialekt bzw. die Fähigkeit, diesen nachzuahmen, über Tod oder Leben.

Der letzte Akt des Dramas begann, als sich von Ambrakia aus das gesamte Bürgeraufgebot näherte, um dem vorausgeschickten kleineren Kontingent, das inzwischen zuerst auf- und dann umgebracht worden war, Unterstützung zu leisten. In völliger Unkenntnis der Situation, namentlich der Niederlage von Olpai, lagerten sich die Truppen bei der aus zwei Hügeln gebildeten Anhöhe von Idomene. Demosthenes hatte davon durch Späher erfahren und Soldaten ausgeschickt, um die Straßen und festen Plätze vorweg zu besetzen. So hatte er auch in einer Nachtaktion den höheren der beiden Hügel eingenommen, während die Ambrakioten, ohne etwas davon zu wissen, den kleineren besetzten. Demosthenes brach am Abend auf, erreichte in der Nacht Idomene und überfiel im Morgengrauen die noch in ihrem Lager schlafenden Ambrakioten. Die Wachtposten hatten in der Dunkelheit nichts Bedrohliches wahrgenommen. Zwar hatten sie Stimmen gehört, doch hielten sie die von Demosthenes vorausgeschickten Messenier aufgrund ihres dorischen Dialektes für verbündete Peloponnesier.

So unterblieb – wiederum entschied die Dialektfärbung über Leben und Tod – jede Gegenwehr. Diejenigen, die nicht schon im Schlaf erschlagen worden waren, flohen in alle Richtungen. Da die Wege vorher von den Akarnanen besetzt, die Ambrakioten zudem ortsunkundig waren, gerieten sie in Schluchten und zuvor gelegte Hinterhalte. Einige wandten sich zum Meer. Obwohl dort attische Schiffe warteten, schwammen sie hinaus, da sie – so Thukydides – lieber von den Athenern erschlagen werden wollten als von den verhaßten Nachbarn. Die Akarnanen zogen inzwischen den Toten die Rüstungen aus und türmten Helme, Waffen und Brustpanzer zu großen Haufen, weithin sichtbaren Zeichen ihres Sieges. Für Demosthenes war dies der Erfolg, den er benötigt hatte. Er stiftete 300 Rüstungen gefallener Feinde für die attischen Tempel, und die Athener stellten eine Bronzestatue der Nike auf der Akropolis auf. Der Stratege konnte nun gefahrlos nach Athen zurückkehren und wurde auch im folgenden Frühjahr im Amt bestätigt. Militärisch hatte Athen nichts gewonnen, der Erfolg des Demosthenes zeitigte keine Konsequenzen, vielleicht davon abgesehen, daß eine große, nicht zu beziffernde Zahl an Hopliten gefallen und eine ganze Stadt, Ambrakia, weitgehend ausgelöscht war.

Der Boten-Dialog Der Peloponnesische Krieg war der blutigste der Antike. Doch die wenigsten starben in der Schlacht selbst, im Kampf Feind gegen Feind. Die meisten wurden auf der Flucht niedergemetzelt, verbrannten in Waldverstecken oder ertranken im Meer. In und vor allem nach der Schlacht wurden bevorzugt Wehrlose getötet. Je geringer das eigene Risiko war, desto größer auch der Mut der Verfolger.

Für Thukydides trug freilich die Schilderung von Verwundungen oder des individuellen Sterbens, wie sie Homer bietet, nichts zum Verständnis dieses Krieges bei. Kriegsalltag und -gewalt verbergen sich bei ihm hinter Verlustzahlen, die er genau recherchierte. Im Sommer 429 fielen bei einem Feldzug in die Chalkidike 430 Schwerbewaffnete von den ca. 13 000, die Athen zu Beginn des Krieges aufbieten konnte – die Toten unter den Leichtbewaffneten und im Troß nicht gezählt; die Verluste bei Poteidaia, beim Delion und bei Amphipolis betrugen, wie gesagt, über 3000 Hopliten. Was diese Zahlen bedeuten, verrät der Historiker nur an einer Stelle, bei der Schilderung der Niederlage von Aigition im Jahre 426, wo er den Tod von «nur» 120 Hopliten als großen Verlust für Athen beklagt. Ansonsten beschränkt sich Thukydides – von der sogenannten *Pathologie* abgesehen, in der er Rache, Neid und Gier als Wurzeln der Bürgerkriege geißelt – auf nüchterne Randbemerkungen. In einem besonderen Fall läßt er darüber hinaus auch die Akteure selbst sprechen, und mehr als vieles andere enthüllt der kleine Text, was dieser Krieg für die griechischen Städte bedeutete.

Unter den Reden und Gegenreden des thukydideischen Werkes gilt der Melier-Dialog als singulär, und er besitzt doch in jenem kleinen Gespräch einen Vorgänger. Es beschränkt sich auf nur wenige Zeilen, versteckt sich in einem größeren Schlachtenbericht, faßt nur den Augenblick, übertrifft aber an Schrecken alles, was die vorherigen Kapitel an

Tod und Verzweiflung bieten. Thukydides hat diesen Dialog früh geschrieben, als er das, was an *Pathémata*, an Leiden, noch kommen würde, allenfalls ahnen konnte, und so durfte er das Geschehen, das in dem Boten-Dialog seine literarische Klimax findet, noch den schwersten Schicksalsschlag nennen, den je «in diesem Krieg (431–421) eine Stadt der Griechen in wenigen Tagen traf».

Die Schlacht am Berg Idomene, die eher eine Hinrichtung ist, wird zum größten Blutbad des Archidamischen Krieges, und auch sie zeigt die Athener – wie später die Ereignisse von Skione, Melos und Mykalessos – in wenig günstigem Licht. Der siegreiche Feldherr Demosthenes rät, gegen die waffen- und hilflose Stadt Ambrakia vorzugehen und sie von der Landkarte zu tilgen. Erst die alten Feinde der Ambrakioten, die Akarnanen, verhindern dies. Ihre Begründung, die Thukydides überliefert, ist bemerkenswert, denn sie zeigt, daß er das Bild, das sich selbst die Verbündeten von Athen machten, nicht beschönigen will. Die Akarnanen, schreibt der Historiker, fürchteten, daß sie, wenn die Athener Ambrakia bekämen, an diesen noch schlimmere Nachbarn haben würden.

Thukydides geht angesichts des Gemetzels von Idomene nicht zur Tagesordnung des Berichterstatters über. Er begnügt sich auch nicht damit, vom schwersten Schicksalsschlag für eine einzelne griechische Stadt in diesem Krieg zu sprechen, sondern sucht das Geschehen durch ein besonderes Kapitel zu veranschaulichen, in dem er das Leid isoliert. Es ist die Geschichte eines Boten:

«Tags darauf [nach dem Kampf von Idomene] kam zu den Akarnanen ein Bote von den aus Olpai geflüchteten Ambrakioten und bat, die Toten bergen zu dürfen, die noch in der ersten Schlacht niedergehauen worden waren. Als er nun die Waffen des aus Ambrakia zu Hilfe geschickten Heeres erblickte, staunte er über die Menge. Er wußte noch nichts über das Unglück von Idomene und glaubte, sie stammten von seinen Leuten. Da fragte ihn einer, was er staune und wie viele denn gefallen seien, wobei der Frager meinte, der Herold käme von denen in Idomene. Dieser antwortete: ‹Ungefähr zweihundert›. Darauf sprach der Fragende wieder: ‹Nun, die Waffen hier scheinen nicht von zweihundert, sondern von mehr als tausend.› Entgegnete der andere: ‹Dann gehören sie nicht den Leuten, die mit uns gekämpft haben?› – ‹Aber sicher doch›, antwortete jener, ‹wenn ihr gestern bei Idomene gekämpft habt.› – ‹Aber wir haben gestern mit gar niemandem gekämpft, nur vorgestern auf dem Rückzug.› – ‹Aber mit denen da haben wir gestern gekämpft, die kamen von der Stadt Ambrakia her, euch zu helfen.› Als der Bote dies vernahm und begriff, daß auch das ganze Entsatzheer vernichtet war, jammerte er laut, und verzweifelt ob der Größe des Unglücks, in dem sie jetzt waren, ging er unverrichteter Dinge sofort zurück und fragte nicht mehr nach den Toten.»

Thukydides weiß, daß bloße Zahlenangaben wenig über das Schicksal der Ambrakioten aussagen. Obwohl (oder weil) er stets um Genauigkeit bemüht ist, läßt er sie an dieser Stelle vermissen: «Die Zahl der Gefallenen wollte ich nicht niederschreiben, denn es wird eine unwahrscheinliche Menge von Toten angegeben.» Die Ungewißheit über die Verluste der Ambrakioten erhöht den Eindruck von der Schwere der Niederlage, doch erst der Botenbericht verdeutlicht, was sie konkret bedeutet. Er spiegelt das allgemeine Leid im individuellen und macht es so dem Leser begreifbar, dem Zahlen nichts sagen.

Um der Dramatik gerecht zu werden, wählt Thukydides Stilelemente des Theaters, Anagnorisis (Wiedererkennen) und Dialog, und schafft damit eine Bühnensituation. Wie in den Dramen des Euripides, der wenig später in seinen *Schutzflehenden* (*Hiketiden*) auf das Ereignis reagiert, ist es der Herold, an dessen Person sich das Unglück knüpft. Doch Thukydides kehrt die Situation um. Anders als im Theater weiß bei ihm das Publikum von der Dimension der Niederlage, der Bote hingegen ist ahnungslos. Sein allmähliches Begreifen der Katastrophe, beginnend beim Wiedererkennen der ambrakiotischen Rüstungen, die den Toten geraubt worden waren, steigert Satz für Satz und mit zunehmender Geschwindigkeit, da Thukydides zum Höhepunkt hin auf die anfänglich gebrauchten *verba dicendi* verzichtet und Frage und Antwort direkt aneinanderreiht, das Entsetzen, das schließlich mit dem inneren Zusammenbruch des Boten auf den Leser übergreift.

Der Bote ist gekommen, um die Toten zu bergen, ihnen ein würdiges Begräbnis zu ermöglichen. Was dies hieß, wußte jeder Grieche nicht erst, seit Sophokles Ende der vierziger Jahre seine *Antigone* aufführen ließ. Angesichts der Größe der Katastrophe aber gerät der Bote (im Wortsinn) so aus der Fassung, daß er umkehrt, ohne noch an seine heiligsten Aufträge zu denken. Nicht in der lauten Wehklage als erster, sondern im schweigenden Vergessen der Pflichten in der folgenden Reaktion liegt der Höhepunkt der Episode.

Thukydides hat sie schwerlich erfunden. Sie beruht offensichtlich auf Augenzeugenberichten, von denen ihm mehrere vorlagen. Er hat, was ihm zugetragen wurde, bearbeitet, zugespitzt, dramatisiert. Die für den Historiker neue Technik der schnellen Wechselrede dynamisiert den Gesprächs- und pointiert den Gedankengang. Gegenüber der herkömmlichen schwerfälligen Alternierung von *Lógos* und *Antilogía* (Rede und Gegenrede) bot sie den Vorteil, alles Beiwerk streichen, sich auf das Essentielle beschränken und eine Ablenkung des Lesers vermeiden zu können. Als Thukydides später Melier und Athener über das Wesen der Macht reden ließ, erinnerte er sich der erfolgreich benutzten Technik. Im Melier-Dialog aber kehrt er die Intention um. Er will nun keine Emotionen, sondern das kühle Verstehen. Aus dem jähen Schrecken soll der sukzessive werden, die Rolle des Herolds ist einem anderen zugedacht, dem Leser.

DIE WENDE

«Die Männer von der Insel» Im Frühjahr 425, «kurz bevor das Getreide zur Reife gelangte», fielen die Peloponnesier abermals in Attika ein. Es sollte das letzte Mal im zehnjährigen Krieg sein. König Archidamos war 427 gestorben, nun führte, wie bei dem gescheiterten Versuch im Vorjahr, sein Sohn Agis das Kommando. Er richtete die üblichen Verwüstungen an, brach seinen Vorstoß aber bald ab. Mit nur 14 Tagen Dauer war es die kürzeste Invasion.

Die Athener spielten das gewohnte Spiel mit. Im Gegenzug fuhren attische Trieren gegen die Peloponnes aus. Sie hatten diesmal drei Ziele, und das, welches nur nebenbei angefahren wurde, sollte die Wende im Archidamischen Krieg bringen. Entscheidend wurde ein Zufall. Athens Hauptziel war Sizilien. In die dortigen Machtkämpfe hatte sich die Stadt schon seit dem Sommer 427 militärisch eingemischt. Gegner war eine andere Demokratie, nämlich Syrakus. Das brachte wieder Kerkyra ins Spiel, denn von dort aus begannen die Trieren die Überfahrt über das Ionische Meer. In Kerkyra schwelte selbst nach dem Sieg der demokratischen Fraktion der Bürgerkrieg weiter. Auch Sparta mischte sich wieder ein. So sollte die athenische Flotte auf ihrer Fahrt nach Sizilien zunächst die Verbündeten auf Kerkyra in ihrem Kampf gegen die noch verbliebenen Oligarchen unterstützen und mit deren Vernichtung das Problem endgültig lösen.

Die dritte Mission sollte gleichsam en passant erledigt werden. Im messenischen Pylos, nur etwa 80 Kilometer von Sparta entfernt, wollten die Athener eine Art Stützpunkt einrichten. Für diese Aufgabe bot sich Demosthenes an, der nach dem Sieg in Akarnanien zunächst ins Privatleben zurückgekehrt war, im Frühjahr 425 aber wieder als Stratege kandidierte. Er wurde gewählt, doch als er mit der Flotte ausfuhr, war er noch ohne Amt, denn sein Amtsjahr begann erst im Sommer. Möglicherweise war dies der Grund, warum er sich nicht gegen die amtierenden Kollegen Eurymedon und Sophokles durchsetzen konnte. Als die Flotte die messenische Küste passierte, wollten diese gegen den Willen des Demosthenes ohne Halt nach Kerkyra weitersegeln, da sie in Erfahrung gebracht hatten, daß die peloponnesischen Schiffe bereits dort angekommen waren. Der kerkyraiische Plan drohte fehlzuschlagen, bevor mit seiner Umsetzung überhaupt nur begonnen worden war. Da kam der Zufall Demosthenes zu Hilfe. Auf Höhe von Pylos erhob sich plötzlich ein Sturm und verschlug die Schiffe in die dortige Bucht. Vor dieser liegt wie eine Art Querriegel die Insel Sphakteria. Sie schützt die Bucht, die über zweitausend Jahre später nochmals Kulisse einer bedeutenden Seeschlacht werden sollte (Navarino 1827), und sperrt sie vom Meer ab. Nur zwei schmale Passagen an der Süd- und der Nordspitze gewähren die Zufahrt. Die Insel war damals unbewohnt und ist dies auch heute noch. Felsen, Bewaldung und dichtes Gestrüpp machen sie gänzlich unwegsam.

Der Platz, an dem die Flotte nördlich der Insel Sphakteria landete, war durch seine natürliche Lage gesichert. Dazu gab es vor Ort Steine und Holz in großer Fülle, um ihn weiter zu befestigen. Die Feldherren mochten dies nicht einsehen und mokierten sich über Demosthenes: Wenn er schon den Staat in Unkosten stürzen wolle, so gebe es jede Menge unbewohnter Vorgebirge auf der Peloponnes. Demosthenes hielt aber an seinem Plan fest. Dort sei ein geschützter Hafen vorhanden, die umwohnenden Messenier könnten von Pylos aus den Lakedaimoniern durch Streifzüge vielerlei Schaden zufügen und wären obendrein eine zuverlässige Besatzung für den Ort. Er setzte sich nicht durch, doch das Unwetter dauerte an, und die Soldaten, eingeschlossen in der Ödnis,

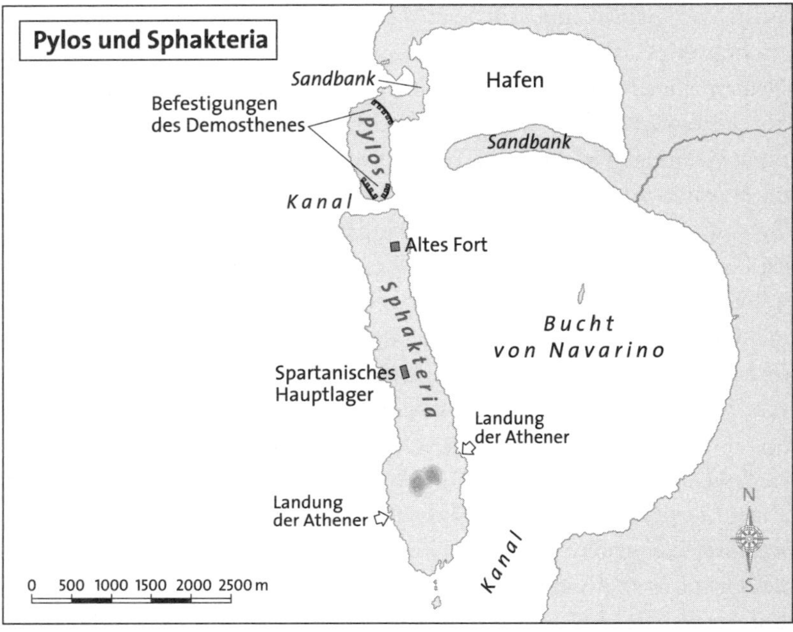

langweilten sich. Zunächst zaghaft und vereinzelt, dann immer energischer und im Wettstreit miteinander begannen sie den Ort ringsum mit Mauern zu sichern. Zwar fehlten Kiepen, um den Lehm herbeizuschaffen, und Eisenwerkzeuge, um die Steine zuzuhauen. Das Manko glichen sie aber aus, indem sie passende Felsbrocken zusammensuchten und den Lehm mit bloßen Händen herbeitrugen. Die am meisten gefährdeten Abschnitte wurden zuerst befestigt, denn es drohte ein Angriff der von Spähern alarmierten Lakedaimonier. Doch diese taten nichts dergleichen. Sie feierten ein Fest, wie sie es offenbar oft in Augenblicken der Gefahr taten (so als die Perser 490 nach Marathon und zehn Jahre später an die Thermopylen vorrückten), und maßen der Sache keine Bedeutung bei. Zudem stand Agis mit seinem Heer noch in Attika.

Nach sechs Tagen war Pylos befestigt, der Sturm hatte sich gelegt, und das Gros der Schiffe fuhr nach Kerkyra weiter. Demosthenes blieb mit fünf Trieren zurück, doch bald stellten sich erste Probleme ein. Die Verproviantierung erwies sich als schwierig, weil das Getreide noch grün war; eine naßkalte Witterung setzte dem Heer zu, und der aus Attika zurückgekehrte König Agis nahm die Nachrichten aus Pylos nicht so leicht, wie es anfangs die Spartaner in der Heimat getan hatten. Er leitete Gegenmaßnahmen ein. Ein erstes Kontingent von Spartanern und Perioiken – Bewohnern der von Sparta unterworfenen, aber politisch autonomen Siedlungen – zog nach Pylos. Die Rückkehrer aus dem Feldzug nach Attika folgten, und die peloponnesische Flotte vor Kerkyra erhielt Befehl, schnellstens herbeizukommen. Demosthenes erkannte rechtzeitig die Gefahr, eingeschlossen zu werden, und sandte einen Hilferuf an Eurymedon und Sophokles.

Um die Landung der athenischen Trieren zu verhindern, beschlossen die Spartaner, die Hafeneinfahrten mit eigenen Schiffen zu blockieren. Seewärts von Pylos gab es keine Landemöglichkeit, nur die Insel Sphakteria bildete noch einen Unsicherheitsfaktor. Im Gefühl eines sicheren Sieges gerieten die Lakedaimonier dann in eine selbstgestellte Falle. Sie setzten 420 Schwerbewaffnete, dazu eine entsprechende Anzahl Heloten, nach Sphakteria über. Dies schien gefahrlos, denn solange peloponnesische Schiffe die Bucht von Pylos kontrollierten, war ein Rückzug jederzeit möglich. So begannen die Vorbereitungen zum Sturm auf die athenische Festung. Demosthenes seinerseits stellte den Großteil seiner Truppen auf der gut gesicherten Landseite auf, er selbst stieg mit nur 60 Schwerbewaffneten und einigen Bogenschützen zum Meer hinab, dorthin, wo er die Landung der peloponnesischen Schiffe erwartete. Das Gelände fiel hier steil und felsig zum offenen Meer ab, aber es war der einzige Platz, den die feindlichen Schiffe anlaufen konnten. Da der Landungsplatz beengt war, teilte sich die peloponnesische Flotte in Abteilungen auf. Wenn die eine vom Kampf ermüdet war, attackierte die nächste. Anderthalb Tage setzten die Lakedaimonier ihre Bemühungen fort, dann gaben sie auf. Sie schickten einige Schiffe die Küste entlang, um Bauholz für Belagerungsmaschinen zu holen. Der nächste Angriff sollte besser vorbereitet werden und auch von Land aus erfolgen.

Inzwischen traf die athenische Flotte ein. Ohne Landungsmöglichkeit fuhr sie zunächst zur nahe gelegenen Insel Prote zurück, um von dort aus die Lakedaimonier zu einer Seeschlacht herauszufordern. Deren Reaktion ist schwer zu verstehen, d. h., genaugenommen gab es keine. Weder fuhren sie den Athenern entgegen, noch blockierten sie die Einfahrten in die Bucht, wie sie es eigentlich beabsichtigt hatten. Da sie die

Athener noch weit entfernt glaubten, waren sie vorerst damit beschäftigt, ohne jede Eile die Mannschaften auf die Schiffe zu bringen.

Die Athener erwarteten den Feind auf hoher See. Er kam nicht. Stattdessen erblickten sie unverhofft die freie Zufahrt zum Hafen. So überfielen sie die peloponnesischen Schiffe, die dort gefechtsbereit lagen. Es entwickelte sich die bizarre Situation, daß die Lakedaimonier – so Thukydides – von Land aus eine Seeschlacht kämpften, die Athener von den Schiffen aus aber wie Landtruppen vorgingen. Zwar konnten die Lakedaimonier den größten Teil ihrer Schiffe retten, doch beherrschten die Athener nun die Bucht, und damit waren die Männer auf Sphakteria von jeder Hilfe abgeschlossen.

Für Sparta war es die erste gravierende Krise in diesem seit sechs Jahren währenden Kampf. Die höchsten Amtsträger machten sich auf den Weg nach Pylos. Sie brauchten nur kurze Zeit, um die Aussichtslosigkeit der Lage zu erkennen. So beschlossen sie, sogleich mit den athenischen Strategen vor Ort über einen Waffenstillstand zu verhandeln, um dann Gesandte nach Athen zu schicken, die einen Friedensvertrag abschließen sollten. Die Lakedaimonier verpflichteten sich, ihre Kriegsschiffe – ungefähr 60 an der Zahl – den Athenern in Pylos auszuliefern und deren Festung nicht anzugreifen. Im Gegenzug erklärten die Athener, selbst alle Angriffe einzustellen, und gestatteten die Verpflegung der Eingeschlossenen. Die Rationen wurden dabei genau festgelegt: zwei attische Choinikes Gerste, zwei Kotylen Wein, eine Fleischportion täglich für jeden Lakedaimonier, für Bedienstete – das waren die Heloten – die Hälfte. Der Vertrag sollte nur so lange gültig sein, bis die nach Athen abgereiste spartanische Gesandtschaft zurückgekehrt war. Um der Männer von Sphakteria willen waren die Spartaner bereit, all ihre Kriegsziele aufzugeben. So brachte schon der Waffenstillstand Nachteile für die Spartaner. Sie nahmen sie in Kauf, weil sie glaubten, die Athener wären kriegsmüde und bereit, einem ausgewogenen Frieden beizutreten. Das war eine Rechnung ohne Kleon.

Der neue Mann Es ist das Jahr 426, in dem Kleon für die Nachwelt als Führer des athenischen Demos, d. h. der Nichtaristokraten, in die Geschichte eintritt, doch niemandem scheint er willkommen zu sein. Kein Grieche der klassischen Zeit wird negativer beurteilt als er. Wo es um innerathenische Dinge und nicht um den Konflikt mit dem Landesfeind geht, ist selbst Thukydides ganz Partei und verhehlt das auch nicht. Dahinter mag persönlicher Groll stecken, aber das allein ist es nicht. Es ist der Anbruch einer neuen Zeit, den Thukydides nicht goutiert. So ist er sich in der Beurteilung des Kleon mit derjenigen der Komödie einig.

Daß für Aristophanes und seine Kollegen Kleon eine dankbare Zielscheibe aggressiven Spotts war, überrascht wenig. Wie im Falle des Perikles beweist das nur, daß Kleon über große Machtfülle verfügte. Dagegen war Thukydides' Abneigung so unüberwindlich, daß er Kleons wegen seinen Ruf als unvoreingenommener Historiker aufs Spiel setzte. Fakten und Urteil stimmen in dieser Causa nicht zueinander. Nicht die Fehler Kleons, nicht sein rüpelhaftes Auftreten auf der Rednerbühne, nicht seine demagogischen Reden schädigten sein Ansehen – Kleon war ein Parvenü, und das störte seine aristokratischen Gegner mehr als seine Politik. Tatsächlich setzte Kleon im wesentlichen die Außenpolitik des Perikles fort, auch wenn Thukydides dies nicht zugeben will. Er führte sie sogar zu einem guten Ende, wenngleich das dann nicht mehr sein Verdienst war, denn der für Athen günstige Friedensschluß von 421 führte buchstäblich über seine Leiche.

Thukydides erteilt Kleon bereits in der Mytilene-Debatte das Wort, aber was dieser zu sagen hat, ist eine späte Fiktion des Historikers und hat mit der historischen Debatte nur so viel zu tun, daß Kleon vermutlich für eine exemplarische Bestrafung der Aufständischen plädierte. Kleon dient in diesem Kontext nur als Folie für die Ausführungen des Thukydides. Desungeachtet führt er den Redner als den «gewalttätigsten aller Bürger» ein, ohne daß bisher das geringste geschehen wäre, das diese Charakteristik auch nur im Ansatz rechtfertigt. Offensichtlich wollte er die Meinung des Lesers ein für allemal in eine Richtung lenken. Die frühere Karriere Kleons verschweigt Thukydides oder hält sie nicht für wichtig, bestätigt sie aber mit seinem Einleitungssatz, dem zufolge Kleon zum Führer des Volkes aufgestiegen war.

Über Kleons Aktivitäten vor 428 werden wir durch unseren späten Gewährsmann Plutarch informiert – und indirekt durch den Komödienspott, der sich ja nur gegen Leute von Belang richtete. Eine Inschrift belegt außerdem, daß Kleon 428 im Rat saß und 427 das Amt eines Hellenotamias (eines Schatzmeisters des Attischen Seebunds) ausübte. Zuvor gehörte er zu den entschiedenen Gegnern des Perikles. Neben anderen fand er sich unter den Anklägern, welche dessen Amtsenthebung als

Feldherr in Gang brachten. Der Komödiendichter Hermippos höhnte, Perikles, der «König der Satyrn», fürchte den «bissigen Kleon».

Der eigentliche Aufstieg Kleons begann indes erst nach dem Tode des Perikles, der es auch als Aristokrat verstanden hatte, den Demos an sich zu binden. Erst als die Stelle des Volksführers verwaist war, konnte Kleon diese Rolle, offenbar in Auseinandersetzung mit Nikias, den die «Reichen und Vornehmen» unterstützten, einnehmen. Bei Plutarch tauchen all die häßlichen Attribute wieder auf, mit denen eine vornehmlich aristokratisch geprägte Geschichtsschreibung Kleon als den Aufsteiger aus dem Milieu der Gewerbetreibenden versah: Schamlosigkeit, Frechheit, Unverschämtheit, Habgier, Keckheit und Speichelleckerei sind eine Auswahl aus dem Arsenal der Invektiven; es sind im übrigen gerade jene Eigenschaften, die nach Meinung der Aristokraten *per se* Wesensmerkmale des nicht adlig geborenen Pöbels waren. Daß Kleon mit seiner Rednergabe oft eine Mehrheit in der Volksversammlung fand, läßt Plutarch trotzdem erkennen, da dem Biographen zufolge Nikias der «Redegewandtheit und Possenreißerei» seines Gegners, mit der dieser die Athener «zu behandeln und zu belustigen wußte», nur dadurch begegnen konnte, daß er das Volk «durch Ausstattung von Chören, Leitung von Kampfspielen und andere volkstümliche Veranstaltungen dieser Art» gewann.

Ein Kommando für Kleon Mit Kleon hatten die Spartaner noch wenig Erfahrung gesammelt. So reisten sie 425 im Glauben nach Athen, die Volksversammlung leicht vom Abschluß eines Friedens überzeugen zu können, für den vor allem die durch Pest und Krieg erlittenen Verluste sprachen. Die Einschätzung war nicht ganz falsch. Das Problem war aber erneut, daß derjenige, der zuerst von Frieden sprach, sein Gegenüber zur Annahme verleitete, es befinde sich militärisch im Vorteil. Der Spartanerfeind Kleon war längst zum Wortführer des Demos avanciert, und so schraubte die Volksversammlung die Forderungen hoch: Zunächst müßten sich die «Männer von der Insel» – so der Sprachgebrauch – ergeben und in Athen auf das Weitere warten. Sodann hätten die Lakedaimonier Nisaia, Pagai, Troizen und Achaia zurückzugeben, Orte, die den Athenern in einer Notlage (gemeint ist der Frieden von 446/5) abgepreßt worden seien.

Die Lakedaimonier verlangten geheime Unterhandlungen, denn sie fürchteten nicht zuletzt den Zorn ihrer Verbündeten, falls sie zu weitgehende Zugeständnisse machten. Athen war aber keine Oligarchie, wo hinter verschlossenen Türen im kleinen Kreis geschachert werden konnte; so mußte Kleon ein solches Ansinnen ablehnen, und die Delegation aus Sparta reiste ab. Bereits nach knapp drei Wochen war der Vertrag von Pylos damit außer Kraft gesetzt, und die Athener erwiesen sich als schlechte Gewinner. Sie verweigerten die ausgehandelte Rückgabe der Schiffe mit der Begründung, die Spartaner hätten gegen den Waffenstillstand verstoßen, und dieser gelte selbst bei geringfügigen Übertretungen als gebrochen. Die Spartaner beklagten dies ihrerseits als Rechtsbruch; das Mißtrauen zwischen beiden Seiten wuchs, der Krieg ging weiter und nahm merkwürdige Formen an. Alles kreiste – und dies wörtlich – um die «Männer von der Insel». Die Athener umfuhren tagsüber Sphakteria mit zwei Schiffen in einander entgegengesetzter Richtung. Nachts ankerte die gesamte Flotte, die inzwischen auf 70 Schiffe aufgestockt worden war, in einem Kreisbogen rings um die Insel. Nur wenn Wind aufkam, blieb die Seeseite ohne Bewachung. Die Lakedaimonier ihrerseits berannten die athenische Festung und unternahmen zahlreiche Versuche, die Eingeschlossenen zu evakuieren. Die Situation blieb über Wochen unverändert. Allmählich erkannten die Athener, daß sie sich verrechnet hatten. In Pylos waren sie belagerte Belagerer. Auf dem Festungsplateau gab es nur eine einzige kümmerliche Quelle. Schon gruben die Soldaten den Kiessand am Strand auf, wo es nur brackiges Wasser gab. Lebensmittel mußten von weither, von Kerkyra oder Athen, herbeigeschafft werden. Der Herbst nahte, und mit dem Ende der Schifffahrtssaison, wenn das Meer unberechenbar würde, mußte diese Art der Versorgung schwierig werden. Der Hafenplatz war überdies zu beengt, ein Teil der Schiffe ankerte immer auf See.

Die Athener hatten das Friedensangebot in der Überzeugung abgelehnt, die Lakedaimonier auf der Insel könnten sich nur noch wenige Tage halten. Sie hatten keine Verpflegung, und es gab nur salziges Wasser. Doch die Spartaner erwiesen sich als erfindungsreich, vor allem aber sparten sie keine Kosten, um ihre Leute zu retten. Sie setzten hohe Belohnungen für diejenigen aus, denen es gelang, Lebensmittel auf die Insel zu bringen, den Heloten versprachen sie die Freiheit. Da die Seeseite der Insel, wenn Wind aufkam, schwer zu bewachen war, landeten dort immer wieder Boote mit Lebensmitteln. Die Schmuggler ließen sich vom Wind dorthin treiben und nahmen keine Rücksicht darauf, ob ihr Kahn an den Felsen der Insel leckschlug. Die Belohnung deckte den Verlust. Manche wagten es sogar, von einem günstigen Platz aus zur Insel hinüberzutauchen. An Stricken zogen sie dabei Schläuche hinter sich her, die mit in Honig getränktem Mohn gefüllt waren oder Leinsamen enthielten, um den quälendsten Durst zu stillen. Es dauerte lange, bis die Athener dies bemerkten und unterbanden.

In Athen wuchs die Unruhe, je näher der Herbst kam. Schon bereuten die ersten, die Friedensangebote ausgeschlagen zu haben. Kleon rückte in den Mittelpunkt der Kritik, da er den Frieden hintertrieben habe. Das behaupteten nun sogar die, die selbst gegen den Ausgleich gestimmt hatten – solch ein widersprüchliches Verhalten war in Athen nichts Ungewöhnliches, waren doch die Teilnehmer der Volksversammlung, die Ekklesiasten, immer im Recht, und waren sie es nicht, so waren sie falsch beraten worden. Kleon verteidigte sich, die Boten berichteten Unglaubwürdiges. Das war ein Fehler, denn nun wurde er selbst dazu ausersehen, als Beobachter nach Pylos zu fahren. Um dies zu vermeiden – Neues hätte er auch nicht berichten können –, forderte er die amtierenden Feldherren, namentlich Nikias, auf, unverzüglich eine Flotte nach Pylos zu führen und die Sache militärisch zu lösen. Mit Beobachten verlören sie nur Zeit.

Nikias war nicht bereit, das schwierige Kommando zu übernehmen, und bot es Kleon an, da er dessen Absicht durchschaute. Dieser hielt das nicht zu Unrecht für Gerede, denn dazu war Nikias gar nicht befugt – zumindest aber bedeutete es eine Pflichtverletzung –, und er insistierte, es sei ein leichtes, die Insel zu erobern. Das Ganze wiederholte sich, und langsam ahnte Kleon, daß er, obwohl militärisch unerfahren, das Kommando tatsächlich übernehmen mußte. Er wich zurück, aber je mehr er zurückwich, desto mehr Freude entwickelte das Volk an diesem Spiel. Tatsächlich stimmte dann die Ekklesia – mit Zustimmung der amtierenden Strategen – dafür, Kleon den Oberbefehl für ein Kommandounternehmen gegen Sphakteria zu übertragen. Dieser trat die Flucht nach vorn an und erklärte, er fürchte die Lakedaimonier nicht, vielmehr fahre er, ohne einen einzigen athenischen Bürger mitzunehmen: Leichtbewaffnete aus den Reihen der Verbündeten (und die Athener vor Ort) genügten für diese Aufgabe. Binnen 20 Tagen werde er die Lakedaimonier an Ort und Stelle erschlagen oder lebend nach Athen bringen. Dafür erntete er Gelächter, denn nur die wenigsten glaubten an einen Erfolg. Die Partie der Aristokraten – Thukydides spricht an dieser Stelle kaschierend von den «Vernünftigen» – stand auf Gewinn. Hätte Kleon Erfolg, besäße Athen in den gefangenen Lakedaimoniern Geiseln, scheiterte er – was sie eigentlich hofften –, hätten sie einen gefährlichen inneren Gegner weniger.

Ende eines Mythos Auch wenn ihm das die wenigsten zutrauten und Thukydides es ihm sogar *post eventum* und damit wider besseres Wissen abspricht, traf Kleon zunächst drei kluge Entscheidungen. Er wollte den Kampf sofort und ohne weiteren Aufschub, er setzte auf Leichtbewaffnete, die sich dann tatsächlich unter den Geländebedingungen auf der Insel den gegnerischen Hopliten überlegen zeigen sollten, und er wählte als Mitfeldherrn den einzigen richtigen Mann, nämlich Demosthenes, der vor Ort war und die Verhältnisse am besten kannte. Hinzu kam, daß die Soldaten in Pylos des mühseligen und beengten Lebens in der Festung überdrüssig waren und den Feldherrn bedrängten, sie gegen Sphakteria zu führen. Dieser zögerte noch, da er die Unzugänglichkeit der Insel fürchtete. Sie war weglos, dichtes Gehölz und Strauchwerk verbargen die Lakedaimonier, so daß es zudem unmöglich war, deren Zahl auch nur zu schätzen. Da kam ihm ein Zufall zu Hilfe. Aus Platzmangel kochten die Soldaten ihr Essen an den Vorsprüngen der Insel. Dabei entzündete einer das Buschwerk am Ufer, und als gleichzeitig Wind aufkam, brannte das ganze Gestrüpp nieder, das die Insel überzog. Demosthenes kannte nun die Zahl der Feinde, die größer war, als er erwartet hatte, und er sah in etwa auch ihre Verteilung entlang der Insel.

Das war der Moment, als Kleon mit seinen Truppen aus Athen eintraf. Die Athener sandten sofort einen Herold ins spartanische Lager und forderten mit Blick auf ihre Verstärkungen, die «Männer auf der Insel» anzuweisen, die Waffen zu strecken. Jeder weitere Kampf sei nun sinnlos geworden. Die Spartaner lehnten, wie vorauszusehen war, ab, die Athener warteten noch einen Tag und begannen dann in der Nacht mit der Landung. An beiden Schmalseiten der Insel erklommen insgesamt etwa 800 Schwerbewaffnete das Felsufer, rückten im Laufschritt gegen die Wachtposten vor und machten sie nieder. Die Lakedaimonier wurden überrascht, da sie die athenischen Schiffe auf einer der üblichen Patrouillenfahrten wähnten. Als der Tag anbrach, landete, von 70 Schiffen transportiert, die übrige Streitmacht: 800 Bogenschützen, ebenso viele Leichtbewaffnete, dazu die messenischen Hilfstruppen und die übrigen Athener, die vor Pylos standen (die Besatzung der Festung ausgenommen). Sie bildeten Gruppen von etwa 200 Mann und besetzten die hochgelegenen Punkte der Insel. Auf diese Weise verteilt, konnten die Lakedaimonier sich nicht auf einen Gegner konzentrieren und gerieten in Verwirrung. Wohin auch immer sie sich wandten, eine Abteilung der Leichtbewaffneten befand sich in ihrem Rücken und beschoß sie mit Pfeilen, Speeren, Steinen oder Schleuderkugeln. Sie zu verfolgen war sinnlos, denn auf der felsigen Insel waren Leichtbewaffnete beweglicher und schneller als Hopliten. Da diese ihre Stärke nur im Nahkampf ausspielen konnten, waren sie hilflos. Die athenischen Hopliten ihrerseits begnügten sich damit, eine Front zu bilden, zum Kampf kam es nicht, denn die Leichtbewaffneten verhinderten mit einem Geschoßhagel den Angriff der lakedaimonischen Phalanx. Dort fielen die ersten, ohne auch nur einen Feind berührt zu haben. Die Helme schützten sie nicht vor den Pfeilen, und die Wurfspieße blieben in den Schilden der Schwerbewaffneten stecken – Caesar hat dieses Problem später ausführlich beschrieben –, brachen ab und schränkten ihre Beweglichkeit weiter ein. Die Hilfstruppen erhoben in ihrer Siegeszuversicht ein Geschrei, das alle Kommandos der Spartaner übertönte, und da die aufgewirbelte Asche diesen jede Sicht nahm, gerieten sie in Panik. Sie fühlten sich von allen Seiten umzingelt, schlossen sich enger zusammen und zogen sich zum äußersten Ende der Insel zurück, die gegen Pylos zu steil ins Meer abfiel. Dort stand, aus zusammengetragenen unbehauenen Steinen errichtet, ein alter Turm, den sie als Bollwerk zu nutzen suchten. Sie stellten sich im Halbkreis auf. Da der Turm durch seine Steillage auf der nördlichen Seite geschützt war, hatten die Athener keine Möglichkeit, ihn zu umgehen und die Stellung der Belagerten von hinten anzugreifen. So versuchten sie einen Frontalangriff und kämpften in der Augusthitze den längsten Teil des Tages, doch alle Anstrengungen blieben vergeblich. Eine neue Blockade drohte. Da meldete sich der Anführer der mit Athen verbündeten Messenier und erbot sich, mit einigen Bogenschützen und Leichtbewaffneten das Steilufer zu erklimmen und die Lakedaimonier von der ungedeckten Seite unter Beschuß zu nehmen. Das gelang mit knapper Not und brachte den Gegner tatsächlich in eine ausweglose Situation. Thukydides ist in der Beschreibung dieser Kampfsituation selbst der Vergleich mit den Thermopylen nicht zu hoch – wenn er auch einschränkt, er vergleiche Kleines mit Großem. Die Lakedaimonier wurden nun also von zwei Seiten beschossen, sie standen einer großen Übermacht gegenüber, waren durch Nahrungsmangel geschwächt, und sofern sie überhaupt noch Wasser hatten, würde es in den nächsten Stunden zur Neige gehen.

Kleon durchschaute die Lage und beendete zunächst den Kampf. Tote Lakedaimonier waren gut, lebende aber viel besser. Für seinen Triumph, aber auch zum Nutzen Athens, benötigte er die «Männer von der Insel» als Gefangene. Durch einen Herold forderte er sie auf, die Waffen zu strecken und sich zu ergeben. Tatsächlich ließen die meisten ihre Schilde sinken und hoben die Hände zum Zeichen, auf das Angebot eingehen zu wollen. Der spartanische Unterhändler, der dritte in der Reihe der Kommandierenden – der erste war gefallen, der zweite lebte noch, lag aber wie ein Toter unter einem Leichenberg – bat darum, einen Herold an Land schicken zu dürfen, um bei den spartanischen Behörden nachzufragen, wie sie sich verhalten sollten. Diese wollten freilich keine Märtyrer auf Dienstanweisung und erklärten, «die Männer von der Insel» sollten selbst über sich befinden, aber nichts Ehrloses tun. Die Eingeschlossenen entschieden sich schließlich dafür, lieber lebend und ehrlos zu sein – in der spartanischen Gesellschaft waren sie nach ihrer Rückkehr geächtet – als tote Helden. Als Vorbild taugte König Leonidas, der fast 60 Jahre zuvor an den Thermopylen gefallen war, offenbar selbst in Sparta nicht mehr.

Es folgte das übliche Prozedere: Den Lakedaimoniern wurde erlaubt, ihre Toten von der Insel zu bergen, dann errichteten die Athener ein Siegeszeichen und verteilten die Gefangenen auf die Schiffe. 420 Lakedaimonier waren auf die Insel übergesetzt worden, 126 von ihnen waren gefallen, von den Überlebenden waren 120 Spartiaten, die übrigen Perioiken; Heloten tauchen in der Statistik nicht auf. Die Belagerung hatte genau 72 Tage gewährt. Kleons Sieg war ein doppelter: Die Gefangenen verschafften Athen Spielraum für künftige Verhandlungen, vor allem aber war der spartanische Nimbus gebrochen, bis zum Tode zu kämpfen. Entweder unter dem Schild (als lebender Hoplit) oder auf dem Schild (als Toter) solle der Mann heimkehren, lautete das Dictum einer Spartanerin. Die Männer von Sphakteria aber würden *ohne* jeden Schild zurückkommen.

Von allen Kriegsereignissen, schreibt Thukydides, habe dieses für die Griechen den am wenigsten erwarteten Ausgang genommen. Hatten sie doch von den Lakedaimonier erwartet, daß diese weder aus Hunger noch wegen einer anderen Notlage die Waffen niederlegen, sondern lieber mit diesen in der Hand den Tod suchen würden. Das Außergewöhnliche der Erfahrung bildete die Basis für die Propaganda, die Gefangenen seien den Gefallenen nicht ebenbürtig gewesen. Zumindest aber bewiesen jene noch ihre sprichwörtliche Lakonik. Als einer der athenischen Verbündeten einen der Gefangenen mit der Absicht, ihn zu kränken, fragte, ob die Toten nun die wahrhaftigen spartanischen Helden seien, antwortete dieser, viel wert sei das Rohr (er meinte den Pfeil, erklärt Thukydides), wenn es in der Lage sei, nur die Tapferen herauszufinden.

Kleon hatte sein Versprechen, dessen Erfüllung ihm niemand geglaubt hatte, eingelöst, und das innerhalb der vorhergesagten kurzen Frist von 20 Tagen. Die Folgen zeigten sich rasch. Pylos wurde zur Festung ausgebaut, ein Pfahl im Fleisch der Lakedaimonier. Diese mußten ihre Einfälle in Attika einstellen, denn es drohte die Hinrichtung der Gefangenen. Sie taten zwar alles, um sie freizubekommen, aber je mehr sie nachgaben, desto höher schraubten die Athener ihre Forderungen. Für Kleon war sein Erfolg ein großer Triumph, aber auch – wie sich zeigen sollte – eine noch größere Bürde.

Aristophanes und Kleon Nach dem Sieg von Pylos saß Kleon fester denn je im Sattel. Seine Hauptgegner waren die Ritter, die den Platz, den er einnahm, für sich und ihren Stand reklamierten. Der städtische Demos freilich stand hinter und zu ihm. So war Kleon zwar gegen Schimpftiraden und Nachrede der Aristokraten gefeit, doch Travestie und Spott vertrug er weniger. Als ihn der junge Aristophanes in den an den städtischen Dionysien 426 aufgeführten *Babyloniern* angriff, rächte er sich mit einer Klage. Solche Empfindlichkeit bewies freilich auch schon der große Perikles, der ein Gesetz gegen Komödienspott erlassen hatte. Aristophanes fürchtete sich allerdings nicht vor politischer Verfolgung; gerade nach Pylos führte er in den *Rittern* vom Frühjahr 424 seine wütendste Attacke gegen den «Falken» Kleon, weswegen antike Philologen auch diese Komödie für ein Friedensstück hielten. Kleon tritt – gespielt vom Dichter selbst – als Lieblingssklave des Demos auf, den er umschmeichelt. Weder trägt er seinen Namen noch die übliche

Porträtmaske – angeblich weigerten sich die Maskenbildner aus Angst vor dem Politiker, sie zu modellieren –, doch schon die erste Anspielung auf den Sieg von Pylos, den er dem Feldherrn Demosthenes gestohlen haben soll, stellte dem Publikum vor Augen, wen es vor sich hatte. Kleon erhält alle Ohrfeigen, die es für einen Politiker geben kann: Er lügt und stiehlt, besitzt die schönste Brüllstimme, ist ein Lump von Haus aus, ein Ehrabschneider und eine Krämerseele, «kurzum, ein ganzer Staatsmann». Auch der Demos, der sich von solchen Politikern umgarnen läßt, wird nicht geschont («Demos, wie du gewaltig bist/ und gefürchtet von jedermann,/ herrschtest als unumschränkter/ Regent und Gebieter!/ Aber leicht dich betören läßt/ du von Schmeichlern, die ränkevoll/ dich am Narrenseil führen: denn/ schwatzt dir einer was vor, da sperrst/ du Maul und Nase auf...»), ehe sich der Dichter in der Schlußsequenz wieder mit ihm versöhnt. Das Theaterpublikum dankte es Aristophanes mit dem ersten Preis, ein Votum gegen die Kriegspolitik, die freilich in der Ekklesia weiterhin eine Mehrheit hatte.

An den Großen Dionysien des folgenden Jahres 423 gab sich Aristophanes politisch zurückhaltender. Gerade war der Waffenstillstand zwischen Sparta und Athen in Kraft getreten, und so beläßt er es bei einem Seitenhieb auf Kleon. Der Chor, dem Titel des Stückes gemäß, Wolken darstellend, beklagt sich über die Undankbarkeit der Athener, obwohl gerade sie, die Wolken, der Stadt in besonderer Weise zugetan seien, es donnern und regnen ließen, immer «wenn im Unverstand» die Athener einen Kriegszug beschlössen oder, wie gerade geschehen, Kleon zum Feldherrn kürten. Dann trete sogar der Mond aus seiner Bahn, und die Sonne scheine nicht mehr. Aristophanes geht es in diesem Stück aber mehr um den Generationenkonflikt und die neuen Lehren, die die Jugend verdürben. Es ist die Komödie, in der Sokrates seinen großen Auftritt hat. Das begeisterte die Nachwelt, aber nicht das athenische Publikum, das Aristophanes nur auf den letzten Platz setzte. Es siegte Kratinos mit seiner *Pytine* (Weinflasche), die sicherlich nicht politischer war als die *Wolken*, doch entsprach ihr Inhalt mehr dem Geschmack der Athener.

Der Generationenkonflikt beschäftigte Aristophanes auch im nächsten Jahr. In den an den Lenaien gespielten *Wespen* setzte er sich aber auch wieder mit Kleon auseinander, und zwar diesmal mit dessen Innenpolitik, denn die konnte er mit einem anderen wichtigen Thema verknüpfen – dem Gerichtswesen in Athen. Seit Perikles wurden die Geschworenen besoldet, und da an etwa 200 Gerichtstagen im Jahr jeweils um die 2000 Richter für die einzelnen Prozesse durch ein Losverfahren bestimmt wurden, trug dies auch wesentlich zur Versorgung der ärmeren Bevölkerung bei, aus der die überwiegende Zahl der Laienrichter stammte. Bereits Perikles hatte – so jedenfalls Aristoteles – eigennützige Gründe für die Einführung der Diäten, und daher verwundert auch bei Kleon ein ähnliches Kalkül nicht. Indem er den Sold pro Gerichtstag von 2 auf 3 Obolen erhöhte, ein Betrag, mit dem eine Familie – allerdings eher schlecht als recht – einen Tag haushalten konnte, schuf er sich eine Klientel, auf die er sich auch in der Volksversammlung stützen konnte. Aristophanes lief mit seinen komödiantischen Mitteln dagegen Sturm, das Problem lösten freilich andere für ihn, nämlich die Spartaner, und zwar in der Schlacht von Amphipolis. In der nächsten der erhaltenen Komödien, dem *Frieden* 421, kommt der Dichter kurz, aber mit sichtlicher Befriedigung, darauf zu sprechen.

Am Delion: Wende in der Wende Der Erfolg von Pylos brachte die Athener auf die Idee, das, was auf der Peloponnes zunächst auf einem Zufall beruhte (dem Unwetter, das die Flotte zur Landung zwang), nun mit strategischer Absicht zu wiederholen. So beabsichtigten sie das Delion zu besetzen, es zur Festung auszubauen und von dort aus Streifzüge in das boiotische Gebiet zu unternehmen – eine ständige Beunruhigung der Thebaner im eigenen Land. Das Delion war ein Heiligtum des Apollon, gegründet von ionischen Griechen aus Delos, gehörte aber schon vor den Perserkriegen den Thebanern. Es lag am euböischen Golf, nur etwa zwei Kilometer nördlich vom Ort Oropos entfernt. Dazwischen verlief – und das machte die Lage brisant – die Grenze zwischen Boiotien und Attika. So gut die Idee sein mochte, so schlecht war schließlich die Ausführung. Um die Boiotier von der Eroberung und Befestigung des Delion abzulenken, planten die Athener so etwas wie einen Zangenangriff. Während der Feldherr Hippokrates an der Ostküste gegen das Delion vorrückte, sollte auf der Westseite sein Kollege Demosthenes mit seinen Schiffen gegen den Hafen Siphai segeln.

Der Vorhaben scheiterte. Zunächst wurde der Angriffsplan des Demosthenes verraten. Er hatte zu viele Verbündete eingeweiht. Von ihnen gelangten Gerüchte zu den mittelgriechischen Phokern, von diesen nach Sparta und von den Spartaner erfuhren es zuletzt, aber noch nicht zu spät, auch die Boiotier selbst. Siphai und das ebenfalls bedrohte Chaironeia wurden präventiv gesichert, Demosthenes mußte den Angriff abbrechen. Das zweite Problem war ein Rechenproblem. Das Wesen eines Zangenangriffs liegt in der *gleichzeitig* erfolgenden Aktion beider Teile. Indes hatte sich Demosthenes in der Berechnung der Tage vertan und war zu früh aufgebrochen. Da Hippokrates noch nicht eingetroffen war, konnten die Boiotier zunächst ihre gesamten Kräfte nach Westen werfen und sie, als der Feind schließlich auch im Osten erschien, dann gegen diesen zur euboischen Küste verlagern, weil der abgeschmetterte Demosthenes schon wieder auf dem Rückzug war. Nichts vermehrt sich so schnell wie ein Fehler, und so hielt Hippokrates an jenem Teil des Plans fest, der ihn betraf, aber inzwischen gar keiner mehr war. Er zog nun *pandemei* aus, d. h., er rief das ganze Volk zu den Waffen – Metoiken und sogar die Fremden, die gerade in Athen waren, wurden aufgeboten.

Hippokrates erreichte tatsächlich das Delion, eine halbe Wegstunde jenseits der attischen Grenze, ohne auf Gegenwehr zu stoßen, denn die Boiotier verfolgten inzwischen andere Pläne. Eilends begann der Athener das Befestigungswerk auszuführen. Am dritten Tag nach dem Aufbruch aus Athen war das Heer vor Ort eingetroffen, am fünften gegen Mittag waren die Arbeiten schon abgeschlossen. Die Soldaten hoben Gräben aus, warfen die Erde zu einem Wall auf, Pfähle und Weinstöcke wurden als Palisaden in den Boden gerammt, Zwischenräume mit Steinen und Ziegeln aus Gebäuden der Umgebung verfüllt. Hölzerne Türme flankierten Wall und Graben. Danach zogen die Schwerbewaffneten zurück zur attischen Grenze und warteten dort ab; die Leichtbewaffneten aber marschierten weiter Richtung Athen.

Währenddessen hatten sich die Boiotier aus allen Städten des Landes im nahen Tanagra gesammelt, um die Athener zu vertreiben. Daß deren Hauptheer Boiotien bereits verlassen hatte, sorgte für Verwirrung: Zehn der elf Boiotarchen sahen ihre Aufgabe damit erfüllt und plädierten für Rückzug, der elfte freilich, der zu diesem Zeitpunkt auch den Oberbefehl hatte, riet zum Kampf und setzte sich durch. Die Parallele zu Miltiades, der 490 laut Herodot als einziger aus dem Strategenkollegium die Schlacht bei Marathon wagen wollte, liegt auf der Hand.

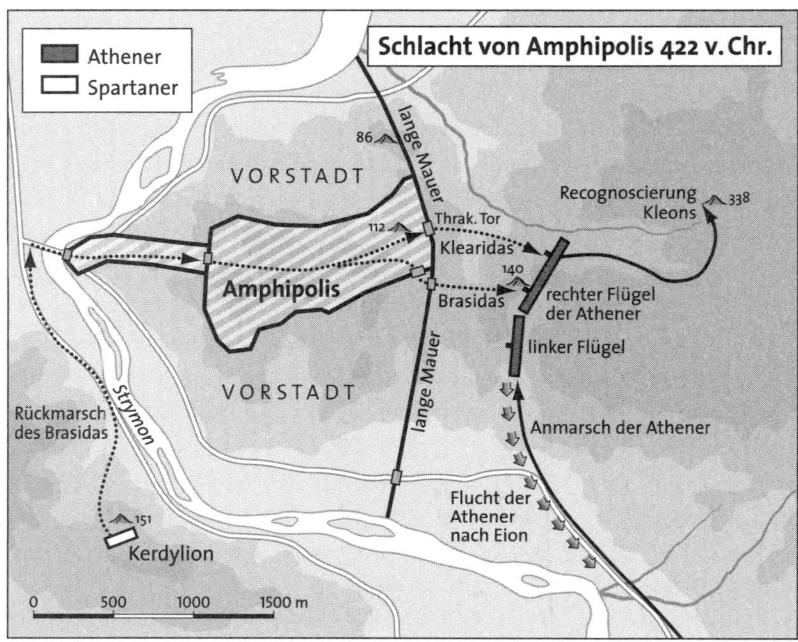

Die Heere nahmen Aufstellung, zunächst ohne einander sehen zu können, denn es lag ein Hügel zwischen ihnen. Die Boiotier stellten 7000 Schwer- und 10 000 Leichtbewaffnete, dazu 1000 Reiter und 500 Peltasten. An Zahl waren die athenischen Hopliten und Reiter in etwa gleich stark, die Leichtbewaffneten sogar überlegen, jedoch, da die Mobilmachung auch Fremde erfaßt hatte, schlechter ausgerüstet. Dazu hatte sich, wie gesagt, ein großer Teil der Mannschaften nach der Fertigstellung der Befestigung am Delion bereits auf den Heimweg gemacht, und nur die wenigsten kehrten um.

Der Kampf am Delion wurde die einzige große Landschlacht des Archidamischen Krieges, und sie verlief nach klassischem Muster. Der Paian, der Schlachtengesang, wurde angestimmt, und dann prallten die Heere im Laufschritt aufeinander. An den beiden äußeren Enden wurde nicht gekämpft, da Wildbäche ein Vorrücken verhinderten. In der Mitte bis hin zum linken Flügel siegten die Athener, während die Thebaner am rechten die Oberhand behielten. Die Verwirrung war groß, im Schildkampf erschlugen sich mitunter die Hopliten desselben Heeres ge-

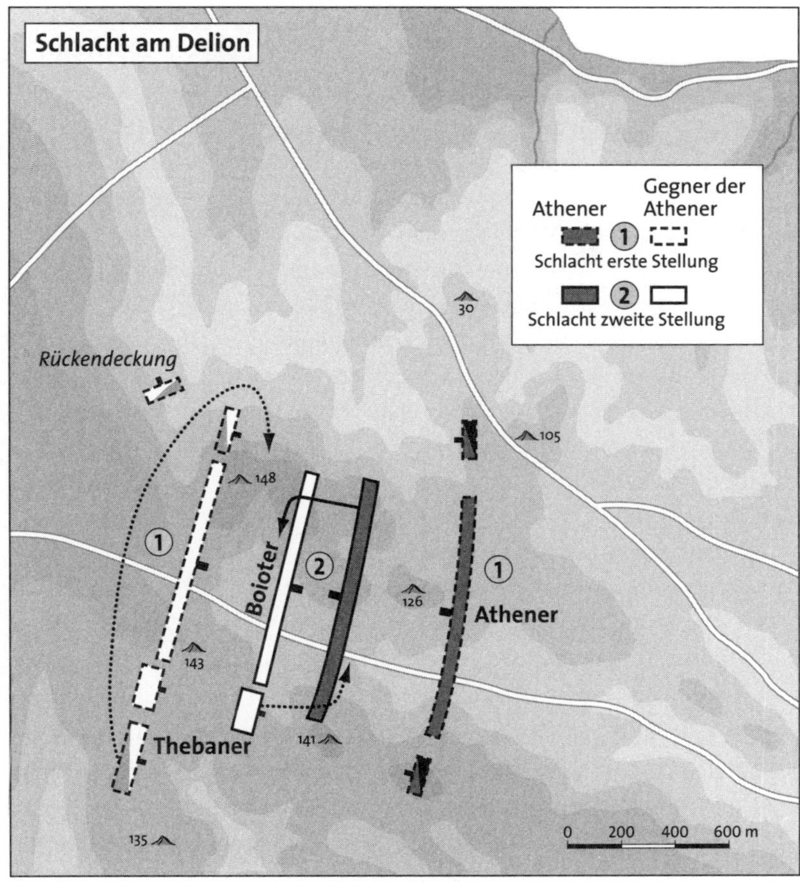

genseitig, weil sie im Gegenüber nicht den Landsmann erkannten. Die Entscheidung in diesem unentschiedenen Ringen erzwangen dann die boiotischen Reiter, die den siegreichen athenischen Flügel ins Wanken brachten. Schließlich löste sich das gesamte athenische Heer auf, jeder flüchtete dorthin, wo er sich zu retten hoffte. Die einen flohen nach Norden zum Delion, andere nach Süden in Richtung Oropos, die dritten nach Osten zum Meer, wieder andere nach Westen auf das Parnaßgebirge zu. Die Boiotier erschlugen alle, die sie noch einholten. Erst die Nacht, schreibt Thukydides, hemmte das blutige Werk. Gefallen waren neben etwa 500 Thebanern fast 1000 athenische Schwerbewaffnete, unter ihnen der Feldherr, zudem eine nicht zu schätzende Zahl von Leichtbewaffneten und Troßknechten.

Die Zeitgenossen interessierte der Verlauf der Schlacht – doch mehr Aufschlüsse über den Krieg gibt, was nachher geschah. Thukydides sieht die fortschreitende moralische Verwahrlosung als eine Folge des Krieges. Vielleicht waren es beide Seiten auch nur müde, das zu bemänteln, was sie immer taten. Die Athener profanierten ein Heiligtum, weil es ihnen der ideale Ort für einen militärischen Stützpunkt schien, während die Boiotier nach der Schlacht die übliche Auslieferung der Toten verweigerten. So erpressten sie die Athener, ihre religiöse Normverletzung aufzuheben, indem sie selbst eine noch größere androhten. Seit dem Zug der mythischen Sieben gegen Theben hatte kein Grieche so etwas gewagt. *Die Schutzflehenden* (*Hiketiden*) vom Frühjahr 422, die diesen Mythos aufgreifen, stellen die berühmte Antwort des Euripides auf den zuvor erlebten Frevel dar.

Während die Getöteten «den Hunden zum Raub und den Vögel zum Fraß» auf dem Schlachtfeld lagen, entsandten die Kriegsparteien Herolde und begründeten, warum die jeweils eigene Seite im Einklang mit überlieferten Bräuchen handele, die andere aber entschieden gegen sie verstoße. So blieben die Gefallenen unbestattet, die Thebaner zogen neue Kräfte herbei, um das Delion zurückzuerobern. Der Ansturm mißlang freilich. Daher kam zum ersten Mal eine Kriegsmaschine zum Einsatz. Sie muß damals neu gewesen sein, denn Thukydides zeigt sich von ihr fasziniert und beschreibt sie in ihren Einzelheiten: «Sie sägten eine lange Stange entzwei, höhlten sie ganz aus und fügten sie wieder genau zusammen wie eine Flöte. Am Ende hängten sie mit Ketten ein Becken auf, und da hinein bog sich von der Stange herab die Eisenschnauze eines Blasebalgs; auch vom übrigen Holz waren große Teile eisenbeschlagen. Von weiter her brachten sie sie auf Wagen gegen die Mauer, wo diese hauptsächlich aus Flechtwerk und Holz bestand, und sooft sie nah dran war, setzten sie starke Blasebälge an das ihnen zugewandte Ende der Stange und bliesen. Der Luftstrom ging durch das Rohr in das Becken, das glühende Kohlen, Pech und Schwefel enthielt, und entfachte eine starke Flamme, die die Mauer in Brand setzte.»

Was tausende Soldaten nicht ausrichteten, schaffte die Maschine in kurzer Zeit. Die Posten flohen vor der Hitze, die Mauern wurden eingenommen, ein Teil der Besatzung fiel, ein anderer wurde gefangengenommen, der dritte entkam auf Schiffen nach Athen. Damit war der Kampf um das Delion beendet. Athen erlitt seine bitterste Niederlage im Archidamischen Krieg, der Kampf um die Vorherrschaft in Mittelgriechenland war verloren. Von der seinerzeit so erfolgreich eingesetzten Konstruktion hören wir nichts mehr, denn sie besaß einen gravierenden Nachteil: Vor Steinmauern versagte sie.

DAS JAHR DES BRASIDAS

Spartas neue Wege Der Mann, der auszog, die Athener das Gruseln zu lehren, ist bei Thukydides der Spartaner Brasidas; es ist derselbe Mann, der dem Historiker, als er 424 Stratege war, Amphipolis entriß und ihn indirekt in die Verbannung schickte. Es waren nur wenige Tage im November 424, an denen sich beider Wege kreuzten, doch hatten diese soviel Einfluß auf das Werk wie sonst nur der Tod des Perikles. Dieser ist für Thukydides der ideale Staatsmann, Brasidas der vollkommene Feldherr. Das Bild, das er vom Militär Brasidas zeichnet, ist nahezu makellos und wirkt dadurch noch intensiver, daß Thukydides ihm den – seiner Meinung nach – dümmsten Feldherrn des Krieges gegenüberstellt, den Strategen Kleon. In letzterem Fall überrascht seine Meinung nicht. Daß Thukydides aber Brasidas in so leuchtenden Farben schildert, verwunderte bereits die antiken Scholiasten. So feiert ihn der Philologe Markellinos «als Mann der Wahrheit», weil er Brasidas, den Feldherrn, der doch an seinem Unglück schuld war, nicht schmähte, wie es die übrigen Geschichtsschreiber – und dazu zählt Markellinos alle von Herodot über Xenophon bis Timaios und Philistos – ansonsten mit ihren Gegnern taten. Tatsächlich stellt sich die Frage, ob Thukydides Brasidas so positiv schildert, weil er nicht einem mediokren Feldherrn unterlegen sein wollte und sich mittelbar in besseres Licht rückt, indem er dieses um so strahlender auf seinen Gegner fallen läßt. Gegen diese einfache Erklärung sprechen aber Brasidas' Taten – auch wenn wir diese nur dank Thukydides kennen – und die Verehrung, die er in den Städten genoß, die er für Sparta gewann. Ein bedeutendes archäologisches Zeugnis ist das wiederentdeckte große Ehrengrab des Brasidas in Amphipolis.

Die kurze gemeinsame Geschichte des Thukydides und des Brasidas begann im Frühjahr 424, als beide noch nichts voneinander wußten. In Athen wurde Thukydides zu einem der Feldherren für das im Sommer beginnende attische Jahr 424/3 gewählt. Sein Aufgabengebiet lag in Thrakien, wo er zu Hause war. Etwa zur selben Zeit verließ Brasidas Sparta an der Spitze von 700 Heloten, die mit den Rüstungen von Schwerbewaffneten ausgestattet wurden. In Kriegszügen bestand die Aufgabe der Heloten ansonsten meist nur darin, Rüstungen für ihre spartanischen Herren zu transportieren und diese zu pflegen. Seit der bitteren Erfahrung von Pylos geizten die Spartaner jedoch mit dem Einsatz von Bürgern. Das restliche Heer sollte daher erst auf dem Weg selbst angeworben werden, und dieser Weg – mühsam, weil er auch durch feindliches Gebiet ging – führte nach Thrakien. Vorausgegangen war ein Hilfsgesuch des Makedonenkönigs und der chalkidischen Städte, die versprachen, sich die Kosten eines peloponnesischen Heeres zu teilen.

Das Unternehmen schien Sparta nur Vorteile zu bringen. Die Kriegskasse und die militärische Elite wurden geschont. Es winkte Beutegut, vor allem aber wurde weit im Norden eine zweite Front eröffnet, welche durch die Spreizung der Kräfte den athenischen Brückenkopf in Pylos schwächen mußte. Es gab auch Motive, über die Spartas Aristokraten nicht sprachen. So hegten manche von ihnen – ähnlich wie ihre athenischen Pendants im Falle Kleons – die stille Hoffnung, zumindest den wenig geliebten Brasidas loszuwerden. Unlauter waren vor allem die Gründe, die die Spartaner zur Entsendung der Heloten veranlaßten. Seit die Athener Pylos besetzt hatten, drohte eine Kollaboration der Heloten mit dem Landesfeind. Weggeschickt wurden daher die Tüchtigsten unter diesen, und jeder, der fiel, minderte die Furcht der Herren vor ihren Sklaven ein klein wenig. Freilich zeigten sich die Spartaner nach der Rückkehr der Überlebenden immerhin so generös, daß sie ihnen, die die Sache der Stadt siegreich vertreten hatten, wie zugesagt, das Bürgerrecht verliehen. Auch das war ein Ansatz zur Lösung des Helotenproblems, allerdings ein wenig geliebter. Besser war schon die physische Variante, und von einer solchen berichtet Thukydides im Zusammenhang mit dem Brasidaszug. Die Spartaner, so der Historiker, hatten bekanntgemacht, es möchten sich diejenigen Heloten melden, die sich nach ihrer eigenen Meinung in den Kriegszügen am besten für Sparta bewährt hatten, damit ihre Freilassung geprüft werden könne. Thukydides fährt fort: «Dies freilich nur, um sie auf die Probe zu stellen. Sie waren nämlich der Meinung, diejenigen, die zuerst die Freiheit beanspruchten, würden in ihrem Stolz auch die ersten sein, sich gegen sie zu erheben. Und als sie gegen 2000 ausgewählt hatten, bekränzten sich die und zogen bei allen Tempeln umher als Befreite, nicht viel später aber schafften die Spartaner sie beiseite, und es wußte niemand zu sagen, auf welche Weise jeder umkam.» Die Episode wird weder datiert noch eingeordnet, sie erscheint nur als Fußnote zum Brasidaszug. Was mit den Heloten geschah, wirkt von daher wie ein Menetekel für die attischen Verbündeten, die sich der Hegemonie Athens entledigen wollten und dazu auf die Versprechungen der Spartaner bauten. Sie erwiesen sich wie im Falle der Heloten als leer. Auf die abtrünnigen *Sýmmachoi* (Verbündeten) der Athener warteten nicht Freiheit und Autonomie, sondern die spartanischen Harmosten (Kommandierende der spartanischen Garnisonstruppen).

Der lange Marsch Von Korinth aus rüstete sich Brasidas nach einer Intervention in den megarischen Bürgerkrieg für den Feldzug nach Thrakien. Dank der Gelder aus dem Norden verlief die Anwerbung reibungslos. 1000 peloponnesische Söldner stießen zu den 700 Heloten und 1700 Hopliten; das Problem bestand darin, die Angeworbenen nach Thrakien zu bringen. Der Seeweg war ausgeschlossen, sei es, daß es an geeigneten Schiffen fehlte, sei es, daß sie leicht von der athenischen Flotte abgefangen werden konnten. Der Landweg aber führte durch Gebiete, in denen die Lakedaimonier nicht überall willkommen waren. So setzte Brasidas auf Schnelligkeit. Bis Herakleia Trachis halfen die verbündeten Boiotier, danach kam der schwierige Zug durch Thessalien.

Der Spartaner suchte Hilfe und Geleitschutz bei Freunden aus Pharsalos und Larisa. Das wurde ihm zwar gewährt, rief aber wiederum die Gegner dieser Freunde auf den Plan. Sie stellten sich Brasidas in den Weg, ließen sich in der Kürze der Zeit aber nicht so weit mobilisieren, daß sie ihn hätten stoppen können. Brasidas sagte das, was in dieser Situation zu sagen war, und zwar, daß er als ihr und Thessaliens Freund gekommen sei und seine Waffen nur gegen seine Feinde, die Athener, führe. Dann beschleunigte er seinen Vormarsch und mogelte sich gleichsam bis zur makedonischen Grenze durch. Dort empfing ihn der König Perdikkas, der seine Hilfe dann auch sofort für eigene Zwecke, nämlich die Unterwerfung seines Nachbarn, des Lynkestenkönigs Arrabaios, nutzen wollte. Das war das übliche Verhalten unter Verbündeten. Sie erwarteten vom anderen, daß er sich um die Angelegenheiten des Freundes kümmere, die eigenen aber hintanstelle. So sollte Brasidas also dem Perdikkas helfen, Arrabaios zu unterwerfen, Perdikkas aber dem Brasidas, die Athener zu besiegen. Aus letzterem Grund hielt Brasidas es aber für besser, Arrabaios als Verbündeten zu gewinnen, und so suchte er Unterstatt Kampfhandlungen mit diesem. Die Freundschaft der Makedonen mit den Spartanern kühlte entsprechend ab, und Perdikkas kürzte den Unterhalt für die peloponnesischen Truppen. Brasidas rückte desungeachtet nun gegen Akanthos vor, eine Bundesstadt der Athener, die einen Tribut von drei Talenten jährlich zahlte und in der Nähe des Kanals lag, den Xerxes bei seinem Angriff auf Griechenland hatte graben lassen, um nicht das gefährliche Athos-Gebirge umsegeln zu müssen.

In Akanthos gab es den üblichen Streit. Der Demos hielt an Athen fest, dessen Gegner setzten auf die Spartaner. Inzwischen war es Herbst geworden, die Weinlese hatte begonnen, und dies gab den Oligarchen ein ungewöhnliches Druckmittel, denn die anstehende Weinlese war in Gefahr. Um sie zu retten, akzeptierten die Athenfreunde den Vorschlag, Brasidas zumindest anzuhören. Thukydides vermerkt lapidar, Brasidas sei für einen Spartaner kein ungeschickter Redner gewesen, und läßt dabei ganz nebenbei durchblicken, was diesen die ihm selbst so wichtige Redekunst bedeutete. Brasidas hielt tatsächlich eine Rede, von der wir allerdings nur sagen können, daß sie Erfolg hatte, denn was unter seinem Namen überliefert ist, stammt von Thukydides selbst. Es entspann sich danach eine längere Diskussion, schließlich wurde geheim abgestimmt, und eine Mehrheit glaubte Brasidas, der den Akanthiern den Status «unabhängiger Verbündeter» (*autónomoi Xýmmachoi*) zusicherte. Sie nahmen das Heer der Lakedaimonier in die Stadt auf. Das eigentlich durchschlagende Argument war freilich die Angst um die Ernte. Brasidas selbst setzte mehr auf die Wirkkraft seiner Rede, und so nahm er das, was er in Akanthos gesagt hatte, als Blaupause, um es nun bei ähnlichen Gelegenheiten, so in Torone oder Skione, mehr oder minder wörtlich zu wiederholen.

Brasidas' Siegeszug setzte sich fort, und das lag weniger an seinen militärischen Fähigkeiten als an dem Vertrauen, das ihm entgegengebracht wurde. Militärisch hielten ihm die Athener die Waage. In den von Fraktionskämpfen erschütterten Städten auf der Chalkidike kam es darauf an, welche Seite glaubwürdiger erschien. Brasidas gelang es, dieses Vertrauen zu erzeugen und, da er sein Versprechen eines maßvollen Vorgehens einzulösen schien, es auch auf Dauer zu bewahren. Die Freiheitsrhetorik, die seine Reden bei Thukydides durchzieht, ist nur propagandistische Beigabe, welche die Städte, die Erfahrung mit beiden Mächten besaßen, kaum beeindruckte. Brasidas' Stärke, der die Athener wenig entgegenzusetzen vermochten, war seine Glaubwürdigkeit. Das Vertrauen der Athengegner in ihn war so groß – und das ist das höchste Lob, das Thukydides erteilen kann –, daß es sogar seinen Tod überlebte und selbst danach noch den Spartanern zum Vorteil wurde, die ihrerseits Brasidas mißtraut hatten.

Thukydides und Brasidas Brasidas' nächster Coup veränderte nicht allein die Situation in Griechenland, sondern auch die abendländische Geschichtsschreibung. Thukydides' Werk wird im weiteren zum Produkt zweier Niederlagen, zunächst seiner eigenen und später derjenigen Athens.

Stagiros auf der Chalkidike, der spätere Geburtsort des Aristoteles, war im Herbst 424 von den Athenern abgefallen, ein Erfolg Spartas, der sich wiederum der Agitation des Brasidas verdankte. Dieser zog nun weiter nach Osten und erreichte wohl im November – es begann bereits ein wenig zu schneien, notiert Thukydides – die Gegend von Amphipolis. Der Ort beherrschte den Übergang über den Fluß Strymon, der ihn an drei Seiten umfloß. Er lag zentral, wie sein ursprünglicher Name Enneahodoi («Neunwege») belegt – ein Wirtschaftszentrum für Schiffsbauholz sowie für Gold und Silber aus den Minen des Pangaion-Gebirges. 437 hatten sich die Athener dort festgesetzt und behaupteten den Ort gegen Makedonen, Chalkidiker und Thraker. Der Mann, der zusammen mit seinem Mitfeldherrn Eukles den Ort verteidigen sollte, war derjenige, der, wie er an dieser Stelle seines Werkes sagt, «dies alles aufgeschrieben hat», Thukydides selbst, der seit dem Mittsommer auch Stratege war, ein Amt, in das er im Frühjahr gewählt worden war. Thukydides befand sich, während die Lakedaimonier heranrückten, gerade eine halbe Tagesreise entfernt auf der Insel Thasos. Brasidas überquerte ungehindert die Brücke über den Strymon, und so fiel ihm das ganze Land, «das die Amphipoliten außerhalb ihrer Stadt bewohnten», in die Hände. Es gelang ihm, viele Gefangene zu machen, doch noch öffneten die Amphipoliten die Stadttore nicht. Statt dessen erging ein Hilferuf an Thukydides nach Thasos, der sofort mit den sieben Trieren, die er besaß, aufbrach. Sein Kommen setzte Brasidas unter Druck, denn dieser Thukydides war, wie er inzwischen erfahren hatte, «einer der mächtigsten Männer auf dem Festland». So gewährte er den untereinander zerstrittenen Amphipoliten so maßvolle Konditionen, daß sich schließlich eine Mehrheit bereit fand, ihn in der Stadt aufzunehmen. Als Thukydides spätabends in Eion, dem etwa eine Wegstunde entfernten Hafen von Amphipolis eintraf, war die Stadt bereits verloren. Ihm gelang es nur noch, den ebenfalls bedrohten Hafen zu sichern; Brasidas, der am nächsten Morgen noch einen Angriff auf Eion versuchte, wurde zurückgeschlagen. Der Stratege Thukydides hatte für Athen gerettet, was zu retten ihm möglich war. Der Historiker Thukydides erzählt die Vorgänge mit knappen und unbewegten Worten. Er spricht von Verrat in Amphipolis und lobt die klugen strategischen und diplomatischen Maßnahmen seines Gegenspielers Brasidas. Kein Wort des Vorwurfs fällt gegen seinen Amtskollegen Eukles, der zur Zeit des spartanischen Vormarsches in Amphipolis war und gemeinsam mit Thukydides die Aufgabe hatte, die Stadt und das Umland zu sichern. Der Bericht unterscheidet sich weder in seiner Länge noch in seinem Ton von anderen Nachrichten von anderen Kriegsschauplätzen.

Brasidas' Vorstoß führte zu einem militärischen Fiasko für Athen und Thukydides, doch der Historiker fühlt sich in keiner Weise genötigt, sich *expressis verbis* zu rechtfertigen. Wer den Bericht liest, muß den Eindruck gewinnen, Thukydides habe seine Pflicht als Stratege so gut erfüllt, wie es ihm möglich gewesen sei, und dies ist auch das einzige, das man zunächst als apologetisch motiviert deuten kann.

Thukydides' Darstellung wurde gedreht und gewendet, auf den Kopf und wieder auf die Füße gestellt, allein sie muß so stehen bleiben. Außer Thukydides berichtet niemand über die Ereignisse, und jeglicher Versuch, Thukydides mit Thukydides zu entlarven, ihn einer nur zu verständlichen Parteilichkeit in eigener Sache zu überführen, muß scheitern. Wir können seine Rolle nur nach dem beurteilen, was er selbst schreibt. Daß die Athener die Dinge anders sahen als Thukydides, steht auf einem anderen Blatt. Sie verurteilten ihren Feldherrn zu einer zwanzigjährigen Verbannung – unklar ist, ob sich Thukydides in Athen persönlich verteidigte oder ob die Strafe *in absente* ausgesprochen wurde –

und können dabei nach ihrem Verständnis von den Aufgaben eines Feldherrn richtig geurteilt haben. Sie können freilich auch geirrt haben wie im späteren Falle der nach der Seeschlacht bei den Arginusen zum Tode verurteilten Feldherren. So läßt sich nichts konstatieren als ein Widerspruch zwischen dem, was Thukydides von seinen Aktionen sagt, und dem, was das Volk von Athen darüber dachte. Vermutungen, er habe seinen Posten vernachlässigt, sein Aufgabenbereich sei Eion und Amphipolis, nicht aber Thasos gewesen, führen zu nichts.

Wie sich der Historiker selbst in seiner Rolle als Stratege sah, muß daher offenbleiben. Er hätte dem bedeutendsten spartanischen Feldherrn des Krieges – so der Eindruck, den das Werk erweckt – gegenübergestanden, doch das Duell fand nicht statt, Thukydides kam zu spät. Den Vergleich, der auf militärischer Ebene ausblieb, sucht der Historiker anderswo. Daß der Besiegte den Sieger lobt, ist die große Ausnahme in der antiken Historiographie. Livius, der Historiker der römischen Republik, wird Hannibal desto schlechter darstellen, je erfolgreicher dieser agiert: Erst der besiegte Hannibal vermag ihm ein Lob zu entlocken. Nichts davon bei Thukydides. Die Taten des Brasidas werden nirgends geschmälert. Das einzige, was er dem Spartaner dafür abverlangt, ist Anerkennung für ihn selbst, den Athener Thukydides. Sie findet auf einem Gebiet statt, auf dem beide ebenfalls konkurrieren und das durchaus Bedeutung für den Krieg hat. Es ist die Frage nach der Vertrauenswürdigkeit. Brasidas gewinnt die thrakischen Städte nicht durch seine Armee (freilich auch nicht ohne sie), sondern durch seine bereits erwähnte Vertrauenswürdigkeit. Vor Amphipolis scheint sie zum ersten Male zu versagen. Trotz guter Bedingungen – Brasidas hat das Umfeld der Stadt besetzt; mit den Gefangenen, die er dabei gemacht hat, kann er deren Verwandte in der Stadt erpressen, ein Teil der Amphipoliten («die Verräter», sagt Thukydides) steht auf seiner Seite, die Athener in Amphipolis einschließlich des Strategen Eukles wollen abziehen, da sie einen Umschwung der Stimmung zu ihren Ungunsten fürchten – gelingt es ihm nicht sogleich, Aufnahme in Amphipolis zu finden. Erst die Nachricht vom Herannahen des Thukydides bringt den Umschwung. Brasidas erkennt, daß dieser Mann (einer der mächtigsten hier, nennen ihn, wie gesagt, die Amphipoliten) nach seiner Ankunft die Mehrheit der Einwohner auf seine Seite ziehen wird, da er ihnen das nötige Vertrauen auf Rettung einflößt. Nach der Ankunft des Thukydides, weiß der Spartaner, wird Amphipolis für ihn verloren sein. So entschließt sich Brasidas in letzter Minute, nur um Thukydides zuvorzukommen, den Amphipoliten so günstige Bedingungen zu gewähren, daß seine Anhänger die Menge umzustimmen vermögen. Ein Paradoxon erfüllt sich: Der Mann, der überall siegreich ist, weil er niemanden fürchtet, gewinnt nun Amphipolis, weil er sich vor Thukydides fürchtet.

Entscheidung im Norden Der Erfolg von Amphipolis begünstigte Brasidas und schwächte Athen. Das Vertrauen in den Spartaner war auch eine Frage der augenscheinlichen Stärke. Daß Brasidas überall verkündete, er sei ausgezogen, um Hellas zu befreien, war zweitrangig. Dagegen unterschied ihn von seinen Gegnern, daß er sich überall und in allen Belangen maßvoll zeigte. Das überzeugte. «Kaum hatten die Städte von Amphipolis' Fall erfahren, von seinen Versprechungen und seiner Milde, waren sie mehr als je zuvor zum Umsturz entschlossen. Sie schickten heimlich Gesandtschaften an ihn ab, forderten ihn auf, zu ihnen zu kommen, und jede wollte die erste sein, die abfiel», faßt Thukydides zusammen und sieht eine Ursache der Hoffnungen, die Brasidas weckte, auch darin, daß er Athen für den Augenblick schwächer erscheinen ließ, als es war. Die athenischen Verbündeten wollten den Umschwung; der Krieg kostete auch sie viel Geld, zumal die Athener die zu leistenden Tribute erhöht hatten. Sie urteilten mehr nach ihren verschwommenen Wünschen als mit verständiger Umsicht, urteilt wieder Thukydides und schließt eine Gnome an, «wie denn die Menschen gewöhnlich, was sie begehren, unbedachter Hoffnung überlassen, was aber unbequem ist, mit selbstherrlichen Begründungen zurückweisen».

Nach der Einnahme von Amphipolis zog Brasidas jedenfalls sogleich gegen den Osten der Chalkidike. Die dortigen Städte ergaben sich, zwei ausgenommen, kampflos. Danach wandte sich Brasidas gegen das wichtige Torone an der Südspitze des mittleren Fingers der Halbinsel. In der Zitadelle Lekythos lag eine athenische Besatzung, im Hafen ankerten zwei athenische Schiffe, zudem befanden sich zur Zeit des Angriffs zufällig 50 Schwerbewaffnete in der Stadt. Doch die Oligarchen – «einige wenige Männer», schreibt Thukydides – traten ohne Wissen des Volkes mit den Spartanern in Verbindung. Durch eine Pforte ließen sie etwa ein Dutzend Bewaffnete herein, die die Wachtmannschaften überrumpelten, schließlich die Tore öffneten, durch die zunächst die Leichtbewaff-

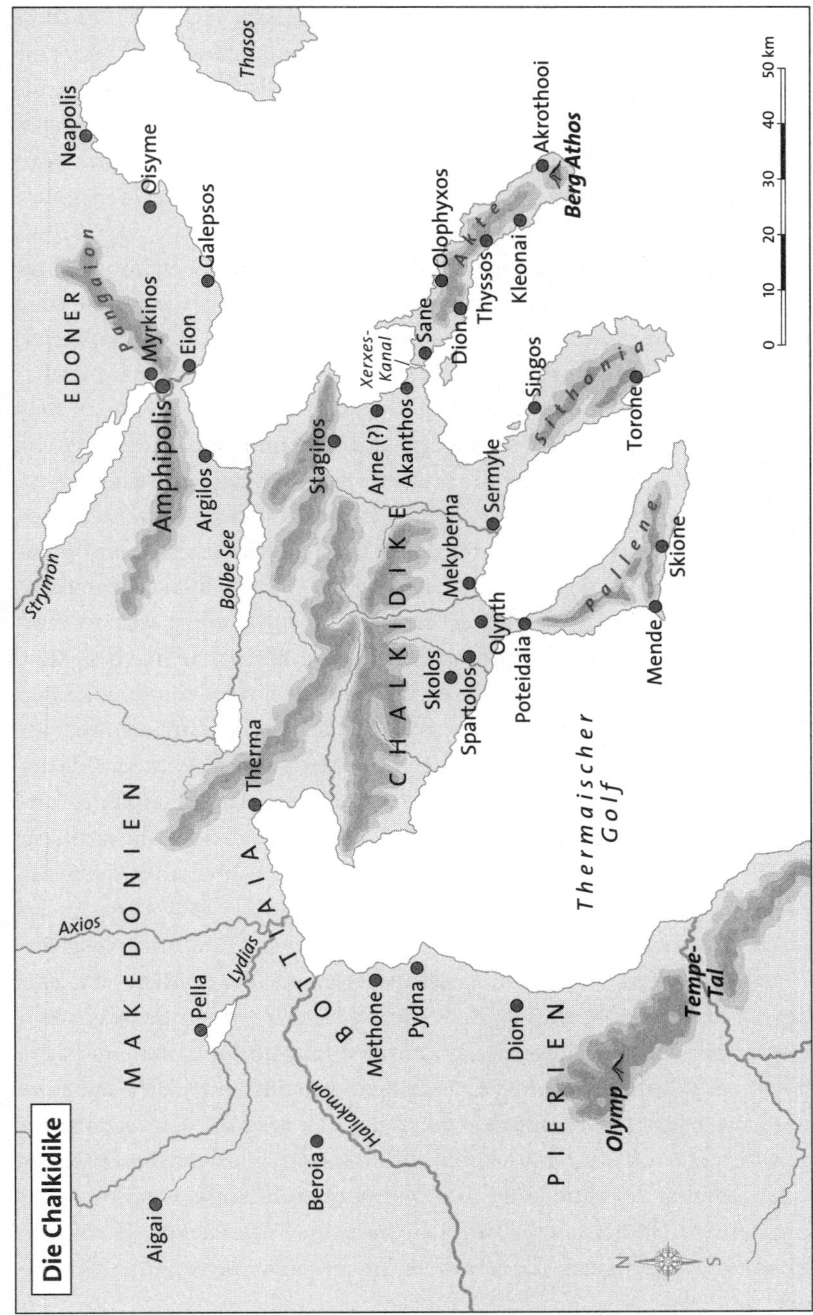
Die Chalkidike
Aigai
Beroia
Pella
Lydias
Axios
Haliakmon
M A K E D O N I E N
B O T T I A I A
Methone
Pydna
Dion
P I E R I E N
Olymp
Tempe-Tal
Therma
Thermaischer Golf
Strymon
Bolbe See
Amphipolis
Argilos
Eion
Myrkinos
E D O N E R
Pangaion
Galepsos
Oisyme
Neapolis
Thasos
Stagiros
Arne (?)
Akanthos
Xerxes-Kanal
Sane
Dion
Olophyxos
Thyssos
Kleonai
Akte
Akrothooi
Berg Athos
C H A L K I D I K E
Skolos
Spartolos
Olynth
Mekyberna
Sermyle
Poteidaia
Pallene
Mende
Skione
Singos
Sithonia
Torone
0 10 20 30 40 50 km
N S

neten, dann Brasidas mit dem übrigen Heer eindrangen. Die Athener, die in der Stadt waren, retteten sich teils auf die beiden Schiffe, teils zur Zitadelle, die ja im Besitz ihrer Landsleute war. Auch in dieser Situation verstand es Brasidas, die Einwohner auf seine Seite zu ziehen. So bot er den geflüchteten Athenerfreunden an, jederzeit zurückkehren zu können, ohne daß jemandes Besitz oder Bürgerrechte angetastet würden. Die Zitadelle hielt den Angriffen noch eine Zeitlang stand, doch als ein Holzturm, den die Verteidiger an der meistgefährdeten Stelle errichtet hatten, infolge der Überlastung zusammenbrach, gaben die Athener auf und flüchteten, soweit sie nicht beim Mauersturm umkamen, auf Schiffen und Kähnen nach Pallene auf dem westlichen Finger der Halbinsel.

Das war etwa Ende Februar 423. Den Rest des Winters ordnete Brasidas die Verhältnisse in den Städten, die auf seine Seite übergegangen waren, in seinem Sinne. Für das Frühjahr plante er neue Feldzüge. Ohne daß er davon wußte, bereiteten die Spartaner inzwischen aber einen Waffenstillstand vor, weil sie mit aller Macht die Gefangenen von Pylos zurückwünschten, die eine doppelte Schmach darstellten. Zum einen hatten sie sich ergeben und nicht bis zum Tode gekämpft, zum anderen wurden sie immer noch in Athen festgehalten, ohne daß Sparta sie auslösen konnte. Daß die Athener darauf eingingen, nachdem sie frühere Friedenssondierungen Spartas ignoriert hatten, lag an Brasidas, der den Waffenstillstand am wenigsten wünschte. Athen hoffte, damit ein weiteres Vordringen des Spartaners aufhalten zu können, um ihm nach Ablauf des Waffenstillstands besser gerüstet entgegenzutreten. Ein Kuriosum ist, daß auch die Spartaner neue Erfolge des Brasidas fürchteten, weil dies die Verhandlungen mit Athen zur Rückführung der «Männer von der Insel» zu erschweren drohte.

Noch während über den Waffenstillstand verhandelt wurde, trat aber die Stadt Skione, im Westen der Chalkidike gelegen, zu Brasidas über. Dieser fuhr nachts auf einer Barke und in Begleitung eines Kriegsschiffes dorthin, denn der Landweg war versperrt, da die Athener – in Besitz des nördlich gelegenen Poteideia – die Zufahrtswege nach Süden abgeriegelt hatten. So war die Entscheidung der Skioner mutig, denn die Spartaner konnten ihnen nicht mit Fußtruppen helfen. Brasidas' persönliches Erscheinen, der damit ja die Blockade durchbrach, versetzte sie in Hochstimmung. Wieder war das Vertrauen in den Spartaner grenzenlos, und nur die wenigsten sahen, daß seine Mittel begrenzt waren.

Für Athen war dies ein Präzedenzfall, der nicht geduldet werden durfte. Der Zorn speiste sich aus zwei Quellen. Zum einen – der thukydideische Brasidas hält das in seiner Ansprache als Ruhmestat fest – fielen die Skioner ab, obwohl sie unter der Blockade gleichsam in einer Insellage waren, und verbündete Inseln betrachteten die Athener als ihren unumstößlichen Besitz, da Sparta zur damaligen Zeit keine nennenswerte Flotte besaß. Zum anderen verließen sie das Bündnis mit Athen zwei Tage nach Abschluß des Waffenstillstands. Zwar hatte zu diesem Zeitpunkt niemand auf der fernen Chalkidike Kenntnis davon, doch hätte Brasidas nach Eintreffen der Boten die Stadt gemäß den Waffenstillstandsbedingungen zurückgeben müssen. Das tat er nicht, konnte es auch gar nicht, ohne seinen Ruf zu ruinieren, sondern beharrte auf der (falschen) Behauptung, der Übertritt sei früher erfolgt. Die Erbitterung der Athener äußerte sich darin, daß sie nun alle anderen Unternehmungen zurückstellten und sich ganz auf Skione konzentrierten. Dieses Beispiel durfte nicht Schule machen. Die Volksversammlung beschloß auf Antrag des Kleon, die Stadt zu zerstören und alle Einwohner zu töten. Dies sollte zwei Jahre später, im Sommer 421, tatsächlich geschehen.

Nur wenig später fiel auch Skiones Nachbarstadt Mende zu Brasidas ab. Der Abschluß eines Waffenstillstands war inzwischen allgemein bekannt, doch Brasidas nahm die Stadt gleichwohl auf. Er war sich keines Verstoßes gegen das Abkommen bewußt oder stellte sich zumindest so. Die nun vollends erbosten Athener intensivierten ihre Rüstungen. Während Brasidas' kurzer Abwesenheit auf einem gemeinsamen Feldzug mit dem Makedonenkönig Perdikkas setzten sie sich trotz aller Vorsichtsmaßnahmen des Spartaners wieder in den Besitz von Mende. Die Niederlage *in absente* schmälerte Brasidas' wichtigstes Gut im Kampf um die thrakischen Städte – deren Vertrauen in seine Verläßlichkeit – aber nur geringfügig. Die Stadt war nur an die Athener gefallen, weil nach Ausbruch eines neuen Bürgerkrieges der siegreiche Demos diesen die Stadttore geöffnet hatte.

Folgenreicher für Brasidas war, daß die Thessalier auf Intervention des Perdikkas, der nun wieder auf seiten der Athener stand, einem spartanischen Heer, das als Verstärkung für Brasidas durch Mittelgriechenland marschierte, den Durchzug verweigerten. Das Heer mußte umkehren, nur einige ranghöhere Spartaner schlugen sich zu Brasidas durch, der sie zum Teil als Amtsträger (*Árchontes*) in den von ihm gewonnenen Städten einsetzte. Einige von ihnen, wie der spätere Kommandant von Amphipolis, Klearidas, handelten dann später auch ganz in seinem Sinne.

In diesem Sommer 423 geschah danach nichts mehr. Thukydides bringt zur Unterhaltung seiner Leser die Nachricht, daß der Heratempel in Argos niederbrannte. Während später Xenophon in solchen Ereignissen gern ein göttliches Zeichen sah, berichtet Thukydides nur lapidar, die Priesterin Chrysis, die schon bei Ausbruch des Krieges 48 Jahre ihr Amt innegehabt hatte, habe ein brennendes Licht zu nahe an die geweihten Kränze gestellt, sei dabei eingeschlafen und habe nicht bemerkt, wie diese in Flammen aufgingen.

Im nachfolgenden Winter vermieden Spartaner und Athener zwar ein direktes Aufeinandertreffen, allein der Waffenstillstand wurde so ernst genommen, wie es damals unter den Griechen üblich war – nämlich kaum. Während die Athener die Belagerung von Skione fortsetzten, versuchte sich Brasidas unweit davon an der Eroberung von Poteidaia. Beide blieben erfolglos.

Kampf um Amphipolis Das Jahr 422 wurde zum Jahr des Kleon und des Brasidas. Beide – überzeugte Anhänger eines rigiden Kriegskurses – wurden ganz gegen ihren Willen zu Vorbereitern eines Friedensschlusses, der den Archidamischen Krieg beendete. Kleon hatte die Zeit nach Pylos genutzt, um auch die finanzielle Basis für eine Fortführung des Krieges zu sichern. Wohl auf seine Initiative hin wurden die Tribute der Verbündeten – der entsprechende Beschluß der Volksversammlung ist fragmentarisch erhalten – fast verdreifacht, von 460 Talenten jährlich auf etwa 1460. Im Frühjahr war Kleon erneut zum Feldherrn gewählt worden; was ihm auf Sphakteria geglückt war, wollte er nun vor Amphipolis wiederholen. Nach Ablauf des Waffenstillstands fuhr ein athenisches Heer gegen die Chalkidike aus. Erste Station war Torone, das Brasidas ebenfalls in seinen bzw. Spartas Besitz gebracht hatte. Der Angriff kam unvermutet, jedenfalls ließ sich Brasidas überraschen. Sein Stellvertreter in Torone hielt nicht stand und geriet in Gefangenschaft. Zusammen mit 700 weiteren Kämpfern, darunter auch viele Peloponnesier, wurde er nach Athen verbracht – ein weiteres Pfand für spätere Verhandlungen. Thukydides erwähnt, daß Brasidas vergebens zum Entsatz der Stadt unterwegs war, und nutzt die Gelegenheit, seine eigenes Malheur – das zu späte Eintreffen vor Amphipolis – mit dem des Spartaners in Beziehung zu setzen. Die Sache ist dieselbe, nur die Maßeinheit eine andere. Während ihm nur wenige Stunden fehlten, um vor den Spartanern in Amphipolis anzukommen, fehlten Brasidas nur wenige Kilometer, um vor den Athenern Torone zu erreichen.

Der Erfolg vor Torone – und es war einer, auch wenn sich Thukydides mit einer solchen Einschätzung zurückhält – brachte Kleon Rükkenwind für seine Hauptaufgabe, die Wiedergewinnung von Amphipolis. Dennoch blieb er zuerst in Eion, der Hafenstadt, um das Eintreffen weiterer Verbündeter abzuwarten. Brasidas lag ihm gegenüber und suchte ebenfalls nach Verstärkungen. Kleons Abwarten war nicht unklug, doch wurden seine Pläne von der Unruhe unter den athenischen Soldaten durchkreuzt. Sie waren ob des eintönigen Lagerlebens unzufrieden und wünschten in Erinnerung an Pylos den schnellen Erfolg. So sah sich Kleon, um die Mißstimmung gegen sich nicht weiter zu befördern, entgegen seiner ursprünglichen Absicht gezwungen, aktiv zu werden. Vielleicht überschätzte er auch seine eigenen Kräfte, von denen er eine zu hohe Meinung hatte. Er stieß, vom Glauben beseelt, überlegen zu sein oder sich zumindest jederzeit ungefährdet zurückziehen zu können, auf Amphipolis vor. Daß sich niemand auf den Mauern der Stadt oder vor deren Toren zeigte, bestärkte ihn in diesem Vorhaben.

Brasidas hatte sich, als er Kleons Anmarsch bemerkte, in die Stadt zurückgezogen, sammelte dort seine Truppen und wartete auf eine günstige Gelegenheit zum Angriff. Den Athenern blieben diese Vorbereitungen nicht verborgen – Teile der Stadt waren von umliegenden Hügeln aus einsehbar, und Späher berichteten, unter den Stadttoren hindurch die Hufe vieler Pferde gesehen zu haben –, und so gab Kleon das Signal zum Rückzug, da er ohne Verstärkungen keine Schlacht liefern wollte. Die kurze Unordnung, die dabei entstand und dazu führte, daß eine Flanke ungeschützt lag, nutzte Brasidas zum Angriff. Die Athener wurden überrascht, der linke Flügel floh überhastet, der rechte vermochte sich noch eine Zeitlang zu halten, mußte dann aber doch der Übermacht der Feinde weichen. Kleon selbst war unter den Ersten, die flüchteten, gegnerische Leichtbewaffnete holten ihn jedoch rasch ein und töteten ihn. Die Verluste dokumentieren den Schlachtverlauf: 600 Tote auf athenischer, sieben auf peloponnesischer Seite.

Der Sieg half Amphipolis, aber nicht Sparta. Unter denen, die verwundet wurden, war Brasidas, der voranstürmte, um seine Leute mitzureißen. Er wurde eilends und unbemerkt von den Athenern zurück in die Stadt getragen; zwar war er noch bei Bewußtsein, als die Nachricht vom Sieg eintraf, aber mit den Mitteln der damaligen ärztlichen Kunst nicht mehr zu retten. Die Verbündeten bestatteten Brasidas in einem feierlichen Waffenzug. Er erhielt ein (inzwischen wiederentdecktes) umfriedetes Grab auf der Agora und wurde fortan als Heros verehrt. Ihm zu Ehren wurden jährliche Wettkämpfe und Festopfer eingeführt. Die Amphipoliten betrachteten ihn sogar als Gründer ihrer Stadt.

Wie die griechischen Söldner 401 in Kunaxa ihren Sieg nicht nutzen konnten, da mit dem jüngeren Kyros ihr Anführer und Geldgeber gefallen war, sahen die Spartaner nach Brasidas' Tod auch keine Möglichkeit mehr, den Krieg, den sie ohnehin nicht mehr wollten, weiterzuführen. Im Fall der Athener sprach ohnehin die Niederlage gegen eine solche Absicht. Mit Kleon und Brasidas, so auch die Meinung des Thukydides, waren auf beiden Seiten jene gefallen, die sich am meisten gegen einen Friedensschluß gewehrt hatten – wenn auch aus unterschiedlichen Gründen, wie der Historiker behauptet, um nochmals seinem Abscheu gegen Kleon Ausdruck zu verleihen: Brasidas wegen seiner militärischen Erfolge und Ehren, Kleon, «weil mit eingetretener Waffenruhe seine Missetaten das Verborgene, seine Hetzreden das Überzeugende verlieren mußten».

In Aristophanes' Komödie *Der Frieden* von 421 werden aus Kleon und Brasidas die beiden Stößel, mit denen *Polemos*, der Gott des Krieges, die griechischen Städte in einem Mörser zerstampft. Nun, da sie ihm im Sommer 422 abhanden gekommen sind, ist der Weg für *Eirene*, die Göttin des Friedens, bereitet. Die Suda, ein byzantinisches Lexikon aus dem 10. Jahrhundert, läßt den Archidamischen Krieg bezeichnenderweise schon mit dem Tode des Kleon und des Brasidas enden – ein Jahr vor dem eigentlichen Friedensschluß.

Euripides und Sparta Elf Dramen sind aus der Zeit des Archidamischen Krieges erhalten, weit mehr als aus jedem anderen Jahrzehnt der Geschichte Athens. In welchem Ausmaß sich der aktuelle Krieg auch in den Dramen des Euripides widerspiegelt – was seinen Niederschlag in zeitlosen Spruchweisheiten, aber auch in tagespolitischen Reflexen gefunden hat –, ist allein schon deswegen schwer zu bestimmen, weil die meisten seiner Stücke sich nur vage datieren lassen. Die *Andromache* könnte zu einer Zeit aufgeführt worden sein, als im Norden der Ägäis wichtige Verbündete, verlockt durch die Versprechungen des Brasidas, abzufallen drohten, Tributzahlungen ausblieben und der Nachschub an Schiffsbauholz und anderen Gütern stockte. Niemals hat Euripides jedenfalls Sparta düsterer gezeichnet als in diesem Stück. Der Dichter ist weit entfernt von dem Verständnis, das er in der *Hekuba* zeigt. Neoptolemos, Königssohn aus Thessalien, hat aus der Kriegsbeute von Troia Andromache, die Tochter Hekubas und Witwe Hektors, erhalten; in rechtmäßiger Ehe ist er freilich mit der Spartanerin Hermione, der Tochter Helenas und Menelaos', verbunden. Die Darstellung des Konflikts beider Frauen nutzt Euripides zu Ausfällen gegen Sparta, wie sie die griechische Literatur bis dato nicht kannte. Nie wurde stärkere Kritik an Sparta, am Staat wie an seinen Repräsentanten, geübt als in diesem Drama. Was Thukydides später im Melier-Dialog über die Spartaner an Abträglichem sagt, nimmt Euripides in dieser Tragödie vorweg. Agamemnon, der homerische Held von Troia, verliert bei Euripides seine ehrenvolle Verwundung, der Dichter degradiert ihn zum Feigling. Was von ihm bleibt, hat Züge einer Karikatur: hochmütig, feige, rachsüchtig und brutal, nur noch ein Wicht und zugleich ein hinterhältiger Mörder. Nicht besser ist seine Tochter Hermione. Die angeblich so stolze Spartanerin plant den Mord an Andromache und deren Sohn: *átheos, ánomos, ácharis*, gottlos, rechtlos, mitleidlos. Die Attacke auf die Spartaner steigert sich in einem furiosen Crescendo zu einem Wirbel aus Abneigung, Wut und Haß. Die Athener hatten schon manches Abfällige über die Spartaner auf der Bühne gehört, doch in der Komödie war dies oft mit burlesken Szenen verbunden, über die Tölpel aus Sparta durfte auch gelacht werden. Was Andromache sprach, klang aus ihrem Mund glaubwürdig, da es zunächst nur ihr Schicksal betraf, die Gegenwart des Krieges machte freilich aus dem konkreten Fall ein überzeitliches Paradigma, was Andromache über das mythische Sparta dachte, empfanden die Athener für das gegenwärtig-reale:

«Ihr, meistgehaßt von aller Welt, Spartanervolk, Ratgeber voller Tücke, Meister in der Lüge,
ihr Schmiede böser Pläne, wendig, auf den Lippen
kein wahres Wort, nein, schlau auf jede List bedacht:
Zu Unrecht lächelt euch das Glück in Griechenland.

Was gibt es nicht bei euch? Die meisten Morde nicht?
Seid ihr nicht voller Habgier? Redet offensichtlich
stets anders, als in Wahrheit ihr gesonnen seid?
Zugrunde geht!»

Das ist das, was die Athener des Melier-Dialogs sagen, sie verzichten nur auf den abschließenden Imperativ.

3

DER FRIEDEN DER NIKIAS (421–414)

FRIEDEN UND BÜNDNISSE

Der Vertragsschluß Im Jahr nach der Schlacht von Amphipolis schlossen Athener und Lakedaimonier Frieden. In Athen war die nach Pylos aufkeimende Zuversicht durch die schwere Niederlage am Delion erschüttert worden. Ihr folgte bald das Debakel von Amphipolis, und spätestens in dieser Situation mußte sich die Stadt eingestehen, daß eine überlegene Flotte nicht ausreichte, um den Krieg zu gewinnen. Spartas Gegenoffensive in den Norden war mit dem Tod des Brasidas zwar gescheitert, die ohnehin nur halbherzig geplante Unterstützung durch 900 aus der Heimat entsandten Hopliten überflüssig geworden. Das Korps unter dem Spartaner Rhamphias war nur bis nach Thessalien gelangt und fast dankbar, dort den weiteren Weg versperrt zu finden. Mit dem Rückmarsch zerstoben die Illusionen, im Norden eine neue Front eröffnen zu können.

Der Plan der Spartaner, die Athener durch Verwüstung ihres Landes in die Knie zwingen, war bereits auf Sphakteria gescheitert. Mit der Gefangennahme der «Männer von der Insel» hatte sie nach eigener Auffassung das größte Unglück ihrer Geschichte getroffen. Dazu plagte sie stets die Sorge vor Sklavenaufständen, da sich die Athener in Pylos und auf der Insel Kythera an der Südspitze der Peloponnes festgesetzt hatten und damit für die Heloten eine ständige Ermutigung bildeten. Der dreißigjährige Frieden mit Argos, dem Hauptgegner auf der Peloponnes, lief allmählich aus; da keine Verlängerung in Sicht war und die Argiver zudem Gebietsansprüche stellten, drohte Sparta ein Krieg an zwei Fronten.

Ein ungelöstes Problem, das beide Seite in gleicher Weise bedrückte, war zudem ihr mangelndes Vertrauen in die eigenen Bundesgenossen. Es ist ein Paradox des Krieges, das auch seinen Verlauf bestimmte, daß sich beide Hauptgegner weniger voreinander fürchteten als vor ihren Verbündeten. Einige Städte und Inseln hatten sich schon zu Friedenszeiten von den Athenern losgesagt, nun mußte die schwierige Lage, in die sie geraten waren, weitere ermutigen, dies zu tun. Im Peloponnesischen Bund gärte die Unzufriedenheit mit der Kriegführung der Vormacht. Dazu drohte Argos, den Spartanern peloponnesische Städte abspenstig zu machen und sie auf der Halbinsel, die sie als ihren ureigenen Machtbereich betrachteten, zu isolieren.

Ungeachtet aller Notwendigkeit, Frieden zu schließen, verliefen die Unterhandlungen daher schleppend. Kaum hatten sich die Delegationen im Winter 422/1 an einen gemeinsamen Tisch gesetzt, zerstritten sie sich. Schließlich – es ging schon auf das Frühjahr zu – drohten die Lakedaimonier mit Abbruch der Gespräche und neuer Aufrüstung und ließen entsprechende Proklamationen bereits in den Städten «rundum» verbreiten. Doch der Druck, sich zu einigen, war auf beiden Seiten gleich, mochte jede noch so viele Gebietsansprüche geltend machen. Schließlich verständigten sie sich auf die übliche Formel zurückzugeben, was jeder im Krieg gewonnen hatte. Kaum daß die Lakedaimonier ihre Verbündeten unterrichtet hatten, zeigten sich weitere Schwierigkeiten. So wichtige Bündner wie die Boiotier, die Korinther, Elier und Megarer waren nicht einverstanden und verweigerten sich dem Frieden. Die Lakedaimonier schlossen den Vertrag trotzdem, denn es blieb ihnen keine Wahl.

Der *Frieden* des Aristophanes Bereits wenige Tage vor Abschluß des Friedens, der wohl der «zehnjährige» hieß, später aber als der «Friede des Nikias» in die Geschichte einging, fand in Athen die Feier des Friedens statt. Inszeniert hat sie der Komödiendichter Aristophanes, und sein Stück, das den Namen der Friedensgöttin *Eirene* trägt, ist das (vorläufig) letzte einer Reihe von Komödien, mit denen er für ein Ende des Krieges eintrat. Neben den *Acharnern* und den *Rittern* zählen zu diesen noch die fragmentarisch erhaltenen *Georgoi* (*Landleute*), die an den Großen Dionysien 424 gespielt wurden, und die an den Lenaien 423 aufgeführten *Hol-*

kades (*Lastschiffe*): «Reichtum sprudelnder Frieden und du, o mein niedliches Ochsengespann», heißt es in jenen, «würde mir nur einmal vergönnt, ledig des Kriegs, zu graben, abzuästen, zu liegen im Bad und des Mostes zu schlürfen dazu, und mich an leckerem Weizenbrot und an Radieschen zu laben. Nun laßt uns aus der Stadt aufs Land heimwandern: Zeit ist's, endlich, daß wir vom warmen Bad erquickt der süßen Ruhe pflegen.»

Frieden wurde mit Wohlleben gleichgesetzt, der Krieg mit Entbehrungen. Auch die Utopie vom Schlaraffenland, wie sie der Komödiendichter Telekleides in diesen Kriegsjahren zeichnet, gerät so zu einem Aufruf für den Frieden. Die Friedenssehnsucht zumindest der bäuerlichen Bevölkerung war ein wichtiges Thema der Komödie, doch jenseits von Aristophanes gibt es nur wenige Fragmente – so zum Beispiel aus den *Amphiktyones* des Telekleides – aus diesen Stücken. Nicht zufällig blieb die *Eirene* des Aristophanes erhalten, eine zeitlose Komödie, die in der Bearbeitung von Peter Hacks noch 1962 – fast 2400 Jahre nach ihrer Premiere – im Westen und Osten Deutschlands zum Theaterstück des Jahres werden konnte. Auch unter den Friedenskomödien des Aristophanes ist sie einzig. Sie ist keine Forderung nach Frieden wie vorher die *Acharner* und nachher die *Lysistrate*, sie feiert ihn, denn nur wenige Tage nach der Aufführung unterzeichneten die Delegationen aus Athen und Sparta den ausgehandelten Vertrag.

Die Besucher, die sich Ende März 421 im Theater versammelten, sahen zunächst Rätselhaftes: Zwei Sklaven sind hektisch damit beschäftigt, Klöße aus Eselskot zu kneten und sie in aller Hast in das Haus ihres Herrn, des Weinbauern Trygaios, zu tragen. Das weckt Neugierde, doch das Geheimnis währt nicht lange. Über dem Dach des Hauses erscheint mit Hilfe des Theaterkrans Trygaios, auf einem riesigen Mistkäfer reitend. Die Kotknödel sind das Futter für das gefräßige Tier. Trygaios' Plan ist es, auf dem Käfer als einem neuen Pegasos, auf dem einst sein mythischer Vorgänger Bellerophontes ritt – der Dichter persifliert damit ein gleichnamiges Stück des Euripides, das offenbar kurz vorher inszeniert worden war –, zum Olymp aufzufahren, um Zeus persönlich zu fragen, was er mit den Griechen anzustellen beabsichtige, und – wenn möglich – die lange vermißte Friedensgöttin zurück nach Griechenland zu holen.

Indes, die Götter haben sich, vom Kriegslärm aufgeschreckt, auf ruhigere Plätze verzogen und ihre Wohnung dem *Polemos*, der Verkörperung des Krieges, überlassen. Nur Hermes, der Götterbote und Schutzpatron der Diebe, ist zurückgeblieben. Er ist, als Trygaios eintrifft, nicht amüsiert, jedoch bestechlich. So erfährt Trygaios, daß *Polemos* die Friedensgöttin *Eirene* – sie, eine leibhaftige Göttin, nicht ein abstrakter Friede, ist titelgebend – in eine Höhle eingeschlossen und diese mit Steinen verbarrikadiert hat. *Polemos* aber ist damit beschäftigt, die griechischen Städte in einem Mörser zu zerstampfen, und da ihm seine Mörserkeule abhanden gekommen ist, läßt er seinen Diener *Tumult* in Sparta und Athen danach suchen (wo dieser keinen Ersatz finden kann, denn die Stößel Brasidas und Kleon sind tot). Trygaios erkennt die Chance, die Friedensgöttin zu befreien und ruft nach willigen Helfern: «Auf jetzt ihr Bauersleute, Händler, Zimmerer, Handwerksmeister, Metöken, zugereistes Volk und Leute von den Inseln, kommt hierher.»

Das ist ein Blick in das Innere Athens, auf die Befürworter des Friedens und ihre Gegner, und wer diese sind, zeigt Aristophanes, als er den Versuch schildert, die Friedensgöttin aus ihrem Verlies zu ziehen. Daß von den auswärtigen Städten die Megarer, Argiver und Boiotier die gemeinsamen Bemühungen sabotieren, überrascht das Publikum nicht. Es weiß bereits, daß diese ihre Unterschrift unter den Vertrag verweigern. Doch auch unter den Athenern herrscht Uneinigkeit. Stellvertretend für die anderen Generäle verjagt Trygaios den Lamachos, der die Rettung der Göttin behindert. Zu denen, die nicht oder gar in die falsche Richtung ziehen, zählen freilich auch diejenigen Athener, die von der Seemacht profitieren, namentlich die große Zahl der Theten, die vom Sold lebten, den sie als Ruderer bekamen, und die dank der übermächtigen Flotte im Gegensatz zu den Landtruppen – Theten waren nicht im Hoplitenkatalog verzeichnet – bisher nur wenige Tote zu betrauern hatten. So beklagt der Chor, daß allein auf die Landleute Verlaß sei. Schließlich aber entkommt die Friedensgöttin ihrem Verlies. Auf dem Ekkyklema, einem flachen Wagen, der aus dem Bühnenhaus gerollt wird, erscheint *Eirene*, begleitet von zwei Dienerinnen – der *Opora*, der Verkörperung der Herbsternte wie der Weinlese, und der *Theoria*, der fleischgewordene Fest- und Schaufreude. Trygaios und seine Helfer jubeln, der Frieden mit seinen Segnungen ist zurückgekehrt.

Aristophanes entwirft nun eine ländliche Idylle, die – Trygaios führt seine neue Braut *Opora* heim – in einer großen Hochzeitsfeier ausklingt. Zuvor stellen sich noch ungebetene Gäste ein, die verspottet oder vertrieben werden. Aristophanes rechnet mit den Gegnern des Friedens ab, und er tut das nicht nur anonym. Erneut attackiert er die eitlen Generäle, und wieder sind es Lamachos und Kleon, für den das «*de mortuis nihil nisi bene*» nicht gilt. Er verunglimpft die Demagogen, die wie Hyperbolos zum Kriege hetzen, karikiert den «Schildwegwerfer» Kleonymos (ein Löwe nur in der Etappe), verhöhnt die Wahrsager und Orakeldeuter, die, wie der bekannte Hierokles, sich allzeit bereit zeigten, die Waffen zu segnen. Den vom Saulus zum Paulus konvertierten Nikias, von dem, wie die Schmähungen in den *Rittern*, den *Vögeln* und in den *Georgoi* belegen, Aristophanes wenig hält, erwähnt er erst gar nicht, obgleich ihm der Friede zugeschrieben wurde.

Aristophanes hat seine Freude daran, die Kriegsgewinnler, Waffenschmiede und -händler zu attackieren. Sie haben jetzt das Nachsehen gegenüber den Sichelfabrikanten, den Herstellern von Sensen und Produzenten anderen landwirtschaftlichen Geräts. Es gab keine Großbetriebe – beispielsweise beschäftigte die Schwertmanufaktur des Demosthenes zu Beginn des 4. Jahrhunderts gerade einmal sieben Arbeiter –, doch ließen sich in Zeiten langandauernder Kriege erhebliche Profite aus der Fabrikation von militärischem Zubehör ziehen. Der Dichter macht sich über diese Rüstungsfabrikanten lustig und unterbreitet ihnen Vorschläge, wie sich ihre überflüssig gewordenen Güter weiter verwenden lassen: Helmbüsche zu Besen, Helme zu Töpfen, Schwerter zu Pflugscharen, Brustpanzer zu Kloschüsseln.

Aristophanes triumphiert, auch wenn er weiß, daß das wiedergefundene Paradies den Theaterabend nicht überleben wird. Gestört haben mag ihn, daß er nur den zweiten Preis bekam, doch sicher gab es im Publikum und unter den Preisrichtern einige, die seine Freude über den Frieden nicht teilten.

Diplomatische Ränke Der Stachel, der seit dem Frühjahr 421 auf beiden Seiten alles in Bewegung hielt, war die allgemeine Unzufriedenheit mit dem Friedensschluß. In Athen, in Sparta, vor allem aber bei den Bundesgenossen der Lakedaimonier gärte es, und so wurde vom ersten Tag an um die Einhaltung des Friedens gestritten. Die Spartaner sollten das wichtige Amphipolis zurückgeben sowie das Kastell Panakton, das in beherrschender Lage auf dem Kithairon-Paß an der Straße zwischen Theben und Athen lag, die Athener ihrerseits Pylos, die Insel Kythera und vor allem die Gefangenen von Sphakteria.

Im Klima gegenseitigen Mißtrauens traf die Spartaner das Los, mit der Umsetzung zu beginnen. Pflichtgemäß entließen sie ihre Kriegsgefangenen, Gesandte gingen nach Thrakien, um die dortigen Befehlshaber anzuweisen, die Städte, die Brasidas gewonnen hatte, den Athenern zurückzugeben. Jene aber weigerten sich, der Kommandant Klearidas reiste von Amphipolis sogar eilends nach Sparta, um eventuell noch Änderungen durchsetzen zu können. In Amphipolis fürchteten die Einwohner die Rache Athens, und Klearidas wollte sie nicht ihrem Schicksal überlassen. Indes, der Friedensvertrag forderte die Übergabe, und die Spartaner schickten den Kommandanten mit dem Befehl zurück, die Stadt unverzüglich den Athenern zu übergeben oder, wenn dies nicht möglich sei, zumindest mit den peloponnesischen Truppen abzurücken. Panakton zurückzuerstatten hinderte ein anderer Umstand. Die Spartaner besaßen das Kastell gar nicht: Die Boiotier hatten es während des Krieges durch Verrat erobert.

Die Spartaner versammelten ihre Bundesgenossen, um auch den Unwilligen die Unterschrift unter den Vertrag abzuringen, aber alle, ob Korinther, Megarer, Boiotier, Elier oder Mantineer, sahen sich in irgendeiner Sache benachteiligt. Für sie war der Friedensvertrag ein Dokument der Niederlage, und sie verweigerten die Unterschrift. Sparta, notiert Thukydides, stehe in schlechtem Ruf und erfahre allseits Verachtung wegen seiner Mißerfolge. Im folgenden Jahr wurde die Stadt – keine geringe Schmach – wegen unbezahlter Rechnungen sogar von den Olympischen Spielen ausgeschlossen. Zur Unzeit für die Spartaner lief nun auch der auf 30 Jahre geschlossene Friede mit dem Konkurrenten und Nachbarn Argos aus. So vollzogen die Spartaner trotz allen Ärgers eine Kehrtwendung und entschieden sich dafür, über den Frieden hinauszugehen und eine *Symmachía* (Bündnis) mit Athen einzugehen. Von den kleineren Staaten auf der Peloponnes, die nicht dem Bund angehörten, schien keine Gefahr auszugehen, und Argos, das den Vertrag nicht verlängern wollte, schätzten die Spartaner so ein, daß es nur mit Unterstützung Athens ein ernsthafter Gegner sein würde. Athen konnte das Abkommen nur recht sein, denn es würde die Spannungen im spartanischen Lager weiter vertiefen. Die Tinte unter dem Friedensvertrag war noch nicht trocken, als die einstigen Gegner zusammenkamen, um das (Defensiv-)Bündnis zu unterzeichnen. Die Athener verpflichteten sich, den Lakedaimoniern im Falle eines Angriffs auf ihr Land Hilfe zu leisten, umgekehrt sicherten die Lakedaimonier den Athenern Unterstützung im Fall eines Angriffs Dritter zu. Ein Sonderpassus – Thukydides hat auch ihn im Wortlaut überliefert – regelte die Möglichkeit eines Helotenaufstandes.

Spartas Ansehen verbesserte diese *Symmachía*, wie erwartet, nicht. Bei seinen Verbündeten löste die neue Allianz hektische und widersprüchliche Aktivitäten aus. Boiotier, Korinther und Megarer konnten mit ihr nicht einverstanden sein. Für sie verdrehte dies den Sinn des Krieges. Korinthische Gesandte gingen nach Argos, um ein Bündnis abzuschließen, dem auch Mantineia, Elis und die Chalkidike beitraten. Dagegen blieben die Megarer und die Boiotier fern. Ihnen waren die regierenden Demokraten in Argos suspekt, und so gingen sie ein Separatabkommen mit Sparta ein.

Die griechischen Städte führten Verhandlungen nicht nur mit-, sondern mehr noch gegeneinander. So bahnte zum Beispiel Argos im Kontakt mit den Boiotiern, Athenern und Spartanern hinter dem Rücken der jeweiligen Verhandelnden weitere Gespräche an, so daß, was diese beschlossen hatten, schon obsolet war, noch bevor ein entsprechendes Papier unterzeichnet war. Nicht nur die Städte aber suchten sich gegenseitig zu übervorteilen, auch die unterschiedlichen Interessengruppen in den einzelnen Poleis waren darauf aus, ihre inneren Gegner zu narren.

In Sparta hintertrieben zwei der im Spätsommer 421 gewählten Ephoren – Thukydides deutet sogar an, es könnten mehr gewesen sein – die offizielle Friedenspolitik. Mit boiotischen und korinthischen Gesandten sondierten sie insgeheim Pläne, die darauf hinausliefen, sich Argos auf Kosten des Bündnisses mit Athen wieder freundschaftlich anzunähern. Was sie bis dato daran gehindert hatte, war der Streit um das sogenannte Kynurische Land – ein Grenzgebiet zwischen Argos und Sparta, das von beiden beansprucht wurde, aber derzeit im Besitz Spartas war. Thukydides berichtet von den Verhandlungen, deren Ergebnis aufgrund seiner Kuriosität festgehalten zu werden verdient. Die Argiver verlangten zunächst eine schiedsrichterliche Entscheidung, zu der die Spartaner nicht bereit waren, denn sie konnten nur verlieren, was sie schon besaßen. Da beide Seiten aber den Frieden wünschten, einigten sie sich auf eine Klausel: Unter der Bedingung, daß keine Seite durch einen anderen Krieg oder durch eine Seuche gehindert sei, sollte, nach vorheriger Ankündigung, mit Waffen um das Land gestritten werden, ohne daß der Besiegte dann verfolgt werden durfte. Die Lakedaimonier hielten dies für baren Unsinn, doch löste die Formel ein scheinbar unlösbares Problem: Die einen bekamen das Land, die anderen den Anspruch darauf.

Das diplomatische Verwirrspiel zwischen Sparta, Argos und schließlich Athen verrät, warum es in Griechenland nicht zu einem dauerhaften Frieden kommen konnte. Wenn denn jemand für einen Friedensschluß war, dann nur aus dem Grund, den nächsten Krieg erfolgreicher führen zu können. Wer Argiver, Spartaner und Athener auf einen Nenner bringen will, darf sie Betrüger oder betrogene Betrüger nennen. Thukydides sagt letzteres ausdrücklich von den Lakedaimoniern, ersteres gilt für die übrigen.

Als die Argiver gehört hatten, daß es zu einem Zerwürfnis zwischen Athen und Sparta gekommen war, änderten sie ihre Pläne radikal. Während die eine Delegation noch in Sparta über einen Frieden verhandelte, reiste die nächste nach Athen, um dort ein Kriegsbündnis gegen Sparta zu schließen. Die Argiver erinnerten sich plötzlich der alten Freundschaft mit den Athenern, ferner daß diese wie sie demokratisch regiert wurden und drittens vor allem daß diese die größte Seemacht waren, mit deren Hilfe es vielleicht doch noch gelingen könne, Vormacht in der Peloponnes zu werden. Die Lakedaimonier ahnten das und brachen selbst unverzüglich nach Athen auf. Dort gerieten sie in einen Machtkampf zwischen dem angesehenen Nikias und dem aufstrebenden Alkibiades, der gerade erst zum Strategen gewählt worden war. Er bildet das athenische Pendant zu dem neugewählten Ephoren Xenares. In Athen wie in Sparta waren die Kriegsparteien – sosehr sich diese auch in einer Demokratie und einer Oligarchie unterschieden – im Aufwind, während noch offiziell am Frieden festgehalten wurde.

Alkibiades trat für ein Bündnis mit Argos ein, Nikias, der Namensgeber des Friedens, wollte an dem mit Sparta festhalten. Da die spartanische Delegation alle Vollmachten für ein Eingehen auf etwaige athenische Wünsche erhalten hatte, fürchtete Alkibiades, ins Hintertreffen zu geraten, und griff zu einer List. Er erschlich sich das Vertrauen der Delegation – das gelang, weil er im Vorjahr für die Gefangenen von Sphakteria eingetreten war – und überredete sie, in der Volksversammlung den Erhalt der Vollmachten zu leugnen. Die Lüge war freilich schnell aufgedeckt – im Rat hatten die Spartaner vorher das Gegenteil behauptet –, und nun war es ein leichtes für Alkibiades, die Ekklesia gegen die überraschten Spartaner aufzuhetzen. Die Athener standen schon kurz vor der Unterzeichnung eines Vertrages mit Argos, da hatte der Gott Poseidon Erbarmen mit seinen Spartanern. Ein Erdstoß erschütterte die Volksversammlung, und die Ekklesiasten liefen auseinander, bevor sie einen Beschluß fassen konnten. Nikias bekam seine zweite Chance. In der nächsten Volksversammlung erreichte er immerhin einen Aufschub. Eine Gesandtschaft unter seiner Führung reiste nach Sparta, um Frieden und Bündnis zu retten. Unausgesprochenes Druckmittel war die Annäherung an Argos, auf die bisher verzichtet zu haben die Athener als Beleg ihrer prinzipienhaften Treue ausgaben. In Sparta setzte sich jedoch die Fraktion um Xenares durch. Nikias wurde brüskiert. Er verlor für fast zwei Jahre seinen Einfluß auf die athenische Politik. Der Sieger hieß Alkibiades. Argiver und Athener schlossen unter Einbeziehung von Elis und Mantineia ein Bündnis für einhundert Jahre – es hielt knappe zwei.

Auftritt Alkibiades Thukydides stellt Alkibiades bei diesem seinem ersten Auftritt vor, und das tut der Historiker nur bei wichtigen Personen wie Perikles oder Kleon: «Das war besonders Alkibiades Kleinias' Sohn, der seinem Alter nach in jeder andern Stadt für noch recht jung gegolten hätte, aber wegen des Namens seiner Ahnen angesehen war; dieser war zwar auch wirklich überzeugt, daß es besser sei, mit Argos zusammenzugehen, vor allem aber trieb ihn gekränkter Stolz auf die Gegenseite, weil die Spartaner über den Friedensschluß mit Nikias und Laches verhandelt und ihn wegen seiner Jugend übergangen hatten, ohne ihm die Ehre zu geben, gemäß der alten Gastfreundschaft von einst, die zwar sein Großvater aufgegeben hatte, er selber aber durch treuliche Sorge für ihre Gefangenen von der Insel zu erneuern gedachte. Und überhaupt fühlte er sich nicht voll genommen, und darum sprach er schon anfangs gegen die Spartaner. Er behauptete, sie seien unzuverlässig, sie wollten durch den Frieden mit Athen nur erst Argos vernichten und dann wieder Athen allein angreifen, nur darum schlössen sie Frieden.»

Die, auch in ihrer Länge, ungewöhnliche Einleitung macht klar: Alkibiades, bereits in jungen Jahren zum Kopf der Vertragsgegner geworden, wird die politische Bühne Athens nicht so bald verlassen – und schon gar nicht aus freien Stücken. Der Krieg wird sein Metier, und er wird ihn mit der Energie betreiben, mit der er seine Laufbahn beginnt.

Abb. 4: Idealporträt des Alkibiades. Römische Kopie nach einem griechischen Original des 4. Jhdt.s

Er besaß, so die Überzeugung der Zeitgenossen, die militärischen Fähigkeiten, den Kampf für Athen zu entscheiden, doch bevor er dies tun konnte, wurde er verbannt, das erste Mal 415 und ein zweites Mal 408. Alkibiades erlebte fast den gesamten Krieg, teils in militärischer, teils in diplomatischer Funktion, und das auf drei Seiten, auf athenischer, spartanischer und persischer. Seine wahre Rolle ist schwer zu bestimmen, da sie sich weniger in Siegen und Niederlagen messen läßt als in seiner Einflußnahme auf die drei großen Kriegsparteien. Thukydides' Bild des Alkibiades ist – wie das der Komödie – zwiespältig, während Xenophon ein positives zeichnet. Wie Alkibiades war auch er Schüler des Sokrates und fühlte sich jenem offenbar verbunden.

In seinem politischen Leben schlug Alkibiades so viele Volten, daß kaum einer wußte, ob er gerade Freund oder Feind war. Am Ende überwogen seine Gegner in allen Lagern. Nachrichten über seine ersten politischen Einsätze verdanken wir den Sokrates-Schülern. Sie spannen Anekdoten, in denen neben ihrem Lehrer auch Alkibiades seinen Auftritt bekam. So kämpften, wie bereits geschildert, beide bei Poteidaia und am Delion, und diese Nachricht dürfte historisch sein. Im Inneren soll Alkibiades sein Debüt an der Seite des Kleon gegeben haben. Dafür sprechen beider antispartanische Haltung und die von ihnen vertretene aggressive Seebundspolitik. Vielleicht zählte Alkibiades 425/4 zu den Beamten, welche die Höhe des von den Bündnern zu entrichtenden Tributs schätzten, viel mehr ist über ihn – von Anekdoten abgesehen – aus der Zeit des Archidamischen Krieges nicht bekannt. Im Frühjahr 420 wurde er zum Strategen gewählt. Vielleicht war er damals kaum 30 Jahre alt, wenn wir annehmen, daß er dieses Amt dank seines Reichtums und seiner Beliebtheit – ersteres bedingt letztere – zum frühestmöglichen Zeitpunkt erreichte. Die politische Lage war günstig für ihn, und so wurde sein Aufstieg gerade durch den Frieden beschleunigt, den er vehement ablehnte.

Bereits bei seinem ersten Auftritt in der Geschichtsschreibung erscheint Alkibiades im Zwielicht. Mit etwas Wohlwollen läßt sich sein Verhalten gegenüber der spartanischen Delegation als «Trick» bezeichnen. Die Episode besitzt jedoch einen Doppelcharakter. Die Spartaner werden weniger hintergangen denn übertölpelt. Das entspricht dem Klischee der Komödie, in der die Spartaner wahlweise als gefährliche Feinde, aber eben auch als Tölpel, kenntlich an ihrem bäuerischen Dialekt, erscheinen. Sie wollen ebenfalls betrügen, doch sie scheitern an einem, der klüger oder auch gerissener ist. Alkibiades tut nur, was die Zeit verlangt. Er tut es zum einen aus persönlichem Ehrgeiz, genauer aus gekränktem Stolz, zum anderen aber auch aus der Überzeugung, er verfahre zum Besten der Sache. Es ist die Leidenschaft (*Epithymía*) seines Wollens und Handelns, die später gegen das ruhige Abwägen des Nikias stehen und – zum Unglück Athens – über dieses siegen wird.

Für seine antispartanische Politik, die er nun mit Vehemenz betrieb (ohne daß freilich die Verträge aufgekündigt wurden), hatte Alkibiades die Mehrheit des Volkes hinter sich. Zwei Jahre durfte er sich der Hoffnung hingeben, Sparta isolieren zu können. Hinter fast allen Aktionen gegen die Spartaner, militärischen wie diplomatischen, war Alkibiades die treibende Kraft. Im Spätsommer 419 zog er mit einem Heer durch die Peloponnes, und im Krieg zwischen Epidauros und Argos kam er letzterem mit einem Hoplitenkontingent zu Hilfe. Schließlich bewog er, weil die Spartaner angeblich athenische Hoheitsgewässer verletzt hatten, die Volksversammlung zu einem Beschluß von großer symbolischer Tragweite. Auf die sogenannte lakonische Säule – Stelen mit wichtigen Vertragstexten stellte man auf der Akropolis auf – wurde der Zusatz in Stein gemeißelt: «Nicht gehalten haben sich die Lakedaimonier an ihre Eide».

DIE SCHLACHT VON MANTINEIA

Das letzte Aufgebot Der Friede von 421 hatte die Spartaner diplomatisch isoliert, militärisch fühlten sie sich eingekreist. Die peloponnesischen Städte blickten – je nach Einstellung – mit Häme, Verwunderung oder Sorge auf die langjährige Vormacht, deren Sturz nahe schien. Fast drei Jahre lang sahen die Spartaner ihre Macht schrumpfen; immer weiter in die Enge getrieben, entschlossen sie sich unvermittelt zu einem riskanten Befreiungsschlag. Ohne eigentlichen Anlaß (*Aitía*) – in ihrer bedrängten Lage verzichteten sie sogar darauf, einen solchen, wie üblich, zu erfinden – eröffneten sie den Krieg gegen Argos. Der Grund (*Próphasis*) war augenscheinlich: Die Überflügelung durch die Nachbarstadt. So abrupt diese Entscheidung fiel, so übergangslos steht sie, das Kriegsgeschehen von 418 einleitend, bei Thukydides: «Um die Mitte des Sommers, da die Spartaner ihre epidaurischen Verbündeten in so schwerer Bedrängnis, die übrigen peloponnesischen Staaten teils abgefallen, teils sonst nicht in Ordnung sahen und meinten, wenn sie nicht sehr rasch zuvorkämen, würde es nur schlimmer werden, da rückten sie aus, sie und die Heloten, das gesamte Aufgebot, gegen Argos; den Befehl führte Agis, Archidamos' Sohn, König von Sparta.»

Es waren die letzten Tage des August, als sich südöstlich von Mantineia die Heere der Argiver und der Spartaner mit ihren jeweiligen Verbündeten zur blutigsten Landschlacht des Peloponnesischen Krieges sammelten. Den linken Flügel der Lakedaimonier bildeten die Skiriten, im Norden von Sparta siedelnde Perioiken, daneben standen die Veteranen des Brasidas aus dem Thrakienfeldzug und die Neodamoden (spartanische Neubürger aus dem Kreis der Heloten), in der Mitte die Lakedaimonier, auf dem rechten Flügel die Tegeaten. Die Reiterei verteilte sich auf beide Flügel. Ihnen gegenüber standen auf dem rechten Flügel die Mantineer, daneben die Arkader, die mit Argos verbündet waren, und als nächstes die sogenannten Tausend, die argivische Elitetruppe, gefolgt von den übrigen Argivern und weiteren Verbündeten. Die Athener bildeten mit Fußheer und Reiterei den linken Flügel. Der Vertrag mit Argos verpflichtete sie zu militärischer Hilfeleistung, auch wenn bei den Feldherrnwahlen im Frühjahr 418 Alkibiades durchgefallen war und Vertretern des Friedens hatte weichen müssen.

Thukydides nennt das lakedaimonische Aufgebot für den Krieg gegen Argos das «schönste hellenische Heer seit jeher» und betont mit Emphase, seit undenklich langer Zeit sei dies die größte Schlacht gewesen, da sie doch zwischen den größten griechischen Städten ausgetragen wurde. Noch einmal liegt der Schatten Herodots über seinem Werk. Die Erinnerung an den Sieg über die Perser in der Schlacht von Plataiai (479) war in ganz Griechenland lebendig. In einer ungeheuren Anstrengung hatten die Griechen, fast schon auf der Flucht, damals den persischen Gegner doch noch niedergerungen. Thukydides weiß bis zu jenem Jahr 418 von nichts Vergleichbarem zu berichten. Bei ihm reihen sich nur – die Schlacht am Delion ausgenommen – Schilderungen kleinerer Kämpfe, Belagerungen und Flottenoperationen von Poteidaia über Pylos bis Amphipolis aneinander, die in ihrer Summe den Archidamischen Krieg ergeben. Wenig davon war geeignet, im Gedächtnis der Griechen zu bleiben. Nun aber boten die Spartaner in der wichtigsten Schlacht ihrer Geschichte ein nie gesehenes Heer auf, und im Gegensatz zu seinem Vorgänger Herodot, dessen Truppenzahlen meist weit übertrieben sind, versucht Thukydides auch die genaue Stärke des Heeres anzugeben. Er verzweifelt an der «Neigung des Menschen», die Größe des eigenen Gemeinwesens zu übertreiben, und er hadert mit der stetigen Geheimniskrämerei der Spartaner, doch findet er einen Weg, die Truppenstärke der Lakedaimonier nachzuprüfen, und verschafft uns damit eine Vorstellung von der Struktur des Heeres. Ohne die 600 Skiriten kämpften sieben Abteilungen (*Lóchoi*). In jeder Abteilung standen vier Einheiten (*Pentekostyen*) zu 128 Mann (5/6 des üblichen Aufgebots), in jeder von diesen vier Scharen (*Enomotien*). In der Tiefe waren sie ungleichmäßig aufgestellt, meist aber zu acht Mann. Die vorderste Reihe bildeten über die Länge hinweg 448 Lakedaimonier. Das Weitere berechnet Thukydides nicht, vielleicht weil er im Gegensatz zu Herodot, der Rechenspiele liebte, keinen Abakus verwendete, wahrscheinlich aber, weil sich dabei die im Verhältnis zu Plataiai dann doch relativ geringe Zahl von 4484 Mann – sieben Lochoi mit zusammen 3584 Mann, dazu 600 Skiriten und 300 Reiter – ergab.

Die Schlacht Um die Schlacht in Gang zu bringen, bedurfte es zweier Anläufe. Die Argiver hatten sich zunächst auf einer steilen, schwer zugänglichen Anhöhe aufgestellt und erwarteten dort die Spartaner. König Agis stand unter Druck. Nach dem Waffenstillstand, den er wenige Wochen vorher zum Ärger der Behörden mit den Argivern eingegangen war, war er der Feigheit bezichtigt worden – ein Vorwurf, der für einen König mehr als ehrenrührig war. So zögerte er nicht. Die Spartaner stürmten auf Speerwurfweite heran, als der König sich doch noch zum Rückzug entschloß. Einer der erfahrenen Begleiter, vermutlich aus dem Gremium, das ihn überwachen sollte, hatte ihn in letzter Sekunde zur Vorsicht angehalten. Ein Übel – gemeint war der Waffenstillstand – dürfe nicht mit einem anderen Übel geheilt werden. Statt zu den Waffen griffen die Spartaner zunächst zu einem Trick, mit dem sie die Argiver aus ihrer vorteilhaften Position herauszulocken hofften. Eine eher ungewöhnliche Waffe im Krieg der griechischen Städte gegeneinander war das Wasser, das sich umleiten, abgraben oder einfach stauen ließ. So berichtet Xenophon, wie der Spartanerkönig Agesipolis im Jahre 385 ebendieses Mantineia, in dessen Gebiet nun die Heere standen, eroberte, indem er den Fluß, dessen Lauf mitten durch die Stadt führte, durch einen Damm aufstauen ließ, so daß das überquellende Wasser die Stadtmauern unterspülte und zum Einsturz brachte. Die Mantineer ließen es sich danach eine Lehre sein und erbauten ihre neue Stadt ein Stück vom Flußufer entfernt.

Im Sommer 418 hatten die Spartaner eine andere Idee. Sie leiteten einen Nachbarfluß durch einen Kanal in die Ebene von Mantineia, um das Gebiet zu überschwemmen. Dem würden die Argiver nicht tatenlos zusehen und – so das Kalkül – von der strategisch vorteilhaften Anhöhe herabsteigen. Die Spartaner sollten sich irren und erlebten, so Thukydides, «die größte Überraschung, soweit sie zurückdenken können». Allzu weit kann ihre Erinnerung freilich nicht gereicht haben, denn das, was sie verblüffte, war der simple Umstand, daß die Argiver die Anhöhe schon verlassen hatten, bevor sie von der Umleitung des Wassers erfuhren. Siegeszuversicht und die Furcht, ein zweites Mal den sicheren Tri-

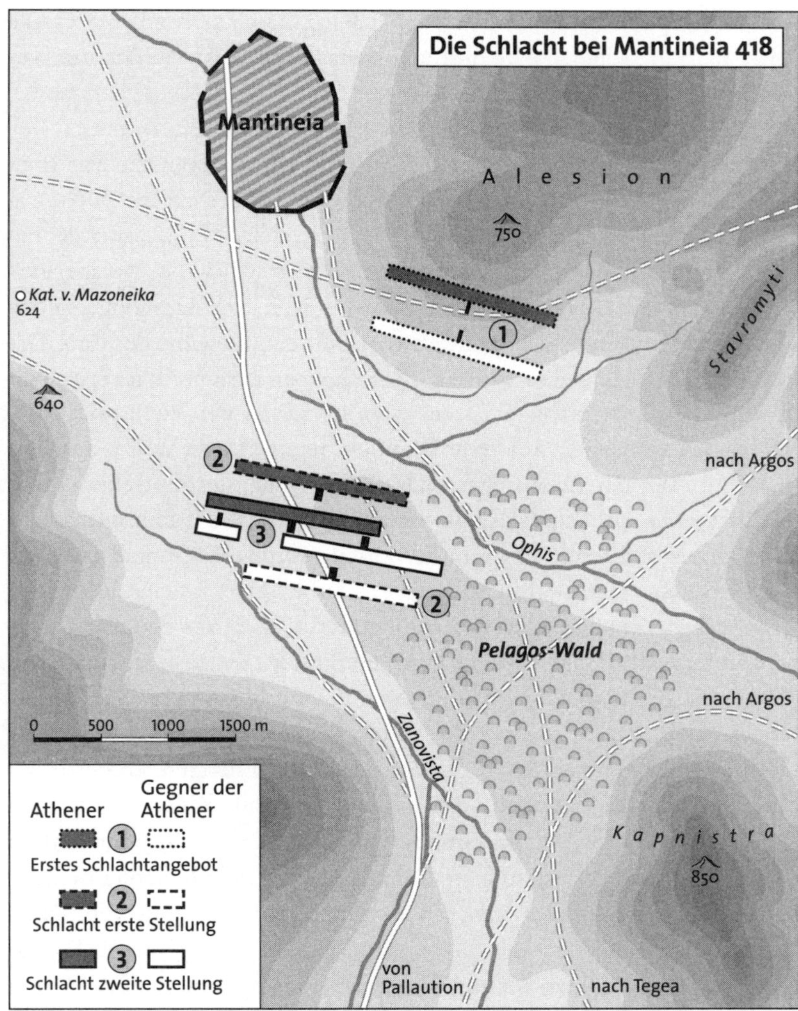

umph zu verpassen – noch immer glaubten sie, sie hätten Agis beim ersten Aufeinandertreffen besiegt, wenn kein Waffenstillstand geschlossen worden wäre –, hatte sie in die Ebene getrieben. Dort standen sich nun beide Heere gegenüber, getrennt durch wenige hundert Meter, aber vereint in der Überzeugung, den Gegner nun endgültig zu schlagen. Die Spartaner hatten sich schnell gefaßt. Die Befehlsstruktur war einfach und klar. Das Heer der Lakedaimonier bestehe aus Vorgesetzten von Vorgesetzten, faßt Thukydides zusammen: «Wenn nämlich der König führt, gehen von ihm alle Befehle aus, den Polemarchen (Generälen) sagt er persönlich, was geschehen soll, diese den Lochagen, dann die den Pentekonteren, diese wiederum den Enomotarchen. Auch die einzelnen Befehle, wenn die Könige etwa einen geben wollen, nehmen denselben Weg und kommen schnell an.»

Vor Schlachtbeginn hielten die Feldherren die obligatorischen Ermutigungsansprachen. Den Mantineern, so Thukydides, sagten die Strategen, es gehe um Herrschaft und Knechtschaft, den Argivern, es gehe um Hegemonie und Rache, den Athenern, es gehe um die Ehre. Das Ganze liest sich wie eine Parodie, doch das war es nicht. Vielmehr gibt der Historiker an dieser Stelle einen Einblick in die Werkgeschichte. Was er hier knappstens in der *oratio obliqua* notiert hatte, wollte er später in direkter Rede noch ausführen. Das fünfte Buch ist unfertig. Es wurde erst begonnen (ab Kapitel 5.26), als Thukydides den Peloponnesischen Krieg als eine Einheit erkannte, das meiste ist zweifellos erst nach 404 ausgearbeitet.

Die Spartaner freilich hielten nicht viel von derlei Ermutigungen. Lange Übung im Kriegshandwerk, so verkündeten sie, helfe mehr als eine für den Augenblick vorgetragene, schwungvolle Ansprache. Sie sangen Kriegslieder, danach prallten die Heere aufeinander. Die Argiver und ihre Verbündeten, so wieder Thukydides, rückten mit Entschlossenheit und Wut vor, die Lakedaimonier unter dem Klang vieler Oboen. Sie taten das nicht aus religiösen Gründen, sondern um gleichmäßig im Takt der Oboenbläser Schritt zu halten und die Schlachtlinie nicht auseinanderzureißen zu lassen.

Thukydides bleibt trotz dieses erregenden Momentes kühl. Er will keine Stimmungsbilder zeichnen. Eine Vorstellung vom Schlachtbeginn vermittelt jedoch Xenophon in seiner *Anábasis.* 17 Jahre nach Mantineia treffen dort wieder Spartaner, genauer: spartanische Söldner, zu Land auf einen Feind, diesmal die Perser. Die Spannung steigt in Xenophons Schilderung von dem Moment, da die Gegner einander ansichtig werden: «Schon war es Mittag, und noch waren die Feinde nicht in Sicht. Am Nachmittag zeigte sich fern in der Ebene Staub, eine weiße Wolke, geraume Zeit später wie eine schwarze. Als sie näher kamen, blitzten bald auch da und dort Metallstücke und Lanzenspitzen, und die Gliederung der Truppenkörper zeichnete sich ab. Reiter in weißen Panzerhemden standen auf dem linken Flügel der Feinde ... Die beiden Fronten waren nicht mehr als drei oder vier Stadien voneinander entfernt, als die Griechen den Paian anstimmten und sich zum Angriff auf die Feinde in Bewegung setzten. Als beim Vorrücken ein Teil der Front vorwogte, begann der zurückhängende Teil zu laufen, und zugleich brachen sie in den Schlachtruf aus, wie sie es zu Ehren des Enyalios, des Schlachtengottes, zu tun pflegen, und nun liefen alle miteinander. Einige erzählen, sie hätten auch mit den Speeren auf die Schilde geschlagen, um mit dem Lärm die Pferde zu erschrecken.»

Thukydides hat die verschiedensten Aussagen zur Schlacht gesammelt und die Vorgänge zu rekonstruieren versucht. In genauer Kenntnis der Örtlichkeiten untersucht er die taktischen Möglichkeiten, die diese boten. Selbst Feldherr, breitet er seine militärischen Kenntnisse vor dem Leser aus. Seine Schilderung birgt eines der berühmtesten Kapitel antiker Kriegsgeschichte. Mit wenigen Sätzen erfaßt er die Probleme des rechten Flügels, die im 4. Jahrhundert zur Entwicklung der schiefen Schlachtordnung führen sollten: «Noch während sie ... anrückten, beschloß König Agis, Folgendes zu tun. Allen Heeren widerfährt das Gleiche, daß ihre rechten Flügel sich beim Aufeinandertreffen in die Länge ziehen und beide die Linke des Gegners mit ihrer Rechten überflügeln; dies deshalb, weil jeder aus Furcht seine (rechte) Seite dem Schild seines Nebenmannes zur Rechten möglichst nahe zu bringen versucht und sich im dichtesten Zusammenschluß am besten beschirmt fühlt. Den ersten Anlaß dazu gibt der vorderste Flügelmann rechts, immer bestrebt, seine ungedeckte Seite den Gegnern zu entziehen, und ihm folgen in der gleichen Furcht auch die anderen.»

Das Kampfglück wechselte. Während die Mantineer auf dem rechten Flügel die Skiriten und die sogenannten Brasidas-Soldaten in die Flucht schlugen und die Elitetruppe der Tausend aus Argos erfolgreich in eine Lücke der spartanischen Phalanx stoßen konnte, hielt das Zentrum stand, in dem Agis selbst kämpfte, und trieb die Argiver und ihre Verbündeten zurück. Der isolierte linke Flügel der Athener entging dabei nur knapp einer Katastrophe. Nur der Umstand, daß Agis sich nun der bedrohten anderen Seite zuwandte, verhinderte, daß jener zu Gänze aufgerieben wurde. Die Lakedaimonier verzichteten, wie meist, auf eine Verfolgung, so daß sich die Verluste der Gegner in Grenzen hielten. Die Mantineer zählten 200 Tote, die Argiver mit den beiden Nachbarstädten, die ihnen zu Hilfe gekommen waren, 700, die Athener 200, darunter aber die beiden Feldherren. Von den Spartanern bekam Thukydides keine Zahlen. Er schätzte deren Tote einschließlich der ihrer Verbündeten auf 300.

Die propagandistische Wirkung des Sieges war in ganz Griechenland groß. Die Spartaner hatten die Schmach von Sphakteria vergessen gemacht, den Vorwurf der Feigheit getilgt. Obwohl sie auch numerisch überlegen gewesen waren, wurde der Sieg in erster Linie ihrer Tapferkeit zugeschrieben. Was alles an den Spartanern kritisiert wurde, Ideenlosigkeit und Schwerfälligkeit, schien aus der Welt geschafft. Sphakteria galt nun als singulärer Unglücksfall, als Malheur oder Mißgeschick, das die Spartaner zu Unrecht in üblen Ruf gebracht hatte. Tatsächlich seien sie in ihrer Geisteshaltung immer noch die gleichen. Für die Athener war gravierender, daß ihr Modell der Demokratie, das auch Argos übernommen hatte, diskreditiert war. Die peloponnesischen Städte, einschließlich Argos selbst, bekehrten sich zur Oligarchie oder wurden – wie Sikyon – von Sparta dazu bekehrt. In Argos wurde überdies das Viererbündnis mit Athen aufgekündigt und durch ein neues mit Sparta ersetzt, in dem der Makedonenkönig Perdikkas II. und die Chalkidiker an die Stelle der Elier und Mantineier traten. Letzteren blieb nichts anderes übrig, als sich im Winter 418/17 auch gegen ihren erklärten Willen der spartanischen *Symmachía* anzuschließen.

DER LETZTE OSTRAKISMOS

Hyperbolos Alkibiades entging der Katastrophe, weil er bei der Feldherrnwahl gescheitert und daher nur als Gesandter auf der Peloponnes unterwegs gewesen war. So gesehen, hatte das (attische) Jahr gut für ihn begonnen. Mit der Niederlage von Mantineia waren allerdings alle Pfeiler seiner Politik eingestürzt. Nikias konnte nachgesagt werden, daß er die Hilfe für Argos nur halbherzig angegangen war, Alkibiades aber hatte die Argiver mit seiner Agitation unnötig in eine Niederlage getrieben. So waren beide innenpolitisch geschwächt. Zunutze machte sich das ein Dritter. Er hieß Hyperbolos und durfte für sich in Anspruch nehmen, nach Kleon der meistgeschmähte Mann Athens zu sein. Entgegen dem Schweigen des Thukydides spielte Hyperbolos eine maßgebliche Rolle in der Innenpolitik. Nach Kleons Tod führte er dessen Anhängerschaft und übernahm auch dessen aggressive Kriegsrhetorik. Er soll sogar, so wieder die Komödie, in der Volksversammlung den Antrag gestellt haben, einen Kriegszug gegen Karthago auszurüsten. Das mag eine Übertreibung sein – daß er zu den entschiedenen Kriegsbefürwortern gehörte, ist keine.

Hyperbolos und Alkibiades kamen aus verschiedenen Lagern, doch sie einte die Ablehnung des Friedens. Da Letzterer Stratege gewesen war, sahen die Athener in allen antispartanischen Aktivitäten vor allem ein Werk des Alkibiades. Darin liegt auch der Grund, warum die Niederlage von Mantineia vor allem ihm schadete. Da aber die Spartaner auch als diejenigen galten, die die Verträge gebrochen hatten, war auch der Spartafreund Nikias diskreditiert. Für Hyperbolos war die Situation Ende 418 also durchaus komfortabel. So stellte er im Januar der Jahres 417 in der Volksversammlung den Antrag, im Frühjahr einen Ostrakismos, ein Scherbengericht, abzuhalten. Diese Abstimmung wurde historisch.

Neunzig Jahre war es her, seit die Athener nach dem Sturz der Tyrannen diese in der Weltgeschichte einmalige Institution eingeführt hatten. Sie ist mit dem Namen des Kleisthenes verbunden, dessen Reformen im Jahr 509 auch das Fundament für die spätere Demokratie legten. Sinn des Ostrakismos war es zu verhindern, daß nochmals ein mächtiger Athener über den Status seiner Mitaristokraten hinauswachsen und die Alleinherrschaft – nichts anderes bedeutete damals das Wort «Tyrannis» – an sich reißen konnte. Die Einführung war zunächst offenbar Warnung genug. Erst im Jahre 488, also zwischen den Perserkriegen, d. h. zwischen Marathon und Salamis, wurde der erste Athener per Ostrakismos in die Verbannung geschickt. In späterer Zeit verlor das Scherbengericht seine ursprüngliche Funktion und entwickelte sich zu einem Machtinstrument, mit dem Parteienkämpfe entschieden werden konnten. Perikles zum Beispiel stärkte damit seinen Führungsanspruch. Auch 417 ging es um nichts anderes. Hyperbolos sah seine Chance gekommen, einen seiner beiden Kontrahenten auszuschalten. Es war eine Lage entstanden, in der er nur gewinnen konnte. Die Entscheidung mußte zwischen Nikias und Alkibiades fallen, die beide zu den reichsten Männern der Stadt gehörten, jeweils über einen breiten Anhang verfügten und daher am ehesten das darstellten, was immer noch als Voraussetzung einer Verbannung galt, nämlich eine potentielle Gefahr für die Stadt. Zudem verkörperten beide die Alternative, vor der die Stadt stand: Krieg oder Frieden. Hyperbolos durfte sich jedenfalls über einen angenehmen Verlust freuen – entweder kam ihm ein entschiedener Feind abhanden oder ein unberechenbarer Freund.

Der Ostrakismos Ein Ostrakismos konnte jährlich nur einmal stattfinden, und zwar in der achten Prytanie. Eine Prytanie war die Amtszeit, in der eine der zehn Phylen den Vorsitz im Rat der 500 innehatte, zeitlich also ein Zehntel des Amtsjahres. Dieses begann etwa im Mittsommer, die achte Prytanie fiel also in den Frühling des folgenden Jahres. Damit der Ostrakismos überhaupt stattfinden konnte, mußte die Volksversammlung diesen in der sechsten Prytanie eigens beschließen. Die Zeit dazwischen diente der Vorbereitung, und zwar weniger der Veranstaltung selbst als derjenigen, die ihre Stimme, d. h. ihr *Ostrakon* (Scherbe), abgaben. Es war eine Zeit der Agitation, die dafür genutzt werden mußte, die Athener vom jeweils eigenen Standpunkt zu überzeugen. Dazu gehörte freilich auch, daß bereits im voraus Scherben mit dem Namen des Gegners beschriftet und den Teilnehmern an der Abstimmung in die Hand gedrückt wurden, begleitet von einer kleinen Entlohnung – «Bestechung» wäre ein allzu großes Wort für diesen Dienst – oder einfach nur von Versprechungen. Finanzieller Einsatz lohnte sich, denn dem, der unterlag, drohte eine zehnjährige Verbannung. Sie war zwar weder mit Ehr- noch Vermögensverlust verbunden, doch wer zehn Jahre aus Attika verschwinden mußte, würde schwer wieder ins politische Leben zurückfinden. Ein Beispiel ist, wie schon erwähnt, Thukydides Melesiou, der Rivale des Perikles, von dem nach seiner Rückkehr aus der Verbannung jedes Zeugnis in den Quellen fehlt.

Die Volksversammlung billigte den Antrag des Hyperbolos und beschloß die Durchführung eines Ostrakismos. Ein Machtkampf zwischen zwei so unterschiedlichen Männern aus höchstem Adel wie Nikias und Alkibiades versprach Spannung und Kurzweil. Mit Geldzuwendungen war zu rechnen. Mehr um seinem Neid als seiner Furcht Genüge zu tun habe das Volk, von Hyperbolos angestiftet, das Scherbengericht eingesetzt, schreibt Plutarch und erläutert, warum dieser Erfolg hatte, obwohl er doch nach seiner Meinung der «größte Lump» war, der zur Spitze des Staates aufstieg, von der Komödie verhöhnt und von rechtschaffenen

Männern wie Thukydides verachtet. «Dieser Hyperbolos ließ sich durch Schmähungen nicht erschüttern und war dafür unempfindlich aus Mangel an Ehrgefühl – eine Schamlosigkeit und Abgebrühtheit, die manche Mut und Mannhaftigkeit nennen, und war eigentlich keines Menschen Freund, doch bediente sich das Volk seiner oft, wenn es die angesehenen Männern lächerlich machen und schikanieren wollte.»

Am Tag des Ostrakismos versammelten sich die Bürger auf der Agora. Selbst aus den entfernten Demen Attikas kamen Bauern. Der Ostrakismos war ein Festtag, der sich nicht nur für den politischen, sondern auch für den wirtschaftlichen Handel nutzen ließ. Der Marktplatz war mit Schranken eingezäunt, an insgesamt zehn Toren konnten die Abstimmenden, von Mitgliedern ihrer Phyle kontrolliert, passieren. Die Scherbe trugen sie mit sich, den eingeritzten Namen zu Boden gekehrt. Viele Athener konnten zumindest ein wenig lesen und schreiben – anders hätte die Demokratie nicht funktionieren können –, und bei Bedarf half ein schreibkundiger Nachbar. Wer den für seine Phyle bestimmten Bezirk betrat, wurde gezählt, denn es gab ein Quorum von 6000. Nach anderen Quellen mußten sogar 6000 Stimmen auf denjenigen entfallen, der verbannt werden sollte, doch erscheint diese Zahl zu hoch. Schließlich wurden die Scherben nach den abgegebenen Namen geordnet und ausgezählt. Das Ergebnis überraschte alle. Der Sieger in einer Abstimmung, in der keiner der erste sein wollte, war derjenige, der sich nach Plutarch «meilenweit» von einer Verbannung entfernt sah, nämlich Hyperbolos selbst. In letzter Minute waren seine Gegner, Nikias und Alkibiades, zu der Einsicht gelangt, daß der Ausgang des Ostrakismos für sie beide ungewiß war. Um jedes Risiko auszuschalten, hatten sie daher ein Geheimabkommen getroffen und ihre Anhänger gemeinsam gegen Hyperbolos mobilisiert. Die Athener amüsierten sich zunächst, während es die Komödiendichter ein wenig bedauerten, daß ihnen das beliebteste Objekt ihres Spottes so unerwartet abhanden gekommen war. Der Komiker Platon widmete Hyperbolos letzte Verse: «So war die Strafe, die ihn traf, zwar wohlverdient, und wiederum hat dieser Schuft sie nicht verdient: Denn nicht für seinesgleichen man die Scherb' erfand.»

Dieser Gedanke verbreitete sich auch im Volk. Viele fühlten sich von Alkibiades und Nikias überrumpelt, das Verfahren des Ostrakismos schien endgültig sinnentleert. Hyperbolos ging in die Geschichte als derjenige ein, der als letzter vom Scherbengericht in die Verbannung geschickt wurde. Zwar wurde danach nie mehr von diesem politischen Kampfmittel Gebrauch gemacht, doch künden an die 12 000 Scherben, die im Boden Attikas überdauerten, bis heute davon, wie gut man damit im 5. Jahrhundert die Massen mobilisieren und den Gegner in Bedrängnis bringen konnte.

Nach dem Scherbengericht Mit dem Ostrakismos des Hyperbolos erstarrte die innere Situation Athens; beide Gruppen, Kriegsbefürworter und -gegner, blockierten einander bis zum Frühjahr 415. Ansonsten geschah nichts, das Historikern eine Notiz wert schien. Auch die äußeren Ereignisse des Sommers 417 machen bei Thukydides gerade mal ein Kapitel aus. Es gab zwar keine größeren Feldzüge, doch immerhin einen Umsturz, der das von den Lakedaimoniern in der Schlacht von Mantineia Erreichte teilweise wieder in Frage stellte.

Mit Hilfe ihrer Verbündeten in Sparta hatten die Oligarchen in Argos die Macht übernommen, doch sie erwiesen sich als schwach. Der Demos wartete nur auf einen günstigen Zeitpunkt, um sich des oligarchischen Regimes zu entledigen. Der schien gekommen, als in Sparta die Gymnopaidien gefeiert wurden, ein religiöses Fest, das den Auszug von Truppen nicht erlaubte. In den Straßen von Argos kam es zu einer regelrechten Schlacht zwischen den *Polloí*, dem Volk, und den Oligarchen. Diese wurden getötet oder vertrieben. Als Boten in Sparta eintrafen, um Hilfe zu erbitten, wurde das Fest zwar verschoben, aber es war zu spät. Das ausgerückte Heer kehrte bereits auf halbem Weg wieder um, als neue Nachrichten Gewißheit über die Niederlage der Oligarchen brachten. Argos war wieder eine Demokratie, und als solche suchte die Stadt neuerlich den Anschluß an Athen. Um gegen eine Blockade der Lakedaimonier gewappnet zu sein – ein befestigter Hafen sicherte die Versorgung durch die überlegene attische Flotte –, machte sich die gesamte Bevölkerung einschließlich der Frauen und der Haussklaven daran, eine Mauer bis zum Meer zu errichten. Selbst aus Athen kamen Baumeister und Steinmetzen.

Bereits im nächsten Sommer fuhr Alkibiades mit 20 Schiffen nach Argos. Offenbar war er gewillt, seine antispartanische Politik wieder aufzunehmen. In Zusammenarbeit mit den dortigen Behörden wurden 300 Männer festgenommen, von denen es hieß, sie sympathisierten mit den Lakedaimoniern. Die Athener brachten sie widerrechtlich auf eine nahe Insel, die zu ihrer *Arché* gehörte. Außerdem schlossen sie mit Argos erneut einen Defensivvertrag. Initiator war auch diesmal Alkibiades. Diejenigen Argiver, die sich wenig später dem Sizilienzug der Athener anschlossen, bekundeten jedenfalls, sie nähmen vor allem wegen Alkibiades daran teil.

Über Nikias berichtete Thukydides nur, daß er nichts tat. Zwar war er – vielleicht schon 417 – zu einem Feldzug gegen die thrakischen Chalkidier und gegen Amphipolis aufgebrochen, doch da die erwartete Unterstützung durch den Makedonenkönig Perdikkas ausblieb, kehrte er unverrichteter Dinge um. Zwischen dem Friedensschluß von 421 und seinem Tod schien ihm alles zu mißglücken. Plutarch, der oft mit seinen Protagonisten mitlitt, bemüht angesichts des Umstandes, daß selbst der politische Erfolg beim Ostrakismos von 417 Nikias letztlich zum Nachteil geriet, sogar das Schicksal – ein frühes Beispiel konjekturaler Geschichtsschreibung: «Doch das Glück (*Týche*) ist eben etwas Unberechenbares, nicht durch den Verstand zu Erfassendes. Denn wenn Nikias sich dem Risiko des Scherbenurteils gegen Alkibiades unterworfen hätte, dann hätte er entweder, wenn er obsiegte und den Gegner verjagte, sicher in Athen weiterleben können, oder wenn er unterlag, so hätte er selbst die Stadt verlassen, bevor das äußerste Unheil ihn traf, und sich den Ruf, der tüchtigste Feldherr zu sein, bewahrt.»

Für einen athenischen Feldherrn war Nikias' Schicksal nicht so unglücklich, wie Plutarch hier glauben macht. Die athenische Demokratie liebte nur erfolgreiche Strategen. Von wesentlich größerer Tragweite als der Ostrakismos war ein Beschluß, den die Volksversammlung ein Jahr später faßte. Er lautete, mit 30 eigenen Schiffen und acht aus dem Lager der Verbündeten die Insel Melos anzugreifen.

MELOS

Die Eroberung von Melos Auf halbem Weg zwischen Athen und Kreta am westlichen Rand der Kykladen liegt die Insel Melos, gebildet aus dem eingestürzten Krater eines Vulkans. Die gleichnamige Stadt Melos galt den griechischen Historikern als Gründung der Spartaner. Bodenschätze und die geschützte Lage machten Melos wohlhabend und selbstbewußt. Die Insel verweigerte den Eintritt in den Attischen Seebund und reklamierte 431 für sich Neutralität. Tatsächlich findet sich vor 426/5 auf den Stelen, welche die Tribute der Mitglieder vermerkten (genauer gesagt, die *Aparché*, den Anteil, welcher für die Göttin Athena bestimmt war), nirgends ein Eintrag der Hellenotamiai. In jenem Jahr aber unternahmen die Athener einen ersten Versuch, die Insel in ihr Herrschaftssystem einzubinden. Sie hatten nämlich den Wunsch, schreibt Thukydides, «die Melier, die Inselbewohner waren und ihnen weder gehorchen noch ihrem Militärbündnis beitreten wollten, zur Kapitulation zu veranlassen». Das Vorhaben mißlang, doch die Athener fanden sich mit dem Scheitern der mit einigem Aufwand geführten Invasion nicht ab. Da sie die Insel nicht erobern konnten, erklärten sie sie für erobert. Unter der Rubrik der abgabepflichtigen *Nesiotikoí* (Inselbewohner) zeigte die Tributstele des folgenden Jahres 425/4 auch den Namen *Mélioi*. An den Tempelschatz der Athena, die ein Sechzigstel der Tribute erhielt, hatte Melos demnach 15 Minen oder 1500 Drachmen abzuführen, was einer jährlichen Zahlung von 15 Talenten an die Athener entsprach. Solange diese die Melier aber nicht zwingen konnten, entrichteten sie auch keine Tribute.

Zehn Jahre verstrichen, dann fuhr im Sommer 416 erneut eine attische Flotte gegen Melos. Die Melier waren ahnungslos, es herrschte Frieden, nichts ließ einen athenischen Angriff erwarten, nichts rechtfertigte ihn. Thukydides' Text spiegelt die Überraschung wider. Der Historiker leitet den Bericht nicht ein, kennt keine Zusammenhänge und nennt – vielleicht weil sie ihm zu selbstverständlich waren – keine Motive. Thukydides besaß eine Abschrift des Invasionsbeschlusses, denn er überliefert Details zu Schiffs- und Truppenstärke und die Namen der Strategen, die das Unternehmen kommandierten. Er schweigt aber von demjenigen, der in der Volksversammlung den Antrag gestellt hatte, Melos zu vernichten. Nur von einem anonymen Zeitgenossen wissen wir, daß es Alkibiades war.

Die Athener hatten aus der ersten Invasion gelernt, daß das Überraschungsmoment keinen Erfolg garantierte. Nun hatten sie das Okkupationsheer von 2000 auf 3000 Mann aufgestockt. Außerdem zogen sie abhängige Verbündete hinzu, so die Inseln Lesbos und Chios, ein Verfahren, das imperiale Mächte gern nutzen, um die Verantwortung für die Aggression auf mehrere Schultern zu verteilen. Die Athener änderten auch die Strategie. Anders als 426 gingen sie nach der Landung nicht sofort zur Verwüstung des offenen Landes über, sondern setzten auf Verhandlungen. Eine Übereinkunft sollte Athen die gewaltigen Kosten einer mehrmonatigen Belagerung ersparen. Die athenischen Truppen konnten zwar leicht die Insel besetzen und abriegeln, die befestigte Stadt Melos zu erobern waren sie aber nicht in der Lage. Einziges Mittel, ummauerte Poleis zu erobern, war damals Aushungern oder Verrat. Die Verhandlungen, die Thukydides im sogenannten Melier-Dialog verdichtet, scheiterten, und so begann im Sommer 416 die Belagerung. Im folgenden Winter zwangen Hunger und Verrat die Melier schließlich zur bedingungslosen Kapitulation. Die Athener töteten alle erwachsenen Männer, verkauften Kinder und Frauen in die Sklaverei und schickten später 500 Siedler auf die entvölkerte Insel.

Das Unternehmen gegen Melos war nicht die erste Invasion der Athener, die Aufsehen erregte. Sie hatten die Bewohner von Histiaia und Aigina vertrieben, Frauen und Kinder aus der Stadt Torone in die Sklaverei verkauft, die Männer von Skione hingerichtet. An Melos empörte, daß Athen ohne jeden Anlaß und in Friedenszeiten eine griechische Stadt auslöschte und dabei mit aller Unerbittlichkeit vorging. Das Wort vom «*Limos Meliaios*», vom melischen Hunger, kursierte schon bald nach dem Ende der Belagerung in ganz Griechenland, Aristophanes gebraucht es bereits 414 in seiner Komödie *Die Vögel*. Noch fast anderthalbtausend Jahre später wurde vom «Hunger von Melos» gesprochen. Woher der Ausdruck stammte, wußten damals nur noch die wenigsten, und so erläutert die Glosse eines byzantinischen Lexikons: «*Limos Meliaios*: sprichwörtlich für eine aussichtslose Lage».

Der Melier-Dialog Die Eroberung von Melos wäre ein Randereignis des Krieges geblieben, hätte Thukydides nicht die Verhandlungen zwischen Athenern und Meliern in Form eines Dialogs wiedergegeben, der – in seinen Zentralaussagen bis heute gültig – das Wesen von Machtpolitik bloßlegt.

Wer Thukydides über die Verhandlungen auf Melos informiert haben kann, läßt sich nicht ermitteln. Er kannte die dort anwesenden Strategen, ob er sie gefragt hat, wissen wir nicht. Es spielt auch keine Rolle, denn was die Athener im Dialog des Thukydides sagen, haben sie vor dem Rat der Melier sicherlich nicht gesagt. Sie sprechen bei Thukydides vielmehr das aus, was sie – nach Meinung des Historikers – aller Wahrscheinlichkeit nach gedacht haben, aber realiter zweifelsohne hinter diplomatischen Floskeln verbargen. Eine Großmacht braucht nicht verbal mit ihren Kanonen zu drohen, wenn der Gegner sie auf sich gerichtet sieht. Vor der Reede von Melos aber lag angriffsbereit die athenische Flotte. Die historischen Athener sprachen in Melos zweifelsohne von ihren Verdiensten für die Insel, und die gab es tatsächlich. Ein paar Jahrzehnte zuvor hatte Herodot die Athener als «Retter Griechenlands» geadelt: «Wer nun also sagt, die Athener seien die Retter von Hellas geworden, der wird das Wahre kaum verfehlen. Denn auf welche Seite die Athener sich schlugen, da mußte die Waage sinken. Sie aber wählten Hellas' Überleben in Freiheit, und so sind sie es gewesen, die das ganze restliche Griechenland – soweit es nicht persisch gesinnt war – aufrüttelten und den König (nächst den Göttern) zurückschlugen.»

Ihrem offensiv vertretenen Selbstverständnis nach waren sie es, die Athener, die einst die Griechen vor den Barbaren gerettet hatten und sie nun weiterhin vor ihnen beschützten: Nur die athenische Flotte schrecke den Großkönig vor einer neuerlichen Invasion ab. Und nicht allein dies. Die Präsenz athenischer Patrouillenschiffe in der Ägäis garantiere die von Seeräubern stets bedrohte Sicherheit des Meeres, den ungehinderten Handel unter den Städten und den Inseln der Ägäis sowie die lebenswichtige Versorgung mit Getreide in den periodisch wiederkehrenden Notzeiten.

Die Konsequenzen waren für die Athener klar. Ein solcher Schutz kostete Geld. In der Schiffahrtsperiode zwischen März und Oktober waren ständig 60 Trieren unterwegs, die ausgerüstet und gewartet werden mußten. Allein der Lohn für die Besatzungen betrug fast ein Talent pro Tag. So war für die Athener ein Anspruch auf Entschädigung selbstverständlich, die *Phoroi* waren im Verständnis der Athener keine Tribute, sondern Beiträge zur Sicherheit und Wohlfahrt der Bündner und aller Griechen, die Seefahrt betrieben.

Die Athener des Thukydides wischen all diese Argumente, welche die historischen Athener mit Recht für sich beanspruchen zu können glaubten, mit einem Satz beiseite: *kalà onómata*, schöne Worte. Im menschlichen Denken, nicht freilich in der öffentlichen Bekundung, zähle allein die Macht. Der Überlegene setze durch, was ihm beliebe, Recht sei eine Konvention, die nur dort greife, wo sich gleich starke Kräfte neutralisierten und auf einen Kompromiß einigen müßten.

Angesichts der gegebenen Machtverhältnisse steht für die Athener des Dialogs die Unterwerfung von Melos außer Diskussion. So machen sie einen Vorschlag, bei dem sie – mit Blick auf das Ende durchaus zu Recht – Vorteile für beide Seiten sehen. Die Kapitulation der Insel erspare ihnen, den Athenern, Verluste an Soldaten und Trieren, Kosten und Zeit, die Melier aber kämen mit dem Leben davon und blieben als Untertanen im Besitz ihres Territoriums.

Demgegenüber hoffen die Melier auf das Kriegsglück, auf die Götter und die Spartaner. Für die Athener freilich ist auch Hoffnung nur ein schönes Wort, das Schwache, wie es die Melier nach ihrer Meinung sind, ins Verderben führe. Am Wohlwollen der Götter, erklären sie, zweifelten sie nicht, und die Truppen der Spartaner fürchteten sie nicht. Für die Athener (und für Thukydides) gilt der *Nómos*, der das Leben der Menschen bestimmt, auch für die Götter: Wie jene stünden diese unter demselben Gesetz der Macht, dem zufolge der Stärkere über den Schwächeren obsiege. Für die Spartaner aber haben die Athener (und Thukydides?) nur Verachtung: «Sie sind es, die von allen, die wir kennen, am augenfälligsten das Angenehme für schön und das Nützliche für gerecht erklären.»

Als es zu keiner Einigung kam, d. h., als die Melier nicht nachgeben wollten, verließen die Athener die Verhandlung. Die Melier berieten nochmals unter sich. Der Erfolg von 426 hatte sie ermutigt, und so hofften sie, sich auch jetzt behaupten zu können. Wer im blinden Vertrauen sich seinen Hoffnungen ganz ausliefere, werde auch alles verlieren, läßt Thukydides die Athener sagen und verzichtet auf einen Kommentar. Zwei Sätze genügen ihm, um nun die Kampfhandlungen beginnen zu lassen, sieben weitere, um den Untergang von Melos zu besiegeln.

Der Vernichtung von Melos ist der Wendepunkt in der Geschichte der Großmacht Athen. Zumindest können wir Thukydides so verstehen. *Expressis verbis* formuliert hat es der Historiker nicht, doch er hat die Melier zu Titelhelden jenes kleinen Textes gemacht, der zu den wichtigen der Weltliteratur zählt und nach knapp zweieinhalbtausend Jahren noch keine Altersspuren zeigt – ebendieses «furchtbaren Gesprächs», wie Friedrich Nietzsche sagen wird, zwischen ihnen und den Athenern.

Thukydides schrieb diesen Dialog nach dem Untergang des athenischen Reiches. Er bietet die Summe seiner Erfahrungen und weit mehr als nur eine Analyse der athenischen Expansionspolitik. Der Historiker sucht das Wesen der Macht zu ergründen, der Dialog handelt scheinbar vom Peloponnesischen Krieg, tatsächlich aber von allen Kriegen. Er bildet den inhaltlichen Mittelpunkt des Werkes und wäre auch der formale geworden, wäre dieses nicht Torso geblieben. Athener und Melier sprechen unkommentiert, und Thukydides sagt nicht, welche Argumente er billigt und welche er verurteilt, ob er das Geschehen als kriegsnotwendig akzeptiert oder kritisiert, ob er die Partei der Unterlegenen ergreift oder sich seiner Heimatstadt verpflichtet sieht. Der Historiker berichtet knapp, kühl, meidet jeglichen Affekt und verzichtet auf apologetische Erklärungen. Alles, was als Partei- oder Stellungnahme gelten könnte, ist aus dem Text getilgt. Thukydides schweigt hörbar, sagt Wolfgang Schadewaldt.

Der heutige Leser des Dialogs glaubt nach der ersten Lektüre, die Sympathie des Historikers gelte den Unglücklichen, den Meliern. Der Leser traue, schreibt Jacob Burckhardt «den inneren Schauder, welchen er bei dem so völlig objektiven Bericht empfindet», unwillkürlich auch dem Geschichtsschreiber zu. Doch nichts ist im Melier-Dialog so, wie es scheint. Letztlich bleibt unklar, wer agiert und wer reagiert; Täter und Opfer sind austauschbar, alle spielen nur Rollen: Wären die Melier in der Lage der Athener, verhielten sie sich wie diese. Die Tat, die die Athener begehen, ist eine, die jeder begeht, mehr noch – begehen muß. Die Melier hindert (für den Augenblick) nicht die Moral, sondern ihre militärische Schwäche. Alle sind dem *Nómos* unterworfen, der sie nicht anders handeln läßt, als sie handeln. Deswegen verzichten die thukydideischen Athener auf schöne Worte, um das zu sagen, was diese verbrämen.

Als der Krieg zu Ende war, suchte Thukydides Lehren aus ihm zu ziehen. Im Melier-Dialog sind die Athener nur noch eine Chiffre. Sie stehen für die Tragik der Großmächte. Um nicht zu kollabieren, müssen diese sich ausdehnen. Nur Ausgreifen sichert das Überleben, dem Ende der Expansion aber folgt der Zusammenbruch. Thukydides hat so etwas wie Mitleid mit den Großmächten: Ihre Verbrechen sind vergebens, denn ihr Untergang ist so zwangsläufig wie der von Melos.

Die *Troerinnen* des Euripides Welche Resonanz die Ereignisse von Melos unmittelbar fanden, ist schwer zu sagen. In Xenophons Geschichtswerk stehen sie bereits exemplarisch für die Kritik an Athen, doch das mag nur ein Reflex auf Thukydides sein. Indes gibt es ein zeitgenössisches Zeugnis, das – ohne daß der Name Melos fällt – belegt, daß nicht alle Athener die Eroberung von Melos als Sieg verstanden. Euripides, der bis weit über den Sizilienzug hinaus loyal zu seiner Heimatstadt stand, nahm Stellung an dem Ort, den er beherrschte, auf der attischen Bühne.

Die Tetralogie, von der nur das Schlußstück, *Die Troerinnen*, erhalten blieb (es gehörten noch die Tragödien *Alexandros* und *Palamedes* sowie das Satyrspiel *Sisyphos* dazu), wurde im Frühjahr 415 aufgeführt. Die attische Flotte war siegreich von Melos zurückgekehrt, Athen schickte sich an, gegen Sizilien zu segeln, alle Gespräche drehten sich nur noch um die Reichtümer der großen Insel. Dieser Euphorie stellt Euripides seine Tetralogie entgegen: Troia als Beispiel einer Stadt, die auf der Höhe ihrer Macht stürzt. Das Ausschlagen einer göttlichen Warnung, die Hybris der Menschen, führt Troia in den Untergang. Hier scheint noch Herodot zu sprechen, nicht Thukydides, dem Euripides gleichwohl viel nähersteht.

Die *Troerinnen* setzen zu einem Zeitpunkt ein, an dem die Schlacht geschlagen, der Krieg (zunächst) beendet ist. Troia brennt, es ist nicht mehr die mächtige Stadt am Ausgang des Hellespont, sondern eine entvölkerte Ruine. Die Sieger haben ihr Zeltlager bereits verlassen, die Besiegten sind dort eingezogen und warten auf ihr weiteres Schicksal, auf die Deportation. Es sind nur mehr Frauen, die troianischen Männer sind gefallen, in den Tod geflüchtet. Sie haben mehr Glück gehabt, das Los der Sklavinnen ist schlimmer: «Doch Sterben ist besser noch als Leben voller Jammer. Den Toten kümmert's nicht, wenn er ein Leid erfuhr», sagt Andromache, Witwe Hektors. Die Griechen sind keine strahlenden Sieger, sondern Mörder: «Barbarengreuel dachtet ihr euch aus, ihr Griechen.» Ihnen winkt keine Zukunft, sie werden erleiden, was die Troer erlitten und die Troerinnen noch erleiden. Selbst die Götter haben sich von ihnen abgewandt, wenn auch nicht wegen der Taten, zu denen auch sie fähig sind, sondern weil sie beleidigt sind. Athene hat die Griechen unterstützt, nun aber wendet sie sich mit Poseidon gegen sie. Damit beginnt das Stück, und schon der Anfang weist über das Ende hinaus: Der Sieg wird keine Früchte tragen. Poseidon prophezeit es in seinem Prolog: «Ein Narr ist jeder Mensch, der Städte auslöscht, Tempel und Gräber, Heiligtümer der Entschlafenen, veröden läßt und selbst danach zugrunde geht!» In der Bearbeitung Sartres ruft Poseidon dies den Griechen und den Theaterbesuchern nochmals am Ende des Stückes in Erinnerung: «Verrecken werdet ihr, alle.» Euripides konnte darauf verzichten, sein Publikum kannte den Mythos und das Schicksal der heimkehrenden Griechenflotte.

Das Stück besitzt keine eigentliche Handlung, locker verbundene Szenen reihen sich aneinander, zusammengehalten von der Figur der Hekabe, Gattin des Priamos und Königin von Troia, die von Anfang bis Ende auf der Bühne präsent ist und in der sich alles Leid der troianischen Frauen bündelt. Nach dem einleitenden Auftritt der Götter auf dem Theologeion, dem Kulissendach, erhebt sich die bis dahin am Boden kauernde Hekabe zu ihrer ersten Klage. Ab jetzt beherrschen Frauen die Bühne, die griechischen Helden werden zu Statisten degradiert, der wichtigste Mann des Stückes ist Talthybios, der Herold der Griechen, ein Subalterner und Befehlsempfänger.

Durch die beiden *Párodoi* ziehen die Halbchöre der Troerinnen ein. Die versklavten Frauen erwarten ihr Los, fürchten die Orte, an die die Griechen sie verschleppen werden: Athen, Sparta, Thessalien oder Sizilien. Hekabe ahnt Schlimmes, doch es wird noch schlimmer kommen. Jeder Auftritt des griechischen Herolds steigert das Leid, das über die troianischen Frauen kommt. Wenn Hekabe glaubt, die Grenze des Erträglichen sei erreicht, überbringt Talthybios neue Hiobsbotschaften. Dieser selbst ist sich keines Unrechts bewußt, er überbringt die Befehle der Mächtigen, ob er sie gutheißt oder nicht, wird sie nicht ändern. Er fügt sich, und die anderen müssen sich fügen. Er schaudert nicht vor den Verbrechen zurück, er fürchtet nur, es könne sich nicht reibungslos vollziehen, was ohnehin geschehen muß.

Nach dem Sieg wird der Raub verteilt. Die Griechen werfen das Los über die Troerinnen. Hekabe fällt an Odysseus (das schlimmste Los), die Töchter Kassandra und Andromache werden an Agamemnon und Neoptolemos verteilt. Polyxene wird an Achills Grab geopfert werden. Talthybios beschwichtigt und mahnt zur Ruhe: der Reihe nach, jeder das Ihre.

Es folgt der Höhepunkt des ersten Epeisodion. Mit der Fackel, der Hochzeits-, nicht der Brandfackel, stürmt Kassandra aus dem Zelt. Sie kennt die Zukunft und wird daher nicht von der Angst der Ungewißheit niedergedrückt. Sie weiß, daß sie in Mykene sterben wird, aber sie kennt auch das Schicksal des Agamemnon und prophezeit den Untergang des

Atridenhauses. Die Besiegte erhebt sich über die, die sich für Sieger halten. Die Griechen sind in einen ungerechten Krieg gezogen, sind falscher Ziele wegen auf fremder Erde gefallen oder werden nach ihrer Rückkehr eines trostlosen Todes sterben. Die Zeit wird kommen, in der sie die geschlagenen Troier beneiden werden. Kassandra wiederholt, was schon Athene und Poseidon voraussagten: Es gibt keine Sieger. Das Schlußbild zeigt das brennende Troia, das in sich zusammenstürzt. Talthybios gibt die letzten Befehle. Er hat die Klagen der Frauen satt: «Führt sie ab, zeigt keine Schonung.» Die Soldaten treiben die Frauen zu den abfahrbereiten Schiffen. Aber auch den Siegern droht das Verhängnis. Der Zuschauer, der das Theater verläßt, weiß: Die griechische Flotte fährt in ihren Untergang. Binnen sieben Jahren werden sich die Prophezeiungen Kassandras erfüllt haben. Dann sind die Sieger in Meeresstrudeln ertrunken, von Kyklopen gefressen, an Felsen zerschmettert, von Mördern erschlagen, dem Wahnsinn verfallen, haben den Freitod gesucht oder irren noch auf dem Meer umher.

Direkte Anspielungen auf das Schicksal von Melos sind nicht zu finden. Zumindest können wir sie heute nicht mehr identifizieren. Das ist auch nicht nötig. Das ganze Stück, ja die ganze Tragödientetralogie, spielt im Schatten von Melos. Das Ereignis war zu frisch in Erinnerung, um aus ihr verdrängt werden zu können.

Massaker gab es, wie gesagt, schon früher, und Euripides hatte das Thema auch schon in den Stücken der zwanziger Jahre behandelt, nie jedoch in solch radikaler Weise. Dies lag nicht allein daran, daß der athenische Übergriff im Frieden erfolgte. Auch während des Dreißigjährigen Friedens von 446 wurde gekämpft. Es lag auch nicht allein daran, daß die überfallene Stadt neutral war. Die Großmächte legten Neutralität nach Interesse und Gutdünken aus. Etwas anderes hob Melos heraus. Der Feldzug gegen die Insel war das Präludium zu einer weit größeren Invasion. Die Dionysien, an denen die Dramen aufgeführt wurden, fielen in die Zeit zwischen Melos und Sizilien. Mit den *Troerinnen* verurteilt Euripides die athenische Aggressionspolitik und warnt vor ihrer Fortsetzung. Der militärische Erfolg von Melos, der den meisten Athenern Hoffnung auf noch einträglichere Siege machte, ist für Euripides ein Menetekel. Er erkennt die athenische Hybris, und er weiß, auch wenn er nicht an die alten Götter glaubt, daß der Überhebung unweigerlich der Sturz folgt.

Euripides hat kein zweites Drama geschrieben, das politisch so aktuell war wie die *Troerinnen.* Die Athener von 415 konnten die *Troerinnen* nur aus der Perspektive von Melos verstehen. Mit dem Angriff war der Friede des Nikias gebrochen, er geht mit der Zerstörung von Melos zu Ende, nicht etwa erst mit der Sizilienfahrt oder der Befestigung Dekeleias durch die Spartaner. Nie war auf der attischen Bühne eine Mythenadaption leichter zu enträtseln gewesen. Das Drama spielte auf drei Zeitebenen und trug gleichsam drei Titel. Die «Troerinnen» waren die Vergangenheit, die «Melierinnen» die Gegenwart, die «Athenerinnen» die Zukunft.

4

DIE FAHRT NACH SIZILIEN (415–413)

DIE SIZILISCHE DISKUSSION

Thukydides und Sizilien Ein Bruch im thukydideischen Werk liegt an der Nahtstelle zwischen den Schilderungen des Überfalls auf Melos und desjenigen auf Sizilien. Eine erfolgreiche Expedition endet, eine mißglückende beginnt. Vom Ende der melischen Invasion zum Beginn der sizilischen führt kein mildernder Übergang, zwischen beiden steht nur ein Punkt, und der stammt nicht von Thukydides, sondern von den modernen Herausgebern. Manche Interpreten vermuteten daher hinter dem Schweigen des Historikers einen geheimen Hinweis: Auf die Hybris folge die Nemesis. Doch der Zusammenhang zwischen Melos und Sizilien ist zunächst nur ein chronologischer, auch wenn dieser zerrissen wird, da die Herausgeber eine Zäsur setzen, indem sie das fünfte Buch mit den Ereignissen von Melos enden lassen. Nirgends sonst im Werk werden die Vorgänge eines Kriegswinters durch eine solche Unterbrechung des Textes getrennt. Tatsächlich war es offenbar schwer zu ertragen, daß Thukydides nach der Schilderung des Überfalls auf die neutrale Insel nur kurz bilanziert, die Athener hätten alle Männer getötet, Frauen und Kinder in die Sklaverei verkauft, die Insel neu besiedelt, und dann ohne Übergang, Kommentar oder Erklärung auf die sizilische Expedition zu sprechen kommt. Die eingeschobene Zäsur mildert das, indem sie den (falschen) Eindruck erweckt, Thukydides habe zumindest eine Seite lang gezögert, bevor er sich einem neuen Ereignis zuwandte, und zwar jenem, das in seinem Werk am besten dokumentiert ist und das als einziges als in sich abgeschlossen gelten kann, die Fahrt nach Sizilien.

Das sizilische Unternehmen überschattete mit seinen gewaltigen Dimensionen den Untergang von Melos. Im Jahre 415 stand Thukydides ganz in seinem Bann. Wir wissen nicht, ob es der trotz Pest und Kriegsnöten ungebrochene Siegeswille der Athener war oder ihre Hybris, die den Historiker mehr faszinierten. Nach sechzehn Jahren Arbeit brach er seine (unfertige) Geschichte des Archidamischen Krieges ab und widmete sich einem neuen Stoff: dem Sizilischen Krieg. Die Emphase, mit der er das tat, spiegelt der Bericht vom ersten Kapitel an wider. Es scheint fast, als habe Thukydides *pari passu* geschrieben, d. h. die Berichte seiner Gewährsleute sofort verarbeitet. Vielleicht plante er zunächst sogar eine Monographie der sizilischen Intervention. Darauf lassen die ersten Kapitel des sechsten Buches schließen, mit denen der Historiker Land und Leute vorstellt.

Ein Hilferuf Die Beziehungen Athens zu Sizilien hatten eine lange Tradition. Sie reichen bis in die fünfziger Jahre zurück, als Athen einen ersten Vertrag mit Segesta schloß. Weitere mit anderen sizilischen Städten wie Leontinoi folgten. Sie bildeten die Grundlage für die sogenannte erste sizilische Expedition von 427. Plutarch komprimiert in der Alkibiades-Biographie seine Quellen: «Auf Sizilien hatten die Athener schon zu Perikles' Lebzeiten ein Auge geworfen. Gleich nach seinem Tode waren sie darangegangen, ihre Wünsche in die Tat umzusetzen. Sooft sich Gelegenheit bot, schickten sie deshalb den Städten, die von den Syrakusanern bedroht waren, Hilfe, um so von langer Hand eine größere Unternehmung vorzubereiten. Dabei beriefen sie sich auf Bündnisse, die sie mit den Städten hätten.»

Die Chancen auf Einflußnahme oder gar Eroberungen, die sich die Athener seit Beginn des Peloponnesischen Krieges immer konkreter auszurechnen begannen, beruhten auch auf der Uneinigkeit der sizilischen Städte, die nur einmal – auf dem Friedenskongreß von Gela im Jahre 424 – kurzfristiger Übereinkunft wich. Athen brauchte nicht nach Vorwänden für eine Invasion zu suchen – es wurde gerufen. Im Winter 416/15, kurz nach der Vernichtung von Melos, erschienen in Athen Gesandte der mit Athen verbündeten Stadt Segesta, die im Krieg mit Selinunt und dem dorischen, von Sparta unterstützten Syrakus lag, und baten um Hilfe. Sie erinnerten – mehr der Form halber – an ein früheres, 426 geschlossenes Bündnis. Vor allem aber warnten sie die Athener, wenn ihre Feinde, die Syrakusaner, sich durchsetzten, würden sie den Peloponnesiern zu Hilfe kommen und gemeinsam mit diesen gegen die Athener ziehen. Diese schreckte die Warnung sicher nicht, sie sahen vielmehr eine andere Möglichkeit: sich auf der reichen Insel festzusetzen und sich gleichzeitig den dafür notwendigen Krieg von ihren Verbündeten bezahlen zu lassen. Sizilien konnte die Kornlieferungen aus dem Gebiet des Schwarzen Meeres zumindest ergänzen. Seit Homer wußte man von üppigen Viehherden auf der Insel, die berühmten Tempel dort glaubten die Athener voll von Gold und Weihgeschenken. Thukydides hat keinen Zweifel an der Motivation gelassen: Der eigentliche Grund sei der Wunsch gewesen, das ganze Land zu beherrschen, die Behauptung, ihren griechischen Verwandten zu Hilfe zu kommen, nichts als schöner Schein.

Das Versprechen der Segestaner, den Feldzug zu finanzieren, hörte die Volksversammlung gern, allein sie wollte Beweise dafür sehen, und daher reisten athenische Emissäre nach Sizilien, um die Kassenlage zu überprüfen. Im Frühjahr 415 kehrten sie mit 60 Talenten gemünzten Silbers, sozusagen einer Anzahlung, zurück. Gleichzeitig berichteten sie, sekundiert von mitgereisten Segestanern, von reichen Geldmitteln, die in den Heiligtümern und im Staatsschatz im Überfluß vorhanden wären. Verlockende, aber unwahre Behauptungen, ergänzt Thukydides. Ein mit geringem eigenen Aufwand finanzierter Feldzug ließ auf vielfachen Gewinn hoffen, und so glaubte die Volksversammlung, was sie glauben wollte, zumal bis dahin nichts gegen die Beteuerungen der Segestaner sprach. Sie beschloß – dies schien ein überschaubares Risiko zu sein –, 60 Trieren auszusenden. Zusammen mit dem weniger bekannten Lamachos wurden Alkibiades und Nikias zu *Strategoì Autokrátores* gewählt, zu Feldherren mit der Befugnis, ohne Billigung der Volksversammlung Verträge abschließen zu können.

Die Debatte Die Vorbereitungen für die Intervention wurden nicht an einem Tag getroffen, die notwendigen Beschlüsse nicht in einer Sitzung der Volksversammlung gefaßt. Aus dramaturgischen Gründen rafft Thukydides die Ereignisse und verkürzt das komplizierte Hin und Her von Befürwortern und Gegnern auf drei Reden: zwei des Nikias, eine des Alkibiades. Beide waren prädestiniert, in Thukydides' Darstellung den

Widerstreit der Meinungen zu verkörpern. Nikias wie Alkibiades figurieren im sechsten Buch als Repräsentanten bestimmter Ideen, Ziele und Stimmungen, sie stehen für den Gegensatz der Generationen und den Widerspruch von Verstand und Gefühl, Vernunft und Leidenschaft, Besonnenheit und Wagemut.

Da Thukydides die Reden der Debatte erst spät verfaßte und dann in die Ereignisgeschichte einschob, wissen wir nicht, ob er zunächst der Meinung des Nikias zuneigte, den Feldzug abzusagen. Tatsächlich wissen wir nicht einmal mit Sicherheit, ob Nikias und Alkibiades so gegensätzlich über das sizilische Unternehmen dachten, wie es die wiedergegebenen Reden suggerieren, oder ob der Widerstand des ersteren in der Ekklesia nur fingiert war. So, wie die Reden bei Thukydides stehen, wurden sie keineswegs gehalten. Der Historiker folgt nur seiner Methode, unterschiedliche Argumente verschiedenen Personen in den Mund zu legen. Historisch war es sicherlich Alkibiades, der zum Feldzug drängte. Es war für ihn die militärische Bewährung, nach der er seit dem Friedensschluß von 421 suchte. Nikias hatte ausreichende Verdienste erworben, er mußte nicht mehr ein solches Wagnis eingehen. Ob er sich wirklich gegen den Zug stemmte, ist dennoch fraglich. Dies hätte ihn angesichts der Stimmung im Volk viel von seinem Ansehen gekostet. Vielleicht ging es ihm in erster Linie darum, die Risiken klein zu halten.

Nikias erhält bei Thukydides mit zwei Reden bereits das quantitative Übergewicht und setzt den Schlußpunkt der Diskussion. Seine Logoi sind zwar spröde, ohne rhetorischen Elan, doch zeichnen sie sich, sieht man von wenigen, an die patriotischen und pekuniären Instinkte des athenischen Bürgers appellierenden Passagen ab, durch eine Sachlichkeit aus, die den vorgetragenen Argumenten besondere Geltung verschafft. Nikias warnt in seiner ersten Rede davor, die Kräfte zu zersplittern und den bisherigen Machtbereich auszudehnen. Das ist der alte Ratschlag des Perikles, mit dem dieser die Hegemonie Athens wahren wollte. Wer nach Sizilien fahre, lasse alte Feinde zurück und ziehe neue heran.

Die zweite Rede wurde nach Thukydides wenige Tage später in einer zweiten Volksversammlung gehalten, nachdem die Athener den Feldzug bereits beschlossen hatten. Nikias versuchte nun, diese doch noch von dem Unternehmen abzuhalten, indem er auf die ungeheure Entfernung, auf die Schwierigkeiten der Verproviantierung und des Nachschubs hinwies, vor allem aber die Höhe der erforderlichen Rüstungsausgaben betonte, die im Kampf gegen eine ganze Reihe mächtiger, nahezu gleich starker Städte entstehen mußten, Städte, die alles für einen langen Krieg Notwendige in Fülle besäßen: Schwerbewaffnete, Bogenschützen und Speerwerfer, Trieren und Schiffsvolk, Geld in privatem Besitz und in Tempeln, Pferde und Getreide aus eigener Produktion. Nikias verzichtet in beiden Reden weitgehend auf Persönliches, nur einen Angriff richtet er – ohne dessen Namen zu nennen – direkt gegen die Person des Alkibiades, dem er Verschwendungssucht vorwirft und Bereicherungsabsichten unterstellt.

In seiner Gegenrede befindet sich Alkibiades bereits mit dem ersten Satz in der Defensive. Ein Gutteil seiner Ausführungen muß er der Verteidigung seiner Person widmen. Die Zahl seiner inneren Gegner ist erheblich, wie sich wenige Tage später auch zeigen wird. Er leugnet nicht den privaten Vorteil, verknüpft ihn aber mit dem staatlichen: Seine Siege bei den Olympischen Wettkämpfen (erkauft durch seine kostspielige Pferdezucht) förderten das Prestige Athens, seine glanzvollen Choregien vermittelten den Fremden den Eindruck attischer Stärke, sein neiderweckendes Glück begründe den Stolz der Polis auf große Söhne. Gegen die Vorwürfe, die seine Lebensführung betreffen, setzt er die Wichtigkeit seiner politischen Erfolge, gegen die Bedenken wegen seines jugendlichen Alters den Beweis seiner diplomatischen Gewandtheit.

Tatsächlich zeigt sich Alkibiades bei der Begründung des Feldzuges wenig überzeugend. Er muß eingestehen, daß er die sizilischen Verhältnisse nur vom Hörensagen kennt. Nikias' präziser Aufzählung feindlicher Waffen und Soldaten hat er nur diffuse Hinweise auf die militärische Schwäche einer bunt zusammengewürfelten, durch Vertreibung, Flucht und Zuzug stetig wechselnden Bevölkerung in den sizilischen Städten entgegenzusetzen. Auch die Warnung, Sparta werde die Situation zu einer neuen Invasion nutzen, weiß er nicht zu entkräften. Schließlich bleibt ihm nur der Hinweis auf abgeschlossene Verträge und die vage Hoffnung, Athen werde die Herrschaft über ganz Hellas, von Sizilien bis Kleinasien, erlangen.

Alkibiades' Rede ist, anders als behauptet, weder eine Meisterleistung «verführerischer Demagogik» noch ein Virtuosenstück voll «berückender Vorstellungen» und «gleißender Worte». Es brauchte ihrer aber auch nicht – die Athener wollten gegen Sizilien fahren, Alkibiades mußte sie gar nicht überzeugen.

Der Beschluß Was die Athener antrieb, erläutert Thukydides an anderer Stelle. Es sind keine anderen Motive als die, welche die Griechen 800 Jahre zuvor zur sagenhaften Fahrt gegen Troia bewogen: Aussicht auf militärischen Ruhm durch die Eroberung bedeutender Städte (ohne die Gefahr, dort zu fallen), Verheißungen von Abenteuern in unbekannter Ferne (mit der Garantie, sicher zurückzukehren), vor allem aber die Zusicherung schneller Beute und langfristiger Soldzahlungen, kurz: der risikolosen Bereicherung und eines künftigen Lebens frei von materiellen Sorgen.

Die lockende Versuchung ging nach Thukydides von den Gesandten Segestas aus, die mit falschen Versprechungen und irrigen Angaben über ihre finanziellen Möglichkeiten die Begehrlichkeit der Athener weckten. Zwar prüfte eine athenische Gesandtschaft die Angaben an Ort und Stelle, doch diente das offenbar nur dazu, die Kritiker zu beruhigen. Ohne daß neue Nachrichten genauere Erkenntnisse verschafften, schlug in einer Art kollektiver Psychose – so legt es Thukydides nahe – noch während der Anwesenheit der Delegation aus Sizilien die vage Hoffnung auf Reichtümer in die Gewißheit um, diese problemlos erlangen zu können. Es scheint, daß die Mehrheit des Demos blind wurde für die Gefahren eines solchen Unternehmens und allzu leichtgläubig gegenüber den Vorspiegelungen der Segestaner.

Die meisten hätten sich keine Vorstellung davon gemacht, wie groß die Insel war, wie viele Barbaren und Griechen sie bewohnten und vor allem daß sie nun darangingen, einen nicht viel geringeren Krieg zu führen als den gegen die Peloponnesier, konstatiert Thukydides schon eingangs der sizilischen Debatte, und er beschließt sie mit einem ähnlichen Vorwurf an die beschlußfassende Volksversammlung: «Aber die Athener ließen sich [durch die Einwände des Nikias] die stürmische Begier nach der Fahrt mit all der Mühe der Vorbereitungen nicht austreiben, sie waren erst recht darauf versessen, und er [Nikias] erreichte das Gegenteil: sein Rat schien ihnen gut, und sie glaubten, nun sei wirklich umfassende Sicherheit gegeben. Eine Leidenschaft zu dieser Ausfahrt riß alle miteinander mit ... und aufgrund der übermächtigen Leidenschaft der Menge hielt sich auch mancher, dem dies mißfiel, ruhig, um nicht, wenn er dagegen stimmte, als Feind seiner Mitbürger zu gelten.»

Der am Ende verhängnisvolle Beschluß erscheint hier als Resultat einer Demokratie, in der zu vielen Unkundigen zuviel Macht zugestanden wird. Die törichte Menge faßt Beschlüsse, deren Tragweite sie nicht überblickt. Thukydides greift an dieser Stelle eine systemische Schwäche der Demokratie an. Vernünftige Beschlüsse setzen korrekte Informationen voraus. Wer die Macht hat, diese zu manipulieren, vermag das Volk dazu zu bringen, gegen seine eigenen Interessen zu stimmen. Ob diese Situation im Athen des Jahres 416 gegeben war, ist freilich zweifelhaft. In der Volksversammlung, die über Sizilien abstimmte, saßen um die 6000 Bürger von den etwa 25 000 bis 30 000, die Athen damals besaß. Sie kamen in erster Linie aus der Stadt selbst und dem Piräus. Was an Neuigkeiten Athen erreichte, erfuhren sie zuerst. Zwischen dem ersten Eintreffen der Gesandten aus Segesta und dem Beschluß lag zudem ein ganzer Winter, in dem die Sache auf der Agora, der Pnyx oder anderswo diskutiert wurde. Es war kein Beschluß aus der Erregung des Augenblikkes heraus, wie der, den die Ekklesia ein Jahrzehnt zuvor über die Bürger des abtrünnigen Mytilene gefaßt hatte. In Athen gab es genug Sachverständige, die wußten, wie die Verhältnisse in Sizilien lagen. Der Volksversammlung fehlte es nicht an technischem Wissen, allenfalls an politischer Einsicht, und dieses Manko teilte das Volk mit seinen politischen Repräsentanten. Der Wunsch, die eigene Macht auszudehnen, die *Pleonexía*, war keine Frage der Staatsform, wie das Beispiel Sparta zeigt.

Nicht zuletzt stimmten die Bürger über sich selbst ab. Sie delegierten die Gefahren des Krieges nicht an Söldner, die meisten der Abstimmenden würden in der Flotte mitfahren und letztlich mit ihrem Leben für den Beschluß bürgen. Vor diesem Hintergrund ist zu vermuten, daß sie sich über das kundig machten, was sie erwartete. Die Flotte sei, gesteht Thukydides auch wenig später zu, unter hohen Kosten für die Schiffsherren und die Stadt bis aufs letzte hergerichtet und mit erlesenen Mannschaften besetzt worden, nur das teuerste Material sei verwendet worden. Jeder einzelne habe sich bemüht, daß gerade sein Schiff die anderen an Ausstattung und Schnelligkeit übertreffe. In der Schlußbilanz des Krieges, dem Kapitel 2.65, schließlich korrigiert der Historiker selbst, was er zu Anfang des sechsten Buches nahelegte. Für ihn liegt nun der Grund der Katastrophe nicht mehr in der falschen Beurteilung der sizilischen Verhältnisse. Verursacht habe sie erst die fehlende Unterstützung für die ausgesandte Streitmacht.

DER SOMMER DER UNGEWISSHEIT

Der Hermensturz In Athen verflog, als die Beschlüsse gefaßt waren, jeder Siegesrausch. Die Kosten verloren, da sie nun aufgebracht werden mußten, ihre abstrakte Größe. Zudem wurde manchen erst jetzt bewußt, daß der Abschied von Athen längere Zeit dauern konnte. An eine Fahrt ohne Rückkehr wollte niemand glauben. Doch in den Wochen vor der Abfahrt, im April und Mai 415, kam auch Angst auf. Gerüchte machten die Runde, von einem Staatsstreich wurde gesprochen, präventive Gegenschläge der Feinde befürchtet. Der Boden war bereitet für die Erregung, die sich mit dem Hermensturz entlud.

Die Vorgänge sind im Wortsinne dunkel. Es waren die mondlosen Stunden kurz vor Sonnenaufgang, vielleicht die Nacht vom 25. auf den 26. Mai. Sicher ist, daß niemand die Verschwörer sah. Einige Quellen sprechen von einer Neumondnacht. Dies erklärt nicht, warum niemand etwas hörte. Der Plan war mit viel Aufwand und noch mehr Lärm verbunden. Als die Athener am Morgen erwachten, fanden sie die Mehrzahl der Hermessäulen umgestürzt und deren Gesichter verstümmelt. Thukydides erläutert seinen nichtathenischen Lesern, die steineren Bilder stünden, viereckig behauen, in mannigfacher Zahl in den Torbauten von Wohnhäusern und heiligen Bezirken.

Von den größeren Hermen war allein diejenige vor dem Haus des Andokides, der als Feind der Demokratie galt, unversehrt geblieben. Plutarch hat sie ein halbes Jahrtausend später noch gesehen und berichtet, sie werde immer noch Herme des Andokides genannt, obwohl die Inschrift sie nicht als seine Stiftung ausweise: Der Skandal von 415 hatte sich in das Gedächtnis der Athener eingebrannt.

Hermes galt als Beschützer aller, die auf Wegen und Straßen, zu Wasser und zu Land, unterwegs waren. Er war der Gott der glücklichen Fahrt und des Gewinns. Nur wenige Tage trennten das Ereignis von dem geplanten Auslaufen der Flotte. Schlimmer hätten Vorzeichen also nicht ausfallen können. Rat und Volk von Athen traten binnen weniger Tage mehrmals zusammen, jede noch so kleine Spur wurde verfolgt. Es führte zu nichts. Die Behörden lobten hohe Belohnungen aus, forderten alle Bürger, daneben Metoiken und Sklaven, zu Anzeigen auf, versprachen Straffreiheit. Man witterte eine Verschwörung. Diejenigen, die die

Tat als üblen Scherz betrunkener junger Leute abtun wollten, fanden keinen Glauben. Alles sprach für ein geplantes Komplott. Die Verstümmlung der Hermen war zielgerichtet ausgeführt, der Tatort war ganz Athen, ein Gebiet, das zu umfangreich für eine spontane Aktion war. Die Furcht, die die Bürger insgeheim vor der gewaltigen Unternehmung mit ihren wenig durchdachten Konsequenzen hegten, konnte nun öffentlich werden, da sie einen Adressaten besaß.

Der Hermensturz zerstörte vollends die Euphorie, in die sich die Stadt während der Debatten in der Ekklesia hineingesteigert hatte. Viele fürchteten die Strafe der Götter für diesen Frevel. Jeder kannte das gerade publizierte Werk Herodots, in dem die Götter Könige stürzten und Imperien vernichteten, weil sich Menschen über das ihnen gesetzte Maß erhoben. Hybris wurde bestraft, hohe Türme traf der Blitz. Auch die Herme war letztlich ein Kultstein, der vor Grenzüberschreitung warnte. Die Stadt brauchte Schuldige, die Täter mußten ermittelt werden, um den Zorn der Götter abzuwenden. So begann die fieberhafte Suche. Ein erster Argwohn richtete sich gegen die Korinther. Ihre Rolle beim Ausbruch des Archidamischen Krieges, als sie in der spartanischen Apella zum Krieg hetzten, war nicht vergessen. Nun wurden sie verdächtigt, die Hermen gestürzt zu haben, um die Ausfahrt der Flotte gegen die Tochterstadt Syrakus zumindest aufzuschieben. Die Athener glaubten es nicht, und auch Thukydides ignoriert diese These.

In der Volksversammlung kamen diejenigen zu Wort, die den Krieg gegen Syrakus am lautesten gefordert hatten. Auf Antrag des Peisandros, der einen Anschlag auf die Demokratie vermutete, faßte die Ekklesia den Beschluß, 10 000 Drachmen Belohnung für die Nennung der Täter auszusetzen. Dazu wurden auf Antrag eines Kleonymos noch weitere 1000 Drachmen ausgelobt. Die Belohnungen zeigten im ersten Augenblick aber noch wenig Wirkung. Eine Anzeige, die sich als falsch herausstellte, konnte mit dem Tode bestraft werden. Das Risiko einer allzu simplen Denunziation war also hoch. Schließlich ließen sich einige Metoiken und Sklaven von der Aussicht auf das Kopfgeld locken. Aber auch sie wagten nicht, Hinweise auf die Bilderstürmer, die Hermokopiden, zu geben. Sie zeigten statt dessen frühere Verstümmelungen an anderen Statuen an. Dies war nun tatsächlich das Werk alkoholisierter junger Leute gewesen, die sich im Weinrausch auf seltsame Mutproben eingelassen hatten. Die Spur führte nicht weiter. So begannen sich die

Anzeigen auf allerlei andere religiöse Übergriffe auszuweiten. Der Fall nahm eine Wende. Nun wurde jeder verdächtigt, der sich in irgendeiner Weise gegen die Staatsgötter vergangen haben konnte. In einer Zeit allgemeiner Hysterie bedurfte es wenig, um aus einer bloßen Vermutung eine Tatsache zu machen. Erstes Ziel konkreter Verdächtigungen war Alkibiades, den aus unterschiedlichen Gründen demokratisch wie oligarchisch gesinnte Bürger mit Argwohn betrachteten. Die Vorwürfe, er strebe nach der Tyrannis, waren alt, doch wurden jetzt neue Ängste geschürt.

Die Erregung, die Athen vor der Ausfahrt der Flotte erfaßte, klingt im Bericht eines Augenzeugen, des Andokides, nach. Er schildert, wie sich die Situation unmittelbar vor dem Auslaufen der Flotte zuspitzte. Das Admiralsschiff des Strategen Lamachos hatte bereits seinen Ankerplatz außerhalb des Hafens eingenommen, da sei ein Mann namens Pythonikos erschienen und habe Klage gegen Alkibiades erhoben. Pythonikos bezichtigte ihn, die heiligen Mysterien von Eleusis entweiht zu haben, die zu Ehren der Göttinnen Demeter und Kore abgehalten wurden. Der Ratsherr Androkles, ein bekannter Demagoge, der immer wieder den Spott der Komödie auf sich zog, griff die Vorwürfe auf. Gut präparierte Augenzeugen, allen voran der Sklave Andromachos, traten auf und nannten Einzelheiten. Ein gewisser Theodoros habe in der Mysterienparodie die Rolle des Herolds gespielt, ein Mann namens Pulytion als Fackelträger agiert, Alkibiades selbst das Amt des Hierophanten (Oberpriester) übernommen, Freunde hätten zugesehen und sich als Mysten anreden lassen. Mit den Aussagen jenes Sklaven hatte sich der Hermenfrevel unerwartet um einen Mysterienskandal erweitert. Aus zwei ganz unterschiedlichen Ereignissen mit unterschiedlichen Akteuren machte die Aufregung angesichts des bevorstehenden Sizilienzugs ein einziges Vergehen mit Doppelcharakter: Frevel an den Göttern und Verbrechen gegen die Staatsreligion.

Die Gegner des Alkibiades versuchten alles, die Verdächtigungen zu erhärten und dem eben gewählten Strategen als Kopf einer Verschwörung den Prozeß zu machen. Sie bauschten, wie Thukydides berichtet, den Fall auf, behaupteten, Mysterienprofanierung und Verstümmelung der Hermen seien Aktionen, deren Endziel der Sturz der Demokratie sei, «überhaupt gäbe es nichts von alledem, was nicht mit seiner Mithilfe geschehen sei».

Alkibiades verteidigte sich und war bereit, den Fall sofort untersuchen zu lassen. Er war sich gewiß, daß er freigesprochen werden würde. Die Zeit drängte, die Abfahrt der Flotte ließ sich nicht verschieben, niemand konnte das Amt eines *Strategòs Autokrátor* in ähnlicher Weise ausfüllen wie Alkibiades. Das wußten aber auch dessen Gegner. Sie hintertrieben daher die rasche Ansetzung eines Untersuchungstermins. Der Aufbruch der Flotte dürfe nicht verzögert werden, und Rechenschaft könne Alkibiades auch nach seiner Rückkehr ablegen. Ihr Plan war, ihn aus Sizilien zurückrufen zu lassen und ihn dann in Abwesenheit der Flottensoldaten, unter denen er große Sympathien genoß, vor Gericht zu stellen. Thukydides unterstellt ihnen, sie hätten die Zeit der Abwesenheit zudem nutzen wollen, um noch umfassendere Verleumdungen zu inszenieren.

Die Ausfahrt Inzwischen war es Juni geworden. Zahlreiche Trieren aus den Städten und Inseln des Seebundes, die Heeresfolge zu leisten hatten, dazu Schiffe mit Proviant und Lasten, befanden sich bereits auf dem Weg nach Kerkyra. Von dort aus sollte der gemeinsame Angriff beginnen. Nun folgte auch die Hauptmacht von Athen aus. Am festgesetzten Tag zogen die Mannschaften zum Piräus und gingen noch in der Morgendämmerung an Bord. Freunde und Verwandte begleiteten sie. Die Gefühle waren nun, da die im Frühjahr gefaßten Beschlüsse konkret wurden, zwiespältig. Der Anblick der mächtigen Flotte versprach Eroberungen und reiche Beute, doch gleichzeitig wurden sich viele bewußt, einander vielleicht zum letzten Mal gesehen zu haben. Thukydides war kein Augenzeuge, doch er erfaßt die Emotionalität des Augenblicks, denn als er seinen Bericht ausarbeitet, weiß er, daß keines der Schiffe und die allerwenigsten, die auf ihnen in See stachen, zurückkehren sollten. Die Menge beruhigte sich schließlich, eine mit so viel Geld und Akribie ausgerüstete Flotte, an Kampfkraft nur mit den berühmten Schiffen der Phoiniker vergleichbar, konnte den Sieg nicht verfehlen. Selbst der Historiker ist von den Rüstungen beeindruckt, nichts scheint bei der Planung vergessen worden zu sein: «Und das Unternehmen war ebenso, weil jeder staunte über die Kühnheit und die Pracht des Geschauten ringsum, in aller Munde wie wegen der Übermacht des Heeres über die Angegriffenen und weil nunmehr die Überfahrt zu dem am weitesten von der Heimat entfernten Ziel begonnen wurde, mit mächtiger Hoffnung auf das Künftige im Vergleich zu dem schon Vorhandenen.»

Im Moment des Ablegens dachte niemand an später, alle Gedanken an einen etwaigen unglücklichen Ausgang hatte man verdrängt. Als das Gepäck verladen war und die Mannschaften ihre Plätze eingenommen hatten, ertönte ein Trompetensignal, Stille trat ein. Wie beim Auslaufen üblich, wurde gebetet, diesmal aber nicht wie sonst nach Schiffen getrennt, sondern gemeinsam. Schiffssoldaten wie Trierarchen mischten in Krügen Wein und Wasser und brachten aus silbernen und goldenen Schalen Trankopfer dar. An Land sprachen die Angehörigen die Gebete mit. Schließlich stimmten die Mannschaften den Schlachtgesang an und stachen in See, zunächst in Kiellinie, dann aber bis zur nahen Insel Aigina in einer Art Wettfahrt. Sie umfuhren die Peloponnes und erreichten in wenigen Tagen Kerkyra, die erste Station auf dem Weg nach Sizilien. Dort sammelten sich 134 Schiffe, 60 Gefechts- und 40 Transportschiffe aus Athen, die übrigen von den Bundesgenossen. Das Heer verfügte über 5100 Schwer- und 1300 Leichtbewaffnete. Dazu kamen noch die Schiffsmannschaften, sicherlich über 20 000 Mann, davon vielleicht ein Drittel Theten. Einen Eindruck von der Größe der Flotte vermitteln andere Zahlen. Allein 30 Getreideschiffe mit Bäckern, Steinmetzen und Zimmerleuten und weitere 100 Kähne begleiteten sie. Angeschlossen hatten sich überdies zahlreiche von privater Hand gecharterte Frachtschiffe mit Handelsgütern. Der Krieg war stets auch ein Geschäft.

Die Hexenjagd Mit der Abfahrt der Flotte Anfang Juni waren alle Hemmungen gefallen. Niemand hatte mehr Angst vor Alkibiades und der Klientel, die er unter den Flottensoldaten besaß. Der Staat selbst rief zu Anzeigen auf, und die schweigende Mehrheit, die sich sonst duckte, regte sich. Denunziationen überschwemmten die Stadt, eine eigene Kommission übernahm die Untersuchung. Bürger, Sklaven, Metoiken vereinte ein Wunsch, nämlich die ausgelobten Belohnungen zu erhalten. Ein Metoike namens Teukros floh ins nahe Megara und gab von dort kund, er selbst sei am Mysterienfrevel beteiligt gewesen und könne weitere Namen nennen, auch habe er Informationen über die Hermenverstümmelung. Der Rat sicherte Straffreiheit zu. Teukros wußte von insgesamt 30 Personen, drei waren schon anderweitig beschuldigt worden. Diejenigen, die die Mysterien entweiht haben sollten, konnten alle entfliehen, das Schicksal der angeblichen Hermokopiden ist unklar, teils konnten sie flüchten, teils wurden sie verhaftet, in jedem Fall wurde ihr

Besitz beschlagnahmt. Die dreißigste Person schließlich erhielt Amnestie – es war Teukros selbst.

Als nächste Denunziantin trat eine Athenerin auf, Agariste, Gattin des Alkmeonides. Sie brachte es auf bescheidene drei Namen, darunter nochmals Alkibiades. Der Sklave Lydos beschuldigte seinen Herrn, die Mysterien in seinem Haus abgehalten zu haben, anwesend sei auch der Vater des Andokides gewesen. Die genaue Zahl der Denunzierten ist nicht zu ermitteln, Andokides, unsere Quelle, konzentriert sich auf die Rechtfertigung seines Vaters und bringt keine exakte Liste.

Die Inquisitoren, voran der schon genannte Peisandros und ein Mann namens Charikles, überboten sich in patriotischer Gesinnung und gebärdeten sich als die einzigen Demokraten. Peisandros stellte sich wenig später an die Spitze eines oligarchischen Putsches gegen die Demokratie, Charikles machte sich 404/3 einen blutigen Namen als einer der 30 Gewaltherrscher, die Athen nach der Kapitulation regierten. 415 aber warnten beide vor einem Sturz der Demokratie, sahen überall die oligarchischen Verschwörer, die sie später selbst wurden, und suchten fieberhaft nach weiteren Schuldigen. Es herrschte Pogromstimmung. In diesem Punkt übertrieb Andokides vermutlich nicht: «Wenn der Herold damals den Rat zur Versammlung ins Bouleuterion rief, flüchteten die Bürger schleunigst von der Agora, da sie ihre Verhaftung fürchteten.»

Der Höhepunkt der Hatz wurde Anfang Juli erreicht, als ein Sykophant namens Diokleides auftrat. Er wollte gleich 300 Verdächtige gesehen haben, die die Hermen verstümmelten. Die Räuberpistole wirkte anfangs glaubhaft, weil sie viele Details enthielt. Diokleides begründete zunächst seine spätnächtliche Anwesenheit auf den Straßen Athens. Er sei vor Tagesanbruch aufgestanden, weil er zu den Minen von Laureion wollte, um dort den Lohn für einen seiner Sklaven zu kassieren. Er sei bis zum Propylon des Dionysostheaters gekommen, als er zahlreiche Menschen in Gruppen von fünf, zehn oder zwanzig vom Odeion des Perikles zur Orchestra habe herabsteigen und dort stehen sehen. In den Nachtschatten zurückgetreten, habe er dann die Gesichter der meisten erkennen können.

Auch auf die Frage, warum er erst so spät mit seinem Wissen an den Rat herangetreten sei, wußte Diokleides Antwort. Er enthüllte sich als Erpresser. Mit seinen Beobachtungen konfrontiert, hätten verschiedene

Beteiligte ihm versprochen, binnen Monatsfrist zwei Talente in Silber, 12 000 Drachmen, zu zahlen. Der Staat habe ja nur 100 Minen (10 000 Drachmen) ausgelobt. Da er die versprochene Summe aber nicht erhalten habe, habe er nun Anzeige bei den Behörden erstattet. Von den 300 nächtlichen Phantomen konnte Diokleides immerhin 42 namentlich benennen, darunter auch den Redner Andokides. Was auch immer der Denunziant berichtete, der Rat wollte ihm glauben. Es spielte keine Rolle, daß ein Erpresser vor der Boulé stand, daß es kein ausreichendes Mondlicht gegeben hatte, um genauere Beobachtungen zu machen, vor allem aber, daß Diokleides gar nicht behauptete, die Verschwörer bei der Tat gesehen zu haben. Er habe erst am nächsten Tag auf die Absichten der Leute geschlossen, als die Hermenverstümmelung ruchbar wurde.

Zur allgemeinen Nervosität trug bei, daß zur selben Zeit eine Abteilung Lakedaimonier zum Isthmos vorrückte. Da ihre eigentliche Mission nicht bekannt war, sah man einen Zusammenhang mit den vermeintlichen Verschwörern des Diokleides, brachte auch den abwesenden Alkibiades ins Spiel und ordnete die Mobilmachung an. Thukydides berichtet, eine Nacht lang hätten sogar Bewaffnete im Theseustempel geschlafen. Da nichts geschah, wähnte man sich allein durch die Enthüllungen des Diokleides gerettet. Er wurde bekränzt und auf einem Wagen ins Prytaneion gefahren, wo er die Ehre kostenloser Speisung erhielt.

Während sich der Denunziant vom Rat feiern ließ, wurden die Denunzierten verhaftet und warteten im Staatsgefängnis auf ihre Hinrichtung. Ein Schuldspruch war in der aufgeheizten Stimmung sicher. Für die Inhaftierten begann ein verzweifelter Kampf darum, den eigenen Kopf zu retten. Bis der Sykophant als solcher entlarvt wurde, wurde ihm geglaubt. Wie sich herausstellte und wie die Athener Richter schon beim ersten Verhör hätten erkennen müssen, besaß Diokleides keinerlei Beweise für seine Aussage. Andokides machten jedoch zwei Dinge verdächtig: seine oligarchische Gesinnung und mehr noch der Umstand, daß die Herme vor seinem Haus als einzige von Bedeutung nicht beschädigt wurde. Dafür, daß er tatsächlich schuldig war, spricht schließlich nur eines, seine Selbstbezichtigung. Sie freilich ist alles andere als ein Beweis, sondern lediglich der verzweifelte Versuch, das eigene Leben zu retten. Der Zufall bewahrte ein Dokument dieses Kampfes, die Verteidigungsrede, die Andokides etwa fünfzehn Jahre später, nach seiner Rückkehr aus dem Exil, hielt. Dabei verfolgt er drei Zwecke: seine Rolle beim Hermensturz auf bloße Mitwisserschaft zu beschränken, sich vom Vorwurf reinzuwaschen, er habe die Gefährten seiner eigenen Hetairie in den Tod getrieben, und drittens, den aktuell anstehenden Prozeß zu gewinnen. Ihm in eigener Sache zu glauben ist mithin schwierig.

Dem Kronzeugen Andokides war 415 Straffreiheit versprochen worden. Das machte es ihm leicht, sich selbst zu beschuldigen, um an Glaubwürdigkeit zu gewinnen, denn nur diese konnte ihn retten. Er nannte insgesamt 22 Namen der Hetairie, zu der er gehörte. Achtzehn davon waren bereits angezeigt worden, die vier anderen konnten entfliehen. Über den entsprechenden Passagen in der Verteidigungsrede liegt ein Gespinst von Lüge, Halbwahrheiten, Verdrehungen oder Ausflüchten. Es ist nicht zu durchdringen. Auffällig ist, daß Andokides nur Personen nennt, die schon verdächtig waren bzw. – in vier Fällen – aufs engste mit den Verdächtigten verbunden waren. Das kann bedeuten, daß Andokides überhaupt nichts wußte und sich daher an das hielt, was schon bekannt war. Die sogenannten Zeugen stützten damit gegenseitig ihre Glaubwürdigkeit. Es kann aber auch heißen, Andokides wollte zumindest nicht weitere Unschuldige in die Prozeßmaschinerie hineinziehen. Die bereits Inhaftierten mußten ohnehin mit einer Verurteilung rechnen, während Beschuldigte, deren Teilnahme er nicht bestätigte, freikamen. Die «Verschwörer», die Andokides exklusiv nannte, konnten nach seiner Angabe allesamt entfliehen. Was er über seine eigene Rolle bekundet, ist offenbar erlogen, mehr läßt sich nicht sagen. Thukydides schenkt ihm, wie gesagt, keinen Glauben, korrigiert die Aussagen aber auch nicht, da er es nicht besser weiß.

Die ehemaligen Freunde warfen Andokides vor, er habe seine Gefährten geopfert, um sich zu retten; Gerüchte kursierten, er habe den eigenen Vater wegen des Mysterienfrevels angezeigt. Die Unzufriedenheit über seine Freilassung war hoch. Ein Dekret, das sich – ohne seinen Namen zu nennen – offenkundig gegen Andokides richtete, verfügte, wer an der Gottheit gefrevelt und dies eingestanden habe, dürfe Markt und Heiligtümer nicht mehr betreten. Andokides hatte sich vor dem Tod gerettet, doch mußte er zunächst Athen verlassen.

Die Abrechnung Nach den Aussagen des Andokides beruhigte sich Athen wieder. An den Ergebnissen der Untersuchung zweifelte niemand, die Demokratie schien gerettet. Der Hermenfevel war als oligarchische Verschwörung entlarvt, und so konnte auch der Mysterienfrevel nichts anderes gewesen sein als ein Anschlag auf das Volk. Der Drahtzieher war damit gefunden, und er hieß Alkibiades. Und nun, da die alten Verdächtigungen bestätigt schienen, wurden auch neue laut: Alkibiades habe alles von langer Hand vorbereitet und sogar die Spartaner mit einbezogen. Es wurde beschlossen, ihn zurückzuholen und vor Gericht zu stellen. Thukydides schließt mit dieser Nachricht seinen Bericht über die inneren Wirren Athens. Er wird sie später in dem nach 404 verfaßten Nachruf auf Perikles als kriegsentscheidend betrachten, auch wenn dort der Name des Alkibiades nicht mehr fällt.

Wie blutig die Hermokopidenjagd letztlich verlief, ist schwer zu sagen. Es sind nur zwei Namen von Hingerichteten verbürgt, von denen einer der des Denunzianten Diokleides ist. Thukydides spricht allerdings von einer größeren Zahl von Delinquenten. Plutarch scheint dies zu bestätigen, doch stützt er sich wohl auf Thukydides. Der meist zuverlässige Atthidograph Philochoros behauptet, alle Hermokopiden seien unter dem Archonten Cha(b)rias zum Tode verurteilt worden, ein Fahndungsaufruf habe jedem, der einen Hermenfrevler töte, ein Talent Belohnung versprochen.

Wer seinen Kopf retten wollte, mußte fliehen. Viele Athener entkamen unter Verlust ihrer Habe. Ausnahmsweise blieben die verfolgten Staatsfeinde nicht anonym, die überlieferten Namen beschränken sich nicht nur auf wenige Prominente. Der Redner Andokides gibt eine Liste von Personen: 33, denen die Entweihung der Mysterien, 22, denen der Hermenfrevel angelastet wurde. Es ist eine Auswahl, von der wir nicht wissen, wie sie begründet ist – durch Gedächtnis, Rücksichtnahme oder Rache –, und die weitaus meisten bleiben bloße Namen, Einträge in ein prosopographisches Nachschlagewerk.

Was menschliche Zeugen nicht vermögen, das können in diesem Fall steinerne, nämlich zumindest einen, wenn auch winzigen, Ausschnitt aus dem Leben der Verurteilten erhellen. Die athenischen Poleten, die das konfiszierte Eigentum versteigerten, verzeichneten auf Listen, wessen Güter zu welchem Preis verkauft wurden und welchen Erlös die etwa einprozentige Steuer für die Staatskasse brachte. Der Lexikograph

Pollux berichtet, die Athener hätten sogenannte attische Stelen in Eleusis aufgestellt, auf denen aufgelistet war, was von den Gütern derjenigen versteigert wurde, die sich an den beiden Göttinnen vergangen hatten. Tatsächlich fanden sich zahlreiche Steinfragmente, die zehn oder elf Stelen zuzuordnen waren. Sie lagen aber nicht in Eleusis, sondern auf der Agora, die meisten in der Südostecke, in der das Eleusinion stand. Der Irrtum des Pollux ist also leicht zu erklären.

Beziffert auf Drachme und Obole, standen in drei Spalten Verkaufssteuer, erzielter Preis und verkaufter Gegenstand: Häuser und Grundstücke, Weide- und Brachland, Besitz in Attika und Oropos, auf Thasos und Euboia, dazu Mäntel, Decken, Gewänder, Matratzen, Polster, Schränke, Bettgestelle, Tische, Stühle, Körbe, Töpfe, Fässer, Bänke, Truhen, Wein, Öl, Essig, Bienenstöcke, Rinder, Schafe, Sklaven und Sklavinnen aus Thrakien, Karien, Syrien und Illyrien, aus Kolchis, Lydien, Phrygien, Kappadokien, Makedonien und Messenien, das Stück zu 105, 121, 143, 173, 220 oder auch 301 Drachmen, Kinder schon für 72.

Die Stelen bestätigen sechzehn Namen des Andokides und nennen viele neue Verfolgte, verurteilt wegen des ersten oder des zweiten Delikts oder auch wegen beider. Einige der steinernen Überreste lassen sich in etwa datieren, und demnach müssen sich die Versteigerungen über einen langen Zeitraum erstreckt haben, vom September 415 bis in den späten Winter 414/3.

Die Hermenaffäre bietet eine Momentaufnahme aus dem Innern Athens zwischen zwei Invasionen. Es brechen Konflikte auf, die von den gemeinsamen Rüstungsanstrengungen zunächst verdeckt worden waren. Demagogen sorgten sich um ihre Machtstellung, als gelte es, schon im voraus die Schuld an der möglichen Niederlage in Sizilien auf andere abzuwälzen. Die oligarchischen Hetairien versuchten die Unsicherheit zu nutzen, um ihren Einfluß zu stärken. Es gibt wenig Zweifel, daß sie es waren, welche die Hermen verstümmelten, denn die Aktion war gut geplant und wurde straff durchgeführt. Vier Jahre später halfen sie, die Demokratie zu stürzen. Die Hermokopidenjagd entspringt dreifacher Furcht: vor dem inneren Gegner, dem militärischen Feind, den beleidigten Göttern. Die Vernichtung von Melos war eine Überschreitung des menschlichen Maßes und forderte die Rache der Götter heraus. Da deren Hilfe für das neue Unternehmen benötigt wurde, war es erforderlich, sie milde zu stimmen. So mußten Täter gefaßt werden, um den Hermenfrevel zu sühnen. Das war die Stunde der Sykophanten. Sie erzeugten ein Klima der Angst und Einschüchterung, der Verdächtigungen und des Verfolgungswahns.

BELAGERER UND BELAGERTE

Überfahrt und Landung Es war bereits Hochsommer, als sich die Flotten der Athener und der Verbündeten im Hafen von Kerkyra zur Überfahrt vereinigten. Die Zahlen, die Thukydides liefert, sind beeindrukkend, doch ansonsten verlief wenig wie geplant. Die Vorbereitungen waren gut, doch sie beruhten nicht immer auf richtigen Voraussetzungen. Als die Schiffe Unteritalien erreichten, weigerte sich Rhegion, Verbündeter aus früheren Tagen, am Zug teilzunehmen. Die Stadt ließ die Athener nicht einmal in ihre Mauern ein, beredtes Zeichen des Mißtrauens. Die Athener mußten sich mit einem Markt außerhalb begnügen, um sich zu verpflegen. Die schlimmste Nachricht war freilich eine andere. Die Athener hatten den Krieg im Vertrauen auf die Finanzkraft der Segestaner begonnen. Nun stellte sich heraus, daß das, was die vorausgeschickten athenischen Gesandten von den Reichtümern der Stadt gesehen hatten, ein Potemkinsches Dorf avant la lettre gewesen war. Die Segestaner hatten die Gesandten in den Tempel der Aphrodite auf dem Eryx geführt, ihnen dort eine Überfülle an silbernen Weihgeschenken, Schalen, Weinkrügen und Opfergerät gezeigt. Das alles verbreitete Glanz, war aber nur von geringem Wert. Für die Gastmähler, die sie den Abgesandten aus Athen gaben, hatten sich die Segestaner goldene Pokale aus anderen Städten der Insel ausgeborgt und diese dann auch noch untereinander verliehen, um privaten Luxus vorzutäuschen.

Erst auf der Überfahrt beratschlagten die drei Feldherren miteinander die Strategie – eine Debatte, die sie vor der Abfahrt hätten führen müssen. Nikias sah seine Einwände gegen die Fahrt bestätigt und plädierte dafür, vertragsgemäß nach Segesta zu fahren, einen Frieden mit der Nachbarstadt Selinunt zu vermitteln und, sofern Segesta nicht weitere Gelder beisteuere, nach Hause zu segeln.

Nikias' Einwände gegen den Sizilienzug waren vor dessen Beginn

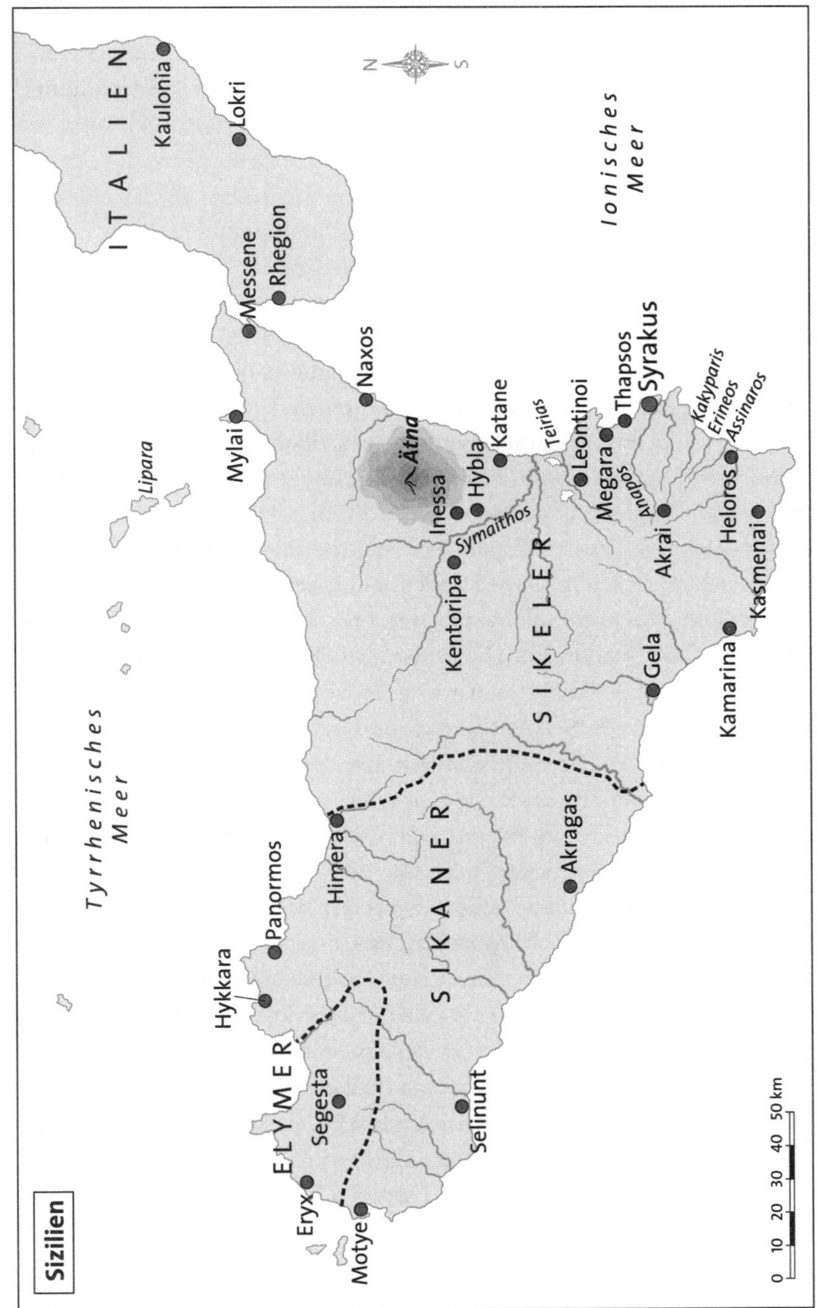
Sizilien
ITALIEN
Kaulonia
Lokri
Rhegion
Messene
Ionisches Meer
N
S
Naxos
Mylai
Lipara
Tyrrhenisches Meer
Ätna
Katane
Hybla
Inessa
Symaithos
Teirias
Leontinoi
Megara
Thapsos
Syrakus
Anapos
Kakyparis
Erineos
Assinaros
Heloros
Akrai
Kasmenai
Kentoripa
SIKELER
Gela
Kamarina
Akragas
SIKANER
Himera
Panormos
Hykkara
ELYMER
Segesta
Eryx
Motye
Selinunt
0 10 20 30 40 50 km

berechtigt. Nun freilich stellte sich die Frage, wie der Demos reagieren würde, wenn die großen finanziellen Anstrengungen nur dazu taugten, den Bewohnern Siziliens zu zeigen, wie viele und wie schöne Schiffe Athen besaß. Über allen Entscheidungen der Feldherren, auch wenn sie *Autokrátores* waren, hing als Damoklesschwert die Reaktion des Volkes in der Heimat. So konnte Alkibiades gar nicht anders, als dem Plan zu widersprechen. Er war der Hoffnungsträger, und ihm fehlten, wie gesagt, noch die Meriten, die Nikias schon erworben hatte. So lautete sein Vorschlag, stattdessen Herolde in die verschiedenen Poleis zu entsenden und Verbündete zu suchen, dann von Messene – nicht zu verwechseln mit Messene auf der Peloponnes, sondern vielmehr das heutige Messina – als Flottenbasis aus den Kampf gegen Selinunt und Syrakus zu beginnen. Überraschenderweise kam dann aber der kühnste Vorschlag von dem bis dahin wenig profilierten Feldherrn Lamachos. Er sprach sich dafür aus, sofort nach Syrakus zu segeln und die überraschte und noch unzureichend gerüstete Stadt anzugreifen. Gelänge der Handstreich, würden andere sizilische Städte schnell zu Athen übertreten. Vielleicht war dies das Konzept, das am aussichtsreichsten war. Thukydides zufolge jedenfalls faßten die Syrakusaner jeden Tag, der ohne den befürchteten athenischen Angriff verstrich, mehr Mut und rangen sich sogar zu einem Gegenangriff durch. Selbst Alkibiades schien Lamachos' Plan jedoch zu gewagt, und er plädierte für eine Art Kompromiß. Das war das letzte, was er zur Führung dieses Krieges beitrug.

Kaum war die Flotte ausgelaufen, hatten sich, wie zuvor dargelegt, die (falschen) Beschuldigungen gegen ihn und seine angeblichen Mittäter gehäuft. Demokratisch gesinnte Politiker waren daran beteiligt, doch fürchteten vor allem die Oligarchen, durch Alkibiades zurückgedrängt zu werden. Das zeigte sich später deutlich, als es um dessen Rückberufung ging. Sieht man einmal von Kleon ab, kamen noch immer die weitaus meisten der führenden Staatsmänner aus den Reihen der Aristokraten. Dies änderte sich erst gravierend nach dem oligarchischen Putsch von 411. Die Aristokraten grollten Alkibiades, «weil er», wie Thukydides schreibt, «sie daran hinderte, selbst ungestört das Volk zu leiten». Da sie aber fürchteten, die Mehrheit des Demos schare sich hinter Alkibiades, wagten sie – wie bereits erwähnt – einen Prozeß erst in Abwesenheit der Flottenmannschaften. So hielten sie, als die Trieren Sizilien ansteuerten, den Zeitpunkt für gekommen, Alkibiades für etwas zur Rechenschaft zu ziehen, von dem sie nicht wußten, wer es begangen hatte. «Ohne sich der Zuverlässigkeit derjenigen, die Anzeige erstatteten, zu vergewissern», schreibt Thukydides, «sondern weil sie in ihrem Argwohn sich alles einreden ließen, setzten (die Behörden) auf das Wort übler Subjekte hin hochanständige Bürger gefangen, weil sie es für nützlicher hielten, die Sache genau zu untersuchen und aufzuklären, als daß nur wegen des üblen Charakters eines Denunzianten irgend jemand, gegen den eine Beschuldigung erhoben wurde, stände er auch in bestem Rufe, ohne genaue Prüfung davonkomme.»

Das Staatsschiff *Salaminia* brach in Richtung Sizilien auf, um Alkibiades (und seine vermeintlichen Mittäter) zurückzuholen. Anfang August erreichte es ihn in Katane auf Sizilien. Die Boten sollten ihn nicht offiziell festnehmen, da dies Unruhe in der Flotte ausgelöst hätte. So forderten sie ihn auf, freiwillig mitzufahren. Alkibiades wußte, daß seine Gegner ihn hinrichten wollten, und daher ging er nur zum Schein auf die Order ein. Er begleitete zunächst auf einer eigenen Triere das Staatsschiff, ging aber bei einer Zwischenlandung in Thurioi von Bord und war unauffindbar. Die Besatzung der *Salaminia* suchte ihn eine Zeitlang vergebens, dann fuhr sie zurück. Wie schon der berühmte Themistokles wurde Alkibiades in Abwesenheit zum Tode verurteilt, und wie dieser floh auch er zum Landesfeind, nicht ohne zuvor den sizilischen Gegnern, gegen die er aufgebrochen war, die wichtigsten athenischen Pläne zu verraten.

Das Kommando ging nun an Nikias über, und der blieb zögerlich, zumal sich die Probleme häuften. Eine Flotte von solchen Dimensionen war seit den Tagen des Perserkönigs Xerxes nicht mehr im Mittelmeer gesehen worden, und entsprechend groß waren die logistischen Schwierigkeiten. Die Soldaten mußten auf Märkten einkaufen, die ihnen die sizilischen Städte öffneten, doch nicht alle Städte taten dies. Als Verbündeter schloß sich nur Naxos (unweit des heutigen Taormina) an, die Stadt Katane gewannen die Athener im Handstreich und bauten sie zu einem Stützpunkt aus. Eine weitere Aktion, Mittel zu akqurieren, wies eher Züge von organisiertem Banditentum auf als von geordneter Führung eines Feldzugs: Die Athener überfielen die mit Segesta verfeindete Stadt Hykkara, brachten die überlebenden Einwohner auf die Schiffe und verkauften sie auf den Sklavenmärkten für 120 Talente, ehe sie nach Katane zurückkehrten.

In Syrakus Nachrichten von den umfangreichen Rüstungen Athens mußten früher oder später Syrakus erreichen. Dort wurde ihnen lange Zeit kein Glaube geschenkt. Schließlich trat die Volksversammlung zusammen. Thukydides überliefert eine Debatte, deren Reden er spiegelbildlich zu den in der Ekklesia von Athen gehaltenen anlegt. So kann er die Position des Angreifers wie des Angegriffenen sozusagen von innen beleuchten. Das gelingt, denn Syrakus war ebenfalls eine Demokratie, wenn auch der Adel eine starke Stellung besaß, denn aus seinen Reihen kamen die Strategen. So gerät die Frage der bestmöglichen Verteidigung schnell zu einer Auseinandersetzung zwischen Aristokraten und Vertretern des Demos, repräsentiert in den Personen des Hermokrates und des (vorher noch nicht aufgetretenen) Athenagoras. Beider Reden sind nicht authentisch; Thukydides legt den Sprechern, wie üblich, in den Mund, was nach Lage der Dinge in dieser Situation gesagt werden mußte. Die Charakterisierung der Akteure ist ähnlich derjenigen, die Thukydides für die Redner in der athenischen Volksversammlung hat. Der Historiker entwickelt wenig Sympathie für Athenagoras, den Mann des Volkes, während er Hermokrates als nahezu idealen Staatsmann darstellt, vergleichbar mit Perikles. Tatsächlich ist aber Hermokrates nur eine Art Sitzriese. Obwohl zum Feldherrn gewählt, vollbringt er seine Taten, ohne einen einzigen Feind zu sehen. In keinem der knapp 30 Kapitel, in denen von Hermokrates die Rede ist oder dieser die Rede führt, tut er irgend etwas, zu dem er, würden dies nicht Zweckmäßigkeit oder Höflichkeit vorschreiben, aufstehen müßte.

Im Sommer 415 wußte Hermokrates als einer der ersten in Syrakus vom bevorstehenden Angriff der Athener. Aristokraten profitierten dort von ihren weitreichenden Beziehungen. So nützte Hermokrates sein Wissen zu einem kühnen Vorschlag: Er plädierte für Vorwärtsverteidigung. Besser, als sich in Syrakus einschließen zu lassen, sei es, die Flotte zu rüsten und mit den sizilischen Verbündeten die Athener auf See anzugreifen. Mit ihrer Vielzahl an Frachtschiffen sei die athenische Flotte schwerfällig, hinzu komme das Überraschungsmoment. Dies war ein gefährlicher Ratschlag, der zeigte, daß man die Schlagkraft der athenischen Flotte unterschätzte. Erst der zweite Blick erklärt die Motive. Der Rat war Teil eines innenpolitischen Machtkampfes und zielte zumindest mittelbar auf eine Stärkung der aristokratischen Seite. Die sofortige Ausfahrt einer syrakusanischen Flotte hätte zusätzliches Führungspersonal erfordert und damit auch eine Reihe junger Adliger in Ämter gebracht, die ihnen aufgrund einer Mindestalterregelung noch verwehrt waren. Erst vor diesem Hintergrund wird verständlich, warum Athenagoras in einer Debatte über außenpolitische Gefahren nicht die Athener, sondern Hermokrates und den Adel als eigentlichen Gegner begreift: Gegen innere Feinde, gegen Tyrannis und ungerechte Gewaltherrschaft hätte die Stadt viel schwerer zu kämpfen als gegen äußere Feinde, behauptet er. Tatsächlich brach auch zwei Jahre später, nach dem Sieg über die Athener, in Syrakus der offene Machtkampf zwischen Demokraten und Oligarchen aus.

Im Sommer 415 konnte sich die Volksversammlung in Syrakus nur auf allgemeine Maßnahmen einigen. Die Vorgänge beobachten und rüsten, hieß der gemeinsame Nenner. Den Athenern entgegenzufahren war keine realistische Option gewesen. Nachdem diese aber auf Sizilien gelandet waren und zunächst wenig Initiative zeigten, wagten die Syrakusaner einen Angriff, freilich zu Land. Es war bereits November, als sie zu einem Überfall auf die bei Katane lagernden Athener aufbrachen, während diese gleichzeitig ihre Schiffe bestiegen, um Syrakus anzugreifen. So kam es zu der kuriosen Situation, die sich in ähnlicher Weise etwa 80 Jahre später vor Issos wiederholen sollte. Dort zogen die Heere Alexanders des Großen und des Perserkönigs Dareios ahnungslos aneinander vorbei. Wenn denn eine Kriegslist dahintersteckte – angeblich waren die Syrakusaner nach Katane gelockt worden –, dann ging sie nicht auf. Zwar landeten die athenischen Schiffe zunächst unbemerkt im Großen Hafen von Syrakus und besetzten den Platz neben dem Olympieion. Bevor aber Weiteres geschah, war das syrakusanische Heer bereits umgekehrt und stellte sich zu einer Schlacht, die, außer für die etwa 300 Gefallenen, zur folgenlosesten – ein angemessener Superlativ – dieses Krieges wurde.

Die Athener segelten wieder nach Katane zurück, weil sie ohne Reiterei keine Chancen für eine erfolgreiche Belagerung sahen, und bezogen schließlich bei Naxos ihre Winterquartiere. Nikias bat um Verstärkung aus der Heimat, Syrakus baute seine Befestigungsanlagen aus; das nächste Frühjahr sollte die Entscheidung bringen.

Der Winter der Reden Nach dem Rückzug der Athener nach Naxos geschah zunächst wenig. Thukydides nutzt solch ereignisarme Phasen oft zur Analyse der Situation. Wie fast immer tut er das nicht in eigenem

Namen, sondern schaltet Reden oder Briefe ein. Zweimal legt der Krieg in Sizilien eine Pause ein, und zwar in den beiden Wintern nach der Landung der Athener, und beide Male unterbricht auch Thukydides seine Faktengeschichte, um zu rekapitulieren, an Grundlegendes zu erinnern oder das Kommende vorzubereiten. Drei längere Reden nehmen den Hauptteil des Berichtes über den Winter 415/14 ein, ein langer Brief des Feldherrn Nikias dominiert denjenigen über den Winter 414/13. Die Reden teilen sich auf verschiedene Vorgänge auf. Anlaß für die ersten beiden ist der Versuch der Athener und der Syrakusaner, die Stadt Kamarina auf ihre Seite zu ziehen. Für erstere wirbt ein sonst unbekannter Mann namens Euphemos («der gut Sprechende»), für letztere Hermokrates. Er betont den Unterschied zwischen ionischen Griechen (Athener) und dorischen (Sikelioten), wirft jenen vor, diesen die Freiheit rauben zu wollen, und fordert den Zusammenhalt aller sizilischen Städte gegen die Eindringlinge. Der Athener Euphemos dagegen verzichtet auf jede Argumentation, die Emotionen evozieren sollte, wie den Verweis auf ethnische Zusammengehörigkeit und stellt – die Nähe zum Melier-Dialog ist offenkundig – den Nützlichkeitsgedanken in den Vordergrund: Die Athener würden sich als die zuverlässigeren Verbündeten erweisen, denn sie bräuchten Kamarina, da dessen «unversehrte Existenz» es Syrakus zumindest erschwere, die Peloponnesier mit Truppen zu unterstützen.

Die Bewohner von Kamarina hätten sich gern den Siegern angeschlossen, doch sie wußten zu ihrem Leidwesen nicht, wer den Krieg gewinnen würde. Abgesehen davon, daß sie fürchteten, die Athener wollten ganz Sizilien unterjochen, waren sie diesen wohlgesinnt, erklärt Thukydides, mit den Syrakusanern hingegen lebten sie aus dem einfachen Grund im Streit, daß sie Nachbarn waren. Da die Athener im Augenblick die Stärkeren waren, die Kamariner aber dennoch argwöhnten, die Syrakusaner könnten vielleicht am Ende doch den Krieg gewinnen, entschieden sie sich zunächst dafür, keinen zu unterstützen, aber beide zu Bundesgenossen zu erklären.

Im gleichen Winter kam Alkibiades von Thurioi nach Sparta, nachdem ihm freies Geleit zugesagt worden war. Die Spartaner schätzten in diesem besonderen Fall – eine Ausnahme machte nur einer der Könige, den doppelte Eifersucht plagte – nicht nur den Verrat, sondern auch den Verräter, denn als Aristokrat war er ihresgleichen. Was Thukydides, ebenfalls ein Standesgenosse, von dem Seitenwechsel hielt, ist schwerer zu sagen. Er enthält sich eines Kommentars, Alkibiades' Flucht dient ihm am Ende des sechsten Buches vor allem dazu, eine Vorausschau auf die künftigen Kampfhandlungen zu geben, indem er dem Athener eine Rede vor der spartanischen Apella in den Mund legt. Offen bleibt, ob die Ratschläge des Alkibiades neu waren oder er nur ausspricht, was die Spartaner ohnehin in Erwägung zogen. Jedenfalls wird, was Alkibiades sagt, kriegsentscheidend, und Thukydides wußte dies, denn er schreibt *ex eventu* – im Rückblick. Alkibiades empfiehlt seinen Gastgebern im Winter 415/4, ein Heer nach Sizilien zu schicken und diesem – es folgt die verblüffende Parenthese: «was ich für noch nützlicher als ein Heer erachte» – einen spartanischen Feldherrn beizugeben, der die syrakusanischen Streitkräfte ordne und zum Kampf motiviere. Dazu rät er ihnen, Dekeleia, einen Ort an der Grenze von Attika zu Boiotien, zu befestigen, um das vorgelagerte Land zu plündern, den Athenern die Einkünfte der Silberbergwerke im Laureion zu rauben und ihre Bundesgenossen zu verunsichern.

Wer der Rede des Alkibiades folgt, muß glauben, die Spartaner hätten eines Atheners bedurft, um Athen zu besiegen. Tatsächlich war der Nutzen, den die Spartaner aus der Flucht des Alkibiades zogen, zunächst nur psychologischer Natur. Alkibiades verunsicherte mit seinem Handeln Athen, und er bestärkte Sparta durch seine Detailkenntnisse darin, schon längere Zeit gehegte Pläne in die Tat umzusetzen.

Ansonsten gestaltete sich der Winter 415/4 beiderseits zu einem Wettlauf um Bundesgenossen in Sizilien, aber auch anderswo. Die Syrakusaner schickten Trieren nach Korinth und Sparta, die Athener nach Karthago und Etrurien. Weitere Bereiche des Mittelmeeres wurden zur Kampfzone.

Der Sommer der Siegeszeichen Der Sommer 414 sollte aus Sicht der Athener die Entscheidung im Kampf um Syrakus bringen. Es geschah jedoch wenig. Thukydides verzeichnet nur vereinzelte Gefechte, die Syrakusaner errichteten vor allem neue Mauern, die Athener Siegeszeichen (auf nur sechs Seiten des thukydideischen Werkes nicht weniger als fünf). Das Frühjahr begann mit Warten. Nikias hatte aus der Heimat die Entsendung weiterer Berittener erbeten, doch sie kamen nicht. So unternahmen die Belagerer im April einen Versuch, das von Syrakus besetzte sizilische Megara einzunehmen. Dies scheiterte, und so verheerten sie ersatzweise die Felder der Umgegend, verbrannten das Korn und erschlugen einige Syrakusaner, auf die sie zufällig trafen. Für diese Leistung belohnten sie sich, indem sie das erste von mehreren Siegeszeichen dieses Kriegssommers errichteten.

Nach der Rückkehr der Fußtruppen aus Megara waren die erwarteten Reiter aus Athen eingetroffen. Pferde hatten sie keine mitgebracht. Nun erst – fast ein Jahr war inzwischen verloren – begann das Unternehmen Syrakus ernst zu werden. Die befestigte Stadt konnten die Athener nicht erstürmen. Es gab noch keine Belagerungsmaschinen, mit deren Hilfe sich Mauern überwinden ließen, erst Philipp II. und sein Sohn Alexander sollten solche mit Erfolg zum Einsatz bringen. Als Möglichkeit blieb nur, Syrakus auszuhungern. Dazu mußte der Weg in den Hafen blockiert werden, vor allem aber die Stadt mit Mauern eingeschlossen werden. Um dies zu verhindern, bauten die Syrakusaner Gegenmauern. So mauerten sich die Feinde wechselseitig ein und versuchten in nächtlichen Angriffen die Bollwerke der anderen Seite in die Hand zu bekommen oder wenigstens zu zerstören. Im Gegensatz zum modernen Zernierungskrieg fehlten ihnen allerdings wirkungsvolle Fernwaffen.

Eine Schlüsselstellung im Kampf um Syrakus nahmen die Epipolai ein, eine «Hochfläche, die mit steilen Abstürzen direkt über der Stadt» lag. Es gab nur wenige Zugänge, die zu überwachen erstes Ziel der Verteidiger sein mußte. Während aber die Syrakusaner noch eine Musterung abhielten, um die dafür erforderlichen Truppen zu rekrutieren, handelten die Athener. Im Schutze der Dunkelheit landete ihre Flotte am Fuß der Epipolai, Fußsoldaten erstiegen von Norden aus die Hochfläche. Inzwischen hatten die Syrakusaner dann doch 600 Schwerbewaffnete zu deren Bewachung ausgewählt, doch sie kamen zu spät, die Hälfte von ihnen fiel im Kampf, und die Athener errichteten ihr zweites Siegeszeichen.

Der Augenblick sah sie im Vorteil. Von den sizilischen Verbündeten traf eine Verstärkung von 400 Mann ein, die Zahl der Reiter hatte sich auf 650 erhöht, und die neu aus der Heimat Entsandten brachten sogar Pferde mit. Auf dem nördlichsten Punkt der Epipolai bauten die Athener nun ein Kastell für Kriegsvorräte und legten am Abhang nach Syrakus eine ringförmige Festung an, um von dort aus die Stadt einzuschließen. Syrakusanische Reiter versuchten den Bau durch vereinzelte Attacken zu stören, wurden jedoch in die Flucht geschlagen. Thukydides notiert das dritte Siegeszeichen, diesmal aus Anlaß eines Reitergefechts.

Niemand wagte unter diesen Bedingungen eine offene Feldschlacht. Beide Seiten beschränkten sich auf Attacken gegen die feindlichen Befestigungen, vor allem die gerade hochgezogenen neuen Mauern. Den Athenern gelang es, die Wasserleitungen, die unterirdisch in die Stadt führten, zu zerstören und außerdem eine erste Quermauer der Syrakusaner einzureißen. Aus den erbeuteten Pfählen dieses Palisadenwerks errichteten sie schließlich das vierte Siegeszeichen.

Inzwischen stellten sich aber auch Rückschläge ein. Bei einem der Angriffe auf das syrakusanische Bollwerk wurde der Feldherr Lamachos getötet, die athenische Rundbefestigung konnte nur mit knapper Not gehalten werden. Schließlich aber mußte sich das syrakusanische Heer doch in die Stadt zurückziehen, die athenische Flotte lief erneut in den Großen Hafen ein, eine doppelte Mauer wurde vom Hochplateau zum Meer aufgeführt und ein fünftes und letztes Siegeszeichen aufgepflanzt.

Angesichts dieser Entwicklung verloren die Syrakusaner den Glauben an einen Sieg, zumal die erhoffte Hilfe aus der Peloponnes ausblieb. Einen Friedensschluß verhinderte jedoch das gegenseitige Mißtrauen. Zudem hatten die Athener ihre früheren Ziele nun auch erreicht. Ihre gesamte Streitmacht war vor Ort, die Lebensmittelversorgung war gesichert, neue Hilfstruppen aus Sizilien schlossen sich an, und aus Etrurien trafen drei Fünfzigruderer ein. «Überhaupt lief ihnen alles nach Wunsch», notiert Thukydides. Doch dann kam die Wende im sizilischen Krieg.

Das Ein-Mann-Heer Während dies geschah, hatte sich von Korinth aus ein einzelner Feldherr auf den Weg nach Sizilien begeben, der Spartaner Gylippos. Als er bei Leukas an der griechischen Westküste angekommen war, vernahm er die ersten Unglücksbotschaften aus Syrakus und gab die Hoffnung auf, die Stadt noch retten zu können. Nun ging es ihm darum, den athenischen Einfluß nicht auch noch auf Italien selbst übergreifen zu lassen, und so segelte er zunächst nach Tarent, das einst von den Spartanern gegründet worden war. Das war ein Zwischenaufenthalt, Ziel blieb weiterhin Sizilien. Ein Unwetter zwang ihn nach dem Aufbruch zur Umkehr, doch schließlich landete er auf der Insel. Schon auf der Überfahrt hatte er in Lokri erfahren, daß Syrakus doch noch nicht gänzlich abgeriegelt, Hilfe also noch möglich war. In Himera, das Athen feindlich gesinnt war, sammelte er Truppen; aus Gela und Selinunt kam ebenfalls Unterstützung. Mit insgesamt 3000 Mann erreichte er dann zu Land Syrakus, kurz bevor die Athener die Umschließungsmauer vollendet hatten. Gylippos übernahm den Oberbefehl, anfängliche Spötteleien, die seine Kleidung und seine ungewohnte Haartracht – über die langen Haare der Spartaner verwunderte sich schon Xerxes – ausgelöst hatten, verstummten bald. Einer ersten Niederlage folgte ein schneller Sieg, die Syrakusaner trieben ihre Gegenmauer so weit voran, daß es den Athenern unmöglich wurde, sie einzuschließen. Mit Gylippos gewannen sie wieder an Zuversicht. Außerdem verschaffte der Wintereinbruch dem Spartaner Zeit, seine Pläne umzusetzen.

Einer der merkwürdigsten Vorgänge des sizilischen Krieges ist die durch Thukydides vermittelte Vorstellung, Syrakus sei von einem einzigen Mann, eben von Gylippos, gerettet worden. Die Ökonomie, die Thukydides' Sprache und Darstellung auszeichnet, ist unter anderem in der sparsamen Auswahl der Exponenten des Krieges zu erkennen. Den großen sizilischen Krieg läßt der Historiker im wesentlichen von sechs Persönlichkeiten führen, vier auf athenischer, zwei auf syrakusanischer Seite. Die Athener Lamachos und Demosthenes treten dabei nur am Anfang bzw. am Ende des Feldzugs auf, Alkibiades wirkt auf beiden Seiten, ohne jedoch jemals direkt am Kampfgeschehen teilzunehmen, so daß allein Nikias den Leser über die Dauer des gesamten sizilischen Krieges hin begleitet. Ihm ist der Spartaner Gylippos gegenübergestellt, Hermokrates, die herausgehobene Einzelperson auf syrakusanischer Seite, tritt dagegen militärisch nicht in Erscheinung. Vielleicht genoß Gylippos das Vertrauen, das der syrakusanische Demos Hermokrates als einem Repräsentanten der Oligarchen nicht schenkte; vielleicht verkörperte Gylippos auch nach der ersten Enttäuschung – mehr als *einen* Spartaner hatte Syrakus doch erwartet – die Hoffnung, Sparta werde noch weitere Truppen entsenden und Gylippos bilde nur die Vorhut.

Gylippos ist ein Muster aus dem Handbuch des idealen Feldherrn. Der Leser erfährt *expressis verbis* über ihn nur das Notwendigste: seinen Namen, den seines Vaters, seine Staatsbürgerschaft und seine Mission. Der Historiker sagt einleitend nicht, warum es gerade dieser Spartaner ist, der den Feldherrnauftrag erhielt; er verrät nicht, welche militärischen Erfahrungen, welche Leistungen, welche Erfolge gerade ihn dafür qualifizierten. Erst einem späteren Kapitel ist zu entnehmen, daß Gylippos' Vater Bürger von Thurioi war und daß dies, die Beziehung zu Unteritalien, vielleicht einer der Gründe gewesen war, die die Lakedaimonier bewogen hatten, ihn zu entsenden. Im übrigen wird die Gestalt des Spartaners einzig durch seine Handlungen deutlich. Thukydides stattet ihn dabei mit allen gängigen Feldherrntugenden aus. Gylippos zeigt sich schon bei seinem ersten Auftreten kundig, überlegt, zielgerichtet, von Rückschlägen unbeeindruckt, voll Kraft und Entschlossenheit. Er bringt sizilische Städte auf seine Seite, gewinnt neue Fußtruppen und Schiffsmannschaften, führt die syrakusanischen Truppen selbst nach einer ersten Niederlage – daß er dabei eigene Fehler eingesteht, ist singulär im Thukyideischen Werk – zum Sieg, vollendet die umkämpfte Gegenmauer auf dem Hochplateau und verhindert die Einschließung der Stadt. In erster Linie ist es freilich eine psychologische Wende, die Gylippos bewirkt. Von Frieden oder Kapitulation spricht ab jetzt niemand mehr in Syrakus.

Der Spartaner steht dabei sozusagen im Halbschatten. Das Licht ist allein auf den Militär gerichtet, die Person bleibt im dunkeln. Den einzigen Hinweis auf persönliche Regungen hinter der Feldherrnmaske liefert das Ende des Krieges. Als einziger scheint Gylippos Mitleid mit den besiegten und gedemütigten Athenern zu entwickeln. Thukydides unterdrückt ansonsten alle Informationen, die sich nicht direkt auf dessen Einsatz als Feldherr beziehen. Auch die drei Reden, die er ihn halten läßt, verleihen ihm keinerlei individuelle Züge. Gylippos erscheint wie ein *Deus ex machina* auf dem Schauplatz des Geschehens und verschwindet – nach erfüllter Pflicht – wie ein solcher.

Der Brief des Nikias Zu Anfang des Jahres 413 – etwa sieben oder acht Monate nach Ankunft des Gylippos – war die Lage der Athener vor Syrakus schwierig geworden, ein Sieg in weite Ferne gerückt, doch zeichnete sich auch noch keine schmachvolle Niederlage ab, ein Abzug ohne Verluste schien möglich. Thukydides verzichtet auf eine Lagebeurteilung, doch nutzt er die Phase des ereignisarmen Winters 413/2, um einen langen Brief des Feldherrn Nikias an die Volksversammlung in Athen wiederzugeben. Stil und Ausdrucksweise verraten wieder die Autorschaft des Historikers, auch wenn das Schreiben sicherlich ein historisches Vorbild besitzt. Nikias mißtraute mündlichen Botschaften, denn er fürchtete, die Boten könnten der Menge zu Gefallen reden. Das Verhältnis der Aristokraten zum Volk war von Arroganz und gleichzeitig Angst geprägt; bei Nikias überwog letztere.

Der Brief, den Thukydides Nikias schreiben läßt, gibt einen Überblick über die Situation, wenn auch aus der Sicht des Nikias, die der Historiker nicht in allen Punkten teilt. Nikias muß eingestehen, daß das erste wichtige Ziel, Syrakus einzuschließen, verfehlt wurde. Aus Belagerern wurden die Athener – mit entsprechenden Folgen für Mannschaften und Material – zu Belagerten. Die Flotte sei nur noch bedingt einsatzfähig, denn die Schiffe hätten zu lange im Wasser gelegen, weil sie wegen der ständigen Gefahr feindlicher Angriffe nicht an Land gezogen werden konnten, und feuchtes Holz beeinträchtige Manövrierfähigkeit und Schnelligkeit. Zudem seien die Mannschaftsbestände geschmolzen und verringerten sich weiter: Seeleute würden beim Holzsammeln, Beutemachen und Wasserholen von syrakusanischen Reitern niedergehauen, die Ruderknechte liefen zum Feind über, die Söldner verflüchtigten sich in die umliegenden Ortschaften, diejenigen, die wegen des hohen Soldes mitgezogen seien, setzten sich beim ersten ernsthaften Widerstand ab, andere hätten sich von Sklaven an Bord vertreten lassen, um selbst Handelsgeschäfte treiben zu können, nur wenige der Seeleute überhaupt seien in der Lage, ein Schiff richtig rudern oder zum Halten zu bringen.

Thukydides nutzt den Brief, um einen Einblick in den desaströsen Zustand der berühmten Flotte zu geben. Gleichzeitig veranschaulicht der Brief die psychische und physische Verfassung des nun alleinverantwortlichen Strategen. Nikias ist krank, erschöpft, resigniert. Am liebsten würde er mit dem Heer abziehen, doch dies wagt er nicht zu schreiben, und so versteckt er den Rückzugswunsch – unabhängig von dem Wunsch, ihn selbst seines Amts zu entbinden – hinter der unerfüllbaren Forderung, ein zweites, an Land- und Seetruppen nicht geringeres Heer auszusenden.

Der Brief enthält auch schon einen ersten Hinweis auf das Ende. Nikias benennt bereits im voraus eine Entschuldigung für sein späteres Versagen, die Wesensart (*Phýsis*) des Demos nämlich, «gern die angenehmsten Dinge zu hören, aber dann Anklage zu erheben, wenn sich kein entsprechender Erfolg einstelle». Dies hindere die Feldherren – ein unverkennbarer Verweis auf das Geschehen im nächsten Sommer –, in brisanten Situationen unangenehme, aber notwendige Entscheidungen rasch zu treffen. In dieser Aussage steckt wohl auch eine Art Systemkritik. Offenbar sah Nikias (oder Thukydides) eine Schwäche der Demokratie darin, daß sie rasche Entscheidungen, wie sie der Krieg oft erforderte, erschwerte. Freilich war Nikias *Strategòs Autokrátor*, also ermächtigt, nach eigenem Willen zu handeln, es fehlte ihm im kritischen Augenblick nur der Mut dazu. Daß er auch dafür die Volksversammlung verantwortlich machte, ist wohl menschlich verständlich. Rechenschaftslegung war aber keine Schwäche, sondern ein notwendiger Kontrollmechanismus der Demokratie.

DIE ENTSCHEIDUNG

Die Ankunft des Demosthenes Das Schreiben des Nikias wurde etwa im November 414 in der Ekklesia verlesen. Eigentlich bezweckte es einen sofortigen Dispens, Nikias wollte die Erlaubnis der Volksversammlung zur Rückkehr. Er hoffte vergebens. Um den hohen Einsatz nicht zu verlieren, den der Demos mit der ersten Ausfahrt gewagt hatte, verdoppelte er das Risiko. Die Athener entsandten eine zweite Flotte – jene, die sie eigentlich für den Krieg in der Ägäis gebraucht hätten. Das war um so unverständlicher, als ein Sieg über Syrakus nicht viel mehr gebracht hätte, als sich mit starken Besatzungstruppen an Sizilien zu binden, denn die meisten dortigen Völker und Städte würden gegen die athenische Herrschaft Widerstand leisten.

Bereits Ende Dezember brach ein erstes Kontingent von zehn Schiffen unter dem Strategen Eurymedon auf, um zunächst Geld zu bringen. Vorrangige Aufgabe war aber wohl die psychologische Unterstützung, denn die Moral der Truppen war schlecht, seit die Umfassung von Syrakus gescheitert war und Gylippos erste Siege errungen hatte. Die eigentliche Entsatzflotte sollte im Frühjahr 413 folgen. Ihre Ausrüstung brauchte Zeit. Es mußten Kriegssteuern erhoben, Ruderer und Söldner angeworben und Schwerbewaffnete rekrutiert werden. Auch die Verbündeten waren wieder aufgerufen, Truppen zu stellen.

Anfang März lief die Flotte unter dem Kommando des erfahrenen Demosthenes endlich aus: Er sollte nicht geradewegs nach Sizilien fahren, sondern zunächst in verschiedenen Gegenden der Peloponnes lan-

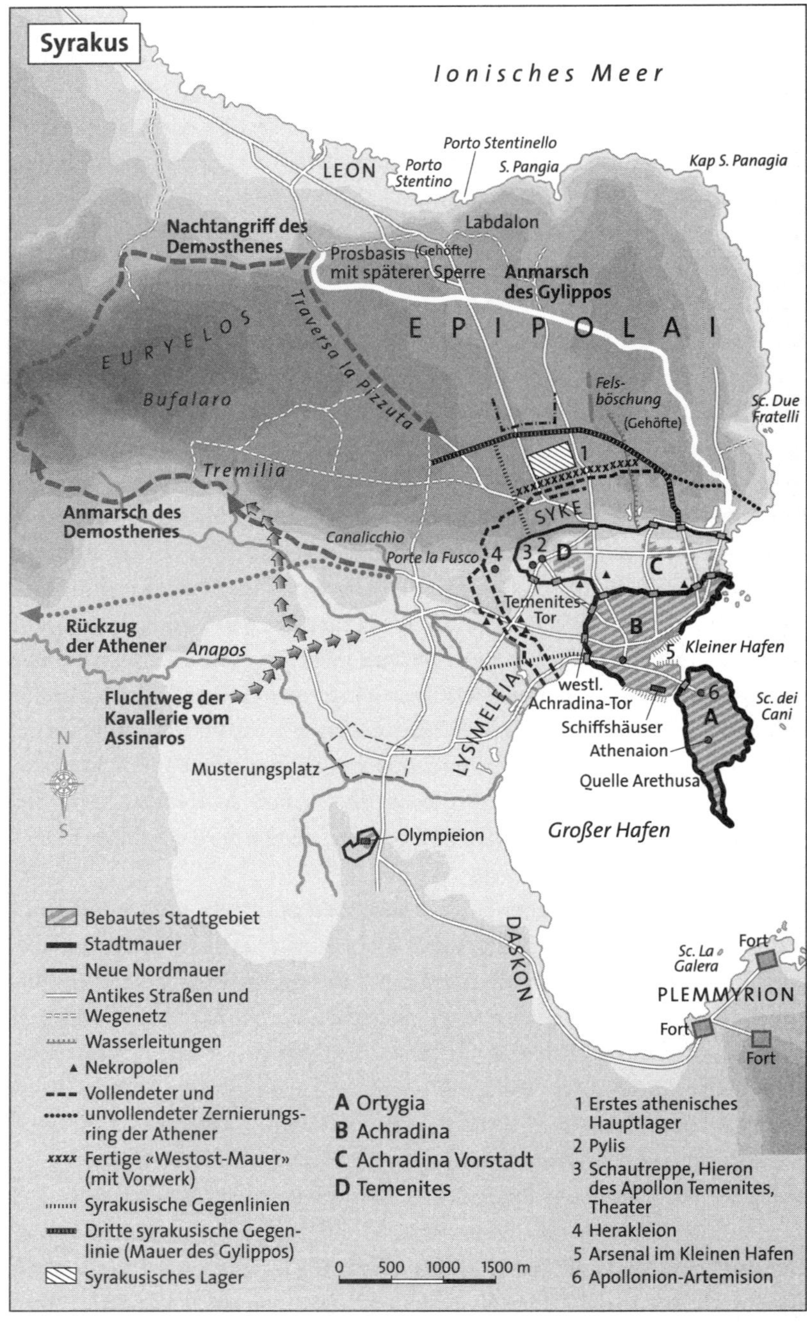
Syrakus
Ionisches Meer
Porto Stentinello
LEON
Porto Stentino
S. Pangia
Kap S. Panagia
Labdalon
Nachtangriff des Demosthenes
Prosbasis mit späterer Sperre
(Gehöfte)
Anmarsch des Gylippos
Traversa la Pizzuta
EPIPOLAI
EURYELOS
Bufalaro
Fels-böschung
(Gehöfte)
Sc. Due Fratelli
Tremilia
SYKE
Anmarsch des Demosthenes
Canalicchio
Porte la Fusco
Temenites-Tor
Rückzug der Athener
Anapos
Kleiner Hafen
Fluchtweg der Kavallerie vom Assinaros
westl. Achradina-Tor
Sc. dei Cani
Schiffshäuser
Athenaion
LYSIMELEIA
Musterungsplatz
Quelle Arethusa
N
S
Olympieion
Großer Hafen
DASKON
Sc. La Galera
Fort
PLEMMYRION
Fort
Fort
Bebautes Stadtgebiet
Stadtmauer
Neue Nordmauer
Antikes Straßen und Wegenetz
Wasserleitungen
Nekropolen
Vollendeter und unvollendeter Zernierungsring der Athener
xxxx Fertige «Westost-Mauer» (mit Vorwerk)
Syrakusische Gegenlinien
Dritte syrakusische Gegenlinie (Mauer des Gylippos)
Syrakusisches Lager
A Ortygia
B Achradina
C Achradina Vorstadt
D Temenites
0 500 1000 1500 m
1 Erstes athenisches Hauptlager
2 Pylis
3 Schautreppe, Hieron des Apollon Temenites, Theater
4 Herakleion
5 Arsenal im Kleinen Hafen
6 Apollonion-Artemision

den und diese verwüsten. Zudem verzögerte sich die Fahrt, weil der Stratege, wo immer er konnte, neue Hopliten an Bord nahm. So war es bereits Juli, als die Flotte in den Hafen von Syrakus einlief. Sie setzte sich aus 73 Trieren, davon 51 aus Athen, zusammen. Nicht gezählt sind hierbei die Transportschiffe. Mitgefahren waren 5000 Schwerbewaffnete, darunter 1200 aus Athen, dazu Bogenschützen, Speerwerfer und Schleuderer.

Die Einfahrt in Syrakus war, wie der sizilische Historiker Philistos berichtet, inszeniert und verfehlte nicht die erhoffte Wirkung. Die Angst kehrte in die Stadt zurück, der stärksten Seemacht des Mittelmeers nicht gewachsen zu sein. «Nunmehr aber erschien Demosthenes auf der Höhe der Häfen, glänzend ausgerüstet und furchtbar den Feinden ... kam er in theatralischer Pracht und zum Schrecken der Gegner angefahren. Begreiflicherweise waren die Syrakusaner nun wieder in großer Angst, da sie kein Ende und keine Erlösung sahen, sondern wie sie sich umsonst abmühten und sinnlos aufopferten.»

Gylippos war inzwischen nicht untätig geblieben. Den Winter über hatte er auf einer Rundreise durch Sizilien Verstärkungen gesammelt, um im Frühjahr selbst zum Angriff übergehen zu können. Erstes Ziel war die athenische Stellung auf dem Plemmyrion, dem Nordkap einer südlich von Syrakus gelegenen Halbinsel, an der vorbei die Einfahrt in den Großen Hafen führte. In einem kombinierten See- und Landunternehmen überraschte er die Athener und nahm deren dort errichtete Befestigungsanlagen. Da das Plemmyrion als Nachschublager genutzt wurde, fiel ihm reiche Beute an Geld, Korn und Schiffsgerät in die Hände. Nun wurde die Zufahrt in den Hafen, über die der Lebensmittelnachschub für die Athener kam, noch unsicherer.

Athen hatte seinen bedeutendsten Seesieg errungen, als 480 die riesige persische Flotte in der Enge zwischen der Insel Salamis und dem Festland, kaum mehr manövrierfähig, dem kleineren Kontingent athenischer Trieren unterlag. In Syrakus verlagerten sich die Seekämpfe nun ebenfalls in einen sehr begrenzten Bereich, den des sogenannten Großen Hafens, und dort genossen die syrakusanischen Schiffe den Vorteil eines höheren Aktionsradius, da sie nach der Eroberung des Plemmyrions eine weitaus längere Küstenlinie besaßen, an der sie anlanden konnten. Zudem begannen die Syrakusaner ihre Schiffe für den Kampf auf engem Raum umzurüsten: Sie verstärkten den Schiffsbug, um in frontalem Angriff mit den klobigen Schiffsschnäbeln die leichter gebauten Vorderschiffe der Athener zum Bersten zu bringen. Erfolg stellte sich ein. Auch wenn die Seegefechte im Großen Hafen keine Entscheidung brachten, verschlechterte sich die Situation der Athener ständig. Sie wurden immer weiter zurückgedrängt, und nur die Ankunft des Demosthenes rettete sie – vorübergehend – aus dieser Lage.

Demosthenes wollte den Fehler des Nikias nicht wiederholen, den Feind durch Abwarten stark zu machen – so sieht es jedenfalls Thukydides, der seine Meinung als Gedankengang des Feldherrn ausgibt –, und sofort mit dem Angriff beginnen. Er sah nur eine Alternative. Entweder sie hätten Glück und besetzten Syrakus, oder sie scheiterten und beendeten dann unverzüglich das sizilische Unternehmen.

Voraussetzung einer Zernierung von Syrakus war die Eroberung der Hochebene der Epipolai. Ein Angriff bei Tag erwies sich als aussichtslos, schon bald brannten die hölzernen Belagerungsmaschinen. Die letzte Chance war ein Nachtangriff, der nur sehr selten gewagt wurde, und der, den Demosthenes dann unternahm, war auch der einzige größere in diesem Krieg. Die Überraschung gelang auch zunächst, doch nachdem die ersten Mauern genommen waren, stockte der Überfall. Die Lage war, obgleich der Mond die Szenerie erhellte, unübersichtlich. Körperumrisse ließen sich ausmachen, doch waren keine Einzelheiten zu erkennen. Wie kein anderer Bericht des Thukydides zeigt der folgende, mit welchen Schwierigkeiten die Athener zu Land bei der Belagerung konfrontiert waren und wie aussichtslos ihre Lage allmählich wurde: «Bei den Athenern suchte einer den andern; alles, was von der Gegenseite kam, auch wenn es Freunde waren, die bereits flüchteten, hielten sie für Feinde. Durch ihre häufigen Fragen nach dem Losungswort, dem einzigen, woran man sich erkennen konnte, schafften sie sich selbst große Verwirrung, indem alle zugleich fragten, und verrieten es außerdem ganz deutlich an die Feinde. Das Losungswort der Feinde verstanden sie nicht gleich gut, weil jene als Sieger nicht so versprengt waren und sich daher leichter erkannten. Wenn sie also auf Feinde stießen, denen sie sogar zahlenmäßig überlegen waren, so entkamen jene, da sie ja das Losungswort kannten; antworteten aber die Athener nicht, so wurden sie niedergehauen … Und wenn schließlich ihre eigenen Abteilungen vielfach aufeinanderstießen, da sie nun einmal in Verwirrung geraten waren, Freunde auf Freunde und Bürger auf Bürger, so jagten sie sich nicht nur gegenseitig Furcht ein, sondern wurden auch handgemein und konnten nur mit Mühe getrennt werden. Um den Verfolgern zu entkommen, stürzten sich viele über den Steilabfall hinab und kamen dabei ums Leben, denn der Weg von den Epipolai hinunter war schmal; wenn welche von oben heil in die Ebene hinuntergekommen waren, so konnte sich der Großteil von diesen, vor allem die vom früheren Heer auf Grund ihrer größeren Ortskenntnis, in das Lager durchschlagen, aber einige der später Eingetroffenen verfehlten den Weg und irrten in der Gegend herum, diese wurden bei Tagesanbruch von syrakusanischen Reiterstreifen niedergemacht.»

Die Eroberung der Hochebene war gescheitert, die Zuversicht, die Demosthenes' Ankunft noch einmal geweckt hatte, in Resignation umgeschlagen. Die Syrakusaner errichteten gleich zwei Siegeszeichen: Sie hatten den Gegner geschlagen, zahlreiche Waffen erbeutet, neuen Mut gefaßt.

Demosthenes aber zog die einzig richtige Konsequenz aus der Niederlage. Er plädierte für den sofortigen Abzug. Die wahren Feinde stünden nicht in Sizilien, sondern – die Spartaner hatten gerade das attische Fort Dekeleia erobert – bereits im eigenen Land.

Aufschub Inzwischen war es Hochsommer geworden, zu den übrigen Problemen trat die Hitze. Der Lagerplatz war sumpfig, das Trinkwasser brackig. Krankheiten wie Malaria, zu dieser Jahreszeit keine Seltenheit in verschiedenen Küstenregionen Siziliens, breiteten sich aus, die Kampfmoral sank rapide. Nikias wandte sich desungeachtet gegen Demosthenes' Forderung nach sofortigem Abzug. Beim Angriff zögerte er, nun zagte er beim Rückzug. Ungenützt verstrich die letzte Chance auf Rettung. Demosthenes modifizierte in dieser Lage, wie Thukydides in der *oratio obliqua* aus dem Kriegsrat berichtet, seine Ansicht, auch der Mitfeldherr Eurymedon stimmte zu. Allein Nikias hielt daran fest auszuharren, und er schob zwei Gründe vor: einen äußeren, die Lage der Feinde, die sich – so Nikias – noch prekärer darstelle als die eigene, und einen inneren, die Schwierigkeiten, die aus einem nicht von der Volksversammlung gebilligten Rückzug erwüchsen.

Aus letzterem Argument spricht auch Thukydides, der den Faden der Demokratiekritik aus dem Nikias-Brief wieder aufnimmt. Noch einmal stellte sich die Frage, ob die Niederlage zum Teil systembedingt war. Nikias beklagt, in der Demokratie würden Menschen ohne Kenntnis der Fakten entscheiden, offen für Verleumdungen von allen Seiten. Selbst den Wissenden sei nicht zu trauen. Von den in Sizilien anwesenden Soldaten würden die meisten, die jetzt über die gefährliche Lage lamentierten, das gegenteilige Geschrei erheben, wenn sie erst wieder zu Hause seien: Bestochen seien die Feldherren, als Verräter hätten sie den Rückzug angetreten. Er wolle nicht aufgrund solch schmählicher Beschuldigungen hingerichtet werden.

Nikias'Angst erscheint nicht unbegründet, doch an dieser Stelle entlarvt sie Thukydides dennoch als persönliche Schwäche, denn die Sorge um das eigene Leben veranlaßte Nikias – im Widerspruch zu seinen Mitfeldherren – das Leben Tausender anderer in die Waagschale zu werfen. Es ist Nikias, der diesmal als zu leicht befunden wird, nicht die Demokratie. Trotz seines sonstigen Wohlwollens für Nikias kann und will Thukydides die so verhängnisvolle Entscheidungsschwäche des obersten Strategen nicht bemänteln. Nikias redet bei ihm vor dem Strategenkollegium anders, als er denkt, und vor dem Heer anders als vor dem Strategenkollegium. Er belügt sich selbst, «schwankt in Wahrheit noch zwischen den beiden Möglichkeiten, überlegt hin und her, wartet ab» und überträgt seine eigene Unsicherheit auf die Offiziere und Soldaten.

Als schließlich entgegen all seinen Prognosen die Lage für die Athener unhaltbar wurde, versteckte sich Nikias hinter seinen Mitfeldherren. Immer noch unfähig, die nötigen Befehle zu geben, überließ er es seinen Kollegen, heimlich die Vorbereitungen zur Abfahrt zu beginnen. Nun, da der Stratege willens war, sich in das ungewisse Schicksal zu fügen, das ihn in Athen erwartete, verfinsterte sich, gerade als die Schiffe ablegen wollten, der Mond. Es war der 27. August des Jahres 413, der zum *dies ater* für Athen wurde. Das astronomische Phänomen war bekannt, doch der überwiegende Teil der Schiffsbesatzungen betrachtete es als unheimliches Vorzeichen. Die Seher wurden befragt und rieten, da auch sie plötzlich eine gewichtige Rolle einnahmen, zu einem Aufschub von drei mal neun Tagen. Naturschauspiel wie Aberglaube rissen Nikias nun aus seiner Lethargie. Er verschob, ohne eine weitere Diskussion im Feldherrnrat zuzulassen, den Aufbruch um jene Frist, die schließlich das Ende des Heeres bedeutete. Der sophistisch aufgeklärte Thukydides beschränkt sich auf einen Kommentar von frappierender Milde: «Er gab wohl etwas zuviel auf Propheterei und dergleichen.» Seine eigentliche

Meinung zum Verhalten des Nikias findet sich im Melier-Dialog: «Handelt nicht gleich den vielen, die, statt mit Menschenkraft die noch mögliche Rettung zu versuchen, dann, wenn in Not und Bedrängnis alle sichtbaren Hoffnungen geschwunden sind, auf die unsichtbaren vertrauen: Weissagung, Göttersprüche und dergleichen mehr, was im Gefolge der Hoffnungen ins Verderben führt.»

Die Kampfmoral der Mannschaften sank weiter. In aller Offenheit begannen die Soldaten zu bereuen, daß sie diesen Kriegszug ausgerechnet gegen Syrakus unternommen hatten – eine Stadt, ähnlich stark an Schiffen, Reitern und anderen Machtmitteln. Daß Syrakus eine Demokratie war, nahm ihnen eine weitere Motivation. Anders als im Kampf gegen Oligarchien war es nicht möglich, im Demos Stimmung gegen die Regierenden zu machen. Nikias' Behauptung, er besitze zuverlässige Nachrichten über die Tätigkeit einer starken Partei, welche die Stadt den Athenern in die Hände spielen wolle, war Wunschdenken. Den Syrakusanern war die augenblickliche Schwäche der Athener nicht entgangen, und das festigte auch ihre Einheit zusätzlich. Fortan lautete das Ziel nicht mehr Vertreibung, sondern Vernichtung des Angreifers. Allen Griechen würde ihr Sieg als herrliche Tat gelten, denn die einen von ihnen würden sofort die Freiheit erlangen, die anderen wenigstens von der Furcht erlöst sein, da das, was von der Macht Athens übrig bleibe, bald zusammenbrechen werde, ließen sie verkünden.

Ihre Zuversicht gründete sich auf die Erfolge der Flotte in den ersten Septembertagen. Das Geschwader des Feldherrn Eurymedon wurde eingekesselt und zerstört. Dazu verloren die Athener weitere 18 ihrer 86 eingesetzten Trieren. Schwerwiegender war, daß die verbliebene Flotte nun gleichsam im Großen Hafen gefangen lag. Eine heimliche Ausfahrt war nicht mehr möglich, denn der Hafeneingang wurde von dort kreuzenden syrakusanischen Schiffen abgeriegelt. Alles spitzte sich auf eine Entscheidungsschlacht zu, nach der für die Athener selbst im Falle eines Sieges nur die Flucht in Frage kam.

Schiffbruch mit Zuschauer Die letzte Schlacht im Großen Hafen von Syrakus macht Thukydides zum Höhepunkt des sizilischen Krieges, ja des gesamten Krieges überhaupt, und er bedient sich dazu aller literarischen Mittel, über die er verfügt. Der Historiker beginnt seine Schilderung mit einem Katalog der Streitkräfte. Völker, Städte und Inseln werden aufgezählt, die sich nun auf einigen tausend Quadratmetern Wasser und Küstenstreifen gegenüberstehen. Er orientiert sich an seinen Vorgängern, nach Herodot hat er nun Homer im Blick. Sein Vorbild ist der berühmte Schiffskatalog des Dichters, in dem dieser die Mannschaften auflistet, die gegen Troia fahren. Nun will er zeigen, der sizilische Krieg ist der größte, der jemals geführt wurde.

Der Aufzählung schließt sich der Bericht über einen weiteren Kriegsrat der Athener an. Der Historiker beschreibt ihn, als sei er Ohrenzeuge gewesen. Einer fiktiven Rede des Nikias korrespondiert – ebenfalls eine Fiktion – auf syrakusanischer Seite die des Gylippos. Erst danach folgt die Schilderung der Schlacht. Der Nikias, den Thukydides nun vorstellt, hat sich verändert. Da den Athenern nur ein letztes Seegefecht als Ausweg bleibt, die Entscheidung also gefallen und Nikias des Problems enthoben ist, eine zu treffen, entwickelt der Feldherr jene Tatkraft, welche die Athener bewog, ihn zum Strategen für Sizilien zu wählen. Er übernimmt wieder die Führung des Heeres, die ihm nach der Ankunft des Demosthenes entglitten war, mit Kampfansprachen, denen gegenüber die seines Gegenparts Gylippos blaß bleiben, ermuntert er die Athener zum letzten Gefecht.

Mit Nikias beschwört Thukydides die Schicksalsstunde der Stadt und fällt dabei in ein ihm sonst fremdes Pathos, dem er erst mit einer ironischen Schlußwendung die Spitze nimmt: «Nikias aber, in der Spannung dieses Augenblicks ganz außer sich angesichts der Größe und Nähe der Gefahr – standen sie doch unmittelbar vor der Abfahrt –, und in quälenden Gedanken, die einen immer vor großen Entscheidungen überkommen: alles ins Werk Gesetzte sei zu wenig und in Worten noch nicht ausreichend dargelegt, rief denn noch einmal jeden einzelnen Trierarchen auf, nannte sie beim eigenen Namen, Vaternamen und Phyle, mahnte jeden, seine eigene Ehre, wenn einer darauf hinweisen konnte, nicht zu beflecken, oder die glanzvollen Taten der Väter, wenn einer berühmte Vorfahren hatte, nicht zu verdunkeln; er erinnerte sie an die herrliche Unabhängigkeit ihrer Heimatstadt und die zwanglose Freiheit, die sie allen im täglichen Leben gewährte, und er sagte noch einiges andere, was Menschen in solchem Schicksalsaugenblick wohl sagen mögen, unbekümmert um den Schein, Altbekanntes zu wiederholen, Dinge, die bei allen Gelegenheiten so oder auf ähnliche Weise hervorgekehrt werden, über Frauen, Kinder und die altehrwürdigen Götter, die anzurufen ihnen in der gegenwärtigen schreckerfüllten Stunde nützlich scheint.»

Nikias und Demosthenes teilten sich die Aufgaben. Während jener die Fußtruppen zur Küste führte, fuhren dieser und die anderen Feldherren mit den Trieren gegen die syrakusanischen Schiffe, welche die Hafeneinfahrt versperrten. Diese wichen zunächst zurück, doch noch bevor die Athener die durchs Hafenwasser gezogenen Schließketten sprengen konnten, war die übrige syrakusanische Flotte zur Stelle. Nahezu 200 Kriegsschiffe lagen sich im Großen Hafen gegenüber. Die Trieren prallten meist seitwärts aufeinander, die Schiffssoldaten kämpften von Bord zu Bord, die Decksbesatzungen wurden mit Steinen, Speeren und Pfeilen beschossen. An Land standen die Fußtruppen und beobachteten den Verlauf der Schlacht. In ihren wechselnden Gefühlen spiegelt Thukydides das Auf und Ab des Kampfes, «voll Siegesgier, noch größeren Ruhm zu erringen», die Syrakusaner, «voll Furcht die Eindringlinge, es könnte ihnen noch schlechter ergehen als jetzt».

Die Voraussetzungen waren ganz unterschiedlich, denn für die Athener bedeutete eine Niederlage Gefangenschaft oder Tod, für die Syrakusaner nur Rückzug hinter die Befestigungsanlagen ihrer Stadt. Um so lähmender war das Entsetzen unter jenen, als die syrakusanischen Schiffe schließlich die Oberhand gewannen. Die Athener steuerten an Land, die Mannschaften stürzten ins sichere Lager. Nur wenige von den Fußsoldaten eilten ihnen zu Hilfe und sicherten die Mauern, die meisten freilich hatten nichts anderes im Sinn, als ihr bloßes Leben zu retten. Während die Syrakusaner ihre Siegeszeichen errichteten, dachten die Athener nicht einmal daran, die Toten zu bergen. Noch in der Nacht wollten sie abziehen.

Die Feldherren stemmten sich dagegen: Nikias und Demosthenes plädierten dafür, im Morgengrauen noch einmal den Ausbruch zu versuchen. Trotz der Verluste war die athenische Flotte der gegnerischen noch an Zahl überlegen. Die Kampfmoral der Ruderer aber war nach der Niederlage gebrochen. So blieb als einziger Ausweg der Marsch ins Landesinnere. Je früher sie diesen antraten, desto besser war die Chance zu entkommen.

In Syrakus fürchtete Gylippos mit Recht, daß sich der Krieg fortsetzen könnte, wären die Athener erst einmal bei ihren sizilischen Verbündeten angekommen. Noch in der Nacht des Seesieges forderte er daher, sofort aufzubrechen, um die Straßen zu sperren, die Engpässe zu besetzen und die Furten zu bewachen. Die Syrakusaner weigerten sich aber, sofort loszuziehen. Alles Insistieren des Gylippos half nichts – das syrakusanische Heer war im Wortsinne siegestrunken. So verfiel Gylippos auf eine List. Er schickte Reiter zum Lager der Athener, die sich als deren Freunde ausgeben und Nikias warnen sollten, es sei besser, die Nacht über zu warten, die Syrakusaner hätten alle Wege besetzt. Der Feldherr, der sich auf seine geheimen Verbindungen nach Syrakus etwas zugute hielt, glaubte es und blieb. Er blieb auch noch am zweiten Tag, erst am dritten begann der Aufbruch.

Vergebliche Flucht Im Werk des Thukydides folgt eines der wenigen Kapitel, in denen der Historiker die Kühle seiner Berichterstattung gänzlich ablegt. Er leidet mit seinen Athenern. Furchtbar sei das Geschehen gewesen, da sie nun, nach Verlust aller Schiffe, statt voll Siegeshoffnung unter Gefahr für sich und ihre Stadt hätten abziehen müssen. Zurück blieben nicht nur die Toten: «Die Toten waren unbestattet, und sooft jemand einen der Seinen liegen sah, erfüllte es ihn mit Trauer und Angst, und die Lebenden, die zurückblieben, Verwundete und Kranke, erschienen den Lebenden noch viel bejammernswerter als die Toten und unglücklicher als die Gefallenen. Mit ihrem Flehen und Wehklagen stürzten sie alle in qualvolle Zweifel, wenn sie baten, mitgenommen zu werden, und jeden einzelnen beim Namen riefen, wo sie gerade einen ihrer Kameraden oder Angehörigen sahen, wenn sie sich an ihre bereits abziehenden Zeltgenossen anklammerten und ihnen folgten, soweit sie konnten, und wo einen die Körperkräfte verließen, unter lauten Beschwörungen und Jammern zurückblieben; so kam es, daß das ganze Heer vor Tränen und Verzweiflung sich nur sehr schwer auf den Weg machte, wiewohl aus Feindesland und nach Leiden, die alle Tränen überstiegen, in angstvoller Erwartung, was sie in der ungewissen Zukunft noch durchmachen müßten.»

Thukydides spricht von über 40 000 Mann, die sich auf den Weg machten, eine erstaunlich hohe Zahl. Die Schwerbewaffneten trugen entgegen ihrer Gewohnheit nicht nur Waffen, sondern auch Proviant mit sich. Viele Diener und Sklaven waren zum Feind übergelaufen oder standen im Verdacht, dies tun zu wollen. Es war der gewaltigste Umschwung, den je ein griechisches Heer erlebte, faßt Thukydides zusammen. Die Truppen marschierten im Karree, Nikias an der Spitze, Troß und Träger von den Schwerbewaffneten umschlossen. Der Weg nach Katane, dem Winterquartier, war versperrt; so zogen die Athener nach Süden. Am Fluß Anapos stießen sie zum ersten Mal auf syrakusanische Truppen, konnten diese aber in die Flucht schlagen. Drei Tage rückten sie weiter vor, sich ständig der syrakusanischen Reiter und Speerwerfer erwehrend, gleichzeitig auf der Suche nach Proviant. Immer kürzer wurden die zurückgelegten Strecken. Am fünften Tag kamen sie gerade noch fünf bis sechs Stadien weiter.

In der Nacht ließen die Feldherren überall im Lager Feuer entzünden, ein probates Mittel, den Gegner zu täuschen. Sie änderten zudem den Fluchtweg, der nun zum Meer hinabführen sollte. Nikias zog voran, gewann rasch einen Vorsprung und ließ die Verbindung zu Demosthenes abreißen, der langsamer vorankam, da er die Angriffe der Feinde auf die Nachhut abwehren mußte. Nikias beschleunigte seinen Vormarsch, um den nächsten Fluß, den Erineos, zu erreichen, bis die Entfernung zum rückwärtigen Truppenteil nahezu 50 Stadien betrug. Währenddessen stockte der Marsch der Nachhut, bis Demosthenes schließlich ganz anhielt, um in Schlachtformation dem Feind entgegenzutreten. Das kostete Zeit, die die Syrakusaner nutzten, um ihre Gegner zu umzingeln. In einem Olivenhain, der von einer niedrigen Mauer umgeben war, kam die Nachhut zum Stehen, dem Beschuß durch den Feind ausgesetzt. Die Syrakusaner mieden den Nahkampf und beschränkten sich auf den Einsatz ihrer Fernwaffen. Der Beschuß zermürbte die Athener, da sie sich kaum dagegen wehren konnten. Er währte den ganzen Tag, am Abend bot Gylippos zunächst den Inselbewohnern, die auf seiten Athens kämpften, den Abzug an, schließlich wurde mit den Eingeschlossenen ein Abkommen geschlossen. Gäben sie die Waffen ab, würde ihnen das Leben garantiert. Keiner sollte eines gewaltsamen Todes sterben oder in Gefangenschaft verhungern müssen. So ergaben sich 6000 Mann; das Geld, das sie bei sich hatten, mußten sie in Schilde werfen, die zu diesem Zweck umgedreht wurden. Sie füllten vier davon.

Nikias zog inzwischen weiter, wurde jedoch bald eingeholt. Zunächst wollte er die Kapitulation des Demosthenes nicht wahrhaben, doch ein zuverlässiger Bote bestätigte die Nachricht. So bot er den Syrakusanern Reparationszahlungen und Geiselstellung gegen freien Abzug an. Sie lehnten ab. Bei Tagesanbruch führte Nikias das Heer daher weiter. Wieder war ein Fluß, diesmal der Assinaros, das Ziel. Nikias hegte die verzweifelte Hoffnung, hier die drohende Umzingelung durch das nachdrängende feindliche Heer durchbrechen zu können. Als die Soldaten an den Fluß gelangten, stürzten sie sich ungeordnet ins Wasser, jeder versuchte als erster das vermeintlich rettende Ufer zu erreichen. Sie fielen übereinander, die Stärkeren traten die Schwachen zu Boden, einige starben sofort, andere trieben in der Strömung ab. Von oben zielten Speerwerfer in die enge Schlucht, schließlich stiegen die auf syrakusanischer Seite kämpfenden peloponnesischen Truppen selbst zum Fluß herab und machten nieder, wen sie antrafen. Im Assinaros türmten sich die Leichen, Blut vermischte sich mit Schlamm, schreibt Thukydides, es sei ein gewaltiges Gemetzel gewesen, «nicht geringer als irgendeines in einem anderen Krieg». Es endete erst, als Nikias die Waffen streckte.

In den Steinbrüchen Gylippos ließ die beiden athenischen Feldherren nach Syrakus bringen. Er hätte sie gerne lebend mit nach Sparta genommen, doch die Syrakusaner beschlossen, sie hinzurichten. Thukydides übergeht die militärischen Fehler des Nikias, die schließlich in der Katastrophe mündeten, und würdigt ihn als Menschen, den er schätzte: «So starb dieser Mann aus einem solchen oder sehr ähnlichen Grund, er, der von allen Hellenen meiner Zeit am wenigsten ein so unglückliches Schicksal verdient hätte, weil er sein ganzes Streben auf die Erfüllung des allgemein Gültigen gerichtet hatte.»

Die gefangenen Soldaten, Athener wie Bundesgenossen, wurden in die Steinbrüche südlich von Syrakus getrieben. Thukydides hat vermutlich Sizilien besucht und die Steinbrüche selbst gesehen, seine Schilderung der dortigen Zustände beruht auf Berichten Gefangener. In tief eingeschnittenem, schattenlosem und engem Raum, dicht zusammengedrängt, berichtet er, litten sie anfangs unter der sengenden Sonne und der stickigen Hitze. Kühle Herbstnächte hätten wohl Erleichterung gebracht, mit ihrem jähen Umschwung aber auch Krankheiten. Da die Gefangenen wegen der Enge des Raumes alles an einem Ort tun mußten und außerdem die Leichen all derer dort übereinandergeschichtet lagen, die an ihren Wunden, dem Witterungsumschwung und dergleichen gestorben waren, herrschte ein unerträglicher Gestank in den Katakomben. Hunger und Durst hätten sie entkräftet, da jeder von ihnen acht Monate hindurch nur eine Kotyle Wasser und zwei Kotylen Getreide erhalten habe; von allen Qualen, die Menschen an einem solchen Ort zu erwarten hätten, faßt Thukydides zusammen, sei ihnen keine einzige erspart geblieben.

Die genaue Zahl der Gefangenen konnte auch der Historiker nicht ermitteln, doch geht er von mindestens 7000 aus. Als er von der Katastrophe schreibt, ist der Krieg noch nicht zu Ende, doch Thukydides glaubt für den Moment (später wird er das relativieren), daß Athen sich nicht von diesem Schlag werde erholen können. So formuliert er bereits eine Art Schlußwort. Er verwendet das äußerste Wort, das die griechische Sprache für Zerstörung kennt. Herodot hat mit ihm den Untergang Troias beschrieben, den er ein Strafgericht der Götter für menschlichen Frevel nennt, Thukydides besiegelt mit ihm das Ende des sizilischen Traumes: *Panolethría* – die buchstäbliche Ganz-Vernichtung. «Es war sicherlich dieses Unternehmen von allen in diesem Krieg das größte, meiner Meinung nach sogar von allen, die wir aus der hellenischen Geschichte kennen, für die Sieger strahlendster Ruhm, für die Unterlegenen tiefstes Leid: in allem allseitig niedergerungen und nirgends gering vom Leid getroffen, in der Ganzvernichtung, so sei es denn genannt, Volk und Flotte, und nichts, was nicht untergegangen wäre; nur wenige von so vielen kehrten nach Hause zurück.»

Die Nachricht Die athenischen Schiffe vermoderten auf dem Grund des Großen Hafens, lagen zertrümmert an der Küste oder waren, sofern sie noch intakt waren, nach Syrakus geschleppt worden. So gab es niemanden, der rasche Nachricht von der Niederlage nach Athen bringen konnte. Erst allmählich trafen dort die ersten Soldaten ein, die im Getümmel der letzten Schlacht am Assinaros entkommen waren, sich zu den sizilischen Verbündeten durchgeschlagen hatten oder aus den Steinbrüchen geflohen waren. In Athen wollte niemand ihren Berichten glauben, ein so mächtiges Heer konnte nicht ganz und gar vernichtet worden sein. Als sich, was jeder für eine Übertreibung oder ein Gerücht hielt, allmählich zur Gewißheit verdichtete, richtete sich die Erbitterung gegen die Redner, die die Volksversammlung zur Ausfahrt ermuntert hatten. Sicherlich hatte eine Mehrheit für die Expedition gestimmt, doch nur, meinten die Athener jetzt, weil sie von Politikern aus eigennützigen Motiven unter Vorspiegelung falscher Tatsachen durch Fehlinformationen und haltlose Versprechungen irregeführt worden waren. Die Menge zürnte auch den Sehern, Wahrsagern und Orakeldeutern, weil sie mit unwahren Prophezeiungen nicht erfüllbare Hoffnungen genährt hatten.

Angst und Schrecken überwogen freilich die Wut. Auf den Werften lagen keine neuen Schiffe, die Staatskasse war leer, die Schwerbewaffneten und Reiter, welche den frisch ausgebrochenen Krieg gegen Sparta hätten führen sollen, waren tot oder in sizilischer Gefangenschaft. So fürchteten sie, die wenigen verbliebenen Bundesgenossen würden abfallen, die Peloponnesier zu Land gegen Athen vorrücken und die Feinde aus Sizilien gegen den Piräus fahren.

Als nichts davon geschah, erwachte auch der Widerstandswille unter den Athenern wieder. Sie beschlossen, auf welchen Wegen auch immer, Holz zu beschaffen, eine neue Flotte auszurüsten, sparsam zu wirtschaften, Geld aufzutreiben, die Bundesgenossen zu überwachen und – dies die Erkenntnis aus dem voreiligen Sizilienbeschluß – ein Gremium von zehn älteren Männern zu schaffen, das künftig alle zu treffenden Maßnahmen vorberaten sollte. «Sie waren», so Thukydides, «im ersten Schrecken, wie es denn Art des Volkes ist, zu jedem Gehorsam bereit.»

Das Kenotaph Mit der Ausfahrt der sizilischen Flotte schienen die Hoffnungen des Euripides auf ein friedliches Athen endgültig geschwunden zu sein. Auch wenn es noch einige Jahre dauern sollte, bis er Athen verließ, so ist doch das Jahre 415 ein Wendepunkt im Leben des Dichters; aus den späten Stücken spricht nicht mehr der Stolz auf die Heimatstadt. Allenfalls bedauert Euripides seine Mitbürger, die für ihre Selbstüberschätzung, ihre *Philonikía*, eine furchtbare Strafe hinnehmen mußten und selbst aus dieser so lange nicht klug wurden, bis die Spartaner und deren Bundesgenossen die Mauern der Stadt schleiften.

Im Winter 414/13 schrieb Euripides die *Iphigenie bei den Taurern*. Das Stück handelt von Griechen in der Fremde, vom Kampf in einer unwirtlichen und mitleidlosen Umgebung, von der Sehnsucht nach der Heimat. Es besitzt – das ist ungewöhnlich – einen glücklichen Ausgang. Iphigenie, Orestes und Pylades entfliehen mit List und Verstand den Barbaren und kehren nach Griechenland zurück. So fällt es nicht schwer, das Stück auf Sizilien zu beziehen. Euripides drückt die Hoffnung vieler aus, deren Angehörige dort kämpften, aber er tut noch mehr. Das Stück ergreift auch Partei gegen die Kriegsbefürworter, die eine Entsendung neuer Truppen und eine Fortsetzung der Kämpfe verlangten.

Die Einflußmöglichkeiten des Dichters waren gering, und schon als er die *Troerinnen* verfaßte, wird Euripides um die Vergeblichkeit seiner Bemühungen gewußt haben. Doch blieb seine Haltung vom März 415 nicht ohne Nachwirkung. Die wirkliche Abstimmung über seine Tetralogie gegen den Krieg fand im Winter 413/2 statt, als die Nachrichten aus Sizilien eintrafen, die an der Niederlage keinen Zweifel mehr ließen, und das Volk dem Dichter, der am eindringlichsten vor dem Zug gewarnt hatte, die Abfassung des Grabepigramms übertrug. Es ist, soweit wir wissen, die einzige Tätigkeit als Dichter, die er in öffentlichem Auftrag ausführte. Er verfaßte die Inschrift für das Staatsgrab und ehrte die Gefallenen, deren Tod er als sinnlos betrachtete. Plutarch hat das Epigramm überliefert: «Acht der Siege errangen vor Syrakus diese Männer, solange beiden gleich waren die Götter gesinnt.»

Von den wenigen sizilischen Heimkehrern, so berichtet Plutarch, hätten viele Euripides aufgesucht, um ihm für ihre Rettung zu danken. Die einen erzählten, sie seien von ihren Herren freigelassen worden, weil sie ihnen beigebracht hätten, was sie von seinen Dichtungen auswendig wußten, andere, sie hätten, als sie nach der Schlacht umherirrten, Speise und Trank bekommen, wenn sie einige seiner Verse vortrugen.

5

DER DEKELEISCHE ODER IONISCHE KRIEG (414–404)

ATHEN IM ZWEIFRONTENKRIEG

Der Besetzung von Dekeleia Der tiefere Grund, warum Spartaner und Athener sowie die jeweiligen Verbündeten in diesen Konflikt geraten waren, hatte sich mit dem Friedensschluß von 421 nicht erledigt, die Frage nach der Hegemonie in Griechenland war nicht beantwortet worden. Sie würde irgendwann neu gestellt werden, doch dazu bedurfte es eines Anlasses und eines Motivs. Letzteres bekamen die Spartaner mit der sizilischen Expedition der Athener im Frühjahr 415, und es wog schwerer, je länger der sizilische Krieg dauerte. Das Motiv der Spartaner war dasselbe, das Perikles 431 auf den Krieg zusteuern ließ, ohne ihm ausweichen zu wollen, nämlich die Überzeugung, ihn gewinnen zu können.

Perikles glaubte 431 an die wirtschaftliche Stärke der Athener, Sparta 414 an deren militärische Schwäche. Zwei Kriege an weit auseinanderliegenden Fronten würde Athen nicht lange führen können. «Am meisten aber», stellt Thukydides fest, «wuchs das Selbstvertrauen der Lakedaimonier, weil sie annahmen, Athen würde, in einen zweifachen Krieg verwickelt – gegen sie und die Sizilier –, leichter niederzuringen sein.» Was Sparta also noch benötigte, war ein Anlaß, und den lieferten die Athener bereitwillig. Gegenüber den Argivern, die im Kampf mit Sparta lagen, besaßen die Athener Bündnispflichten, die zu erfüllen sie sich auch bemühten. Dies geschah zunächst defensiv, im Sommer 414 aber, also im zweiten sizilischen Invasionsjahr, landeten sie mit 30 Schiffen auf der Peloponnes, verwüsteten lakonisches Land und brachen damit offensichtlich den Friedensvertrag. Niemals zuvor und danach waren die Lakedaimonier so erfreut über die Verwüstung ihres Territoriums. Ein gewonnener Krieg mochte diese Schäden leicht aufwiegen.

Nun, da nach ihrer Meinung die Athener zuerst den Friedensvertrag gebrochen hatten und sie sich im Recht glaubten, fielen die Lakedaimonier mit den verbündeten Peloponnesiern zu Frühjahrsbeginn 413 in Attika ein, wie sie es in den zwanziger Jahren regelmäßig getan hatten. Sie machten sich auf den Weg nach Dekeleia, 120 Stadien oder viereinhalb Wegstunden von Athen und etwa gleich weit vom verbündeten Boiotien entfernt. Der Ort galt von jeher als Achillesferse der athenischen Landesverteidigung, und nach den verschiedenen Invasionen in Attika während des Archidamischen Krieges kannten die Lakedaimonier die geographischen Verhältnisse und die Möglichkeiten, die sie einem Angreifer eröffneten, gut. Was sie auf die Idee brachte, gerade diesen Platz zu annektieren, war allerdings weniger Alkibiades, wie Thukydides behauptet, als das Beispiel von Pylos. Dessen Besetzung durch die Athener hatte ihnen vor Augen geführt, welche Möglichkeiten ein Stützpunkt im feindlichen Land bot. So bauten die Lakedaimonier Dekeleia zu einer uneinnehmbaren Festung aus, die, noch von Athen aus sichtbar, den Landweg nach Euboia beherrschte und es ermöglichte, ständig und unerwartet in attisches Land einzufallen. Die Situation gegenüber den frühen zwanziger Jahren hatte sich somit nachhaltig verändert. Damals waren die peloponnesischen Überfälle von kurzer Dauer und hinderten die Bauern nur wochenweise, ihre Äcker zu bestellen. Nun durchstreiften fortwährend peloponnesische Truppen von Dekeleia aus das Land. Die Spartaner hatten sogar einen ihrer beiden Könige, Agis, zum ständigen Aufenthalt in der Festung entsandt.

Im Umland weidende Schafe und Zugtiere der Athener gingen verloren, ihre Pferde wurden bei den Anritten gegen Dekeleia verwundet. Am wichtigsten aber war, daß mehr als 20 000 Sklaven, zum großen Teil Handwerker, übergelaufen waren. Die Spartaner versprachen ihnen die Freiheit und verkauften sie dann mit Gewinn weiter. Die Lebensmittelpreise in der Stadt stiegen, da die Zufuhr auf dem Landweg über Oropos nun versperrt war. Geldschwierigkeiten waren die Folge, denn die Ausgaben stiegen und die Einkünfte sanken.

Gleichzeitig mit dem Ausbau von Dekeleia sandten die Spartaner nun auch Schwerbewaffnete nach Sizilien ab. Die Entscheidung sollte auf beiden Kriegsschauplätzen erzwungen werden, doch schon bald kam ein dritter hinzu, die ionische Küste. Der Optimismus der Spartaner, nach fast 20 Jahren nun den Krieg zu ihren Gunsten zu entscheiden, nahm mit der Besetzung von Dekeleia zu. Die Gefahr einer Einkreisung der Peloponnes nach einem sizilischen Erfolg Athens war gebannt, die neue Perspektive hieß, alleinige Vormacht in Griechenland zu werden. So versprachen die Spartaner auch allen, die sich an sie wandten, militärische Unterstützung gegen Athen. König Agis machte von Dekeleia aus quasi nach eigenem Gutdünken Politik – und dies mit offizieller Billigung aus Sparta. Da schnelle Entscheidungen erforderlich waren, wurde er ermächtigt, nach eigenem Ermessen Truppen zusammenzuziehen und auszusenden, außerdem Gelder einzutreiben. Vor allem in letzterer Absicht machte er von willkürlichen Praktiken Gebrauch. So ließ er – zum Beispiel bei den Oitaiern in Mittelgriechenland – das Vieh wegtreiben und erpreßte dann Geld für dessen Rückgabe. Die Achaier und andere Untertanen der Thessalier zwang er, Geiseln zu stellen, und nötigte sie – ungeachtet aller Proteste – zu Geldzahlungen. Die Schiffe, die die Lakedaimonier für den Seekrieg bauen wollten, mußten bezahlt werden, auch wenn für einen nicht geringen Teil von ihnen die Verbündeten aufkommen sollten. Viele von diesen wandten sich schon gar nicht mehr an die Behörden in Sparta – das Ephorat erlebte eine Zeit der Machtlosigkeit –, sondern direkt an Agis. Dekeleia wurde zu einer neuen Kommandozentrale spartanischer Expansionspolitik.

Stadt- und Weltflucht Etwa zur selben Zeit, zu der die Spartaner Dekeleia besetzten, war in Athen bei den städtischen Dionysien eine Komödie aufgeführt worden, die auch nach weit über zwei Jahrtausenden nichts von ihrem Wortglanz verloren hat: *Die Vögel* des Aristophanes. Es war eine Zeit, in der Athen zwischen Hoffnung und Defätismus schwankte. Nach Sizilien waren neue Verstärkungen geschickt worden, doch der Ausgang war ungewiß, und im Mutterland selbst nahm der 421 unterbrochene Krieg seinen Fortgang. Thukydides berichtet vom Siegeswillen der Athener in fast aussichtsloser Situation, doch das ist nur eine Seite. Manche Athener wandten sich auch vom politischen Geschehen ab, 17 Jahre Krieg und Parteikämpfe hatten sie ihrer Heimatstadt entfremdet. Sie flüchteten sich in Vergnügungen – nicht zufällig gewannen die *Zechbrüder* des Ameipsias in der schweren Krise des Jahres 414 den ersten Preis bei den Komödienaufführungen –, zogen sich in selbstgewählte Einsamkeit zurück wie der berühmte Misanthrop Timon oder dachten an Auswanderung. In den *Vögeln* wird die Stadt- zur Weltflucht, die Emigranten fliehen an einen Ort, den es nirgends gibt, in die Utopie. Zwei ältere Athener, Peisthetairos (Treufreund) und Euelpides (Hoffegut), verlassen aus Überdruß und Ekel vor dem, was sie für den Geist der Zeit halten, ihre Vaterstadt. Niemand vertreibt sie, sie flüchten vor der Prozeß- und Denunziationswut ihrer Mitbürger, die kurz zuvor im Hermen- und Mysterienskandal einen neuen Höhepunkt erreicht hatte, und suchen einen *Tópos aprágmôn*, einen von politischen Händeln freien Ort. Tereus, der in einen Wiedehopf verwandelte Schwiegersohn des mythischen attischen Königs Pandion, hat in seiner neuen Eigenschaft Land und Meer überflogen und will ihnen helfen, eine Stadt zu finden, in der es sich «weich und warm in der Wolle sitzen läßt». Tereus kennt eine solche am Roten Meer. Indes, dort könnte das Staatsschiff *Salaminia* einlaufen, entsetzt sich Euelpides: Das Schicksal des Alkibiades drohe. So kommt die Idee auf, bei den Vögeln in luftiger Höhe zu wohnen. Dort wollen sie eine Stadt errichten, gleichermaßen gegen den Himmel und die Erde mit Mauern abgeschlossen, um die Herrschaft sowohl über die Götter als auch die Menschen zu gewinnen. Zuvor müssen sich die beiden Freunde noch mit den Vögeln versöhnen, die in ihnen, den Menschen, «Feinde von Natur» aus sehen. Peisthetairos gelingt dies, indem er in einer eigenen Kosmo- und Theogonie den Beweis antritt, daß in den frühesten Zeiten die Vögel die Weltherrscher gewesen seien. Am Ende des Stückes wird er dann doch wieder Vögel braten und verspeisen, was er sich mit der Behauptung gönnt, es seien nur solche, die sich – als Staatsfeinde – gegen ihre demokratischen Artgenossen empört hätten. Zuvor freilich glückt die Gründung des mächtigen Staates der Vögel: *Nefelokokkygía* (Wolkenkuckucksburg). Menschen wie Götter pilgern in die neue Metropole, um dort irgendwelche Vorteile für sich herauszuschlagen. Peisthetairos aber vertreibt oder übertölpelt sie alle in slapstickartigen Szenen und erhebt sich schließlich selbst – die Vögel sind ihm nach Erreichen seines Ziels nicht mehr ganz so wichtig – zum neuen Zeus, der zum feierlichen Ausgang des Stückes *Basileia*, die Allegorie der Königsherrschaft, heiratet.

Die Handlung ist – scheinbar dem Thema widersprechend – heiter, und wer als Zuschauer auch nur einen Teil der vielen Anspielungen verstand – nur Monate später wird diejenige auf die Saumseligkeit des Feldherrn Nikias, die *NikiasNikkerei*, unangenehme Wahrheit –, kam ganz auf seine Kosten. Dazu belustigten das Spiel mit den Vogelstimmen und die aufwendigen Federkostüme. Zwischen all dem aber bleibt die Realität des Alltags, in den die Zuschauer am Ende des Tages zurückkehren würden, nicht verborgen. Es erscheinen die üblichen Schmarotzer, die von den Veränderungen profitieren wollen: Der geschwätzige Dichter mit floskelhaften Liedern zum Lobpreis von Wolkenkuckucksburg, der Wahrsager, der ein Orakel bereithält, das ihm, dem Propheten, allerlei Geschenke zu überreichen gebietet, der Astronom, der den Luftraum vermessen will, der staatliche Aufseher, der Gebühren zu kassieren wünscht, ein Verkäufer von Volksbeschlüssen, der auch sofort den ersten zu verlesen beginnt, und zum Schluß auch noch der Sykophant, der sich – nun mit Flügeln ausgestattet – eine seebundweite Ausdehnung seiner schmutzigen Geschäfte verspricht. In der Rolle des Kasperls mit der Pritsche vertreibt Peisthetairos jene Parasiten.

Wie sehr das Thema des Rückzugs aus der Gesellschaft, der Staatsmüdigkeit und Öffentlichkeitsflucht Athen beschäftigte, belegen auch die Fragmente einer um die gleiche Zeit aufgeführten Komödie des Dichters Phrynichos. Der Titel zeigt in diesem Fall bereits das Thema: *Monótropos*, das ist der Einsiedler, der *aprágmon* des Aristophanes. Erhalten hat sich eine Selbstbekundung dieses *Monótropos*, in der er seine Flucht aus der Stadt mit dem Widerwillen gegen Politiker und ihre «Affen» begründet: «Ich heiß' Einsiedler (und bin auch einer, denn) ich führe das Leben eines Timon, unbeweibt und unbedient, aufbrausend, unzugänglich und für Lachen unempfänglich, ungesprächig, stets dem eigenen Kopf nach gehend ... Kann gleich noch andere, große Affen nennen, wie Peisandros, Teleas, Lykeas, Exekestides. (*Ein Besucher antwortet:*) Seltsame Affen nennst du da. Der eine ist ein Feigling, der andere Schmarotzer, jener Bankert (und ein Sykophant der vierte).»

Timon von Athen Der Mann, auf dessen Vorbild sich der Einsiedler beruft, war im Athen des Peloponnesischen Krieges bekannter als Sokrates, mit dem er sich den Ruf des Originals teilte. Timon geisterte über seinen Tod hinaus durch die attischen Komödien. Aristophanes erwähnt ihn in den *Vögeln* und nochmals, ausführlicher, in der *Lysistrate* von 409. Timons Ruhm hielt bis in römische Zeit an, als Marcus Antonius sich nach der Niederlage von Actium 31 in ein abgelegenes Haus fern von Alexandria flüchtete und es *Timoneion* nannte. Shakespeare machte aus der Geschichte des Timon, die er aus Plutarchs Antonius-Vita kannte, eine Tragödie, und bei Molière kehrte Timon als der wieder, der er war, als «Menschenfeind».

Einst reich und freigebig, hatte sich Timon aus dem gesellschaftlichen Leben seiner Vaterstadt enttäuscht zurückgezogen und lebte menschenscheu auf einem mit Pfahlwerk und Dornenhecken umzäunten Landgut am Rande der Stadt. Besucher pflegte er mit Erdklumpen zu bewerfen. Nur einen Gleichgesinnten und den jungen Alkibiades ließ er vor, denn diesen verehrte er, da er überzeugt war, daß er Athen ins Verderben führen werde. «Ich habe», ließ Timon der Überlieferung zufolge die Athener wissen, «ein kleines Grundstück, auf dem ein Feigenbaum gewachsen ist, an dem sich schon viele Bürger aufgehängt haben. Da ich nun den Platz bebauen will, so wollte ich das in aller Öffentlichkeit verkünden, damit, falls etwa einige von euch Lust dazu haben, sie sich noch erhängen können, bevor der Feigenbaum gefällt wird.» Selbst sein Grab wurde noch zur Pilgerstätte, und so bewirkte sein letzter Wunsch, ein selbstverfaßtes Epitaph, das Gegenteil des Erhofften, sein Name ging in die Geschichte ein: «Ich hier im Grabe riß mir das elende Leben vom Leibe. Braucht nicht den Namen zu wissen, ihr Dreckskerle, solltet verrecken!»

Der Timon, den Aristophanes kannte, war noch nicht der unerbittliche Frauenfeind, Menschenverächter und Götterhasser, zu dem ihn Spätere werden ließen. Wenn die Anekdoten über den Umgang mit Alkibiades nicht gänzlich ohne Hintergrund sind, nahm Timon zunächst am öffentlichen Leben seiner Heimatstadt teil. Sein bewußter Rückzug war nicht der unpolitische eines schrulligen Charakters, sondern verstand sich eher als Kritik an der athenischen Gesellschaft und dem, was konservativen Athenern Verfall von Sitten und Moral dünkte. Auch der Umstand, daß Timon Jünger und Nachahmer fand, rückt ihn in die Nähe einer Gruppe, die ihren Protest gegen die attische Demokratie und die von ihr geprägte Lebensform mit der Propagierung eines andersgearteten Ideals, des spartanischen, verbanden. Die sogenannten *Lakonistaí* zeigten ihre Vorliebe für das Spartanertum schon in ihrem äußeren Erscheinungsbild. Sie trugen, so das von den attischen Zeitgenossen zur

Karikatur verzeichnete Bild ihrer Askese, riesenhafte Bärte, lange Haare, Knotenstöcke und einfachstes Schuhwerk, waren schmutzig, kleideten sich mit kurzen Mänteln oder schäbigen, fransenbehangenen Kitteln und hungerten ausdauernd. Im Gegensatz zum verweichlichten Athener gingen sie nicht anders als mit «Kampfriemen», betrieben ständig Leibesübungen und hatten daher auch – in der Vorstellung Platons – Blumenkohlohren.

Während man der scheinbar unpolitischen Kritik des Timon mit gutmütigem Spott begegnen konnte, mußte die reaktionäre Ideologie der Lakonisten in einer Stadt, die im Krieg mit Sparta stand, auch als Bedrohung empfunden werden. Wie Sanktionen oder Strafen aussahen, ist unbekannt, die Komödie aber nannte sie Volksverräter, Freunde des Brasidas und beschuldigte sie, nach der Tyrannis zu streben. Vermutlich bildeten die Lakonistai aber letztlich eine zu unbedeutende Gruppe, um sie mit Prozessen zu verfolgen. Gefährlicher für das Funktionieren der attischen Demokratie muß dagegen der wohl ständig wachsende, von den Quellen kaum erfaßte Kreis von Bürgern gewesen sein, die sich wie Timon enttäuscht von der attischen Gesellschaft abwandten. Athen zu verlassen war nur wenigen möglich. Belastete Oligarchen flohen später zu ihren Gesinnungsgenossen nach Sparta. Doch es gab auch patriotische Dichter, die, enttäuscht von inneren Querelen und Kriegshetze, Athen den Rücken kehrten. So verließ, wie schon erwähnt, als berühmtestes Beispiel Euripides 408 seine Vaterstadt, deren Politik er so lange unterstützt hatte, und zog an den makedonischen Königshof, wo er starb, ohne das Ende des Krieges miterleben zu müssen.

Verzweiflung und Siegeswille Die Jahre 413 und 412 sind die schwierigsten in der Geschichte Athens. Nicht einmal 405, kurz vor der Niederlage bei Aigospotamoi, befand sich die Stadt in einer vergleichbar verzweifelten Situation. Ab März 413 mußte Athen einen Zweifrontenkrieg führen, im Sommer ging die gesamte Flotte verloren; Sparta und seine Verbündeten verdoppelten ihre Anstrengungen, da sie nun glaubten, die Schwäche des Gegners ausnutzen zu können, um bald der «langen Quälerei» ledig zu werden, welche die ständigen Rüstungen mit sich brachten, und im Jahr darauf fielen alle wichtigen Verbündeten, die Insel Samos ausgenommen, von Athen ab. Thukydides beobachtete den Niedergang aus dem Exil, und er bewunderte offenkundig, wie *seine* Athener sich dem entgegenstemmten. Daß der Krieg nicht vorzeitig entschieden wurde, hat für ihn zwei Ursachen, den Siegeswillen der Athener und die Trägheit der Spartaner. Mit dem Lob jener beginnt er diese letzte Phase seines Werkes, mit der Kritik dieser beschließt er sie.

Die *Philonikía*, der Begriff, den Thukydides für Siegeswillen verwendet, ist janusköpfig. Der Wortstamm verweist nicht auf Sieg (*níke*), sondern auf Streit (*Neîkos*). Er steht für die Gier der Athener nach Eroberungen, erklärt die gegen alle Vernunft unternommene Kriegsfahrt gegen Sizilien. Das ist das häßliche Gesicht, das die *Philonikía* auch in der *Pathologie* trägt. Doch die *Philonikía* der Athener bedeutet für Thukydides im Überlebenskampf jener Jahre auch anderes, nämlich den unabdingbaren Siegeswillen der Stadt, *seiner* Stadt, der spätestens mit der Besetzung Dekeleias zum Behauptungswillen geworden war.

Thukydides ist nach siebenundzwanzig Jahren griechischen Bürgerkriegs – das Kapitel über den Durchhaltewillen der Athener ist am Ende des Krieges oder danach entstanden – tief gespalten in den Athener und den Historiker, in den Strategen aus den Anfängen des Krieges und den Geschichtsphilosophen am Ende der Kämpfe, in den Mann, der den Krieg gewinnen wollte, und den, der ihn in seinen überzeitlichen Ursprüngen zu begreifen versucht. *In nuce* offenbart der kleine Passus über die *Philonikía* der Athener die ganze Zerrissenheit des Thukydides. Er weiß, daß der Angriff auf Sizilien ein Fehler war. Er widersprach offensichtlich dem von ihm idealisierten (oder gar fingierten) Konzept des Perikles, die Kräfte zu bündeln und das Reich nicht zu vergrößern, bevor Sparta niedergerungen war. Wie er Perikles bewundert, so verachtet Thukydides dessen Nachfolger, die aus persönlichem Ehrgeiz und persönlicher Gewinnsucht die Stadt in gefährliche Unternehmungen rissen. Doch der Historiker unterscheidet zwischen den athenischen Politikern und dem athenischen Volk, und diesem, das ihn in ein zwanzigjähriges Exil geschickt hat, widmet er folgenden Passus: «Am meisten drückte sie, daß sie zwei Kriege zugleich führten und einen verbissenen Siegeswillen entwickelt hatten, den man, ehe man's erlebt, keinem Berichte geglaubt hätte: daß sie, mit einer peloponnesischen Burg im eignen Land und selbst belagert, immer noch nicht von Sizilien abließen, sondern drüben Syrakus auf die gleiche Weise auch belagerten, eine Stadt, die für sich selbst nicht geringer war als Athen, und daß sie jede Berechnung der Hellenen über ihr Können und Wagen Lügen straften: zu Anfang des

Krieges hatten ihnen die einen ein Jahr, andere zwei, niemand mehr als drei gegeben, die sie ausdauern könnten, wenn die Peloponnesier in ihr Land einfielen: und nun waren sie sechzehn Jahre nach dem ersten Einfall nach Sizilien gegangen, so schwer sie der Krieg auch schon in jeder Weise heimgesucht hatte, und hatten sich in einen zweiten, nicht geringeren Krieg gestürzt, als der schon vorher bestehende peloponnesische war.»

Was die Griechen staunen machte, faßt Thukydides in ein bei ihm geadeltes Begriffspaar: Können *(Dýnamis)* und Wagen (*Tōlma*). Das erste steht für die in ihren Machtmitteln konzentrierte Kampfkraft Athens, das andere für den wagemutigen Einsatz der Athener für ihre Ziele. Es ist die Bewunderung des Historikers für die Kriegsanstrengungen seiner Landsleute, die darin Ausdruck findet, doch zu deren höherem Lob versteckt Thukydides die eigene Meinung, indem er sie als Staunen der von der unerwarteten Widerstandskraft der Athener völlig überraschten Hellenen kaschiert. Dennoch ist es allein sein Stolz, der aus den Worten spricht und der diesen Exkurs, der mit der *Pathologie*, dem Melier-Dialog und dem Perikles-*Enkomion* (Lobpreis) in Zusammenhang steht, zu einem zentralen Kapitel des Werkes macht.

KRIEG UNTER NEUEN VORZEICHEN

Das achte Buch des Thukydides Das achte Buch beginnt bereits im siebten, und das siebte Buch endet erst im achten. Die zum Teil parallelen Ereignisse des Dekeleischen Krieges und der sizilischen Expeditionen sind verzahnt, und da Thukydides streng annalistisch schreibt, muß er zusammengehörige Vorgänge immer wieder unterbrechen. Das gilt für die Bücher zwei bis sieben – für das achte Buch aber nur begrenzt, denn es ist unvollendet und nicht überarbeitet. So endet es auch abrupt mit Kapitel 109 mitten im Bericht vom Aufbruch des Satrapen Tissaphernes zum Hellespont, der vom Autor bereits begonnene Satz ist, sofern kein mechanischer Überlieferungsverlust vorliegt, nicht mehr zu Ende geführt. Es ist der letzte Satz des erhaltenen Werkes, aber nicht der letzte, den Thukydides über den Peloponnesischen Krieg geschrieben hat. Antike Philologen dachten anders, und zwar nicht nur, da in Kapitel 8.109 mit der Ankunft des Satrapen Tissaphernes in Ephesos im Sommer 411 das späteste Ereignis der vorliegenden Kriegsdarstellung erwähnt wird, sondern auch weil dieser letzte Satz unvollendet abbricht. Sie konstruierten einen Mord am Autor, da ihnen dies der einzig plausible Grund schien, der Thukydides am Weiterschreiben hatte hindern können. Daß Thukydides das achte Buch aber zugunsten anderer Vorhaben zunächst beiseite gelegt hat, erhellt auch aus anderem. Es enthält nur wenige, meist nicht bearbeitete Urkunden und keine einzige Rede. Die Reden hat Thukydides bekanntlich erst eingefügt, wenn die Faktengeschichte abgeschlossen war. Während andere Bücher wie das zweite, das fünfte oder siebte Passagen enthalten, die zweifelsfrei nach Kriegsende geschrieben sind, weist im achten Buch nichts über den Sommer 411 hinaus, mit dem es aufhört. Thukydides brach die Arbeit am achten Buch vermutlich ab, als er sich der grundlegenden Neufassung des bisher Geschriebenen zuwandte, das heißt in den letzten Jahren vor Kriegsausgang oder unmittelbar danach. Er bekam keine Gelegenheit mehr, sie wieder aufzunehmen.

Im Frühjahr 413 war die Niederlage in Sizilien, zumindest jedoch der Abzug von dort, absehbar. Auf jeden Fall wußte der Historiker um den Ausgang des Zuges, als er die Arbeit am siebten Buch aufnahm, das die Ereignisse vom Spätsommer 414 bis zum Herbst 413 zusammenfaßt. Beginnend mit dem Kapitel 7.19, bis zum letzten des Werkes, dem abgebrochen Kapitel 8.109, ist nun die Geschichte der Athener die eines fortwährendes Abstiegs – ein Abstieg, der zunächst allmählich und unmerklich beginnt, in Sizilien anfangs vielleicht sogar noch mit der Chance eines zwar verlustreichen, aber immer noch die Mehrzahl der Schiffe und Mannschaften rettenden Rückzugs birgt, dann sich aber immer überstürzter vollzieht und schließlich die Stadt in einen Strudel von Niederlagen zieht und in einen Abgrund reißt.

Die Episode von Mykalessos Die Besetzung Dekeleias erfolgte etwa Ende März 413. Drei oder vier Wochen später ereignete sich etwa einen Tagesmarsch nördlich, auf boiotischem Gebiet unweit von der Küste bei Chalkis, ein Vorfall, von dem Thukydides, obwohl er keinerlei Bedeutung für den Ausgang des Krieges besaß, ausführlich berichtet. Er zeigt exemplarisch, daß die in den Bürgerkriegsexzessen zutage tretende Verrohung noch steigerungsfähig war, und setzt die Vorzeichen, unter denen das letzte Drittel des siebenundzwanzigjährigen Krieges steht. In keiner anderen Phase gab es mehr Vertriebene, Gefangene oder Tote.

Die Geschichte um den kleinen Ort Mykalessos beginnt im Winter 414/13. Damals reisten athenische Emissäre in den Norden ihres Reiches, nach Thrakien. Thukydides lebte dort nun im neunten Jahr seiner Verbannung. Wenn ein Athener, dann kannte *er* die thrakischen Verhältnisse, doch vermutlich haben die athenischen Gesandten seinen Rat nicht eingeholt. Der Auftrag der Delegation lautete, Kämpfer für den Krieg in Sizilien anzuwerben. Diese waren auch unter den Barbaren nicht so leicht zu finden, zumal sie noch weniger als die Athener über jene Insel wußten. So waren die Athener bereit, einen hohen Sold zu zahlen: eine Drachme pro Mann und Tag.

Die Reise endete bei einem thrakischen Bergvolk, das im Rhodope-Massiv siedelte, dem Quellgebiet des Nestos. 1300 Mann dieses Volkes verdingten sich als Söldner in athenischen Diensten. Thukydides nennt die Krieger dieses Bergvolks eingangs schwerttragend (*machairophéroi*). Er grenzt sie damit von anderen Thrakern ab, doch weist das Attribut auch schon auf das Ende der Episode, wo die Thraker auf schreckliche Weise ihrer einleitenden Charakterisierung gerecht werden.

Die Delegation kehrte bald nach Athen zurück, die angeworbenen Thraker folgten, allerdings nicht mit der gebührenden Eile. Die Flotte des Demosthenes, mit der sie nach Sizilien fahren sollten, war bereits abgesegelt, als sie im späten Frühjahr in Attika ankamen. Statt zu einem militärischen Problem für die Syrakusaner wurden die Thraker zu einem finanziellen für die Athener. Pro Prytanie kosteten die Söldner knapp neun Talente, nahezu das Doppelte von dem, was an Geschworene und Ratsherren im selben Zeitraum an Diäten ausgezahlt wurde. Inzwischen war zwar der Krieg um Dekeleia ausgebrochen, für den Kampf im eigenen Land aber war den Athenern das vereinbarte Salär zu hoch. Die Volksversammlung suchte einen Weg, sich der teuren Verbündeten billig zu entledigen. Sie beschloß, die Thraker zurückzusenden, gleichzeitig aber die aus athenischen Tempelkassen bezahlte Rückreise für militärische Operationen zu nutzen. Nach dem strategischen Sinn vieler Unternehmungen wurde, wie gesagt, längst nicht mehr gefragt. Plündern, rauben, morden galt als militärische Ruhmestat, da es den Feind schädigte. Sofern die Thraker Beute machten, konnte zudem an Sold gespart werden. *Bellum se ipsum alet* – der Krieg wird sich selbst ernähren, wie es Jahrhunderte später der römische Historiker Livius ausdrücken sollte.

Die Rückfahrt der Thraker stand unter dem Befehl eines athenischen Strategen, Thukydides nennt seinen Namen: Dieitrephes. Sein Sohn stiftete ihm nach dem Tod eine Statue. Ein halbes Jahrtausend später sah sie der Griechenlandreisende Pausanias in der Osthalle der Propyläen und wunderte sich, daß der bronzene Stratege von Pfeilen durchbohrt war.

Dieitrephes umfuhr das Kap Sunion an der Südspitze Attikas und nahm Kurs auf den Euripos, den schmalen Sund zwischen Euboia und dem Festland. Er ankerte an der Küste auf Höhe von Tanagra und gab Befehl, die Gegend zu plündern. Die Stadt selbst war zu gut gesichert. Nächstes Ziel war Chalkis auf Euboia. Von dort überquerte Dieitrephes bei Einbruch der Dämmerung die Meeresenge und landete in Boiotien. Im Schutz der Dunkelheit führte er die Thraker dann nach Mykalessos, das auf einer Anhöhe an der Straße zwischen Chalkis und Theben lag, schon so weit vom Meer entfernt, daß niemand mit Überfällen von der Seeseite rechnete. Bei einem Tempel des Hermes, immer noch 16 Stadien (etwa 3 Kilometer) von Mykalessos entfernt, wartete Dieitrephes mit den Thrakern die Nacht ab. Niemand bemerkte die Söldner und warnte die Einwohner. Im Morgengrauen näherte sich Dieitrephes der Stadt. Der Anmarsch dauerte eine gute halbe Stunde. Von Osten schien dem Ort keine Gefahr zu drohen. Wachen waren nicht aufgestellt, die Stadttore geöffnet, die Umfassungsmauern boten keinen Schutz. An einigen Stellen waren sie niedrig, an anderen einsturzgefährdet, manche Partien schon eingefallen, ohne daß sich jemand die Mühe machte, sie wiederaufzubauen. Die Einwohner wiegten sich in Sicherheit, und so nahm Dieitrephes Mykalessos im ersten Ansturm.

Die Thraker, so Thukydides, «fielen in den Ort ein, zerstörten Häuser und Tempel und mordeten die Menschen. Sie verschonten weder alt noch jung, sondern töteten alle, die ihnen in den Weg kamen, Frauen und Kinder, ja sogar die Zugtiere, überhaupt alles Lebende, was sie erblickten. Doch es war nicht genug des Schreckens, der alles andere als gering war, und des Sterbens, das einem in jeder Gestalt begegnete: Sie drangen auch noch in eine Schule ein, die größte im Ort, die Knaben hatten sie eben betreten, und sie hieben alle ausnahmslos nieder.»

Thukydides ballt seine gängigen Stilmittel – Litotes (doppelte Verneinung), Polysyndeton (Reihung mehrerer Substantive, die mit einem Bindewort verbunden sind), Superlativ –, um das Pathos zu steigern, doch am stärksten wirkt, da selten eingesetzt, der kommentierende Einschub. Der Historiker unterbricht die Schilderung des Überfalls und fügt einen Zwischensatz ein, der die Dimension des Massakers nun auch *expressis verbis* hervorhebt: «So gewaltiges Unheil, ebenso schrecklich wie unerwartet, überfiel die ganze Stadt.»

Das Gemetzel dauerte den ganzen Morgen. Die Thraker töteten einen nach dem anderen mit ihren Handwaffen, das brauchte Zeit. Danach begannen sie zu rauben. Thebanische Reiter, die auf Hilferufe von Überlebenden hin nach Mykalessos geritten waren, überraschten noch einige Angreifer beim Plündern. Von Mykalessos nach Theben und zurück sind es etwa 40 Kilometer; seit dem Angriff waren zwischen drei und vier Stunden vergangen. Die zurückgebliebenen Thraker wurden in Straßenkämpfen niedergemacht, während eine größere Gruppe von Fliehenden bereits das Meer erreicht hatte, als die Thebaner sie einholten. Die Mehrzahl konnte sich noch in Kampfformation aufstellen, die anderen wurden, die rettenden Boote vor Augen, getötet. Die Thraker konnten nicht schwimmen, und die athenischen Trieren ankerten im Sund außerhalb der Reichweite der feindlichen Bogenschützen. Thukydides gibt genaue Zahlen, denn die Flüchtenden ließen die Leichen zurück: Es starben 250 Thraker, die Verluste der Thebaner betrugen 20 Reiter und Hopliten, dazu ein Boiotarch. Wie viele Einwohner von Mykalessos starben, ist unbekannt. Pausanias glaubte später, daß alle Einwohner umkamen, Thukydides spricht «nur» von einem beträchtlichen Teil.

Sein Bericht schließt aber nicht damit; vielmehr nimmt er nochmals den Kommentar auf, den ihm das Gemetzel unter den Schulkindern entlockte, und er bekundet ein Mitleiden, das überrascht – nicht weil es an dieser Stelle steht, sondern an anderer, am Ende des Melier-Dialogs, fehlt. «Dies also trug sich bei Mykalessos zu, dessen Schicksal, mißt man es an der Größe der Stadt, zu den jammervollsten des Krieges gehört.»

Der Abfall der Verbündeten Ganz Griechenland befand sich nach den sizilischen Ereignissen in Aufruhr. Thukydides skizziert ein wenig schmeichelhaftes Psychogramm griechischer Städte. Zu nennen sind zuerst die sogenannten Neutralen, die also weder auf der einen noch der anderen Seite gekämpft hatten, solange das Gefahren barg. Es waren die Schakale des Krieges, die nun den athenischen Kadaver witterten und um ihren Anteil an der vermeintlich risikofreien Beute geiferten. Auch wenn niemand sie um Hilfe bat, schreibt Thukydides, meinten sie doch, nicht länger beiseite stehen zu dürfen, vielmehr Athen nun angreifen zu können – würde es doch, wenn es nur Erfolg in Sizilien gehabt hätte, auch jeden einzelnen von ihnen überfallen haben. Solche Begründung rechtfertigte jede Art von Aggression, tatsächlich aber gab es nur ein Motiv, nämlich sich im Schatten Mächtigerer an einem kurzen Krieg zu beteiligen und, mochte auch bei der Zerteilung der Beute wenig übrigbleiben, zumindest am Ruhm zu partizipieren, einen (einstmals) so bedeutenden Gegner erlegt zu haben.

In den allgemeinen Siegestaumel, der die Gegner Athens und die Bündnislosen auf die Nachricht vom Untergang der athenischen Armada hin erfaßt hatte, wurden nicht zuletzt Athens Verbündete hineingerissen. Die Hoffnungen der *Sýmmachoi*, sich von der Vormacht nun lossagen zu können, beruhten allerdings auf einer teilweisen Verkennung ihrer Lage. Sie überschätzten ihre Kräfte und verdrängten den Gedanken, ob sie denn im Falle eines Aufstands überhaupt ohne Hilfe von außen den nächsten Sommer durchhalten könnten. Zorn war ein schlechter Ratgeber, wie Thukydides und nach ihm Xenophon nicht müde wurden zu betonen, doch der Groll war hartnäckig, denn er speiste sich vor allem aus dem Zwang, Tribute leisten zu müssen. Schon in Friedenszeiten schienen den Verbündeten die finanziellen Belastungen viel zu hoch. Kleon hatte sie in den zwanziger Jahren dann noch gesteigert; nun wurde 413 das System des Abgabeneinzugs umgestaltet. Statt der einmal festgesetzten Tribute zahlten die Mitglieder des Seebundes jetzt einen Zoll von fünf Prozent auf alle Ein- und Ausfuhren. Ob damit das Gesamtvolumen der Einkünfte Athens gesteigert wurde, ist unklar. Vielleicht war es auch ein Versuch, den Unmut über die Zahlungen etwas zu dämpfen, indem das System durchsichtiger gemacht wurde, da dem bisherigen Modus der Festsetzung der Tribute durch athenische Beamte etwas Willkürliches anhaftete. Auch entlastete das neue System möglicherweise die ärmeren Poleis, die nur in geringem Umfang Handel trieben. Zudem waren es nun die reicheren Handelsstädte, die stärker zur Kasse gebeten wurden, und die profitierten durchaus von dem Schutz, den die athenische *Arché* gewährte. In jedem Fall entsprang die Änderung der puren Not, denn die Ausgaben stiegen mit der Fortdauer des Krieges, während die Einnahmen sanken.

Kaum daß zuverlässige Nachrichten vom Untergang der Flotte in den Osten gelangt waren, versuchten die ersten Verbündeten, Athen den Rücken zu kehren. Es waren dies zunächst die Euboier – für die Athener der größte anzunehmende Unglücksfall. Euboia war wirtschaftlich nicht weniger wichtig als Attika selbst. Dies bewies nicht zuletzt die spartanische Besetzung Dekeleias, denn nun konnten die Waren nicht mehr über Land nach Athen gebracht werden, sondern mußten zu Schiff an Kap Sunion vorbei in den Piräus oder nach Phaleron transportiert werden. Das verteuerte die Importe nicht unerheblich. Um wenigstens das Risiko eines Überfalls zu mindern, wurde Sunion im Winter 413/12 befestigt. Den Abfall von Euboia verhinderte das nicht, wenn auch bis zu seiner Realisierung noch fast zwei Jahre vergehen sollten.

Auch an der kleinasiatischen Küste breitete sich nach der sizilischen Katastrophe die Insurrektion gegenüber der schwach erscheinenden Vormacht Athen aus. Von Lesbos, aus der Küstenstadt Erythrai und von der Insel Chios kamen Boten nach Sparta, um ebenfalls dort Hilfe zu erbitten. Dazu mischten sich auch noch die kleinasiatischen Satrapen Pharnabazos und Tissaphernes ein – jeder freilich in eigenem Interesse und ohne Absprache mit dem anderen –, denn die athenische Präsenz hinderte sie, die Abgaben einzutreiben, und der Großkönig zeigte sich ungeduldig. Beide Satrapen buhlten um das Bündnis mit den Lakedaimoniern, denen sie auch finanzielle Unterstützung versprachen. So wollte denn jeder Spartas neue Flotte zunächst in seinem Herrschaftsbereich ankern sehen, Pharnabazos am Hellespont, Tissaphernes in Ionien.

Die Lakedaimonier versprachen allen Inseln und Küstenstädten in und jenseits der Ägäis Hilfe, König Agis den Städten von Lesbos, die Behörden in Sparta den Chiern. Priorität besaßen letztere. In den beiden Häfen Korinths sammelten sich die Schiffe, die nach Chios entsandt werden sollten. Unter erheblichem Aufwand wurden diejenigen, die im Westhafen ankerten, über den Isthmos gezogen. Es galt, die Athener von denen abzulenken, die schon in Richtung Chios abgefahren waren. Die Chier leugneten, als die Athener sie zur Rede stellten. Tatsächlich waren auch nur wenige Oligarchen eingeweiht.

Die Athener ließen sich von den Manövern in Korinth aber nicht täuschen, ihre Trieren verfolgten die peloponnesischen Schiffe, die in Richtung Chios ausgelaufen waren, und diese konnten sich nur durch rasche Flucht retten. Der Rückschlag entmutigte die Lakedaimonier.

Schon wollten sie auf weitere maritime Aktionen verzichten, da überredete Alkibiades, der sich noch in Sparta aufhielt, die Ephoren, ihn mit fünf Schiffen nach Chios zu entsenden: Er sei glaubwürdiger als andere und werde die ionischen Städte leicht zum Abfall von den Athenern bewegen, wenn er erst persönlich deren Schwäche und umgekehrt die Stärke der Lakedaimonier schildern könne.

Als er in Chios eintraf, hatten die Oligarchen schon alles für seinen Auftritt vorbereitet, das Volk wurde überrumpelt. Das Charisma und die Lügen des Alkibiades taten ein übriges. Er verschwieg die Niederlage gegen die athenische Flotte und kündigte stattdessen die Ankunft vieler anderer Schiffe aus der Peloponnes an. Nun sagten die Chier sich auch offiziell von Athen los, es folgte Erythrai. Ebenso fielen, zumindest für kurze Zeit, Klazomenai und danach Methymna und Mytilene auf Lesbos ab. Alkibiades fuhr weiter nach Milet, und auch dort gelang es ihm, die Stadt abtrünnig zu machen. Eine athenische Flotte, die ihn noch abzufangen versuchte, kam zu spät.

Noch bevor die neuerliche Schreckensnachricht eintraf, hatten die Athener die Gefahr erkannt, nahezu alle Verbündeten an der Ionischen Küste zu verlieren, und unter diesem Eindruck taten sie etwas ganz Außergewöhnliches. Seit Kriegsbeginn, also seit nunmehr über 19 Jahren, lagerten auf der Akropolis 1000 Talente, sicher geschützt vor voreiliger Verwendung, da sowohl derjenige, der den Antrag stellen sollte, sie anderweitig zu verwenden, als auch der Beamte, der einen solchen Antrag zur Abstimmung ausriefe, mit der Todesstrafe bedroht war. Nur eine Ausnahme war festgelegt: Nicht gelten sollte die Androhung, wenn sich eine feindliche Flotte in direkter Anfahrt auf den Piräus befinde. Davon konnte im Sommer 412 noch nicht die Rede sein, aber mit dem absehbaren Verlust aller überseeischen Verbündeten und Besitzungen schien dies nur eine Frage von Monaten. So flossen nun auch diese Gelder in den Kreislauf der Kriegsfinanzierung. Gegen das abtrünnige Chios sollte alles, was möglich war, aufgeboten werden, und noch wußten die Athener nichts vom Seitenwechsel des so wichtigen Milet.

Gegen Chios gelangen bald erste Erfolge. Es schien, als habe sich die Insel, die im Inneren seit den Perserkriegen eine lange friedliche Entwicklung genommen hatte und zu beträchtlichem Wohlstand gelangt war, verrechnet. Nach seiner Erkenntnis, schrieb Thukydides, seien die Chier die einzigen neben den Lakedaimoniern, die ihr Glück mit Besonnenheit zu verbinden gewußt und, je mehr ihre Stadt an Größe gewann, um so mehr für ihre Sicherheit gesorgt hätten. Nun aber standen die Athener im Land und verwüsteten es. Der Hauptort war von der See abgeschnitten, und schon wurden erste Stimmen laut, sich wieder den Athenern anzuschließen. Der spartanische Harmost ließ daraufhin im Winter 412/11 diejenigen hinrichten, die als Gesinnungsfreunde Athens galten, ein oligarchisches Regime wurde eingerichtet. Chios bezahlte den Bündniswechsel mit Terror im Inneren und im Äußeren, denn die zahlreichen Sklaven – mehr als in jeder anderen griechischen Stadt, Sparta und Athen ausgenommen – liefen, da sie von den Chiern wegen ihrer großen Menge außerordentlich hart behandelt wurden, massenhaft zu den Athenern über und richteten aus Rache schwere Schäden im Land an.

Inzwischen waren Nachrichten vom Abfall Milets nach Athen gelangt. Ende des Sommers fuhr eine starke Flotte aus dem Piräus ab. Sie vermochte jedoch nicht, die Stadt abzuriegeln, und segelte nach Samos weiter. Auch im folgenden Winter 412/11 gab es keine Fortschritte. Im Gegenteil, die Insel Rhodos fiel nach bekanntem Muster von Athen ab. Die Oligarchen nahmen Verbindung mit den Spartanern auf, eine peloponnesische Flotte landete, das Volk wurde eingeschüchtert, eine Regierung der Oligarchen installiert: Auch dort kamen die Schiffe Athens zu spät. Bröckelte die athenische Macht an der Ionischen Küste zunächst nur, so schien sie jetzt vor dem vollständigen Zusammenbruch zu stehen.

Ungeachtet aller Anstrengungen wäre Athen wohl schon früher gescheitert. Nur die Trägheit und Unentschlossenheit der Lakedaimonier, so vermutet Thukydides, der diesen Charakterzug schon früh geißelt, hätten Athen 412 gerettet. «Wären die Peloponnesier kühner gewesen, sie hätten das auch leicht tun können und hätten, vor der Stadt kreuzend, die innere Spaltung noch vergrößert oder auch durch eine beharrliche Sperre die Flotte in Ionien gezwungen, trotz ihrer Feindschaft gegen den herrschenden Adel doch ihren Angehörigen und der gesamten Stadt zu Hilfe zu eilen, und hätten damit den Hellespont gehabt, Ionien, die Inseln, alles bis Euboia und sozusagen das ganze attische Reich. Aber auch diesmal wie so oft war es das Glück der Athener, Spartaner als Gegner zu haben, die mit ihrer grundverschiedenen Art – rasch die einen, die andern langsam, sie zupackend, jene behutsam – namentlich für eine Seemacht viele Vorteile boten.»

Verträge Je schlimmer Athens Lage wurde, desto weniger mußten die Spartaner aktiv um Unterstützung werben. Aus dem Osten wie dem Westen liefen ihnen neue Verbündete zu. Schon im Sommer des Jahres 412 waren 22 Schiffe aus Sizilien eingetroffen, 20 aus Syrakus, zwei aus Selinunt. Die Lakedaimonier, Landmacht von alters her, fühlten sich nun als neue Seefahrer. Weshalb sollten sie auch eine Seemacht fürchten, deren Kriegsschiffe großenteils als Wracks auf dem Grund des Mittelmeers zerfielen. Sie selbst wollten 25 Trieren bauen, die gleiche Anzahl legten die verbündeten Boiotier auf Kiel. Die übrigen *Sýmmachoi* – Korinther, Arkader, Pellener, Sikyonier, Megarer, Troizener, Epidaurier und Hermionier – sollten 50 Schiffe beisteuern. Die Spartaner planten, schon im nächsten Frühjahr mit 100 Trieren in See zu stechen und den Krieg an die kleinasiatische Küste zu verlagern. Mannschaften dafür waren zwar teuer, doch hofften die Spartaner auf das Gold der Perser. Die Verträge, die sie mit dem einstigen (wie auch zukünftigen) Gegner schlossen, sollten das Schicksal Athens besiegeln. Das erwarteten alle Zeitgenossen, aber so kam es nicht. Den Großkönig ausgenommen, der sich als der einzig zuverlässige Vertragspartner erwies, beteiligten sich nicht weniger als sechs Hauptakteure direkt oder im Hintergrund an den entsprechenden Verträgen: Auf persischer Seite waren es die Satrapen Tissaphernes und Pharnabazos (mit jeweils eigenen Interessen), auf spartanischer drei Nauarchen bzw. deren Stellvertreter. Dazu kam schließlich auch noch Alkibiades, der als Berater wechselnden Seiten diente. Im Zeitraum von nicht einmal einem Jahr, vom Sommer 412 bis zum Frühjahr 411, kamen nicht weniger als drei Verträge zustande, weil sich vor allem die spartanische Seite immer wieder unzufrieden mit den Verhandlungen zeigte. Der erste Entwurf stammte von dem spartanischen Flottenkommandanten Chalkideus, der kurz darauf im Kampf gegen die Athener fiel, der zweite von seinem Kollegen Therimenes, der unmittelbar nach Vertragsabschluß davonsegelte und, wie Thukydides sagt, nie wieder gesehen wurde. Erst der dritte Vertrag, den der Nauarch Astyochos abschloß, blieb schließlich gültig.

Die Abmachungen scheinen zunächst geheim geblieben zu sein, und das nicht so sehr, um die Athener zu überraschen, denn noch weniger erfreut als diese waren die Griechen an der kleinasiatischen Küste. Die (angeblichen) Vorkämpfer für die griechische Freiheit, die Spartaner, verkauften diejenigen, für die sie sich stets einsetzten, solange die

Unabhängigkeit der Griechen von den Athenern bedroht wurde, nun an die Perser, und das nicht einmal zu einem hohen Preis. Andererseits blieb aber die persische Unterstützung für längere Zeit allenfalls halbherzig. Es gab zwar vollmundige Versprechen, doch erst als Kyros, der Sohn des Dareios II., der später seinen älteren Bruder mit Hilfe der Spartaner vom Thron stürzen wollte, in den Westen kam, floß vorübergehend reichlich Geld. Kyros betrachtete die spartanischen Nauarchen freilich als Bittsteller vor seinen Palasttoren. Er ließ sie warten, bis Kallikratidas, Admiral im Jahre 406, des ständigen Vorsprechens müde, um Geld nach Sparta schickte. Die Griechen, erklärte er, seien die unglückseligsten Leute, weil sie die Barbaren des Geldes wegen umschmeichelten. Wenn er wohlbehalten zu Hause ankäme, werde er alles daransetzen, Athener und Lakedaimonier auszusöhnen.

Manchen Spartanern hatte es bereits 412 widerstrebt, sich mit dem gemeinsamen Feind zu verbünden. Freilich wollte die Mehrzahl der Spartaner doch lieber die Athener besiegt sehen, als sich mit ihnen zu einigen. Trotzdem verliefen die Gespräche mit den Persern zäh. Dem ersten Vertrag sind die Schwierigkeiten und die Eile noch anzusehen – ist er doch kaum mehr als ein Entwurf. Thukydides überliefert alle drei Verträge, abgefaßt merkwürdigerweise in attischem Dialekt. Dies gibt Spekulationen Raum, Alkibiades habe vermittelt, und Thukydides sei über diesen in den Besitz der Dokumente gekommen. Die Verträge sind – entsprechend dem unfertigen Zustand des achten Buches – im Wortlaut erhalten, aber unkommentiert und unbearbeitet, Angaben zu Ort und Zeit der ersten beiden fehlen. Der erste Vertrag beschränkte sich auf die Vereinbarung einer gemeinsamen Kriegführung gegen Athen. Nur mit Zustimmung beider Seiten durfte der Krieg beendet werden. Sollten Städte vom Großkönig oder von den Lakedaimoniern abfallen, mußten beide Seiten sie als Feinde betrachten. Das wirklich Provokante aber war die Vorbedingung des Bündnisses: Alle Städte, «die der Großkönig besitzt und die Vorfahren des Großkönigs besaßen, (sollen) im Besitz des Großkönigs bleiben».

Der nächste Vertrag sah vor, sich gegenseitig keinen Schaden zuzufügen und eventuelle Ansprüche gemeinsam zu klären. Außerdem sollte der Großkönig für jedes Heer, soweit es sich auf sein Verlangen im persischen Machtbereich aufhalte, den Unterhalt bestreiten. Eine entscheidende Veränderung birgt dann der dritte, mit dem Satrapen Tissaphernes geschlossene Vertrag. Darin ist erstmals auch von den begehrten persischen Subsidien die Rede. Freilich ging es dem Satrapen nicht so sehr darum, den Spartanern Hilfe zu leisten, als sie von der Plünderung seines Gebiets abzuhalten und sie vor allem gegen die Athener auszuspielen – ein Patt zwischen den griechischen Mächten lag mehr in seinem Interesse als der Sieg einer bestimmten Seite.

DER STAATSSTREICH

Die zweite Flucht des Alkibiades Die Vorgänge in Kleinasien waren verwickelt, weil in allen Städten, in denen es Versuche gab, von Athen abzufallen, ein versteckter oder offener Bürgerkrieg zwischen dem Volk und den Oligarchen geführt wurde, weil die spartanischen Nauarchen untereinander und um ihr Verhältnis zu den Persern stritten, und schließlich, weil die beiden Satrapen an der persischen Westküste zunächst ihren eigenen Vorteil und dann erst den des Großkönigs im Auge hatten. Noch komplizierter wurde es, als in Gestalt des Alkibiades ein Mann dort auftauchte, der wie kein Zweiter die politische und militärische Lage kannte, aber in seinen Zielen schwer berechenbar war. Er war Freund und Feind der Athener, Freund und Feind der Spartaner, Freund und Feind der Satrapen, was genau jeweils eher, wußte er vielleicht nicht einmal selbst.

Alkibiades hatte nach seiner Flucht nach Sparta den Landkrieg gegen Athen befürwortet, er hatte die Chier bei ihren Bemühungen unterstützt, den Seebund zu verlassen, und Milet zum Abfall von Athen bewegt. Was er in seiner neuen Rolle anpackte, schien ihm zu gelingen, doch wie schon in Athen verließ ihn auf dem Höhepunkt seines Erfolges das Glück. Allerdings war sein Auftreten auch kaum dazu angetan, ihm dauerhaft Freunde zu verschaffen. In der intriganten Welt der spartanischen Oligarchen war er nur anfangs wohlgelitten. König Agis fühlte sich durch ihn in seiner Ehre gekränkt und in seinem Machtanspruch beengt. Auch andere unter den einflußreichsten Spartanern sahen sich in ihrem Ehrgeiz beeinträchtigt. Sie streuten Verdächtigungen aus und setzten, als sich Alkibiades in Kleinasien aufhielt, schließlich einen geheimen Beschluß durch, der die Flottenkommandanten anwies, den Athener zu beseitigen. Der Plan mißlang. Vielleicht ahnte Alkibiades das Komplott, vielleicht war er gewarnt worden, in jedem Fall aber durchschaute er den spartanischen Führungszirkel besser als dieser ihn. Er flüchtete in den Schutz des Satrapen Tissaphernes und wurde nun tatsächlich der gefährliche Feind, als den ihn Agis und seine Entourage bereits vorher betrachtet hatten.

Wieder glückte es Alkibiades scheinbar mühelos, einstige Feinde für sich einzunehmen. Nicht anders als in der Apella oder vor den Ephoren stieg er am Hofe des Satrapen in Sardes zum maßgebenden Ratgeber auf. Wo immer ihn Thukydides im achten Buch auftreten läßt, steht er im Zentrum der Ereignisse. Er gewinnt die Mächtigen ebenso für sich wie die Masse der einfachen Soldaten, doch wird sein Glanz durch seinen Egozentrismus, die Undurchschaubarkeit seiner Absichten und die Überschätzung der eigenen Kraft getrübt. Stets strauchelt er kurz vor Erreichen seiner Ziele. Dennoch drückt er dem Ionischen Krieg zunächst seinen Stempel auf, und das ganz unabhängig davon, wo er sich aufhält, in Sparta, Athen oder am Hofe der Satrapen.

Mit Alkibiades' Ankunft bei Tissaphernes sank dort das Ansehen Spartas. Nach außen ging es Alkibiades um den Vorteil des Satrapen, tatsächlich aber schädigte er die Lakedaimonier, wo er nur konnte, und vermutlich begann er schon damals, seine Rückkehr nach Athen vorzubereiten, ohne aber offen für die Athener zu sprechen.

Alkibiades sorgte dafür, daß die Zahlungen an die peloponnesischen Flottenmannschaften auf drei Obolen (pro Tag) halbiert wurden, und unterband die Geldzuwendungen an die Städte, die bereit waren, von Athen abzufallen. Er erzeugte so bei den einen Unzufriedenheit, bei den anderen Unruhe. Heimlich riet er Tissaphernes, sich nicht allzusehr mit der Beendigung des Krieges zu beeilen. Am dienlichsten sei seiner und des Großkönigs Sache, keine der kriegführenden Parteien übermächtig werden zu lassen, sondern Athener und Spartaner gegeneinander auszuspielen, nach wechselndem Bedarf den einen zu unterstützen und den anderen zu schädigen. Nur vorsichtig ließ er erkennen, daß seine Sympathien nun eher den Athenern galten: Während die Spartaner alle Griechen «befreien» wollten, hätten es im Gegensatz dazu die Athener in erster Linie auf die Inseln und nicht auf das Festland (den Herrschaftsbereich des Tissaphernes) abgesehen. Alkibiades spielte diesmal kein doppeltes Spiel. Er brauchte, um Athen (und damit sich selbst) nutzen zu können, das Vertrauen des Satrapen, und das gewann er nur mit dienlichen Ratschlägen: «Solchen Rat gab Alkibiades teils, weil ihm das für Tissaphernes und den König, bei denen er war, am besten schien, zugleich aber, um seiner eigenen Rückkehr in die Heimat dabei zu dienen; wußte er doch, daß er Athen nicht verderben dürfe, wenn er je seine Rückberufung erwirken wolle, und erwirken könne er sie am ehesten, glaubte er, wenn er als erklärter Freund des Tissaphernes käme. Und so geschah's.»

Alkibiades' Verbindungen in die Heimat waren nie ganz abgerissen. Und nun, da er sich als einflussreichster Berater eines einflussreichen Satrapen in einer neuen Machtstellung sah, ließ er dies seine oligarchischen Freunde von einst auch sofort wissen. Die athenische Flotte lag in Samos, und dorthin wandte er sich. Die Mannschaften waren demokratisch gesinnt, aber sie versprachen sich doch Vorteile von ihrem Landsmann, und zwar bei allem Patriotismus durchaus auch finanzielle. Die erste Adresse des Alkibiades waren freilich die oligarchisch eingestellten Offiziere, die Trierarchen und die, welche Thukydides unbestimmt die «Mächtigsten» bei der Flotte nennt. Von ihnen erhoffte er sich die Vorbereitung seiner Rückkehr nach Athen, und er wähnte sie bald schon so in seiner Hand, daß er es wagte, ihnen Bedingungen zu stellen. Zunächst sollten sie ihre oligarchischen Freunde in der Heimat ansprechen, er, Alkibiades, werde ihre Politik unterstützen und ihnen dazu die Freundschaft des Tissaphernes verschaffen. Zuvor müßten sie allerdings die Demokratie stürzen, denn er kehre nur in eine Oligarchie zurück und keinesfalls in eine Stadt, in welcher der Mob herrsche, der ihn verbannt habe.

Tatsächlich war Alkibiades, und dieses Urteil spricht Thukydides *expressis verbis* aus, weder an der Demokratie noch an der Oligarchie gelegen, ihm ging es vielmehr nur um die günstigsten Voraussetzungen für seine Rückkehr. Cicero überliefert ein angebliches Dictum des Volkstribunen Gaius Gracchus, er habe mit seinen Reformgesetzen Dolche auf das Forum geworfen, damit sich die Bürger mit ihnen gegenseitig zerfleischten. Ähnlich war die Wirkung, die Alkibiades in Athen auslöste, als er für den Sturz der Demokratie die (materielle) Freundschaft des Großkönigs offerierte. In dem Moment, in dem sich die Athener wieder etwas aus der Umklammerung der Spartaner und ihrer Verbündeten lösten, schufen sie sich einen neuen, wirkungsvolleren Feind – sich selbst.

Daß es nicht sofort zum offenen Bürgerkrieg kam, lag daran, daß der Demos sich zwar über das Ränkespiel der Oligarchen empörte, aber wegen der verlockenden Aussicht auf das Gold des Großkönigs zunächst nicht aufbegehrte. Manche der ärmeren Athener sahen in der Demokratie weniger eine Möglichkeit politischer Partizipation, sondern die Chance, sich in Abgrenzung zu den in der Stadt lebenden Nichtbürgern finanzielle Vorteile zu verschaffen. Die Oligarchen wiederum waren untereinander uneins, weil einige um ihre Stellung und ihren Einfluß fürchteten, sofern Alkibiades zurückkehren sollte.

Volk und Aristokraten Die Zwischenstation, über die der oligarchische Staatsstreich eingeleitet wurde, der Athen 411 erschütterte, war Samos. Die Insel wurde nach einem Aufstand des Volkes gegen die «Herrschenden» (*Dynatoí*) seit einem Jahr – zumindest dem Anschein nach – demokratisch regiert. Es war eine der vielen gewalttätigen Staseis, die von den Großmächten, in diesem Falle von Athen, unterstützt wurden. Der Demos tötete etwa 200 Gegner, schickte 400 in die Verbannung, beschlagnahmte Land und Häuser und übernahm die Regierung. Als wichtigster Verbündeter Athens vor der kleinasiatischen Küste war ein demokratisch regiertes Samos ein idealer Standort für die Flotte. Für einige Monate wurde die Insel nun sogar zum Brennpunkt der athenischen Innenpolitik. Kurz vor dem Ende zeigte sich, wieweit sich Athen tatsächlich schon zu einem Ägäis-Reich hin entwickelt hatte. Über 100 Trieren waren auf Samos stationiert, dazu weit über 3000 Mann an Besatzung, rekrutiert aus dem vierten Stand, den Theten. Doch es waren auch die oberen Stände zahlreich vertreten, Thukydides nennt auch sie *Dynatoí*, hier vermutlich im Sinne von mächtig oder einflußreich.

Via Samos lancierte Alkibiades sein Versprechen, für einen Regimewechsels in Athen die Hilfe des Großkönigs einzuhandeln. Anfangs sollte der Umsturz allein als Mittel dienen – wenn die Athener an den Großkönig dachten, träumten sie von 1200 mit Gold beladenen Kamelen –, später aber wurde er zum alleinigen Zweck. Mehr als an persischem Geld lag den Oligarchen an der Macht. Sie düpierten Alkibiades und nicht minder das eigene Volk, wenn auch nur kurz. Das Intrigenspiel der Oligarchen mündete nach einem ephemeren Erfolg in einem moralischen Offenbarungseid, der schließlich, bei Ende des Krieges, zum Untergang fast der gesamten Aristokratie beitrug.

Das Vertrauen des Volkes in seinen Staat beruhte auch in Athen im Vertrauen auf dessen Liquidität. Zahlungen (*Misthoí*) wie die an Ratsherren, jährlich wechselnde Beamte und Geschworene stabilisierten den Demos. In der Zeit der Pentekontaetie – der fünfzig Jahre währenden Friedensperiode – waren es die Aristokraten, die durch materielle Vorteile vom Nutzen der Demokratie überzeugt werden mußten. Die verlockendsten Gewinnmargen versprach der Seehandel. Ihn zu sichern aber bedurfte es derer, welche die Kriegs- und Patrouillenschiffe ruderten, mithin der Theten. Aristokratische Opposition gegen die Demokratie gab es, seitdem diese existierte, denn nicht alle reichen Athener profitierten von der Seeherrschaft. Solange die Einnahmen kontinuierlich flossen, war der Widerstand freilich gering, doch er wuchs mit den Belastungen und Aufwendungen, die der Peloponnesische Krieg mit sich brachte. Die Investitionen überstiegen den Rückfluss. Da Hoffnung bestand, dies im Falle eines Sieges wieder umzukehren, hielten sich im Hinblick auf die Verfassung die restaurativen Bestrebungen zunächst in Grenzen. Der Moment, der das änderte, kam, als die ersten Nachrichten vom sizilischen Debakel nach Athen gelangten. Das Volk schob die Schuld auf die Demagogen, die Aristokraten sahen sie beim Volk. Nun, da die athenische Seeherrschaft an allen Orten der Ägäis zu bröckeln begann, dem militärischen der finanzielle Ruin zu folgen drohte, war ein Großteil der Vermögenden, in der überwiegenden Mehrzahl immer noch Aristokraten, nicht mehr bereit, eine Demokratie zu stützen, die ihnen kaum Vorteile brachte. Wenn sie allein die materielle Last des Krieges trugen, wollten sie auch allein den Staat regieren. Das ersparte ihnen zudem die teuren Kosten für die demokratischen Institutionen. Was die Mehrzahl der Aristokraten von diesen hielt, formuliert bei Thukydides Alkibiades selbst, und zwar noch in Sparta, wo er sich gewiß sein konnte, daß seine Abneigung gegenüber Demokratien geteilt wurde. Als Aristokrat, erklärte Alkibiades, um seine Flucht zu rechtfertigen, habe er sich keineswegs mit dem Volk gemein gemacht. Da die Stadt nun aber einmal demokratisch regiert worden sei, habe er keine andere Wahl gehabt, als sich den Verhältnissen anzupassen. Ziel von ihm und seinesgleichen sei es aber stets gewesen, die herrschende Unordnung (*Akolasía*) – ein der Demokratie angeblich immanentes Übel – zu bekämpfen und eine maßvolle Politik zu treiben. An seiner Verachtung für die Volksherrschaft läßt Alkibiades' Rede keine Zweifel. Alle, die vernünftig dächten – damit meint er das Gros seiner Standesgenossen –, hätten die Demokratie durchschaut: ein allgemein anerkannter Wahnsinn (*Anoía*).

Die Rädelsführer Eine Schwäche des oligarchischen Staatsstreiches war von vornherein, daß dessen Protagonisten sich zwar darin einig waren, die Volksherrschaft zu stürzen, aber sonst in keiner weiteren Frage. Der erste Konflikt bahnte sich zwischen Alkibiades und dem Strategen Phrynichos an. In der uns bekannten Geschichte Athens erscheint Phrynichos zunächst in einer Komödie des Aristophanes, den *Wespen* von 422. Er gehörte damals zu einer Clique von jungen Oligarchen. Bedeutung erlangte er 10 Jahre später, als er sich als neugewählter Stratege mit der in Samos stationierten Flotte erste Meriten verdiente. Vor Milet verhinderte er eine Niederlage und erhielt dafür Lob von höchster Stelle, von Thukydides: «Und nicht nur hier und in diesem Fall, sondern auch später und bei anderen Gelegenheiten bewährte sich Phrynichos und zeigte sich als ein Mann von nicht geringem Verständnis.»

So stieg Phyrnichos kurzfristig zum wichtigsten Befehlshaber in der Flotte auf. Anders als die übrigen oligarchisch denkenden Trierarchen und Feldherren sah er aber in Alkibiades, als dieser seine Rückkehrpläne enthüllte, keinen Gesinnungsfreund, sondern einen Rivalen. Er warnte davor, Alkibiades zu folgen, da sich dessen Pläne auf falsche Voraussetzungen stützten. Phrynichos bezweifelte, daß der Großkönig irgendein echtes Interesse an einer Annäherung an Athen habe, und er bezweifelte, daß sich der Seebund erneuern lasse, wenn Athen erst eine von Oligarchen geleitete Stadt sei. Für die Verbündeten mache es keinen Unterschied. Sie wollten frei von Athen sein, gleich ob dieses demokratisch oder oligarchisch regiert werde. Das ist eine schonungslose Kritik des Seebundes, die Thukydides in der *oratio obliqua* wiedergibt. Sie wird von einer Kritik des Adels begleitet, die die Haltung des Historikers in neues Licht tauchen würde, wenn wir sicher sein dürften, daß er auch in diesem Punkt – in den Vorbehalten gegen Alkibiades spricht er es klar aus – Phrynichos' Analyse folgt: «Von den sogenannten Schönen und Guten (*Kaloì Kagathoí*) glaubten die Verbündeten nicht, daß sie ihnen weniger Schwierigkeiten bereiten würden als das Volk, seien sie es doch, die sich die Schikanen ausdächten und dem Volk vorschlügen, von denen sie selbst den meisten Nutzen hätten; und soweit es an denen liege, werde es Hinrichtungen ohne ordentlichen Prozeß und auf noch brutalere Weise geben, während das Volk es sei, wo man Zuflucht finde.»

Mit seiner sachlichen Kritik am Adel stand Phrynichos allein, und mit der persönlichen an Alkibiades ging er ein hohes Risiko ein. Die Verschwörer – auch Thukydides bezeichnet sie als solche – folgten den Vorschlägen des Alkibiades, obwohl sein Glanz nach Exil und Todesurteil getrübt schien, und beschlossen, Abgesandte von Samos nach Athen zu schicken, um den Sturz der Demokratie zu betreiben, der ihnen neben eigenen Vorteilen die Freundschaft, d. h. das Geld, des Tissaphernes bringen sollte. Der Preis war für sie nicht allzu hoch, da sie selbst ihn nicht bezahlen mußten. Die Rechnung wurde ihnen erst 403 präsentiert, als der letzte Versuch einer oligarchischen Herrschaft, das Regime der 30 Tyrannen, zusammenbrach. Allein Phrynichos stand schon im Winter 412/11 im Abseits. Ihm war bewußt, daß er nun die Rache des Alkibiades zu fürchten hatte und auf seine oligarchischen Gesinnungsfreunde nicht weiter würde zählen können. So verfiel er auf den grotesken Plan, Alkibiades mit Hilfe der Spartaner zu denunzieren. Er scheiterte, und Phrynichos wurde bald danach seines Strategenamtes enthoben.

Führer der Delegation, die von Samos nach Athen reiste, war Peisandros, ein überzeugender Redner. Sein Auftritt in der Volksversammlung zeigt *in nuce*, was die athenische Demokratie vermochte und woran sie scheiterte. Jeder athenische Bürger hatte das Recht, in der Volksversammlung zu sprechen und abzustimmen. In der Situation von 411, nachdem tausende Bürger in Sizilien gefallen oder vermisst waren und eine beträchtliche Zahl auf Samos stationiert war, besaß nahezu jede Stimme Gewicht. Der attische Bürger war Herr seiner Politik, aber nicht Herr seiner Informationen. In diesem Punkt waren die Oligarchen, die mancherlei Kontakte über Staatsgrenzen hinaus hatten, im Vorteil gegenüber dem einfachen Bürger. Das Verbreiten falscher Nachrichten gehörte zu ihren wichtigsten Mitteln, um die Demokratie zu bekämpfen. Verdrehungen, Halbwahrheiten, Etikettenschwindel, dreiste Lügen, das war das Repertoire, aus dem sich die Oligarchen bedienten. Was sie vor dem Volk über die neue Ordnung kundtaten, die sie anstrebten, sei nichts anderes gewesen, sagt Thukydides, als schöner Schein.

Die neue Ordnung war eine alte, das aber mußte unter allen Umständen kaschiert werden. Der Begriff «Oligarchie» war in Athen ebenso verbraucht wie der Terminus «Tyrannis» für Alleinherrschaft. So etikettierten denn die Befürworter der Oligarchie den Sturz der Demokratie als Rückkehr zu ihr, nämlich zu derjenigen des Solon – eine grobe Irreführung, denn die Verfassung, die der Nomothet (Gesetzgeber) Solon den Athenern Anfang des 6. Jahrhunderts präsentiert hatte, war eine Timokratie, eine Ordnung, in der das politische Gewicht sich an Besitz und Einkommen orientierte.

Unter den führenden Oligarchen war der von Samos nach Athen entsandte Peisandros der Mann der Tat, der öffentlich alles unternahm, «um das Volk zu stürzen». Als er in der Ekklesia sprach, kam ihm das Wort «Oligarchie» nicht über die Lippen, er redete nur von einer modifizierten Demokratie. Mit ihr werde Alkibiades kommen, mit diesem werde der Großkönig zum Verbündeten und mit dessen Hilfe schließlich Sparta besiegt. Damit drang er zunächst nicht durch. Das lag auch daran, daß es gegen die Rückkehr des Alkibiades Widerstand aus allen Lagern gab, von seiten der konservativen Priestergeschlechter, von seiten konkurrierender Adliger und vor allem von den Verfechtern der Demokratie, die den Etikettenschwindel durchschauten. Erst mit dem Rücken zur Wand gedrängt, wurde Peisandros deutlich: Es gebe keine andere Rettung als die von ihm vorgeschlagene.

Schließlich fügte sich der Demos, und zwar, so Thukydides, aus Angst, aber auch der Hoffnung wegen, wieder zur alten Demokratie zurückkehren zu können, wenn der Feind erst einmal am Boden lag. Es wurde beschlossen, Peisandros mit zehn Männern zu Tissaphernes und Alkibiades zu schicken, um dort Verhandlungen zu führen. Bevor er abreiste, empfahl Peisandros noch den aristokratischen Geheimlogen (*Synomosíai*), die Ämter untereinander zu verteilen und Rechtsfälle in ihrem Sinne zu beeinflussen pflegten, sich enger zusammenzuschließen und gemeinsam alles zum Sturz der Volksherrschaft vorzubereiten.

Terror Um den Putsch vorzubereiten, suchten inzwischen die in Klubs (*Hetairíai*) organisierten, meist jungen Adligen ein Klima der Angst zu erzeugen. Thukydides hat dies mit ungewohnter Heftigkeit beschrieben, während Aristoteles im «Staat der Athener» die Vorgänge beschönigt oder verschweigt. Die Schrift fußt indes in ihrem historischen Teil unkritisch auf dem Werk des Atthidographen Androtion, das erst Jahrzehnte nach dem Ereignis entstand. Zudem müssen wir annehmen, daß die *Athenaion politeia* wie auch die anderen Verfassungskompendien des Aristoteles eine Kompilation seiner Schüler ist, die vom Philosophen selbst allenfalls redigiert wurde. Diese Darstellung läßt sich daher nicht gegen Thukydides ausspielen, kann ihn jedoch in Fragen der Verfassungsdetails ergänzen. Thukydides selbst war damals nicht in Athen, aber es ist bekannt, wie sorgfältig er seine Zeugen auswählte und ihre Berichte auch verwarf, wenn er ihnen nicht glaubte. Daß er den Aristokraten gegenüber voreingenommen war, ist wenig wahrscheinlich. Im Gegenteil, Thukydides widmet ein ganzes Kapitel den Führern des Umsturzes, in denen er, so unterschiedlich ihre Motive und teilweise auch ihre Ziele waren, Männer von Einsicht und Tatkraft sieht, ohne freilich das Ergebnis, die Tyrannis der Vierhundert, zu begrüßen. Vom Redner und Sophisten Antiphon, der als Planer und *Spiritus rector* des Unternehmens gilt, sagt Thukydides, er habe unter den Athenern niemandem an persönlicher Tüchtigkeit nachgestanden. In seinen Überlegungen und im Ausdruck dessen, was er dachte, habe er die größte Kraft entfaltet – eine Würdigung, die sich mit derjenigen des Themistokles vergleichen läßt. An Phrynichos lobt er Verständnis und Zuverlässigkeit im Handeln, und Theramenes, der im Laufe seiner Karriere fast auf jeder Seite zu Hause war, nennt er «einen Mann von Klugheit und Beredsamkeit». Dessen Geschichte, die Thukydides zwar erlebte, aber nicht beschrieb, eine Geschichte vom Glanz und vom Elend des politischen Opportunismus, erzählt dann später Xenophon.

Wenn der Historiker zwischen Sache, dem Putsch, und Personen, den Verschwörern, trennt, steckt darin ein gewisser Widerspruch, der sich aufgrund des unfertigen Zustandes des achten Buches auch nicht auflösen läßt. Auffällig ist, daß Thukydides bei der – eher seltenen – Charakterisierung von Einzelpersonen die Vertreter einer Adelsherrschaft eher positiv, die Führer des Volkes dagegen eher negativ beurteilt, während er umgekehrt das Volk, soweit es sich im Kriegseinsatz befindet, mit hohem Lob bedenkt, während er die Klubs und Vereine, in denen sich die Oligarchie organisierte, als Gefahr für den Staat betrachtet.

Der erste Anschlag dieser Hetairien galt dem Demagogen Androkles, den Thukydides als den wichtigsten Anführer des Volkes vorstellt, nach der Wortwahl des Historikers eine Art Nachfolger des Kleon und des Hyperbolos. Androkles hatte sich 415 bei der Verfolgung und Verbannung des Alkibiades hervorgetan und wurde deswegen nun auch Ziel eines Mordkomplotts. Die Attentäter wußten noch nicht, daß sich ihre Gesinnungsfreunde schon von Alkibiades abzuwenden begannen, und glaubten, mit der Tat dessen Rückkehr vorbereiten zu können. Vor allem aber bezweckten sie, mit dieser Exekution den Demos zu verunsichern. Die Tat geschah heimlich, die Täter entkamen und ermordeten weitere Gegner ihrer oligarchischen Bestrebungen. So schufen sie eine Atmosphäre der Unsicherheit und des allgemeinen Mißtrauens. Die Demokratie war nach dem sizilischen Aderlaß unter den Theten ausgehöhlt, das Volk erschöpft, den Intrigen der Aristokraten ausgeliefert. Dem oligarchischen Terror haftete etwas von der spartanischen Krypteia an, bei der junge Spartaner nachts auszogen und unbewaffnete Heloten überfielen und töteten, um deren Mitsklaven das Gefährdete ihrer Existenz auf drastische Art vor Augen zu führen. Auch in Athen war die Bedrohung unsichtbar, niemand wußte, wen es als nächsten treffen würde. Verängstigt und eingeschüchtert von der Menge der Verschwörer, schreibt Thukydides, habe niemand mehr zu widersprechen gewagt. Wer sich trotzdem widersetzte, sei bei nächstbester Gelegenheit ein toter Mann gewesen. Nach den Tätern sei nicht gefahndet, kein Mord geahndet worden. Das Volk sei ruhig geblieben, schreckensstarr, entmutigt, kopflos. Jeder habe sich glücklich gepriesen, nicht selbst Ziel einer Gewaltattacke geworden zu sein.

Unter diesen Voraussetzungen, fährt Thukydides fort, hielten die Anhänger der Demokratie die Verschwörer für zahlreicher, als sie wirklich waren, fielen in Resignation und vermochten sich angesichts der Weitläufigkeit der Stadt keine Klarheit über das zu verschaffen, was gegen sie im Gange war. Mit Argwohn seien sie sich begegnet, habe doch niemand gewußt, wer nicht alles heimlich in die Vorgänge verwickelt gewesen sei. Tatsächlich hätten auch viele, von denen es niemand vermutet habe, die Seiten gewechselt und seien zu den Befürwortern der Oligarchie übergelaufen. Sicher sei im Volk nur die gegenseitige Unsicherheit gewesen.

Die Machtergreifung Im Mai 411 kehrten Peisandros und seine Leute aus Kleinasien nach Athen zurück. Nichts war so gelaufen, wie sie es geplant hatten. Alkibiades hatte seinen Einfluß überschätzt, Tissaphernes war nicht willens, den Athenern entgegenzukommen. Die Gesandten fühlten sich von beiden, namentlich aber von Alkibiades, betrogen und reisten im Zorn nach Samos. Ein weiteres Mal endete, was für Alkibiades vielversprechend begonnen hatte, als Fehlschlag. Es sollte noch über drei Jahre dauern, bis er nach Athen zurückkehren konnte.

Obwohl ihnen der Zweck, die Gelder des Königs, abhanden gekommen war, wollten die Putschisten ihren Plan nicht aufgeben. Sie verzichteten nur auf den, der dies alles initiiert hatte. Alkibiades passe ohnehin nicht in eine Oligarchie, behaupteten sie nun, und so ganz falsch war das nicht, denn Alkibiades wollte – ähnlich wie Pompeius und Caesar in Rom – der erste Mann im Staat sein und nicht einer von mehreren hundert Oligarchen. Sorgen bereiteten nur die Finanzen. So beschlossen die Verschwörer, enger zusammenzuarbeiten, und gelobten, aus eigener Kasse beizusteuern, denn nun würden sie nicht mehr für andere, d. h. die ärmeren Athener, zahlen, sondern die Belastungen einzig in eigenem Interesse auf sich nehmen.

Als erste Maßnahme beriefen die Zurückgekehrten (mittels des Rates der Fünfhundert) die Volksversammlung ein und stellten den Antrag, es sollten zu dem Gremium der zehn *Próbouloi* («Vorberater» – ein Amt, das nach der sizilischen Katastrophe eingeführt worden war, um voreilige Beschlüsse zu verhindern, deren Tragweite nicht zu überblicken war) zwanzig weitere gewählt werden, die an einem festgesetzten Tag Vorschläge zur Verbesserung – der Terminus hieß *Sotería* (Rettung) – der Verfassung unterbreiten sollten. Das war die Ouvertüre zum Putsch. Er fand etwas später, am 8. Juni, und an einem ungewöhnlichen Ort statt. Die oligarchisch gesinnten oder von den Oligarchen unter Druck gesetzten Prytanen beriefen die Volksversammlung nicht auf der Pnyx ein, sondern nach Kolonos, einem Heiligtum des Poseidon ungefähr zwei Kilometer außerhalb der Stadt. Der ungewohnt weite Weg sollte abschrecken, der Platz selbst war für eine solche Versammlung viel zu beengt, in Kriegszeiten zudem ungeschützt. Nach Thukydides stellte die neugewählte Kommission nur einen Antrag: Jedem Athener solle es möglich sein, ungestraft jeden beliebigen Antrag zu stellen. Wenn jemand gegen den Antragsteller eine Klage wegen Verfassungsverletzung einbringe oder ihm sonstwie schade, solle dies mit schweren Strafen geahndet werden.

Was nach demokratischer Selbstverständlichkeit aussah, war der Freibrief für die Oligarchen, die demokratische Verfassung zu stürzen, denn die nunmehr ausgeschlossene *Graphé Paranónom*, die Möglichkeit eines

Verfahrens gegen verfassungswidrige Beschlüsse, war der Schutzschild der Demokratie gegen Umsturzbestrebungen. Kaum war dies beschlossen, beantragte Peisandros – unverhüllt, schreibt Thukydides –, die Tagegelder für Beamte abzuschaffen, die es Ärmeren bisher erlaubt hatten, temporär ein politisches Amt auszuüben. Die Demokratie reduzierte sich auf die, die sie sich leisten konnten; insgesamt sollten künftig nicht mehr als 5000 Bürger am Staat, d. h. an der Ekklesia, dem Rat und den Ämtern, teilnehmen. Das setzte den Hoplitenzensus voraus und schloß die Theten aus. Außerdem war geplant, den Rat der Fünfhundert neu zu konstituieren, und zwar nach dem ausschließlichen Willen der Verschwörer. Die Volksversammlung sollte fünf von den Verschwörern bestimmte «Vorsitzende» wählen, diese sollten ihrerseits 100 Männer wählen und jeder von diesen 100 wiederum je drei kooptieren, so daß sich ein Rat der Vierhundert ergab, mehr oder minder zusammengesetzt aus Angehörigen der oligarchischen Hetairien. Anders als früher sollte dieser Rat nicht, wie sein Name sagt, beraten und Vorbeschlüsse fassen, sondern aus eigener Machtvollkommenheit regieren und die Fünftausend auch nur nach Gutdünken einberufen, wenn ihm dies gut dünkte. Dies war nun keine gemäßigte Oligarchie mehr, sondern eine Art Kollektiv-Tyrannis. Aristoteles und Thukydides gehen, was dies betrifft, in Details und im Ablauf auseinander; das Ergebnis freilich bleibt das gleiche, die Demokratie hatte sich abgeschafft. Die Gründe waren, von der geringen Zahl der Abstimmenden abgesehen, vielschichtig: Resignation, Angst, verblendete Hoffnung (auf persisches Gold), Falschinformation, Einschüchterung, Dummheit.

Der Terror, der dies vorbereitete, war nur die eine Seite. Hinter dem Putsch steckten auch ein genau durchdachter Plan und die Tatkraft einiger Oligarchen, so jedenfalls Thukydides, denn es sei kein leichtes gewesen, schreibt er, dem Volk von Athen ziemlich genau 100 Jahre nach dem Sturz der Tyrannen seine Freiheit zu nehmen, da es nicht nur niemandem untertan, sondern über die Hälfte dieser Zeit selber andere zu beherrschen gewohnt gewesen sei.

Die Vierhundert setzten ihre Pläne rasch um. Im Bouleuterion amtierten noch die demokratisch durch das Bohnenlos bestimmten Ratsherren. Während die übrigen Bürger dem wegen der Bedrohung aus Dekeleia eingeteilten Wachtdienst nachgingen, machten sich die Vierhundert, jeder mit einem Dolch ausgerüstet, mit Unterstützung der von

Peisandros mitgebrachten Hopliten auf den Weg ins Bouleuterion. Es gab jedoch keinen Widerstand. Zum einen waren die alten Ratsherren unbewaffnet, zum anderen versüßten ihnen die neuen den vorzeitigen Abgang. Sie zahlten ihnen die Diäten für den Rest der Amtszeit bis Anfang Juli aus, pro Kopf ungefähr 30 Drachmen, welche die Verschwörer aus eigener Kasse aufbrachten. Selten verlief ein Putsch so preiswert.

Im Besitz des Ortes, von dem aus sie nun zu regieren gedachten, taten die Verschwörer zunächst das, was bei einem Amtsantritt üblich ist: Sie beteten zu den Göttern, opferten ihnen und wählten den geschäftsführenden Ausschuß. Ungewöhnlich war der nächste Schritt. Wer immer sich in Griechenland an die Macht putschte, holte zunächst die von der Gegenseite Verbannten wieder zurück. Die neuen Regierenden taten dies nicht, denn in diesem Fall hätten sie auch Alkibiades zurückrufen müssen, und aus dem einstigen Hoffnungsträger war längst ein Konkurrent, wenn nicht ein Feind geworden. Das Weitere verlief im erwartbaren Rahmen: Die Vierhundert veränderten viele der demokratischen Institutionen oder schafften sie ab, einige Leute ließen sie hinrichten – nicht viele, schränkt Thukydides ein –, andere warfen sie ins Gefängnis, wieder andere schickten sie in die Verbannung. Schließlich sandten sie zu König Agis in Dekeleia Gesandte, offenkundig in der Meinung, dieser werde nun begeistert Friedensverhandlungen aufnehmen, da er diese jetzt mit Aristokraten und nicht mit dem demokratischen Pöbel führen könne. Tatsächlich sah Agis in der Machtergreifung der Oligarchen eine Chance, nicht aber auf den Frieden, wie diese glaubten, sondern auf einen schnellen Sieg. Statt auf die Friedensavancen einzugehen, bot er ein starkes Heer aus Sparta auf und rückte mit diesem und den bei Dekeleia liegenden Besatzungstruppen gegen die Langen Mauern vor, die er wegen der ungenügenden Zahl von Verteidigern meinte einnehmen zu können. Er war sich sicher, daß das Volk den Putsch der Oligarchen nicht hinnehme, daß es in der Stadt immer noch gäre, Unruhe und Verwirrung herrschten und durch seinen Vormarsch noch verstärkt würden. Er irrte sich. Für kurze Zeit schmiedete der spartanische Angriff die Athener wieder zusammen, nach einigen Verlusten zog Agis wieder ab.

Die Oligarchen schickten erneut Herolde, um über den Frieden zu verhandeln. Sie hatten keine andere Wahl, denn noch war ihr größtes Problem nicht gelöst. Athens Flotte befand sich in Samos, und wenn auch ein Großteil der Offiziere dort oligarchisch gesinnt war, so war doch zu befürchten, daß die Ruderer, der *nautikòs Óchlos* («Schiffshaufe»), die oligarchische Ordnung nicht hinnehmen werde. Zudem verliefen die Bemühungen um die Verbündeten enttäuschend. In Thasos halfen die Vierhundert, die demokratische Regierung zu stürzen, weil sie glaubten, eine oligarchisch regierte Insel fester an sich binden zu können. Doch dort wie anderswo beeilten sich die *Sýmmachoi*, sich von der Vormacht loszusagen, da sie in dem Umstand, nun ihre Tribute an ein oligarchisches statt an ein demokratisches Athen zahlen zu müssen, keine wirkliche Verbesserung sahen. Thukydides höhnt – was er selten tut –, kaum seien die Städte zu Zucht und Ordnung gelangt (eine ironische Umschreibung für die neuen Oligarchien), strebten sie direkt die Freiheit an und dächten nicht daran, Athens «gute Ordnung», die nichts war als Blendwerk, anzunehmen.

Auf Samos Samos war die Schicksalsinsel Athens. Sie war es bei der Kapitulation im Jahre 404, sie war es, als die ephemere Ära Alexanders 323/2 zu Ende ging, und sie war es vor allem bereits im Bürgerkrieg von 411. Von der Flotte in Samos war die Initiative zum Sturz der Demokratie ausgegangen; doch in Samos war auch die attische Demokratie noch lebendig, als in Athen die Oligarchen bereits die Macht übernommen hatten. Es gab faktisch zwei Regierungen, in denen die wichtigsten Beamten, die Strategen, kooptiert (in Athen) bzw. gewählt (in Samos) wurden. Die Dinge verkomplizierten sich weiter, als unter den Samiern ein neuer Bürgerkrieg ausbrach. Im Sommer 412 hatte der Demos die Herrschenden vertrieben, doch schon bald etablierte sich unter den Siegern eine neue Elite von ungefähr 300 Bürgern. In der Sorge um den Machterhalt vergaßen sie schnell ihre demokratische Gesinnung und schlossen sich den athenischen Verschwörern an, nachdem diese sie in ihre Pläne eingeweiht hatten. Mit deren Hilfe planten sie einen Schlag gegen die (demokratische) «Mehrheit», wie Thukydides deren Gegner nennt. Der Kampf übertrug sich schließlich auf die athenische Flotte in Samos. Ein Teil der Strategen und Trierarchen unterstützte die oligarchischen Putschisten, das Gros der Flottenmannschaften aber die demokratische Seite. Der Umsturzversuch scheiterte, und es bildete sich eine enge Allianz zwischen den demokratischen Samiern und den demokratischen Teilen der Flotte heraus.

All dies geschah, bevor noch offizielle Nachrichten vom Regimewechsel in Athen nach Samos gelangten. Vom Umsturz, oder jedenfalls vom Plan dazu, wußten auf der Insel nur die Verschwörer. So nahm das Staatsschiff *Paralos*, dessen Besatzung ausschließlich demokratisch gesinnte Bürger bildeten – in Aristoteles' *Rhetorik* wird die Triere der «Knüppel des Volkes»genannt –, Kurs auf den Piräus, um die demokratische Regierung, die es in Athen schon nicht mehr gab, von den Vorgängen auf Samos in Kenntnis zu setzen. Kaum war das Schiff eingelaufen, wurde die ahnungslose Besatzung festgenommen. Ein Matrose jedoch entkam, schlug sich wieder nach Samos durch und berichtete dort vom Umsturz in der Heimat. Er brachte Schreckensmeldungen mit: Es bestehe der Plan, alle Angehörigen der in Samos stationierten Soldaten, die nicht die richtige Gesinnung hätten, festzunehmen, einzusperren und beim ersten Widerstand hinzurichten. Auf diese Nachricht hin rotteten sich die Soldaten zusammen, stellten die Wortführer der Oligarchie und ihren Anhang zur Rede und drohten, sie mit Steinen oder Speeren zu töten. Besonnene warnten, die Athener dürften sich nicht selbst zerfleischen. Es entspann sich ein heftiger Kampf, schreibt Thukydides, die einen bemüht, der Stadt die Volksherrschaft aufzuzwingen, die anderen, dem Heer die Herrschaft der wenigen. Letzteres scheiterte sofort. Die Schiffssoldaten setzten umgehend die bisherigen Strategen und alle Trierarchen, die ihnen verdächtig erschienen, ab und wählten neue, an deren demokratische Zuverlässigkeit sie glaubten. Dazu bauten sie auf Alkibiades, denn sie hofften immer noch auf das Bündnis mit dem Großkönig. Der Mann, der zunächst helfen sollte, die Oligarchie in Athen zu installieren, könnte nun dazu dienen, sie zu stürzen. Der Großkönig aber, den alle Seiten zu bekämpfen behaupteten, wurde immer mehr zum gemeinsamen Hoffnungsträger der Konflikparteien, der Athener und der Spartaner, der Oligarchen und der Demokraten.

Vom Hof des Satrapen Tissaphernes brach Alkibiades sofort nach Samos auf. Falls Tissaphernes erst einmal Vertrauen zu den Athenern gefaßt habe, behauptete er dort, werde er alles tun, sie zu unterstützen, sogar sein eigenes Bett zu Silber machen. Den Persern bedeutete ihr Mobiliar wenig, wenn sie damit den finanzschwachen Griechen helfen konnten: Wenig später wollte der Satrap Kyros sogar seinen eigenen Thron aus Gold in Stücke schlagen, nur um die Spartaner zu unterstützen. Die Schiffssoldaten vertrauten Alkibiades und wählten ihn auf der

Stelle zum Feldherrn. Formal waren alle Strategen gleichberechtigt, doch *de facto* entschied Alkibiades nun über den weiteren Einsatz der Flotte. Zuerst wandte er sich gegen voreilige Pläne, nach Athen zu fahren und das Regime der Vierhundert zu stürzen. Stattdessen begab er sich zunächst nochmals zu Tissaphernes, um diesen mit seinem neuen Amt, die Soldaten aber mit seinem Einfluß am Satrapenhof zu beeindrucken. So gelang es Alkibiades, schreibt Thukydides, mit Tissaphernes die Athener und mit den Athenern Tissaphernes zu schrecken.

Nach Alkibiades' Ankunft in Samos spitzte sich die Lage zu. Aus Athen hatten die Vierhundert im Wissen, daß sie sich gegen die Flotte nicht würden halten können, eine Delegation nach Samos gesandt, die die Flottenmannschaften beruhigen und den Umsturz schönreden sollte: Nicht zum Schaden, sondern zur Rettung Athens hätten sie, die wenigen (*Olígoi*), die Macht ergriffen, nicht 400, sondern 5000 seien am Staat beteiligt, und dergleichen mehr. Die Soldaten wollten die Gesandten jedoch nicht anhören. Sie bildeten Sprechchöre, skandierten Parolen und forderten den Tod der Umstürzler in Athen. Schließlich trat Stille ein. Das beinahe idyllische Bild, das die Gesandten der Vierhundert auftragsgemäß von der Lage in Athen zu zeichnen suchten, beschwichtigte die Flottensoldaten nicht. Diese und jene Vorschläge wurden gemacht, bis schließlich der Ruf laut wurde, sofort die Schiffe zu besteigen, gegen den Piräus zu fahren und die Oligarchen zu vertreiben. Es drohte mehr als nur der offene Bürgerkrieg: Hätten sie damals die Anker gelichtet und wären gegen Athen gefahren, faßt Plutarch zusammen, so hätten die Feinde sich sofort ohne Schwertstreich ganz Ioniens, des Hellesponts und der Inseln bemächtigen können, und die Athener hätten gegen Athener kämpfen müssen und den Krieg in die eigene Stadt getragen.

Die aufgebrachte Menge aufzuhalten schien fast unmöglich, doch Alkibiades gelang es. Thukydides schwankt in seiner Beurteilung des Strategen. Wo bei diesem die Grenze zwischen reinem Eigennutz und dem Glauben an die Vaterstadt Athen verlief, war schwer zu sagen. Diesmal freilich ist das Lob des Historikers uneingeschränkt: «In jener Stunde würde kein anderer die Kraft gehabt haben, den Haufen niederzuhalten. Er aber redete ihnen den Angriff aus, und die, die ihren Zorn an den Gesandten selbst auslassen wollten, trieb sein Scheltwort zurück.»

Sichtlich beeindruckt von seiner Quelle, hat Plutarch diese Szene zu einem Höhepunkt seiner Alkibiades-Biographie gemacht: «Aber er handelte nicht, wie es mancher andere wohl getan hätte, der plötzlich durch die Gunst der Menge hochgekommen war, und fügte sich nicht in dem Glauben, daß er in allem gehorsam sein und in nichts denen widersprechen dürfe, die ihn soeben aus einem von Land zu Land getriebenen Flüchtling zum Feldherrn und Gebieter über so viele Schiffe und eine so gewaltige Heeresmacht erhoben hatten, sondern wie es einem wirklich großen Führer geziemte, den von ihrer Leidenschaft Fortgerissenen sich entgegenzustemmen, so hinderte er sie, einen schweren Fehler zu begehen, und wurde damals jedenfalls augenscheinlich der Stadt zum Retter.»

Der Sturz Alkibiades zeigte damals jene Fähigkeiten, die sich seine Anhänger von ihm erhofften. Er tat gegenüber allen Seiten – Tissaphernes und den Spartanern, den Athenern in der Heimat und auf Samos – das Richtige. Meisterlich war seine «vergiftete» Botschaft an die Oligarchen in Athen. Er forderte nicht wie die Volksversammlung in Samos die sofortige Rückkehr zur Demokratie, sondern bemühte sich um einen Ausgleich im Interesse des Staatswesens. Er hätte nichts gegen die Herrschaft der Fünftausend, ließ er wissen, doch sollten sie die Vierhundert wegschicken, ansonsten standhalten und den Feinden nichts zugestehen.

Mit dieser Botschaft ermutigte er den durch das Treiben der oligarchischen Klubs verängstigten Demos und trieb einen Keil zwischen die radikalen und die gemäßigten Oligarchen. Letztere erhoben die Forderung, die Fünftausend nicht nur nominell, sondern auch faktisch an der Macht zu beteiligen. In der Krise war sich jeder der Oligarchen aber selbst der nächste. Sie fürchteten Alkibiades, und sie fürchteten die eigene Flotte. So suchte jeder seine Haut zu retten, die einen, geführt von Theramenes, im Ausgleich mit Alkibiades, die anderen, geführt von Antiphon und Phrynichos, im Ausgleich mit Sparta. Die große Mehrzahl der Vierhundert sah darin die letzte Chance und war bereit, jeden Preis dafür zu zahlen, auch den des Landesverrats. Sie schickten erneut Gesandte nach Sparta mit dem Auftrag, auf jede mögliche und nur irgendwie erträgliche Weise Frieden zu schließen. Zugleich begannen sie die sogenannte Eetioneia, eine Landzunge des Piräus, direkt der Zufahrt in den Hafen benachbart, weiter zu befestigen und zu einem Kornspeicher auszubauen. So konnte die Festung den Vierhundert als Fluchtburg für den Notfall dienen, und sie konnten von ihr aus den Trieren aus Samos die Einfahrt verwehren, sie andererseits aber auch der spartanischen Flotte gewähren. Ersteres behaupteten die Vierhundert tun zu wollen, letzteres vermuteten ihre Gegner und wurden darin durch die hektischen Verhandlungen bestärkt, welche die Vierhundert mit Sparta führten.

Die Zeit der Vierhundert lief ab, und sie wußten es. Die letzte Warnung ereilte sie nach der Rückkehr ihrer Gesandtschaft aus Sparta. Als Phrynichos, einer der Gesandten, über den belebten Markt ging, wurde er am hellichten Tag niedergestochen. Er schleppte sich noch bis zum Rathaus, bevor er starb. Der Täter entkam, sein Komplize wurde festgenommen, doch verriet er auch unter der Folter keine Anstifter. Die Vierhundert unternahmen nichts, und dies wurde als weiterer Beleg ihrer Schwäche verstanden.

Die Lage eskalierte, als peloponnesische Schiffe die benachbarte Insel Aigina überfielen. Die Gegner des Regimes vermuteten als eigentliches Ziel den Piräus, in den vorzustoßen möglich war, solange die Vierhundert die befestigte Eetioneia in ihren Händen hielten. Widerstand formierte sich. Die Hopliten, die gerade an der Befestigung der Eetioneia arbeiteten, begannen statt dessen, diese einzureißen. Die (unvollendete) Befestigung wurde geschleift, für die Vierhundert war sie damit ohne Wert. Es blieb ihnen nur, sich mit den Gegnern zu einigen. Am nächsten Tag versammelten sich diese im Dionysostheater, die Vierhundert tagten im Rathaus. Sie waren nun bereit, die Macht an die Fünftausend abzugeben, und zu diesem Zweck sollte an einem festgesetzten Tag eine Versammlung der Versöhnung im Theater des Dionysos stattfinden. Kaum war die Versammlung zusammengetreten, kam die Nachricht, peloponnesische Schiffe seien vor Salamis gesichtet worden. Die Gegner der Vierhundert hielten dies für ein von diesen mit den Spartanern verabredetes Komplott und eilten zur Verteidigung in die Häfen. Die Schiffe fuhren jedoch vorbei, umrundeten Kap Sunion und segelten Richtung Euboia. Nicht erst seit der Besetzung von Dekeleia war die Insel unersetzlich für die Versorgung Athens. Nun sahen die euboiischen Städte die Gelegenheit gekommen, auf die sie schon lange warteten, und drohten zu den Spartanern überzugehen. Die Athener bemannten, was sie an Schiffen noch besaßen, mit dem, was sie an Mannschaften noch hatten. Das Resultat war unvermeidlich. Die athenische Flotte wurde aufgerieben, Euboia fiel ab. Mit diesem außenpolitischen Fiasko – kein Ereignis habe die Stadt jemals so in Schrecken versetzt, nicht einmal das Unglück in Sizilien, behauptet Thukydides – war auch der Sturz der Vierhundert besiegelt. Die Volksversammlung trat wieder wie gewohnt auf der Pnyx zusammen. In ihrer ersten Sitzung dort wurde sogleich beschlossen, die Macht an die Fünftausend zu übergeben. Zu ihnen sollte gehören, wer eine Ausrüstung als Schwerbewaffneter besaß. Das waren sicherlich mehr als 5000, damit war dieser Begriff nur noch symbolisch. In weiteren Sitzungen wurden Nomotheten bestimmt, der alte Rat der Fünfhundert wieder eingesetzt, außerdem die Heimkehr des Alkibiades beschlossen.

Thukydides hat für diesen Kompromiß uneingeschränktes Lob, und er erteilt es in der selten gebrauchten ersten Person: «Und wie nie zeigte Athen, das erste Mal, seit ich lebe, eine gute Verfassung; es war dies ein vernünftiger Ausgleich zwischen den wenigen und den vielen und hat aus mißlich gewordener Lage die Stadt zuerst wieder hochgebracht».

Die gestürzten Oligarchen waren, soweit sie dem Führungszirkel angehörten, sofort nach Dekeleia zu den Spartanern geflohen. Deutlicher hätten sie nicht machen können, daß es ihnen niemals um die Stadt, sondern stets nur um die eigene Machtstellung gegangen war. Einer der oligarchischen Feldherren lieferte auf seiner Flucht vor dem eigenen Volk aus Rache an der Heimatstadt sogar eine athenische Grenzfestung an den Feind aus. Der Haß des Demos auf die Vierhundert war groß, und er verdoppelte sich, wie es so üblich ist, als sie unterlagen. Freilich richteten sich die Angriffe nicht gegen alle. Eine Gruppe, vorweg Theramenes, hatte sich ja rechtzeitig abgesetzt und am Sturz der Vierhundert mitgewirkt, andere bekleideten Ämter in der neuen Regierung der Fünftausend und beteiligten sich eifrig an der Verfolgung ihrer früheren Kollegen, weil sie meinten, dies trage zur eigenen Entlastung bei. Der erste Prozeß richtete sich passenderweise gegen einen Toten, den ermordeten Phrynichos. Seine noch bis in die Zeit auf Samos zurückreichenden Machenschaften wurden aufgedeckt, die inzwischen doch festgenommenen Mörder vom Volk befreit und rehabilitiert. Zumindest einer von ihnen erhielt das athenische Bürgerrecht, eine Inschrift des entsprechenden Beschlusses hat sich erhalten. Phrynichos des Verrats zu überführen war dank des Zeugnisses des Alkibiades, der von dessen Kontakten zu den Spartanern wußte, nicht schwer. Seine Gebeine wurden ausgegraben und über die Grenzen Attikas geworfen. Besonders hervor tat sich in diesem Prozeß ein Mann namens Kritias, ein Onkel

Platons, der nur wenige Jahre später zum Führer der 30 Tyrannen avancierte.

Die postume Rache an Phrynichos war das Signal zur Verfolgung weiterer Prominenter aus den Reihen der Vierhundert. Auch dabei taten sich die ehemaligen Kollegen hervor. Der bekannteste Prozeß wurde gegen Antiphon geführt. Er, wie auch andere, die als Gesandte nach Sparta gegangen waren, wurden des Verrats beschuldigt und zum Tode verurteilt. Ihre Güter wurden eingezogen, die Häuser abgerissen. Thukydides erwähnt das nicht mehr, sei es, daß er es unerheblich fand, sei es, daß es in eine spätere Zeit gehört. Oligarchie und Stasis enden in seiner Darstellung im Sommer 411.

Solange die Macht Athens auf der Flotte beruhte, konnte auch die Verfassung der Fünftausend, die allerdings tatsächlich fast die doppelte Anzahl von Bürgern einschloß, nur eine Zwischenlösung sein. Die Theten waren nicht bereit, einen Entzug ihrer Diäten und der politischen Rechte auf Dauer hinzunehmen. Sie fügten sich, solange Athen in wirtschaftlicher und militärischer Bedrängnis war. Doch mit den ersten Erfolgen zur See wurde die Bedeutung, die ihnen im Staat zukam, wieder offenkundig. Nur kurze Zeit nach dem Sieg in der Schlacht bei Kyzikos ging im Sommer 410 auch die Herrschaft der Fünftausend zu Ende.

DER BEGINN DES SEEKRIEGES

Die Triere Mit dem Herbst 411 beginnt der sechsjährige Seekrieg, der die Entscheidung erzwang, die zu Lande unmöglich war, denn die peloponnesischen Fußtruppen konnten Athen nicht einnehmen, solange die athenische Flotte intakt war und die Versorgung der Stadt sicherte. Es werden die wichtigsten Jahre des Schiffstypus, dem Athen seinen Aufstieg zur Großmacht verdankt, der Triere. Sie wurde im 7. Jahrhundert v. Chr. entwickelt und verlor ihre Bedeutung in hellenistischer Zeit. Für die Hegemonialmacht Athen symbolisiert sie im 5. Jahrhundert Aufstieg, Zenit und Niedergang.

Am Anfang standen das Delphische Orakel von den hölzernen Mauern, hinter denen sich Athen am besten gegen den Angriff der Perser verteidigen könne, und die Seeschlacht von Salamis, in der sich 480 die neugerüstete Flotte bewährte und Athen in der Folgezeit zur ersten Seemacht Griechenlands machte. In der Perikleischen Ära garantierten die Trieren die Sicherheit des Meeres, aber auch die Botmäßigkeit der zu Untertanen degradierten Verbündeten. Als der Peloponnesische Krieg begann, war die Triere technisch perfektioniert. Allein auf ihr fußte der Plan des Perikles, mit dem er den Krieg gewinnen wollte. Bevor er dies vermochte, starb er allerdings, und am Ende entschied die Flotte tatsächlich den Krieg – nämlich dadurch, daß sie den Athenern (kampflos) abhanden kam.

Die Triere bestimmte das innere wie das äußere Leben Athens. Sie war der größte Kostenfaktor, denn Schiffsbauholz und weitere Materialien mußten aus der Ferne, zumeist von der Nordküste der Ägäis, herbeigeschafft werden. Die im Piräus auf Kiel gelegten Schiffe bedurften eigener Schiffshäuser und aufwendiger Hafenanlagen, der Verschleiß war bei einer Lebensdauer von 20 bis 25 Jahren groß. Dazu kamen die Verluste durch Sturm und Havarie, die diejenigen durch Feindeinwirkung oft überstiegen. Da der Dienst als Ruderer so anstrengend wie gefährlich war, wurde den Mannschaften ein vergleichsweise hoher Sold bis zu einer Drachme pro Tag gezahlt. Im Ionischen Krieg, als zahlreiche Söldner auf den Trieren beider Seiten ruderten, entschied oft die Höhe der Entlohnung über die Qualität der Besatzung.

Die Triere setzte die ärmeren Athener, die sich keine teure Hoplitenausrüstung leisten konnten, in Lohn und Brot, da auch in Friedenszeiten eine Flotte von 60 Schiffen mit ca. 10 000 bis 12 000 Mann Besatzung in der Ägäis kreuzte. War die gesamte Flotte zu Kriegsoperationen ausgelaufen, hatte dies sogar Einfluß auf die demokratischen Alltagsgeschäfte, denn die Theten bildeten, wie gesagt, als Teilnehmer der Volksversammlungen und Inhaber von Staatsämtern das Rückgrat der Demokratie. Desungeachtet trugen die Reichsten die Kosten des Unterhalts der Schiffe: 483/2 war die sogenannte Trierarchie eingeführt worden, die vermögende Bürger verpflichtete, für ein Jahr die Kosten für die Ausrüstung einer Triere und den Sold ihrer Besatzung zu übernehmen. Die Höhe der Belastung läßt sich daran ermessen, daß ab 410 die Kosten für ein Schiff auf zwei Trierarchen verteilt werden konnten.

Das Stadtbild des Piräus prägten die vielen Schiffshäuser (*Neosoikoi*) und Skeuotheken, die Lagerhallen für Takelage und andere Schiffsaus-

Abb. 5: Sogenanntes Lenormant-Relief (ca. 410), das eine Triere in voller Fahrt zeigt

Abb. 6: Moderner Nachbau einer Triere auf der Basis des Lenormant-Reliefs

rüstung. Die *Neosoikoí* geben dank erhaltener Fundamente auch Auskunft über Länge und Breite der Schiffe. Den historiographischen Werken lassen sich nur wenige diesbezügliche Informationen entnehmen – zu selbstverständlich waren der Einsatz der Trieren und das Wissen um ihre Funktionsweise –, doch helfen andere Quellen. Zahlreiche Vasen- und Münzbilder zeigen Trieren; erhalten sind außerdem Inschriften mit Verzeichnissen von Werften und ein gut konserviertes Relieffragment einer Triere in voller Fahrt, das 1852 auf der Akropolis nahe dem Erechtheion gefunden wurde. Es stammt bezeichnenderweise aus der Zeit des Ionischen Krieges und wurde nach dem Finder «Lenormant-Relief» benannt.

Die aus Kiefer und Fichte gezimmerten Boote – für das Innere wurde Lärchen- und Platanenholz verwendet – besaßen bei einer Breite von 5 bis 6 Metern eine Länge von 32 bis 37 Metern. Der Tiefgang lag bei einem Meter – errechnet wurde ein Gesamtgewicht von 90 t einschließlich Besatzung, Ausrüstung und Ballaststeinen –, während die Höhe einschließlich des Sturmdecks, das die oberste Ruderreihe schützte, bei 2,70 Metern lag. Anhand der Inventarverzeichnisse von Riemen, die pro Schiff ausgegeben wurden, läßt sich die Zahl der Ruderer mit ziemlich genau 170 angeben. In der untersten Reihe, nur einen halben Meter über dem Wasser, dessen Eindringen durch Ledersäcke in den Ruderpforten verhindert wurde, saßen die sogenannten *Thalamîtai* in einem Abstand von knapp einem Meter, über ihnen, etwas vor- oder zurückversetzt, die *Zygîtai*, während die *Thranîtai* die oberste Reihe bildeten. Die Ruder waren, um die Synchronie des Ruderschlages zu gewährleisten, in etwa gleich lang, um 4,20 bis 4,70 Meter, so die Schätzungen. Die *Thranîtai* hatten den schwersten Part, da ihre Ruder im steilsten Winkel in das Wasser eintauchten, und bekamen deswegen oft Sonderzulagen. Auf jeder Schiffsseite saßen 27 Ruderer in den beiden unteren Reihen, die oberste wurde von 31 gebildet. Das Bordpersonal komplettierten noch 25 Bootsleute und fünf «Offiziere», angefangen bei Kapitän und Steuermann über den *Trieraúles*, den Schiffsflötenspieler, der den Takt des Ruderns nach Maßgabe des *Kybernéte*s, des Steuermanns, vorgab, bis hin zum Schiffsarzt, zum Koch und zu den Schiffszimmermännern. Dazu kam eine unterschiedliche Zahl von Epibaten, von Schiffssoldaten, bestehend aus Schwert- und Speerkämpfern sowie Bogenschützen. Zur Zeit des Peloponnesischen Krieges lag deren Zahl bei etwa zehn. Mehr war nicht erforderlich, denn der Seekampf wurde damals anders geführt als zur Zeit der Punischen Kriege. Damals griffen römische Fußsoldaten über Enterbrücken hinweg – die sich, war es nahe genug gekommen, in das feindliche Schiff bohrten – den Gegner wie in einer Landschlacht an. Im Peloponnesischen Krieg dagegen war das mit einem massiven, bronzebeschlagenen Holzbalken als Bugsporn bewehrte Schiff selbst die Waffe. Entscheidend waren für diese Manöver Übung, Abstimmung und Geschicklichkeit der Besatzung, die ihre Triere so rudern mußte, daß sie Gelegenheit bekam, das feindliche Schiff in die Flanke zu rammen und damit zumindest bewegungsunfähig zu machen. Zwei Manöver gab es dafür, den *Diékplous*, den Durchbruch, und den *Períplous*, die Umsegelung. Beim *Diékplous* versuchte der Kapitän mit seiner Triere die Linie der nebeneinanderfahrenden gegnerischen Schiffe zu durchbrechen und so nahe an einem vorbeizufahren, daß dessen Ruder – die eigenen wurden rasch hochgezogen – brachen. Beim *Períplous*, mit dem der große Seesieg 406 bei den Arginusen gelang, wurde das Geschwader des Feindes umfahren, um in günstige Positionen für den Rammstoß zu gelangen. Ein Bravourstück, das die nautische Überlegenheit der athenischen Trieren für Jahre zeigte, war die Seeschlacht bei Patras im Sommer 429. Der Stratege Phormion besiegte damals einen numerisch weit stärkeren Gegner durch taktische Manöver, die ihm die Wendigkeit seiner Schiffe ermöglichte. Als sich die feindliche Flotte, um Rammstöße der athenischen Schiffe zu verhindern, mit den Schiffsschnäbeln nach außen, dem Heck nach innen, zu einem Kreis formierte, drängten sie die athenischen Trieren, indem sie sie umsegelten, immer enger zusammen, bis schließlich, wie Thukydides schreibt, «Schiff an Schiff prallte, niemand mehr dem Steuermann gehorchte und schließlich jedes Boot in Panik floh, ohne sich zur Wehr zu setzen».

Für die Triere war Schnelligkeit das Wichtigste, und entsprechend leicht gebaut mußte sie sein. Sie erreichte – für kurze Zeit – etwa 14 Stundenkilometer, bei längerer Fahrt etwa 11 Stundenkilometer. Nach Thukydides legte der spartanische Admiral Mindaros die Strecke von Chios, wo er am frühen Morgen abgefahren war, entlang der Küste bis zu den Arginusen, wo die Mannschaften ihr Abendessen einnahmen, an einem Tag zurück. Das waren 65 Seemeilen oder etwa 120 Kilometer. Für die Durchquerung des offenen Meeres war die Triere freilich ungeeignet und bei hohem Wellengang nicht einsatzfähig. Die Überfahrt nach Italien mit 84 Seemeilen (ca. 155 Kilometer) vom Stützpunkt in Kerkyra aus stellte die Mannschaften vor erhebliche Probleme. Eine Direktfahrt nach Kroton am Ausgang des Golfs von Tarent war mit 204 Seemeilen (383 Kilometer) überhaupt nicht zu bewältigen, obwohl die Triere für weite Fahrten über einen Hauptmast mit Großsegel verfügte. Für das Gefecht war dieser freilich hinderlich und wurde deswegen vorher im Rumpf verstaut oder, sofern es möglich war, mitsamt der Takelage rechtzeitig an Land gebracht. Das war ein Risiko, denn für eine schnelle Flucht mußten wiederum Segel gesetzt werden.

Die Trieren fuhren aber nicht nur wegen ihrer leichten Bauweise meist an der Küste entlang. Ein weiteres Problem bestand in der Verpflegung der vielköpfigen Besatzung. Mehl, Hartbrot, Öl, Pökelfleisch, Salzfisch, Käse, Zwiebeln und Knoblauch befanden sich wegen des geringen Stauraums nur in begrenzten Mengen an Bord. Auf längeren Fahrten einer Flotte – so bei der sizilischen Expedition – wurden deswegen Getreidefrachter als Begleitschiffe eingesetzt. Ansonsten versorgten sich die Mannschaften selbst mit ihrem Sold, der durch ein Verpflegungsgeld aufgestockt wurde, auf den Märkten küstennaher Städte. Dies wurde, waren solche weit entfernt, zum Risikofaktor und führte schließlich bei Aigospotamoi zur finalen Katastrophe. Ansonsten ermöglichte es die küstennahe Fahrt auch, zur Essenszubereitung, zum Wasserholen und zum Schlafen an Land zu gehen. Xenophon erwähnt das in den *Hellenikà* häufiger. Dabei wurden die Mastbäume, sofern sie nicht ohnehin in Gebrauch waren, eigens zu dem Zweck aufgestellt, um sie als Ausguck zu nutzen, denn die Trieren landeten oft auch auf feindlichem Territorium. Trotz der Verpflegungsschwierigkeiten, die sich bei Geschwaderstärke vervielfachten, eigneten sich Trieren, um Hafenorte, wie am Hellespont auch häufiger geschehen, von der Zufuhr abzuschließen oder Meereszufahrten zu blockieren. Fast unmöglich war es dagegen, mit ihrer Hilfe ganze Landstriche zu kontrollieren.

Seegefechte am Hellespont Im Sommer 411 richteten die Spartaner ihre Aufmerksamkeit auf den Norden der Ägäis, denn insbesondere nach dem Verlust von Euboia war die freie Durchfahrt für die Getreideschiffe aus dem Schwarzen Meer für Athen überlebenswichtig. In Dekeleia erklärte König Agis, es sei von keinerlei Nutzen, daß er die Athener von ihrem Land abschneide, solange die Getreidefrachter ungehindert die

Meerenge passieren und in den Piräus einlaufen könnten. So suchten die Spartaner zunächst Byzantion, das strategisch wichtig an der südwestlichen Ausfahrt des Bosporus lag, dazu zu bewegen, sich von Athen loszusagen. Das gelang, und wenig später, wohl Anfang September, fuhr eine peloponnesische Flotte unter dem Kommando des Nauarchen Mindaros in den Hellespont. Alle Seiten zogen Verstärkungen dorthin zusammen oder planten es zumindest.

Mindaros stieß ungehindert bis Elaius an der südlichen Einfahrt in die Meerenge vor, wo er nun knapp 90 Schiffe versammeln konnte. Die athenische Flotte kam zu spät, stellte sich aber sofort zum Kampf. Die Schlacht entwickelte sich unterschiedlich: Im Zentrum wurden die Athener auf den Strand zurückgeworfen, blieben aber an den Flügeln siegreich, so daß die peloponnesischen Schiffe schließlich flohen. In der Enge des Hellespont war das sprichwörtlich rettende Ufer allerdings leicht zu gewinnen. Die Peloponnesier verloren 21, ihre Gegner 15 Schiffe. Militärisch ließ sich nicht von einem entscheidenden Sieg Athens sprechen – die Verluste hielten sich in etwa die Waage –, psychologisch aber kam der Schlacht hohe Bedeutung zu. Mit der sizilischen Flotte war auch die maritime Überlegenheit der Athener verlorengegangen, zahlreiche Mißerfolge im Kleinen hatten an ihrer Selbstachtung gezehrt. Nun kehrte mit diesem Seesieg am Vorgebirge von Kynossema wieder das alte Gefühl der Dominanz zurück, die von den Satrapen bezahlte peloponnesische Flotte wurde nicht mehr als unschlagbar betrachtet. Die Stimmung in Athen änderte sich schlagartig, nachdem eine Triere mit der Siegesnachricht im Piräus eingetroffen war. «Als sie das unverhoffte Glück gehört hatten, schöpften sie nach der eben erlittenen Niederlage neue Kraft und glaubten, der Schwierigkeiten Herr werden zu können, wenn sie nur eifrig ans Werk gingen», schreibt Thukydides, nur wenige Zeilen bevor sein Werk abbricht.

Die Schlacht um den Hellespont aber war nicht beendet, sie hatte gerade erst begonnen. Kurz darauf, im Spätherbst, glückte ein zweiter Sieg bei dem nahe gelegenen Abydos, der engsten Stelle des Hellespont, von der aus Xerxes seine Brücke nach Europa hatte bauen lassen. Auch dort floh die peloponnesische Flotte, hatte aber auch diesmal nur geringe Verluste erlitten.

Mit dem (in Samos) neugewählten Strategen Alkibiades war die alte Siegeszuversicht zurückgekehrt. Nachdem er schon mit seinem Eingrei-

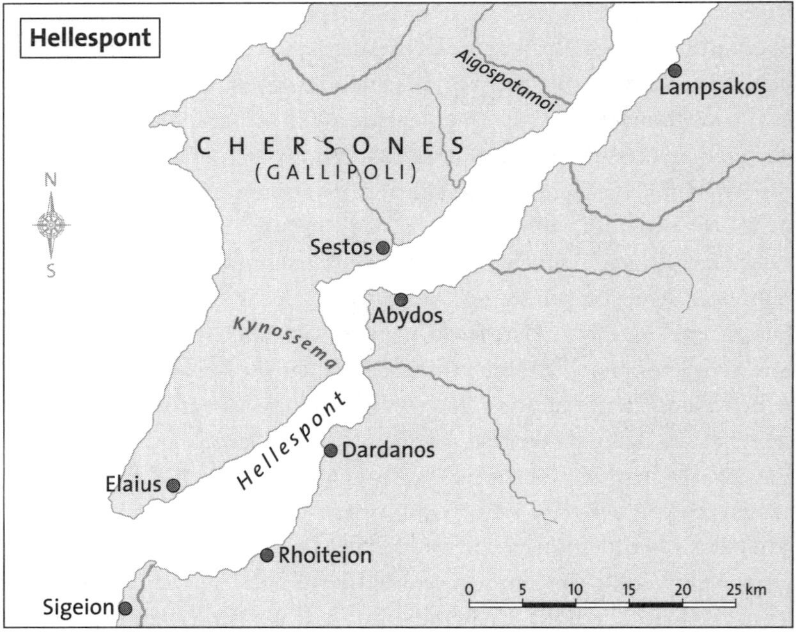

fen bei Abydos dem Kampf die Wende gegeben hatte, bereitete er nun zusammen mit den anderen Feldherren eine Frühjahrsoffensive gegen die peloponnesische Flotte vor. Vor Beginn der Schiffahrtssaison wollten die Athener die Route zum Schwarzen Meer wieder in ihre Hand bekommen. Weitgehend unbemerkt vom Nauarchen Mindaros, der inzwischen Kyzikos wieder zurückerobert hatte, sammelte sich eine größere athenische Flotte. Alkibiades wagte den Angriff bei starkem Regen, so daß ihn Mindaros, der zu einem Manöver aus dem Hafen von Kyzikos aufgebrochen war, erst bemerkte, als das Wetter aufklarte. Die athenische Flotte hatte sich geteilt, ein Geschwader schnitt den Rückweg in den Hafen ab. Mindaros scheute den Seekampf und steuerte den Strand an, um sich, unterstützt vom Satrapen Pharnabazos, im Landkampf zu verteidigen. Aber auch diesmal siegten die Athener, Mindaros fiel, die Soldaten flohen ins Landesinnere. Die Sieger erbeuteten einen Großteil der Schiffe, andere wurden von ihren Besatzungen verbrannt, bevor sie den Feinden in die Hände fallen konnten. Als Beispiel der sprichwörtlichen lakonischen Kürze erlangte die Nachricht eine gewisse Berühmtheit, mit wel-

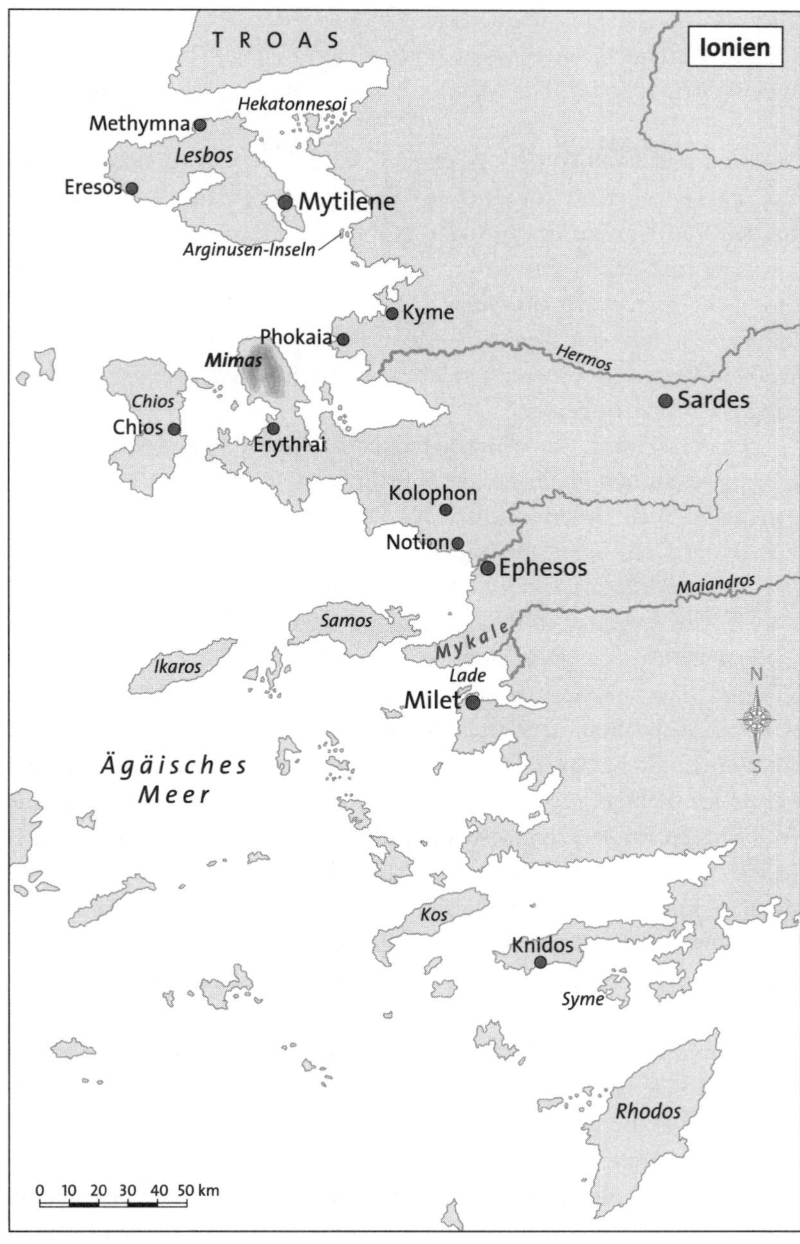
Ionien
TROAS
Hekatonnesoi
Methymna
Lesbos
Eresos
Mytilene
Arginusen-Inseln
Kyme
Phokaia
Mimas
Hermos
Chios
Chios
Erythrai
Sardes
Kolophon
Notion
Ephesos
Maiandros
Samos
Mykale
Ikaros
Lade
Milet
N
S
Ägäisches
Meer
Kos
Knidos
Syme
Rhodos
0 10 20 30 40 50 km

cher der überlebende spartanische Unterfeldherr den Behörden in der Heimat die Niederlage mitteilte und um Anweisungen bat: «Verloren die Hölzer. Mindaros tot. Die Männer hungern. Wissen nicht, was tun.»

Seekrieg und Demokratie Nachdem die Athener dank erster kleiner Erfolge 411 zunächst Mut gefaßt hatten, erwachte mit dem wichtigen Seesieg von Kyzikos im Frühjahr 410 wieder das alte imperiale Selbstbewußtsein, Sizilien war schon fast wieder vergessen. Euphorie brach aus, den Göttern wurden Opfer dargebracht, Festversammlungen abgehalten, Gesandte aus Sparta, die über einen Friedensschluß verhandeln wollten, abgewiesen, stattdessen Schwerbewaffnete nach Ionien geschickt, um den Sieg auszubauen.

Einem Demos, der sich wieder als Herr der Ägäis fühlte, konnten die angestammten Rechte nicht länger verweigert werden: Im Sommer 410 brach auch die Herrschaft der Fünftausend zusammen, die Stadt kehrte zur Demokratie zurück. Es blieb die Erinnerung an den Putsch der Vierhundert, die künftig wie eine Imprägnierung gegen jede oligarchische Ideologie wirkte. Von innen war die athenische Demokratie nie mehr gefährdet, sie erlag nur mehr äußeren Feinden.

Der oligarchische Staatsstreich hatte dem Demos vor Augen geführt, daß er nicht allein von Sparta bedroht war. Es häuften sich damals Gesetze zum Schutz der Verfassung, die eine Wiederholung des Putsches verhindern sollten; gegen Kollaborateure oder Bürger, die als solche galten, wurden Prozesse eröffnet. Besonders empörte die Athener das Verhalten führender Oligarchen, die nach ihrer Flucht von Dekeleia aus zusammen mit den Lakedaimoniern gegen ihre Heimatstadt zogen und das eigene Land auf bewaffneten Streifzügen plünderten. Wie nie zuvor galt nun alle Sorge der Wahrung der Demokratie. Ein damals erlassenes Gesetz hat sich in einer aus dem Jahr 399 überlieferten Rede erhalten, das sogenannte Psephisma des Demophantos: «Der Rat und das Volk beschließen: Die Phyle Aiantis hatte die Leitung (Prytanie), Kleogenes war der Schreiber, Boethos führte den Vorsitz. Demophantos reichte folgendes schriftlich ein:

Wenn jemand die Demokratie in Athen beseitigt oder irgendein Amt bekleidet nach der Beseitigung der Demokratie, der soll Staatsfeind der Athener sein und soll getötet werden, ohne daß dafür eine Strafe verhängt wird; sein Vermögen soll konfisziert werden, und der zehnte

Teil soll der Göttin zufallen. Wer aber denjenigen tötet, der solches getan und geplant hat, der soll makellos und rein sein. Alle Athener sollen bei vollgültigen Opfern nach Phylen und Demen geordnet schwören, den zu töten, der solches getan hat. Der Eid aber soll wie folgt lauten: *«Ich werde mit meinem Wort, meiner Tat, meinem Votum und mit meiner eigenen Hand, wenn ich die Möglichkeit habe, denjenigen töten, der die Demokratie in Athen beseitigt, der nach Beseitigung der Demokratie noch ein Amt bekleidet oder nach der Tyrannis strebt oder bei der Einsetzung eines Tyrannen Hilfe leistet. Und wenn ein anderer einen solchen tötet, werde ich ihn für einen Heiligen bei den Göttern und bei den Halbgöttern halten, weil er einen Staatsfeind der Athener getötet hat, und werde den gesamten Besitz des Getöteten verkaufen und werde die Hälfte davon dem geben, der ihn getötet hat, und werde ihm nichts davon vorenthalten.»*

In der scharfen Formulierung des Gesetzes spiegelt sich nicht nur die überstandene Angst, sondern auch das neue Selbstvertrauen, das die ersten Seesiege nach der sizilischen Katastrophe schürten. So mancher gebärdete sich nun als überzeugter Demokrat, der nur eine Karriere unter den neuen Vorzeichen machen wollte; Bürger wurden beschuldigt, die nicht mehr als bloße Mitläufer waren, die einen oder anderen auch grundlos denunziert. Die wiedererstandene Demokratie verzichtete aber auf Kollektivstrafen, jede Beschuldigung mußte individuell begründet werden. Viele Oligarchen blieben, wenn nicht im Amt, so doch in Würden. Zudem mußte die Demokratie jetzt rasch andere Probleme lösen, militärische wie finanzielle oder soziale. Die wirtschaftlichen Schwierigkeiten hatten nach dem Verlust Euboias zugenommen, viele Bürger waren verarmt. So wurde im selben Jahr 410 die sogenannte Diobolie eingeführt. Antragsteller war ein Mann namens Kleophon, der in den folgenden Jahren zum führenden Politiker aufstieg. Bedürftige Athener erhielten nun pro Tag zwei Obolen, um sich die Grundexistenz sichern zu können. Dies stärkte gewiß die wiedergewonnene Demokratie, denn die Kosten des Krieges hatten nicht nur die Wohlhabenden zu tragen. Infolge der Besetzung Dekeleias waren viele Bürger gezwungen, ihr Land aufzugeben, und zogen verarmt in die schutzversprechende Stadt, wo sie versorgt werden mußten. Inschriftlich belegt ist die Diobolie bis ins Jahr 405 hinein. Die neuen Belastungen für die Kassen wurden möglicherweise durch eine verstärkte Eintreibung der Tribute und Sondersteuern für die reicheren Bürger finanziert.

ALKIBIADES

Alkibiades' Rückkehr Seit Alkibiades von der Flotte in Samos zum Oberkommandierenden gewählt worden war, konnte er sich einer Reihe von Erfolgen rühmen – mancher vielleicht nicht ganz zu Recht. Indes hatte sich, während im Mutterland der Hafen Nisaia bei Megara und ebenso Pylos auf der Peloponnes verlorengingen, das Blatt an der kleinasiatischen Küste offensichtlich zugunsten Athens gewendet. Sogar neue Einkünfte flossen von dort in die Stadt. In Chrysopolis, gegenüber von Byzantion, war eine Flotte stationiert und eine Zollstation eingerichtet worden. Alle Lastschiffe, die aus dem Schwarzen Meer kamen, mußten nun den Zehnt auf die transportierten Waren entrichten.

Unbestritten war Alkibiades' Anteil an den Siegen in der Propontis und im Hellespont – nicht zuletzt war ihm auch die Rückgewinnung der dortigen Städte Byzantion und Kalchedon zu verdanken –, und so schien er mit einer Verzögerung von einigen Jahren doch noch der Vorschußlorbeeren gerecht zu werden, welche die Athener ihm verliehen hatten. Nicht wenige sahen in ihm den Garanten für eine Restauration der Seeherrschaft. Alkibiades polarisierte freilich weiterhin, und nachdem seit Kyzikos bereits zwei Jahre verstrichen waren, ohne daß die Athener im Osten weitere Siege zu verzeichnen hatten, nahm auch die Zahl der Kritiker wieder zu. Sieben Jahre waren vergangen, seit Alkibiades die Stadt verlassen hatte. Sein Mandat beruhte zunächst nicht auf einer Abstimmung in der Ekklesia, zum Strategen bestimmt hatten ihn die Flottensoldaten fern der Heimat. Nach dem Sturz der Vierhundert war er zwar rehabilitiert, später auch *in absente* von der Volksversammlung gewählt worden. Was ihm fehlte, war das Vertrauen des Gesamtvolkes, und dazu brauchte es einen effektvollen Auftritt in Athen. Alkibiades zögerte freilich, er war unsicher. Trotz allem erwies es sich als schwierig vorherzusagen, welcher Empfang ihm bevorstand. So ließ er sich Zeit, und die Befangenheit verließ ihn in den Wochen vor der Rückkehr nicht.

Zunächst aber segelte er im Frühjahr 408 nach Samos zurück und unternahm einen Beutezug. Als eine Art Mitgift sammelte er 100 Talente ein. Es konnte nicht schaden, wenn er dem Demos ein Geldgeschenk mitbrachte. Selbst als dann das Gros der Flotte Kurs auf Athen nahm, war er noch nicht dabei. Die Begrüßung der heimgekehrten Flottensoldaten sollte ihm ein erster Gradmesser dafür sein, was ihn selbst erwartete. Zudem konnten die Rückkehrer Stimmung zu seinen Gunsten machen. Dafür brauchte er Zeit, und die nahm er sich, indem er mit 20 Trieren zum spartanischen Hafen Gytheion fuhr, um einen Eindruck davon zu gewinnen, wieweit die Arbeiten an einer neuen Flotte auf den dortigen Werften gediehen waren.

Etwa Mitte Juni, an dem Tag, an dem in Athen gerade das Fest der Plyntherien gefeiert wurde, erreichte Alkibiades den Piräus, von dem er im Hochsommer 415 mit so starker Zuversicht aufgebrochen war. Der Tag der Ankunft war nicht eben klug gewählt. An den Plyntherien wurde der Schmuck vom alten Kultbild der Athena Polias abgenommen, die Göttin wurde verhüllt, in einer Prozession zum Meer getragen und gereinigt. Da die Göttin verschleiert war, galt der Festtag als Unglückstag, an dem riskante Unternehmungen zu meiden waren. Später kam auch die Meinung auf, die Stadtgöttin habe ihr Antlitz vor dem ankommenden Alkibiades verborgen. Am Tag der Ankunft dachten aber die wenigsten Athener daran. Xenophon, der Augenzeuge, berichtet, Menschenmassen aus der Stadt und dem Piräus hätten sich zum Schiff gedrängt, nur um Alkibiades zu sehen, die meisten aus wiedererwachter Bewunderung, viele auch aus reiner Schaulust. Die Flotte führte zahlreiche Beutestücke mit sich, das Admiralsschiff zog – wohl eine späte Erfindung – purpurne Segel auf.

Alkibiades ankerte am Ufer, ging aber nicht sofort an Land. Offenbar überraschte ihn die Menschenmasse, jedenfalls konnte er ihr Verhalten nicht sofort deuten, fürchtete wohl auch, daß sich bewaffnete Gegner unter die Menge gemischt hätten. So blieb er an Deck und hielt Ausschau nach Freunden und Verwandten. Erst als er diese erkannte, verließ er das Schiff und begab sich, begleitet und geschützt von einem bewaffneten Gefolge, vom Piräus hinauf in die Oberstadt. Die weitaus meisten – darunter sicherlich nicht wenige, die vorher für das Todesurteil gestimmt hatten – jubelten ihm voller Bewunderung zu, er sei der beste aller Bürger und zu Unrecht verbannt worden. Sie betrachteten ihn nun als Opfer von Leuten, die – weniger begabt als er – voller Neid auf seine Stellung im Staat geblickt und selbst Politik nur zur Mehrung ihres Gewinnes betrieben hätten, während er – von Haus aus begütert – stets nur an das Gemeinwohl gedacht habe. Freilich gab es auch Gegner, die der

Meinung waren, Alkibiades allein sei an allem Ungemach schuld, und sie prophezeiten, er werde Athen noch mehr ins Unglück stürzen.

Alkibiades sprach vor dem Rat, und er sprach in der Volksversammlung. Die überwältigende Mehrheit des Volkes stand hinter ihm, und aus Angst vor dem Volk wagte niemand, gegen ihn aufzutreten. Abermals bekam er ein Kommando mit unbeschränkter Vollmacht, diesmal sogar als *Hegemòn Autokrátor*, da er seine Befehlsgewalt nicht teilen mußte. Sein Auftrag (oder besser: der Wunsch hinter dem Auftrag) lautete auf nichts weniger als die Wiedererrichtung der früheren Machtstellung der Stadt. Gleichsam um zu beweisen, daß er dazu fähig sei, führte Alkibiades im September die Mysterienprozession, die in den letzten Jahren aufgrund der von Dekeleia ausgehenden Bedrohung durch Agis nur noch zu Wasser möglich gewesen war, auf dem Landweg nach Eleusis – eine doppelte Machtdemonstration, denn Alkibiades war ja wegen der Verletzung ebendieser Eleusinischen Mysterien aus Athen verjagt worden.

Der Erfolg des Alkibiades – so kurz er währen mochte – beruhte auch darauf, daß er es verstand, die verschiedenen sozialen Gruppen mit ihren unterschiedlichen Zielen für sich einzunehmen. Die Reichen, so schreibt der Historiker Diodor über dreihundert Jahre später, glaubten, sie hätten jetzt endlich jemanden gefunden, der genug Autorität besaß, um dem Volk offen entgegenzutreten, die Mittellosen vermeinten in ihm den Mann zu sehen, der sie mit rücksichtsloser imperialer Politik aus der Armut führen könne. Daneben war aber die alte Tyrannenfurcht nicht erloschen, und nicht wenige seiner Standesgenossen trauten Alkibiades entsprechende Ambitionen zu. Sie hofften auf seine schnelle Abfahrt und klammheimlich wohl auch auf eine baldige Niederlage, die den neuen alten Günstling des Volkes entzaubern würde.

Es war bereits Oktober, als Alkibiades mit 1500 Schwerbewaffneten, 150 Reitern, 100 Schiffen und hohen Erwartungen Athen verließ. Er nahm Kurs auf die abtrünnige Insel Andros, besiegte das ausgerückte Heer der Verteidiger, schloß den Vorort der Insel ein und fuhr nach Aufrichtung des üblichen Siegeszeichens weiter zur Insel Samos, um von dort aus seine Operationen zur Rückgewinnung Ioniens zu beginnen.

Der Rückzug des Alkibiades In Kleinasien hatte Alkibiades es inzwischen mit einem neuen Gegenspieler zu tun, der die peloponnesischen Schiffe befehligte. Sein Name war Lysander. Wie derjenige des Archidamos mit dem Beginn des Krieges verbunden ist, so steht Lysanders für dessen Endphase. Trotz seiner Siege fällt eine Würdigung schwer. Bei Zeitgenossen wie insbesondere in der Nachwelt ist das Echo zwiespältig. Der Römer Nepos, ein Zeitgenosse Diodors, urteilt in seiner Kurzbiographie vernichtend, Plutarch hingegen attestiert Lysander Tapferkeit und Feldherrnbegabung. Er überliefert auch das bekannteste Diktum des Spartaners: Wo das Löwenfell nicht ausreiche, müsse der Fuchspelz angenäht werden. So siegte er später gegen die Athener auch nicht in offener Seeschlacht, sondern indem er sie überlistete.

Unbestritten konsolidierte sich die Lage der Spartaner an der kleinasiatischen Küste, sobald Lysander 408 das Amt des Nauarchen übernahm. Viel trug dazu bei, daß er den persischen Prinzen Kyros, Sohn Dareios' II., der – erst sechzehnjährig – etwa im selben Jahr als Satrap nach Sardes kam, für sich gewinnen konnte. Durch den Seesieg der Athener bei Kyzikos erschienen diese den Persern als der gefährlichere Gegner, so daß zunächst eine Unterstützung der Spartaner opportun erschien. Kyros versprach Lysander jedenfalls Hilfe: Er komme mit 500 Talenten. Wenn diese nicht genügten, so besitze er eigene Mittel. Für den Augenblick konnte Lysander sogar eine Erhöhung des Soldes für die Seeleute von drei auf vier Obolen pro Mann und Tag erreichen. Selbst die ausstehenden Gelder zahlte Kyros nach und dazu sogar einen Monatssold im voraus. Das Geld erhöhte die Kampfmoral und garantierte vor allem die erforderlichen Mannschaften für die 90 Trieren, über die Lysander wieder verfügte. Er zog sie in Ephesos zusammen, ließ sie, soweit erforderlich, instand setzen und den Winter über trockenlegen.

Es kam das Frühjahr 407, doch Lysander stellte sich nicht zur Seeschlacht, und zwingen konnte Alkibiades ihn nicht. An Land gezogen, waren die peloponnesischen Trieren geschützt. Alkibiades stationierte seine Hauptflotte in Notion, um die Einfahrt in die weite Bucht von Ephesos zu kontrollieren. Die Athener aber erwarteten von ihm Taten; er konnte nicht untätig in Notion bleiben und zusehen, wie Lysander seine Flotte mit persischer Hilfe weiter aufrüstete. So entschloß er sich, mit einem Teil der Flotte nordwärts zu segeln, um die athenischen Truppen zu unterstützen, die die wichtige ionische Hafenstadt Phokaia belagerten. Das Kommando vor Notion übergab er einem Steuermann mit der Auflage, auf keinen Fall zu einer Seeschlacht gegen Lysander auszulaufen. Der Steuermann, ein Vertrauter des Alkibiades, aber ohne die

Erfahrung eines Strategen, hielt sich wohl an den Wortlaut der Order, wollte aber mit einem kleinen Kontingent an Schiffen Lysander zu einer unüberlegten Aktion provozieren, um eventuell das eine oder andere gegnerische Schiff kapern zu können. Die Aktion mißlang, der Steuermann geriet mit seiner Flottille in Bedrängnis, das Gros der Schiffe in Notion war nicht gefechtsklar, mußte überstürzt auslaufen und wurde im anschließenden Seekampf von Lysanders Trieren besiegt. Die Athener verloren 22 Schiffe mit ihren Besatzungen. Das war keine vernichtende Niederlage und änderte auch die Kräfteverhältnisse an der Küste nicht nachhaltig, doch es genügte, um Alkibiades, der sofort auf den Kriegsschauplatz zurückgeeilt war, ohne freilich durch einen raschen Sieg – Lysander verweigerte nun wieder die Schlacht – für einen Ausgleich sorgen zu können, in schlechtes Licht zu setzen. Als *Hegemòn Autokrátor* war er für die Niederlage auch *in absente* verantwortlich. So gingen seine Feinde in der Heimat von der privat geäußerten Kritik zur öffentlichen Verunglimpfung über. Selbst aus dem Feldlager reisten Gegner des Alkibiades nach Athen, um ihn zu verleumden. Ganz persönliche Gründe hätten zum Verlust der Schiffe geführt: Alkibiades habe seine Vollmacht missbraucht, indem er das Kommando vor Notion an einen Schmarotzer und Saufkumpanen übergeben habe, und zwar aus keinem anderen Grund, als um selbst ungestört das Ionische Meer zu durchkreuzen, Gelder zu erpressen und mit Huren aus Abydos ein Luxus- und Lasterleben zu führen.

Das waren keine besonders originellen Bezichtigungen, dergleichen war schon immer gegen Alkibiades vorgebracht worden. Wenn es diesmal wirkte, so lag das an der Enttäuschung, die überzogenen Erwartungen folgen mußte. Das Volk, das ihn noch vor kurzem bejubelt hatte, begann sich abzuwenden. Allerdings besaß Alkibiades weiterhin zahlreiche Anhänger, denn er wurde offenbar nicht vorzeitig seines Amtes enthoben. Als jedoch im Frühjahr 407 die neuen Strategen gewählt wurden, befand er sich nicht mehr unter ihnen. Auch sein Rückhalt in der Flotte war geschwunden, binnen kurzem war Alkibiades wieder ein Mann ohne Amt und mit wenig Zukunft geworden. Um wie jeder andere Gewählte auch Rechenschaft über sein Amt abzugeben, hätte er nach Athen zurückfahren müssen. Alkibiades aber war sich bewußt, daß die Stimmung sich gegen ihn gewendet hatte, und als geschlagener Feldherr sah er wenige Möglichkeiten, sie nochmals zu seinen Gunsten drehen zu können. Er übergab das Kommando an den für die Nachfolge bestimmten Strategen und verließ Samos. Bei Bisanthe auf der Chersones, am Nordufer der Propontis, hatte er in besseren Zeiten eine Art Fluchtburg anlegen lassen. Dorthin zog er sich nun zurück.

In Athen war der Streit um seine Person nicht vorüber. Spätestens als der Sieg gegen Sparta in immer weitere Ferne rückte, wurden die Rufe nach Alkibiades wieder lauter. Niemand hat das besser gesehen als Aristophanes, der in der 405 aufgeführten Komödie *Die Frösche* das Verhältnis der Stadt zu Alkibiades mit einer einzigen Verszeile umriß: «Sie liebt, sie haßt und hätt' ihn doch so gern!»

DIE ARGINUSEN

Der Nauarch Kallikratidas Für Athen verschlechterte sich die Lage 407 weiter. Das lag weniger an den neuen Feldherren, auch wenn sie nicht das Format eines Alkibiades besaßen, sondern an der wirtschaftlichen Situation. Einstweilen sollte der in Andros stationierte Konon das Kommando über die Flotte auf Samos übernehmen. Was er dort vorfand, machte wenig Hoffnung. Ausbleibende Soldzahlungen hatten die Soldaten entmutigt, viele Ruderer waren zum zahlungskräftigeren Feind übergelaufen. So sah sich Konon gezwungen, die Flotte von 115 auf 70 Trieren zu verkleinern. Glück für Athen war es freilich, daß Sparta die Schwäche des Gegners momentan nicht zu nutzen verstand. Die Amtszeit des Lysander war nach einem Jahr abgelaufen, ein neuer Nauarch trat sein Amt an. Er hätte dieses schon im Sommer 407 übernehmen sollen, doch nach den Erfolgen von 408 zögerten die Behörden, Lysander, wie es Vorschrift gewesen wäre, abzulösen. Erst im Frühjahr 406 ging der neue Admiral in den Osten. Kallikratidas – Diodor nennt ihn ob seiner Arglosigkeit den anständigsten unter den Spartanern – war freilich zu unerfahren, um sich der Intrigen Lysanders zu erwehren, der sich nach dem Sieg von Notion selbst als «Beherrscher der Meere» titulierte und entrüstet war, daß ihm als solchem das Kommando entzogen wurde.

Die Freunde des Lysander machten Stimmung gegen den Nachfolger: Die Lakedaimonier begingen einen fatalen Fehler, wenn sie ständig das Personal austauschten, da ungeeignete Leute geschickt würden, die nichts vom Seewesen verstünden. Lysander ging sogar so weit, einen Teil der Gelder, die er von Kyros für Soldzahlungen erhalten hatte, zurückzugeben, um die Tätigkeit des Kallikratidas zu behindern. Dieser mußte nun selbst bei Kyros vorsprechen, der ihn aber so lange warten ließ, bis der Nauarch Sparta selbst um sofortige Geldzahlungen bitten mußte. Lediglich dank einer Art von Überbrückungskredit, den er von Milet erhielt, konnte er weitere Rüstungen finanzieren. Rhodos und Chios schickten aber Trieren, so daß er schließlich über eine Flotte von 140 Schiffen verfügte.

Von Milet fuhr Kallikratidas nach Lesbos, der nach Samos wichtigsten Insel im athenischen Herrschaftsbereich. Er steuerte die Stadt Methymna an, in der auch eine Besatzung der Athener lag, konnte die Stadt schnell erobern und übergab sie den Soldaten zur Plünderung, die Gefangenen wurden auf dem Marktplatz zusammengetrieben. Der spartanischen Freiheitsrhetorik entsprechend ließ Kallikratidas verkünden, kein einziger Grieche werde unter seiner Ägide als Sklave verkauft. Das galt jedoch nicht für die gefangenen Athener, ihnen war der Status als Griechen auf Lesbos offenbar abhanden gekommen.

Mit seiner Fahrt gegen Methymna verfolgte Kallikratidas noch einen weiteren Zweck. Er versuchte, Konon aus dem sicheren Hafen von Samos herauszulocken, denn der Stratege durfte dem Angriff auf einen wichtigen Verbündeten nicht tatenlos zusehen. Tatsächlich stellte er Konon kurz nach der Eroberung von Methymna in dem Sund zwischen Lesbos und dem Festland. Mit seinen überlegenen Verbänden schnitt Kallikratidas ihm den Rückweg nach Samos ab, dem Athener blieb nur die Flucht in den nahen Hafen von Mytilene. Dort kam es zu einem kurzen Seegefecht, bei dem die Athener 30 ihrer 70 Schiffe verloren, die Mannschaften retteten sich an Land. Die Ausfahrt aber blockierten nun die peloponnesischen Schiffe, die Athener waren ohne Verbindung in die offene See eingeschlossen; Kallikratides hatte sein Versprechen, Konons «Hurerei mit dem Meer» ein Ende zu bereiten, eingelöst.

In letzter Minute, kurz bevor die desolate Versorgungslage zur Kapitulation zwang, gelang zwei Schnellruderern der Ausbruch aus dem Hafen, eine Triere erreichte auch ihr Ziel, Athen. Nochmals mobilisierte die Stadt alle Kräfte: Wer im dienstfähigen Alter stand, ob Sklave oder Freier – der Ritterstand nicht ausgenommen –, wurde rekrutiert, so daß binnen 30 Tage 110 Trieren – ein Schiffspersonal, das an die

20 000 Mann ausmachte – ausgerüstet werden konnten. Um die Kosten aufzubringen, wurden sogar die goldenen und silbernen Weihgeschenke, die Tempelgerätschaften und Nike-Statuetten eingeschmolzen, auch Athena selbst stellte sich mit ihrem Schmuck in den Dienst der Stadt. Mitte Juli nahm die Flotte Kurs auf Samos, wo sie sich mit Schiffen der Bundesgenossen und athenischen, die unterwegs angetroffen wurden, auf 150 Trieren verstärkte.

Die Schlacht Inzwischen war es Hochsommer geworden, von Norden näherte sich die Flotte der Spartaner. Auch sie wollten die Entscheidungsschlacht. Kallikratidas bot 120 Schiffe auf – 50 hatte er in Mytilene zurückgelassen, wo ja noch die Schiffe Konons lagen –, die athenischen Feldherren, insgesamt nicht weniger als acht, befehligten die 150, die sich vor Samos gesammelt hatten. Es sollte die gewaltigste Seeschlacht werden, die Griechen je untereinander ausfochten.

Am Abend vor der Schlacht hatten die Athener – zu den Mahlzeiten und zum Schlafen wurden die Schiffe ja an Land gezogen – die Arginusen erreicht, eine Gruppe von drei Inseln nahe dem Festland; die Peloponnesier waren am Kap Malea auf Lesbos angelandet, etwa 15 Kilometer entfernt. Kallikratidas sah in der Ferne Wachfeuer, und als ihm gemeldet wurde, es seien die Athener, wollte er noch um Mitternacht losfahren, um sie an Land zu überfallen. Plötzlich setzte jedoch starker Gewitterregen ein, er mußte den Plan aufgeben und fuhr erst am Morgen bei nachlassendem Regen Richtung Arginusen.

Xenophon hat die Schlachtaufstellung der Athener überliefert. Ungewöhnlich war, daß sie sich nicht wie die Peloponnesier in einer einzigen, sondern in einer doppelten Linie aufreihten, um einen eventuellen Durchbruch des Gegners zu verhindern, selbst auf die Gefahr hin, daß eine Überflügelung drohte. Für die Athener sprach ihre numerische Überlegenheit. Als der Steuermann des Admiralsschiffes Kallikratidas deswegen zum Rückzug riet, bekam auch dieser Gelegenheit, die lange Liste lakonischer Apophthegmata um einen Sinnspruch zu vergrößern: Sparta ginge es nicht schlechter, wenn er selbst falle, zu fliehen aber sei schändlich.

Die Schlacht blieb lange unentschieden, noch am Nachmittag wurde gekämpft, ohne daß sich ein Vorteil für eine Seite abzeichnete. Erst als Kallikratidas bei einem Rammversuch seines Schiffes über Bord stürzte und ertrank, gleichzeitig der rechte Flügel der Athener den linken der Peloponnesier besiegte, wichen diese zurück. Sie flohen nach Chios oder ans Festland, denn der Rückweg nach Mytilene war versperrt. Insgesamt verloren sie mehr als 70 Schiffe.

Nachdem sie zu den Arginusen zurückgefahren waren, beschlossen die athenischen Feldherren, unverzüglich gegen das noch immer belagerte Mytilene zu fahren, während 47 Schiffe versuchen sollten, die Schiffbrüchigen zu bergen. Von den 25 Schiffen, die die Athener vermissten, waren noch nicht alle gesunken, einige trieben manövrierunfähig und kurz vor dem Kentern auf dem Wasser. Bevor die Retter aber in See stechen konnten, kam plötzlich Wind auf, ein schwerer Sturm kündigte sich an, die Ausfahrt schien unmöglich. Nur wenige hundert Meter vom Ufer entfernt harrten die Schiffbrüchigen auf ihren Wracks aus. Die Küste war für sie unerreichbar, denn die Ruderer konnten nicht schwimmen, zudem gab es tückische Strudel und Gegenströmungen. So ertranken fast 2000 Mann, nur wenige, die sich an die im Wasser treibenden Schiffsplanken klammern konnten, wurden an Land getrieben.

Derweil wartete der spartanische Kommandant in Mytilene auf Nachricht von der Schlacht. Als ein Ruderboot die Niederlage meldete, fürchtete er eine Panik. Er schickte die Boten nochmals hinaus aufs Meer und befahl ihnen, zum Zeichen des Sieges mit Kränzen auf dem Kopf zurückzurudern: Kallikratidas habe die Athener geschlagen, alle ihre Trieren seien versenkt. Er selbst brachte ein öffentliches Dankopfer für die gute Nachricht dar, ließ die Lastschiffe in aller Eile beladen und schickte sie zusammen mit den Trieren nach Chios. Mit den Fußtruppen verließ er danach auf dem Landweg Mytilene. Damit war die Belagerung aufgehoben, Konon fuhr sofort der athenischen Entsatzflotte entgegen, ein gemeinsamer Angriff auf Chios endete ergebnislos.

Der Prozeß Seit die 110 Schiffe nach Samos aufgebrochen waren, herrschte in Athen angespannte Erwartung. Von der Euphorie, mit der die Bevölkerung die Sizilienflotte verabschiedet hatte, war nichts zu spüren. Zu hektisch waren diesmal die Schiffe gerüstet worden, die Mannschaften teilweise ungeübt, die acht Strategen, die sie befehligten, ohne die Erfahrung eines Nikias und Demosthenes oder das Charisma eines Alkibiades. Als das Staatsschiff die Siegesbotschaft brachte, überwog Erleichterung die Freude. Beides währte aber nur kurz. Erste Nachrichten von schweren Verlusten trübten die Stimmung: 25 eigene Schiffe seien gesunken, die einen Ruderer im Kampf getötet, die meisten von den untergehenden Trieren mit in den Tod gerissen oder im offenen Meer treibend ertrunken. Die Angehörigen trauerten um die Toten oder Vermissten. Es blieb freilich ein Trost. Wer nicht zurückkam, hatte sein Leben für das Gemeinwesen gegeben: «Hervorragenden Männern ist die ganze Erde Grab», hatte Perikles bereits im Epitaphios auf die Gefallenen des ersten Kriegsjahres gesagt, und wenn ein Familienvater fiel, wurden die Söhne auf öffentliche Kosten erzogen. In Sparta war es sogar Brauch, daß nur das Heer Trauer zeigte, Eltern, Brüder und Schwestern der Gefallenen gingen dagegen, schreibt Xenophon, «Siegern gleich, stolz umher und brüsteten sich ihres eigenen Unglücks».

Schließlich kamen die ersten, die sich aus eigener Kraft hatten retten können, nach Athen. Wie alle Augenzeugen, die aus einer Schlacht entkamen, übertrieben sie – durch Zufall, Glück oder gar ein Wunder dem Tode entronnen – ihre Erlebnisse. Die Feldherren hätten die Toten nicht geborgen, vor allem aber hätten sie es versäumt, den Schiffbrüchigen, die im Meer trieben, sich auf Holztrümmer geflüchtet hatten oder auf untergehenden Wracks ausharrten, zu Hilfe zu kommen. Das wurde, wenn auch nicht von allen, geglaubt. Die Volksversammlung trat zusammen, per Handzeichen wurden die acht Feldherren, die das Kommando an den Arginusen ausgeübt hatten, ihres Amtes enthoben und zur Rechenschaftsablage nach Athen beordert. Konon war damals in Mytilene eingeschlossen und daher nicht von der Apocheirotonie – einem speziellen Verfahren der Amtsenthebung – betroffen, der zehnte Stratege hatte vor Lesbos den Tod gefunden. Es wurden nur zwei neue Feldherren gewählt, ein Zeichen dafür, daß das Urteil über die Amtsenthobenen noch nicht gefällt war. Zwei von diesen zogen es dennoch vor, erst gar nicht nach Athen zurückzukehren. Vielleicht fürchteten sie den Wankelmut des Demos, vielleicht hatten sie tatsächlich etwas zu verbergen. In jedem Falle konnte ihr Verhalten als Eingeständnis des Versagens ausgelegt werden und verbesserte die Lage der übrigen nicht.

Anfangs wurde nur einer der sechs Strategen festgenommen, und zwar zunächst wegen Veruntreuung der im Hellespont requirierten Gelder. Die anderen erstatteten dem Rat Bericht, wurden danach jedoch auf Antrag eines Ratsherrn ebenso in Fesseln gelegt, um vor die Volksversammlung geführt zu werden. Diese trat in der Regel viermal pro Prytanie zusammen, in Zeiten des Krieges waren aber kurzfristig einberufene Versammlungen üblich.

Die Chancen, sich dort rechtfertigen zu können, standen gut für die Feldherren, denn für den Sturm, der sie gehindert hatte, die Schiffbrüchigen zu retten, gab es viele Augenzeugen. So benannten sie die Steuermänner und anderes Schiffspersonal, und deren Aussagen machten auch tatsächlich Eindruck auf die Ekklesiasten. Spontan erhoben sich viele Privatleute, die bereit waren, Bürgschaft für jede Art von Geldstrafe zu leisten, so daß die Feldherren zunächst hätten freikommen können. Die Sache wurde ausführlichst debattiert, es wurde die längste Volksversammlung, von der die Quellen wissen. Sie wurde erst abgebrochen, als es schon zu dunkel geworden war, um bei einer Abstimmung die Hände zählen zu können. Daher wurde die Angelegenheit auf die nächste Volksversammlung verschoben. Der Rat der Fünfhundert sollte derweil zusammentreten und einen Vorbeschluß fassen, auf welche Weise mit den Feldherren zu verfahren sei.

Die eigentliche Gefahr, die den Strategen drohte, ging nicht von aufgebrachten Bürgern aus, die Angehörige verloren hatten, sondern vielmehr von zwei ihrer eigenen Untergebenen, insbesondere von Theramenes, der sich bereits beim Sturz der Demokratie als Meister im politischen Überlebenskampf erwiesen hatte und der diesen erst Jahre später verlor, als er es versäumte, sich rechtzeitig vom Regime der 30 Tyrannen abzusetzen.

Nach der Schlacht hatten die Feldherren, wie geschildert, beschlossen, die Flotte zu teilen. Ein größeres Kontingent erhielt Order, gegen den Feind zu fahren und die Eingeschlossenen von Mytilene zu befreien, 47 Trieren aber sollten vor Ort bleiben und die Schiffbrüchigen bergen. Leiten sollten dieses Unternehmen die Trierarchen, die schon Erfahrung als Strategen hatten, und so war die Wahl u. a. auf Theramenes gefallen. Diesem wurde daher nun schnell bewußt, daß es auch sein Kopf war, über den in der Frage der Schiffbrüchigen verhandelt wurde, denn seine Aufgabe war es ja gewesen, sie zu retten. Da er fürchtete, die Feldherren könnten sich damit herausreden, den Befehl zur Bergung erteilt zu haben, versuchte er von Anfang an, die Verantwortung allein auf diese abzuschieben. Bereits in der ersten Sitzung der Volksversammlung gerierte er sich mit allerlei juristischen Winkelzügen als Hauptankläger der Strategen. Selbst die Pause vor der nächsten Einberufung der Ekklesia nutzte er für seine Zwecke.

Zufällig wurde zu dieser Zeit in Athen das Apaturien-Fest gefeiert. Es dauerte drei Tage und war in gewisser Weise ein Familienfest, bei dem sich Eltern und Verwandte trafen und die im letzten Jahr geborenen Kinder in die Geschlechterverbände, die Phratrien, aufgenommen wurden. Die ansonsten heitere Stimmung der Feier war in diesem Jahr getrübt. Diejenigen, die einen Angehörigen verloren hatten, gingen in Trauerkleidung zum Fest. Das brachte Theramenes auf einen perfiden Gedanken, wie er die Stimmung gegen die Feldherren nachhaltig schüren konnte.

Es kam die entscheidende Sitzung der Volksversammlung. Unter die Besucher mischten sich überraschend viele Ekklesiasten in schwarzen Kleidern, den Kopf zum Zeichen der Trauer kahlgeschoren. Theramenes und sein Anhang hatten sie angestiftet, als Verwandte der Ertrunkenen aufzutreten. Ebenfalls im Auftrag des Theramenes hatte ein Bouleute, ein Mann namens Kallixenos, die Vorwürfe gegen die Feldherren auch im Rat der Fünfhundert vorgetragen und dort einen Vorbeschluß initiiert, welcher nun verlesen wurde. Xenophon, der Zeuge war, gibt ihn um Wortlaut wieder: «Nachdem sie die Ankläger der Feldherren und deren Verteidigung in der vorherigen Volksversammlung gehört haben, sollen alle Athener nach Phylen abstimmen. Zwei Urnen sollen für jede Phyle aufgestellt werden. Ein Herold aber soll in jeder Phyle ausrufen: Wer der Meinung sei, die Feldherren hätten schuldhaft versäumt, die Sieger der Seeschlacht zu retten, werfe seinen Stimmstein in die erste, wer anderer Meinung sei, in die zweite Urne. Würden sie aber als schuldig erklärt, sollten sie zum Tode verurteilt und den Elfmännern übergeben werden. Ihr Vermögen solle eingezogen, der Zehnt aber der Göttin geweiht werden.»

Die Stimmung schlug um und wandte sich gegen die Feldherren, als einer der geretteten Schiffbrüchigen die Rednerbühne betrat – auch das sicherlich abgesprochen. Er behauptete, er habe sich an eine im Wasser treibende Mehltonne klammern können und sei so – als einer der ganz wenigen – an Land gespült worden. Dazu erklärte er – und falls nicht die ganze Geschichte, so war zumindest dies nun frei erfunden –, die Ertrinkenden hätten ihm, wenn er denn gerettet werde, den Auftrag erteilt, dem Volk zu melden, die Feldherren hätten die, die aufs tapferste für das Vaterland gekämpft hätten, nicht gerettet.

Freunde der Angeklagten – Xenophon nennt zuvorderst Euryptolemos, einen Verwandten des Perikles – versuchten, dem entgegenzutreten, indem sie eine Klage wegen eines gesetzwidrigen Antrages einbrachten (*Graphè Paranómon*), wodurch die Sache zumindest aufgeschoben worden wäre. Doch die Atmosphäre in der Ekklesia war aufgeheizt. Drohungen wurden laut, Euryptolemos zog seine Klage zurück. Nun weigerten sich einige Prytanen, den Antrag des Kallixenos zur Abstimmung zu bringen. Die Unruhe steigerte sich. Die Claqueure des Theramenes schrien, wie die Feldherren sollten auch die vor Gericht gezogen werden, die sich weigerten, den Antrag zuzulassen. Die Prytanen knickten ein. Ein einziger widersetzte sich und blieb dabei, daß er nichts tun werde, was dem Gesetz zuwiderlaufe. Es ist ungewöhnlich, daß der ansonsten auf Kürze bedachte Xenophon ein solches Detail berichtet, doch es hat einen Grund. Jener Prytane war sein Lehrer Sokrates.

Euryptolemos änderte nun die Taktik. Er stellte den Gegenantrag, die Feldherren statt dessen gemäß dem Volksbeschluß eines Kannonos zu richten, der besagte, daß, wer sich gegen das Volk der Athener vergangen habe, im Falle eines Schuldspruches ins Barathron, eine Schlucht bei Athen, gestürzt werden solle. Hintergrund des Antrags war, daß damit ein ordnungsgemäßes Verfahren gesichert wäre, die Feldherren Redezeit erhielten und über jeden einzeln entschieden würde. Dies richtete sich deutlich gegen den Rat der Fünfhundert, der für eine kollektive Verurteilung eintrat. Nach der Rede des Euryptolemos wurde per Hand abgestimmt, und eine Mehrheit entschied sich für dessen Antrag. Die Feldherren schienen – zumindest vorerst – gerettet. Die Abstimmung war allerdings knapp ausgefallen. Da die erhobenen Hände nicht einzeln gezählt, sondern nur geschätzt wurden, blieb daher die Möglichkeit eines Irrtums. Jeder Bürger hatte nun die Möglichkeit, einen beeideten Protest (*Hypomosía*) einzulegen und eine Wiederholung der Abstimmung zu verlangen. So geschah es auch. Das Volk stimmte nochmals ab und entschied sich diesmal für den Antrag des Rates, und dies vielleicht nur mit dem Wunsch, die Prozedur abzukürzen.

Noch aber war der Prozeß nicht beendet, es ging ja bisher nur um Verfahrensfragen. Xenophon schweigt indes zu weiteren Einzelheiten und überliefert nur das Ergebnis. In einer Abstimmung nach Phylen hielt eine knappe Mehrheit der anwesenden 6000 Athener das Versagen der Feldherren für erwiesen. Diese wurden kollektiv zum Tode verurteilt, ihr Vermögen eingezogen. Die «Elfmänner» verloren keine Zeit, die Hinrichtung der sechs Feldherren, die nach Athen zurückgekehrt waren, wurde sofort vollstreckt. Bald schon, fährt Xenophon fort, reute die Athener allerdings ihre Entscheidung. Gegen diejenigen, «die das Volk getäuscht hatten», wurde Klage erhoben. Sie entkamen in den Wirren der Niederlage gegen Sparta. Nur Kallixenos, so wird berichtet, sei zurückgekommen, aber, von allen verachtet und gemieden, Hungers gestorben.

Das Urteil der Geschichte Der Arginusenprozeß gilt – und das bis heute – als schwarzer Tag der athenischen Demokratie, und das ist keine Überraschung, denn genau diesen Eindruck versuchen die antiken Quellen, namentlich der Augenzeuge Xenophon, zu erwecken. Als er die ersten Bücher seiner *Hellenikà* schrieb, lebte er im Exil, und seine Darstellung durchzieht noch – in den letzten Schriften wird sich das ändern – eine starke Abneigung gegen das demokratische System, flankiert von offensichtlicher Sympathie für die Oligarchie spartanischer Prägung. Für Xenophon ist es daher der wütende Mob – das Volk könne tun und lassen, was es wolle, läßt er die Menge rufen –, der die Aburteilung erzwingt.

Die zweite Quelle, Diodor, die – vermittelt – wohl auf die sogenannten *Hellenikà von Oxyrhynchos* zurückgeht, nennt dazu *expressis verbis* die Demagogen als Verantwortliche. Tatsächlich aber war der Hauptagitator Theramenes ein führender Oligarch. In Diodors Version werden die Feldherren auch als gänzlich unschuldig dargestellt – Xenophon suggeriert das nur – und die Demokratie als «Unrechtsstaat» (*adikoúse Pólis*) bezeichnet.

Xenophons Bericht weist Lücken und Übertreibungen auf. So ist die Reue des Demos, und damit sein Schuldeingeständnis, eine Erfindung. Der Hungertod des Kallixenos ist bestenfalls ein Gerücht, der Hauptverantwortliche Theramenes aber wurde nicht bestraft, sondern schon im Folgejahr ins höchste Staatsamt gewählt. In Xenophons *Hellenikà* fahren außerdem die Athener, unmittelbar nachdem der Sieg feststeht, zu den Arginusen zurück, um zu beraten. Dies widerspricht der zweiten Quelle, und es widerspricht vor allem der Logik der Naumachie (Seeschlacht). Diodor zufolge setzten die Athener nach dem Sieg die Verfolgung des Gegners «über eine beträchtliche Strecke hinweg» fort – dies erklärt die schweren Verluste der Peloponnesier. Das bedeutet, es hätte vor dem Aufkommen des Sturms Zeit gegeben, die Schiffbrüchigen zu bergen, diese aber mußten zusehen, wie die athenischen Trieren an ihnen vorübersegelten, um den Feind zu verfolgen. Es fehlte der Volksversammlung durchaus nicht an Gründen, die Vorgänge näher zu untersuchen. Genau diese Phase des Kampfberichtes aber unterschlägt Xenophon, denn es hätte seine Darstellung vom Willkürakt des Demos an den siegreichen Feldherren in Frage gestellt. Was diese aber wieder entschuldigt, ist, daß sich die Verfolgung der Feinde aus der Dynamik der Schlacht ergab, im Gefühl des Sieges vergaßen die Schiffskapitäne, den havarierten Trieren zu Hilfe zu kommen. Erst der Arginusenprozeß beförderte offenbar ein Umdenken. So verzichtete der Feldherr Chabrias drei Jahrzehnte später auf die aussichtsreiche Verfolgung der besiegten Lakedaimonier, weil er – so wieder Diodor – das Los seiner Vorgänger fürchtete und daher vorsichtshalber zunächst die Schiffbrüchigen an Bord nahm.

Der Arginusenprozeß war kein Justizirrtum – das ist inzwischen Mehrheitsmeinung. Die Athener hatten durchaus Anlaß, ihren Feldherren zu mißtrauen, zumal zwei von ihnen die Rechenschaftsablage verweigerten. Um den in Mytilene eingeschlossenen Konon zu befreien, hatten die Athener mit äußerster Mühe 110 Schiffe bemannt, die letzte große Anspannung aller Kräfte des Krieges. Nun waren zwei- oder dreitausend Mann Besatzung, darunter auch Sklaven, ertrunken. Daß die Angehörigen um Aufklärung bemüht waren, ist verständlich, zu beklagen nur, daß das Ganze sich zur Hysterie steigerte. Feldherrenprozesse waren nicht selten, sie gehörten zum athenischen Militärwesen; auch für Kollektivurteile gibt es Beispiele, und die Feldherren trugen ja auch kollektive Verantwortung. Das Verfahren lief weitgehend nach der üblichen Praxis ab; sicherlich war die den Feldherren zugestandene Redezeit zu knapp bemessen, erwiesen aber ist, daß sie sich verteidigen durften. Wäre die Stimmung nicht so aufgeheizt gewesen, hätte das Verfahren wohl mit einem Freispruch geendet. Zweifellos wäre dieser das bessere Urteil gewesen. Es hätte der Stadt auch genutzt. So tat sie, was dem Feind nicht gelungen war, sie brachte sich um sechs ihrer fähigsten Strategen. Der ärgste Schaden für Athen war freilich in den nächsten Jahren die Uneinigkeit seiner Bürger: Quer durch alle Lager klaffte fortan ein Riß zwischen Freunden und Feinden der abgeurteilten Feldherren. Die Stadt war noch stärker geschwächt als nach dem Ende der Sizilischen Expedition. Erst die Schlacht von Aigospotamoi sollte sie wieder einen.

DIE KAPITULATION

Vor der Entscheidung In Sparta führte währenddessen die erneute Niederlage zu Ratlosigkeit. Die Magistrate waren sich uneins, ob sie Verhandlungen mit Athen führen oder doch noch mit allen Kräften eine Entscheidung suchen sollten. Dazu kamen ungeklärte Personalfragen. Lysander hatte sich als Nauarch bewährt, doch hatte er Gegner in der Heimat. Vor allem durfte er das Amt, nachdem er es ein Jahr lang ausgeübt hatte, nicht erneut bekleiden. Widerstand gab es seitens der beiden Könige, die sich in ihrer Amtsführung beeinträchtigt sahen. Dagegen drängten vor allem die neuen Freunde der Spartaner in Kleinasien, die die alten der Athener waren, das Kommando Lysander zu übergeben, den sie nach den Erfahrungen der letzten Jahre für den Fähigsten (und zwar: zu allem) hielten. Die Spartaner brachen zwar nicht gerne mit der Tradition, um so lieber aber höhlten sie sie aus: Nauarch wurde ein Mann namens Arakos, freilich mit der Maßgabe, die Entscheidungen seinem Sekretär (*Epistoleús*) zu überlassen, und zu diesem wurde Lysander berufen. Im Frühjahr 405 traf er wieder in Ephesos ein, wo sich die Schiffe sammelten, die den Athenern bei den Arginusen entkommen waren. Dem verantwortlichen Kommandeur, dem Spartaner Eteonikos, war es gelungen, sich den Winter über unter schwierigsten Bedingungen auf der Insel Chios zu halten. Aus Sparta kam kaum Hilfe, so daß die Soldaten auf sich gestellt waren. Im Sommer konnten sie sich noch von den «Früchten der Jahreszeit» ernähren; manche verdingten sich auch gegen Lohn als Erntearbeiter. Mit Einbruch des Winters ging freilich die Nahrung aus. Viele besaßen weder geeignete Kleidung noch Schuhwerk. Aus anfänglichem Unmut entwickelte sich eine Meuterei mit dem Ziel, die Stadt Chios, inzwischen ein wichtiger Verbündeter Spartas, anzugreifen. Wer teilnehmen wollte, trug als Erkennungszeichen ein Schilfrohr. Eteonikos konnte die Rebellion nicht einfach niederschlagen, denn das hätte hunderte Tote gekostet und wäre damit eine schlechte Werbung für die spartanische Sache gewesen.

Ebensowenig konnte er den Angriff auf einen Verbündeten dulden. Er löste das Problem schließlich, indem er willkürlich einzelne Insurgenten zur Abschreckung töten ließ.

Das Frühjahr und das Eintreffen des Lysander beendeten diese Krise. Von Kyros, der zu dieser Zeit zu seinem erkrankten Vater in die Heimat abberufen wurde, kam frisches Geld, denn für seine weiteren Pläne rechnete er mit den Lakedaimoniern. Lysander ließ neue Schiffe bauen und festigte die spartanische Macht. Dabei zeigte er sich wenig zimperlich. In Milet hatte sein Vorgänger einen Ausgleich zwischen Demokraten und Oligarchen gefunden. Lysander spiegelte nun vor, sich daran halten zu wollen, und ließ dann in einem günstigen Moment, als der Markt besonders belebt war, mehrere hundert der führenden Demokraten umbringen. Plutarch spricht von Abschlachten, und tatsächlich fand Lysander wenig Sympathien unter den Historikern, die ihm noch weitere Massaker zuschrieben. Mit seiner Person verbindet sich offenkundig die Enttäuschung vieler Griechen, die an die Freiheitsparolen der Spartaner geglaubt hatten.

Die Athener machten inzwischen mit derselben Entschlossenheit, mit der sie den Seesieg bei den Arginusen errungen hatten, dessen Früchte auch wieder zunichte. Der Prozeß hatte die Bürgerschaft gespalten, und sie fand nur kurz zusammen, um ein spartanisches Friedensangebot abzulehnen. Darin besaß sie Übung. Schon nach der Schlacht von Kyzikos im Jahre 410 hatten die Athener Friedenswünsche der Spartaner ignoriert. Nun wiederholten sich (falls keine Dublette bei den antiken Autoren vorliegt) die Ereignisse. Es war, wie gesagt, das Gesetz dieses Krieges, daß, wer sich im Vorteil wähnte, den Krieg verlängerte. Die späten Quellen machen erneut Kleophon, den Mann des Demos, verantwortlich: Angetan mit einem Brustpanzer – Cicero sollte das später, als er sich von dem «Verschwörer» Catilina verfolgt wähnte, nachahmen –, habe Kleophon volltrunken die Rednerbühne erklommen und gegen eine Übereinkunft gewettert: Niemals werde er einen Frieden dulden, solange die Spartaner nicht die Städte der Bundesgenossen räumten.

Ist die wohlbegründete Ablehnung des Friedens ein Faktum – die Athener hatten für den Seesieg bei den Arginusen immense Opfer, materiell wie an Menschenleben, gebracht –, so ist der Auftritt des Kleophon eine Erfindung. Er entspricht der üblichen Demagogen-Topik der oligarchisch geprägten Quellen, denn die Führer des Volkes konnten nach Ansicht der Aristokraten nur wahnsinnig oder eben betrunken sein. Vielleicht nahmen die Quellen auch Komödienszenen für bare Wirklichkeit, denn Aristophanes und seine Kollegen hatten Kleophon einen Ehrenplatz auf der Theaterbühne eingeräumt, ein Stück des Komödiendichters Platon ihn sogar zur staatstragenden Titelfigur erhoben.

Wenn sie auch für die Fortsetzung des Krieges votierten, so mangelte es den Athenern doch an den finanziellen Mitteln dafür. Ihre Flotte umfaßte nun etwa 180 Trieren mit den entsprechenden Mannschaften, die verpflegt und bezahlt werden mußten. Erneut galt, daß der Krieg sich selbst ernährt. Die Strategen an der ionischen Küste versorgten die Schiffsbesatzungen vor allem durch Plünderungszüge in Regionen nahe der Küste. Das konnte eine vorübergehende Maßnahme sein. Sinnvoll war aber nur eine schnelle Entscheidung, die den Seekrieg im Osten ein für alle Male beendete. Dieser Wunsch führte schließlich auch zu einem Beschluß der Volksversammlung, der den Krieg um eine neue Facette bereicherte. Eine Mehrheit der Ekklesia stimmte dem Antrag des Strategen Philokles zu, im Falle eines Sieges allen Gefangenen die rechte Hand abzuschlagen (in einer milderen Version: den rechten Daumen). Wieweit dies bloße Drohung war, läßt sich nicht feststellen, denn die Athener gewannen in diesem Krieg keine Seeschlacht mehr, während die Spartaner, die schließlich siegten, sich nicht mit den Daumen begnügten, sondern lieber gleich die Köpfe abschlugen. Wie brutal der Seekrieg inzwischen geführt wurde, hatte besagter Philokles wenig vorher bewiesen, als er zwei feindliche Schiffe, eines aus Korinth, das andere von der Insel Andros, kaperte und die Besatzungen von einem Felsen aus ins Meer stürzen ließ.

Die Ziegenflüsse Die Entscheidung fiel nicht zufällig dort, wo die schwächste Stelle der athenischen *Arché* war, am Hellespont. Obwohl die Geschichte von der Schlacht an den Ziegenflüssen (Aigospotamoi) spricht, wurde dort nicht eigentlich gekämpft. Das Geschehen läßt sich allenfalls deswegen so bezeichnen, weil die Sieger ihre gefangenen Gegner reihenweise abschlachteten. Es war das würdelose Ende eines ebensolchen Krieges. Die Verschlagenheit Lysanders siegte über die Inkompetenz der neuen athenischen Strategen.

Im Sommer 405 hatte Lysander mit einer inzwischen 200 Schiffe starken Flotte die Initiative ergriffen. Er segelte zunächst nach Süden Richtung Rhodos, bevor er überraschend kehrtmachte und den Hellespont ansteuerte. Das wird als Täuschungsmanöver interpretiert, doch jeder athenische Feldherr hätte wissen können, daß der Kampf am Hellespont ausgefochten werden mußte. Lysander griff die mit Athen verbündete Stadt Lampsakos an der Ostküste des Hellespont an und eroberte sie. Den Athenern blieb nichts anderes übrig, als am gegenüberliegenden Ufer zu ankern. Die nächste Hafenstadt, Sestos, war fast 20 Kilometer entfernt, und das brachte erhebliche logistische Schwierigkeiten mit sich, denn die nach Tausenden zählenden Flottenmannschaften mußten versorgt werden.

Nach einem Bericht Xenophons beobachtete dies der ins Exil geflohene Alkibiades von seiner in der Nähe liegenden Fluchtburg Bisanthe aus und eilte ins Lager der Athener, um ihnen den dringenden Ratschlag zu geben, den Ankerplatz in Richtung Sestos zu verlegen. Deren Feldherren waren aber ob dieser Einmischung nicht erbaut, denn sie mußten in Alkibiades immer noch einen Konkurrenten fürchten, solange in Athen die Diskussion um seine erneute Rückberufung nicht verstummt war. Sie forderten ihn auf, unverzüglich zu gehen. Tatsächlich wußten sie selbst um die Nachteile ihres Ankerplatzes, hofften aber, Lysander noch zu einer Schlacht provozieren zu können. Der freilich gab den Vorteil seines Standortes nicht auf. Er ordnete zwar an, nach dem Frühmahl die Schiffe zu besteigen, verließ aber den Hafen, vor dem die athenischen Trieren lagen, um ihm die Schlacht anzubieten, nicht. Den Athenern blieb nichts anderes übrig, als zurückzufahren und sich um die Verpflegung zu kümmern, die ja von weither beschafft werden mußte. Vier Tage lang wiederholte sich dieses Spiel nach dem gleichen Muster. Lysander rechnete mit der Nachlässigkeit der Athener, von denen er annahm, sie würden sich an den Ablauf gewöhnen und sich mehr um die pünktliche Verpflegung als um die Schlacht sorgen. Späher berichteten ihm, was auf der anderen Seite des Hellespont geschah. Als er am fünften Tag die Nachricht erhielt, die athenischen Mannschaften hätten sich nach der Rückkehr von der morgendlichen Ausfahrt an Land verstreut, um sich zu verproviantieren, griff er unvermutet an. Nur der Stratege Konon bemerkte frühzeitig das Nahen der feindlichen Schiffe, sein Alarm kam jedoch zu spät. Die wenigen, die die Schiffe rechtzeitig erreichten, konnten allenfalls noch zwei Ruderreihen besetzen, oft nur eine, meist blieben diese überhaupt leer. Nur Konon entfloh mit acht Schiffen; auch die *Paralos*, das Staatsschiff, entkam. Ohne auf Widerstand zu stoßen, erbeuteten die Lakedaimonier die an den Strand gezogenen Trieren, die Athener, die zu Land nach allen Seiten flohen, wurden schnell eingeholt und gefangengesetzt. Es war ein Sieg, den die Griechen *akonití* nannten, ohne Staub, also mühe- und kampflos. Stolz ließ Lysander in Delphi eine Statuengruppe aufstellen, die ihn und seine Kommandanten neben verschiedenen Göttern zeigte und die Inschrift trug: «Sein Bildnis hat geweiht [auf] diesem Monument, als er siegreich mit schnellen Schiffen zerstörte der Ke[k]ropiden (=Athener) Macht, Lysandros, und krönte so das unzerstörbare Lakedaimon, Hellas' Akropolis, die schöne umtanzte Heimat.»

Lysander brachte seine Gefangenen, unter denen auch die meisten Feldherren waren, nach Lampsakos, eine Triere die Nachricht des Sieges in knapp drei Tagen nach Sparta. Noch in der Stunde des Triumphs berief Lysander ein Tribunal ein, um über die Besiegten zu urteilen. Er selbst konnte sich zurückhalten. Es waren die Bundesgenossen, welche die Verbrechen der Athener aufzählten. Das ärgste von ihnen war freilich, den Krieg verloren zu haben, wie denn auch einer der athenischen Feldherren erklärte, Lysander solle als Sieger tun, was er als Verlierer erlitten hätte. Das Tribunal beschloß, alle Kriegsgefangenen – Plutarch spricht von 3000 – zu töten, soweit es sich um Athener handelte. Der Stratege Philokles, der in der Ekklesia den Antrag gestellt hatte, etwaigen Gefangenen der Gegenseite die rechte Hand abzuschlagen, wurde auf Befehl des Lysander noch an Ort und Stelle niedergehauen.

Die Nachricht Die *Paralos*, die der Falle von Aigospotamoi entkommen war, segelte auf dem schnellsten Weg zum Piräus, um mit ihrer für lange Zeit letzten Fahrt die Unglücksbotschaft zu überbringen. Xenophon war damals in der Stadt, ein junger Mann von Anfang zwanzig, und so vermittelt sein kurzer Bericht noch etwas von dem Schrecken, der die Athener erfaßte: «Als die *Paralos* des Nachts eingelaufen war, verbreitete sich die Unglücksnachricht in Athen. Das Wehgeschrei nahm seinen Weg vom Piräus durch die langen Mauern hinauf bis in die Stadt, indem einer die Meldung an den anderen weitergab. In jener Nacht schlief daher niemand, und sie betrauerten nicht nur die Getöteten, sondern noch viel mehr sich selbst, glaubten sie doch, das erleiden zu müssen, was sie den Meliern, Kolonisten der Spartaner, angetan hatten, als sie diese durch eine Belagerung zur Übergabe gezwungen hatten, und auch den Einwohnern von Histiaia, von Skione und Torone sowie den Aigineten und vielen anderen Griechen.»

Es war die längste Nacht in der Geschichte Athens, doch schon am Morgen trat die Volksversammlung zusammen. Die Teilnehmer standen unter Schock, doch sie waren zum Widerstand um jeden Preis entschlossen. Dabei ist zu bezweifeln, daß es in erster Linie das Schicksal der Melier und anderer versklavter Griechenstädte war, das sie, wie Xenophon behauptet, um den Schlaf brachte. Es gehörte zum Geschäft der Großmächte, daß nach der Kapitulation die Sieger und vor allem die ehemaligen Verbündeten des Besiegten, die selbst nicht anders verfahren wären, wenn sie nur die Gelegenheit dazu gehabt hätten, schwere Vorwürfe erhoben. Thukydides hat dies, wie gesehen, zum Thema seines Melier-Dialoges gemacht, der damals noch nicht geschrieben war, den Xenophon aber aus dem Nachlaß kannte, als er seine Fortsetzung zu schreiben begann. Was die Ekklesiasten nicht wahrhaben wollten, war der Untergang des athenischen Reiches. Noch glaubten sie – ähnlich den Meliern von 416 – an die Chancen des Widerstandes. So faßten sie den Beschluß, alle Häfen bis auf einen durch Dämme zu sperren und die Mauern instand zu setzen. Wachen wurden aufgestellt, neue Strategen gewählt, Vorräte auf Karren in die Stadt geschafft, denn eine längere Belagerung drohte.

In den *Fröschen*, dem letzten seiner während des Krieges aufgeführten Stücke, das begeistert aufgenommen und als einziges Drama zweimal gespielt wurde, hatte sich Aristophanes noch vor Aigospotamoi für die Versöhnung unter den Bürgern eingesetzt und eine Amnestie für die am Regime der Vierhundert Beteiligten gefordert: «Und vor allem, meinen wir [es spricht der Chor], sollten gleich die Bürger werden und verbannt die Schreckenszeit. Wer gestrauchelt, weil ihm tückisch Phrynichos [ermordetes Mitglied der Vierhundert] ein Bein gestellt; freistehn, mein' ich, sollt' es jedem, der sich damals hat verfehlt, durch Rechtfertigung zu tilgen vor'ger Zeit Vergehen. Ferner denk', ich, ehr- und rechtlos sollt' im Staate keiner sein.»

Dieser Appell war nicht mehr als ein frommer Wunsch. Solange der Demos noch an den endgültigen Sieg geglaubt hatte, sah er keine Notwendigkeit, Oligarchen zurückzurufen, von denen einige eine Herrschaft der Spartaner der des eigenen Volkes vorzogen. Die Niederlage änderte das. Athens Stärke lag nun in Einheit und Einigkeit. Ein Beispiel dafür hatten die Perserkriege geliefert: Kurz bevor die Truppen des Großkönigs Xerxes den Hellespont überschritten, hatten die Athener ihre Verbannten zurückgeholt. Wenigstens für die Zeit der Kämpfe ruhte der interne Krieg. 405 erinnerten sich die Athener des historischen Exempels, und die Volksversammlung faßte einen entsprechenden Beschluß, zwar nicht alle Verbannten, aber die, die ehrlos (*átimoi*) geworden waren, also ihre bürgerlichen Rechte verloren hatten, zu amnestieren. Ausdrücklich ausgenommen waren nur jene, die ins Lager der Feinde übergelaufen waren.

Derjenige, der diesen Antrag stellte, ein Mann namens Patrokleides, taucht in keinem Geschichtswerk auf, war in Athen aber stadtbekannt. Dafür hatte Aristophanes gesorgt, der ihn in den *Vögeln* wie kaum einen anderen – Kleon ausgenommen – zum Gespött machte. Die derbe Karikatur erfreute das für solcherart Scherze empfängliche Publikum und trug Patrokleides den Spitznamen *Chesâs*, «der Scheißer», ein, der sich über Jahrhunderte hielt und – von dem im Archiv aufbewahrten Volksbeschluß abgesehen – das einzige war, was von ihm blieb. Den Beschluß des Patrokleides fand der Redner Andokides wohl im Metroon, im Staatsarchiv. Zuerst nennt das Psephisma allgemein diejenigen, die als Schuldner des Staates oder der Heiligtümer zu Geldstrafen verurteilt worden waren, dann konkret die, die zu den Vierhundert gehört hatten, dazu andere, die an der Oligarchie mitgewirkt hatten.

Patrokleides zählte wohl zur Partei der Oligarchen, aber es ist schwer zu sagen, worauf sein Antrag letztlich zielte. Vielleicht diente er der Vorbereitung eines oligarchischen Putsches, wie ja auch bald Vorwürfe laut wurden, schon bei Aigospotamoi sei die Flotte zu diesem Zweck in die Hände des Feindes gespielt worden. Wahrscheinlicher ist aber das Gegenteil: Die Ekklesia unternahm mit ihrer Zustimmung zu dem Antrag nochmals einen Versuch, Arme und Begüterte zu einer letzten Anstrengung zur Verteidigung des Staats zusammenzuschmieden, und der war zu diesem Zeitpunkt noch demokratisch.

Lysander Der Sieg bei Aigospotamoi schien das Versprechen zu erfüllen, das die Spartaner allen Griechen gegeben hatten, soweit sie nicht schon ihre Verbündeten waren: Sie waren frei, wenn auch nur von athenischer Herrschaft. Von Lampsakos segelte Lysander zunächst nach Kalchedon und Byzantion, beide Städte seit wenigen Tagen *ehemalige* Verbündete der Athener. Die Bewohner nahmen Lysander – freiwillig oder nicht – auf, erlaubten aber der athenischen Besatzung den geordneten Abzug. Die Athenfreunde aus Byzantion flüchteten ans Schwarze Meer, von wo aus sie später ins Exil nach Athen gingen und das ansonsten spärlich vergebene Bürgerrecht erhielten.

Lysander ging gegen die athenischen Besatzungen nicht vor. Er hatte andere Pläne. Allen Athenern, die er auf seinen Fahrten antraf, versprach er sicheres Geleit, freilich nur zum Piräus. Die Heimkehrer würden die Situation in der durch die spartanische Seeblockade abgeriegelten Stadt verschärfen. Je mehr Menschen sich in Athen drängten, desto schneller würde die Stadt mangels Versorgung von außen kapitulieren müssen. Zu erobern war sie nicht, solange die Langen Mauern noch standen. Wen Lysander außerhalb der vorgeschriebenen Route aufgriff, ließ er hinrichten. Per Dekret wurde die Todesstrafe auch über all jene verhängt, die versuchten, Getreide nach Athen zu bringen. So wurde Schmuggel zum einträglichen Geschäft. Es gab freilich auch Athener, die es aus Patriotismus wagten, die spartanische Blockade zu durchbrechen. Im Erfolgsfalle wurden sie bekränzt und am Monument der Phylenheroen, zehn Bronzestatuen auf einem Marmorpodium unweit des Ratsgebäudes, öffentlich geehrt.

In Byzantion und Kalchedon sowie in den Städten der kleinasiatischen Küste und den Häfen der östlichen Inseln ließ Lysander spartanische Statthalter, die bekannten Harmosten, als Wächter der Freiheit zurück. Daneben wurden oligarchische Cliquen, bestehend aus zehn Männern, sogenannte Dekadarchien, installiert, alle anderen Regierungen, voran die Demokratien, gestürzt. Viel Mühe hatte Lysander dabei nicht. Die Verbündeten Athens beeilten sich, zum Sieger überzulaufen. Lediglich Samos, wo in einem blutigen Bürgerkrieg die Aristokraten ermordet oder vertrieben worden waren, stand zunächst fest zu Athen. Der Insel blieb freilich auch keine andere Wahl.

Wo es ging, besetzte Lysander die Posten zum Ausbau der eigenen Macht mit Gefolgsleuten. Zur Wahrung der Freiheit bedurfte es eines starken Regiments, Hinrichtungen waren an der Tagesordnung, und Lysander wohnte ihnen gern persönlich bei. Erhalten blieb den neuen Verbündeten Spartas immerhin eine Freiheit, nämlich die von langgehegten Illusionen. Selbst Plutarch, der sich um ein positives Gesamtbild Lysanders bemüht, mochte in dieser Hinsicht seinem Helden nicht mehr folgen. Die Lakedaimonier glichen Krämerinnen, da sie den Griechen erst den süßen Trank der Freiheit zu kosten gäben, ihnen dann aber sauren Wein einschenkten, zitiert er den Komödiendichter Theopomp, um diesem dann sofort zu widersprechen: Selbst die Kostprobe sei übel und bitter gewesen.

Derweilen benachrichtige Lysander König Agis, er befinde sich mit 200 Trieren in der Anfahrt nach Athen. Eine Belagerung war aber nur sinnvoll, wenn sie zu Wasser und zu Lande erfolgte. So rückten die Lakedaimonier mit dem gesamten Heerbann aus, die peloponnesischen Verbündeten schlossen sich an. Den Befehl führte der König Pausanias, während Agis in Dekeleia blieb. Lysander fuhr zunächst nach Samos, das sich wider Erwarten nicht ergab. Er mußte ein Viertel seines Schiffskontingents zurücklassen und erreichte mit nur 150 Trieren den Piräus. Das Beispiel der Samier ermutigte die Athener. Auf Antrag aller Prytanen faßte die Volksversammlung den Beschluß, den Samiern das Bürgerrecht zu verleihen. «In Würdigung ihrer Wohltaten, die sie den Athenern erwiesen haben, ihrer jetzt entgegengebrachten Wertschätzung und ihrer förderlichen Vorschläge soll es Beschluß sein des Rats und des Volkes: Die Samier sollen Athener sein und sich (dabei) so verwalten, wie sie es selbst wünschen», heißt es auf einer Marmorstele, die auf der Akropolis gefunden wurde.

Die Belagerung Die Belagerung begann etwa im November 405 und zeigte schnell Wirkung. Die Vorräte waren ungenügend. Auch der König Pausanias, der mit seinem Heer vor Athen lagerte, konnte sich kaum verpflegen und zog bei Wintereinbruch ab. Zur Kontrolle Attikas genügten die Truppen, die Agis in Dekeleia versammelt hatte. Zu ihm schickten die Athener denn auch etwa Mitte Dezember Gesandte und boten an, Verbündete der Lakedaimonier zu werden, wenn sie die Mauern und den Piräus behalten dürften. Dies implizierte den Verlust des Seereiches, von dem den Athenern freilich ohnedies nur Samos geblieben war. Agis erklärte sich für nicht zuständig und schickte die Gesandten nach Sparta. Dort erklärten sich die Ephoren für nicht zuständig, sofern die Athener nicht mit besseren Vorschlägen aufwarteten. Unter besseren Vorschlägen verstanden sie die Niederlegung der Langen Mauern auf einer Strecke von 10 Stadien (knapp 2 Kilometer). Das hätte dem lakedaimonischen Heer die Kontrolle über Athen verschafft. Noch wollten die Athener dies nicht akzeptieren. Trotz der schwierigen Situation dachten nur wenige an Kapitulation. Wortführer des Widerstandes war noch immer Kleophon. Dieser, so berichtet Jahrzehnte später der Redner Aischines, sei auf die Rednerbühne gestürmt und habe gedroht, jedem den Kopf abzuschlagen, der auch nur vom Frieden rede. Solcher Drohungen bedurfte es freilich nicht. Kleophon, so ein glaubwürdigeres Zeugnis, sprach im Namen (fast) aller Athener. Auch der Rat stimmte damit überein. Als ein Mann namens Archestratos dort empfahl, mit den Lakedaimoniern unter den genannten Bedingungen Frieden zu schließen, ließ ihn die Boulé ins Gefängnis werfen. Die Volksversammlung beschloß, es sei nicht gestattet, einen solchen Antrag einzubringen.

Wie die Spartaner den Athenern, so trauten diese jenen nicht. Beide mit Recht. Die Situation war verfahren. So nahm die Volksversammlung das Anerbieten des oligarchisch gesinnten Theramenes an, zu Lysander zu reisen und seine Absichten zu erkunden. Der Beschluß fiel leichter, da er sich mit der Hoffnung verband, Theramenes könne Lysander zum Einlenken in der Frage der Langen Mauern bewegen. Im Januar reiste Theramenes ab, freilich mit ganz anderen Absichten, als er öffentlich kundgetan hatte. Der mit dem Dekret des Patrokleides erzielte Ausgleich hielt nur kurz. Mit zunehmender Länge der Belagerung kippte die Stimmung. «Rette sich, wer kann» war das vorherrschende Gefühl. Das Volk schien zu resignieren, schon bald verfügten die Oligarchen über eine Mehrheit im Rat. Die Spannungen zwischen ihm und Kleophon nahmen zu. So beschuldigte dieser jenen, er betreibe eine Verschwörung und fasse keine Beschlüsse zum Wohl der Stadt. Umgekehrt beschuldigten zwei oligarchische Denunzianten, von denen der eine wenig später zu den 30 Tyrannen gehörte, Kleophon der militärischen Pflichtverletzung, d. h. des unrechtmäßigen Verlassens seines Postens, und stellten den Antrag, ihn festzunehmen. Um seine Verurteilung zu gewährleisten, manipulierten die Oligarchen den entsprechenden Gerichtshof, so daß er in der Mehrheit mit Gegnern der Demokratie besetzt war. Kleophon wurde hingerichtet. Noch während der Verhandlung oder kurz danach brachen schwere Tumulte aus.

Währenddessen verzögerte Theramenes seinen Aufenthalt bei Lysander. Zweifellos war er über die Vorgänge in Athen unterrichtet und sprach mit Lysander sowie den im Exil weilenden Oligarchen das weitere Vorgehen ab, das in einen Sturz der Demokratie münden sollte. Über drei Monate hielt er sich bei Lysander im Wissen auf, daß jeder Hungertag die Athener geneigter machen würde, die Bedingungen der Spartaner anzunehmen. Als er im vierten Monat zurückkehrte, brachte er außer der Entschuldigung, er sei festgehalten worden, nichts weiter mit als die Nachricht, Lysander sei nicht zuständig. Zusammen mit neun anderen wurde Theramenes daraufhin als Gesandter mit allen Vollmachten nach Sparta geschickt. Dort saß nun die Versammlung des Bundesgenossen über die Besiegten zu Gericht, zählte deren Verbrechen auf und unterschlug die eigenen. Korinther und Thebaner, Nachbarn im Süden und Norden, aber auch andere Griechen, vornehmlich wohl die ehemaligen Verbündeten, erhoben die Forderung, Athen zu zerstören, die einen, um sich das frei werdende Gebiet anzueignen, die anderen aus Rache. Das widersprach den Interessen Spartas, denn längst hatten Theramenes und Lysander Absprachen getroffen, über die auch das Ephorat zumindest teilweise informiert war. Unter oligarchischer Herrschaft würde Athen ein treuer Vasallenstaat der Spartaner werden, den zu vernichten für diese kein Grund bestand. So erklärten die Spartaner in der üblichen Diplomatensprache, sie weigerten sich, eine Stadt zu versklaven, die Griechenland in der größten Stunde der Gefahr, während der Perserinvasion also, den besten Dienst erwiesen habe. Den wahren Grund konnten sie nicht nennen, Thebaner wie Korinther kannten ihn aber sehr genau: Endet die Angst vor dem Feind, beginnt die vor den Freunden. Auch die Friedensbedingungen für Athen diktierte Sparta. Die Athener mußten die Langen Mauern und die Befestigungsanlagen des Piräus einreißen, alle Schiffe bis auf zwölf ausliefern und den Verbannten, d. h. den Feinden der Demokratie, die Rückkehr gestatten. Die Athener hatten sämtliche auswärtigen Besitzungen unter Einschluß der alten Kleruchien Lemnos, Imbros und Skyros zu räumen. Schließlich sollten sie Mitglied des Peloponnesischen Bundes werden, d. h. «dieselben als Freunde und Feinde anerkennen wie die Lakedaimonier und diesen Heeresfolge leisten zu Land und zu Wasser, wohin auch immer sie führten».

Mit diesen Maßgaben kehrten Theramenes und seine Mitgesandten nach Athen zurück, wo sie sogleich bei ihrer Ankunft von Menschentrauben umringt wurden, die fürchteten, sie kämen unverrichteter Dinge.

Der Hunger machte die Menschen gefügig. Als Theramenes die Bedingungen in der Volksversammlung vortrug, widersprachen nur wenige, und das waren vermutlich die, die noch zu essen hatten.

Nach der Ratifizierung des Vertrages – es war der 16. Tag des Monats Munychion, d. h. etwa Ende April – fuhr Lysander mit seinen Schiffen in den Piräus ein, der siebenundzwanzigjährige Krieg fand sein Ende. Im Gefolge Lysanders kehrten auch die Verbannten zurück. Die Peloponnesier, berichtet Xenophon, begannen mit großer Begeisterung unter dem Klang von Flötenspiel die Mauern einzureißen, die Bundesgenossen bekränzten sich und feierten, waren sie doch des Glaubens, jener Tag bedeute den Anfang der Freiheit in Griechenland.

6

DAS NEUE JAHRHUNDERT (404–322)

ENDE UND ANFANG

Die Dreißig Aigospotamoi war für die Demokratie Athens mehr als eine Niederlage gegen den Landesfeind. Bis dahin hatte die Hoffnung, sich gegen Sparta doch noch behaupten zu können, für einen letzten Zusammenhalt gesorgt. Nun kehrten auch die Verbannten zurück, die bereits vorher mit den Spartanern paktiert hatten. Für sie und die in Athen verbliebenen Oligarchen war die durch eigene Fehler geschwächte Demokratie nach Verlust des Seereiches von keinerlei Interesse. So arbeiteten alle oligarchischen Gruppen entschlossen auf deren Sturz hin. Eine ausschlaggebende Rolle spielten wieder die Hetairien, die sich zu diesem Zeitpunkt am besten als aristokratische Banden charakterisieren lassen. Sie gründeten eine Art Parteiausschuß von fünf Männern, die sie nach spartanischem Vorbild «Ephoren» nannten und die die Aufgabe übernahmen, alle Aktivitäten, geheime wie offene, gegen die Demokratie zu koordinieren. Absprachen bei Ämterbesetzungen, Manipulation von Wahlen, Einschüchterung der politischen Gegner und anderes mehr gehörten zu ihrem Repertoire. Dagegen regte sich noch ein letzter Widerstand von demokratischer Seite; Feldherren, Taxiarchen und angesehene Bürger opponierten gegen den Friedensschluß, wurden jedoch denunziert, als Verschwörer gebrandmarkt oder von einem Rat, in dem die Oligarchen längst die Mehrheit hatten, festgesetzt.

Die Oligarchen, gleich welches Etikett – gemäßigt oder radikal – ihnen die Historie gibt, waren sich bei Unterschieden im Detail in der Sache einig, und die hieß Zerstörung der Demokratie. So verständigten sich die beiden wichtigsten Männer, Theramenes und Kritias, und riefen als dritten im Bunde noch Lysander hinzu, der die Gewaltoption verkörperte. Ohne die Spartaner war diesmal der Staatsstreich nicht möglich. Lysander weilte vor Samos, um die letzte demokratische Bastion zu schleifen – die Belagerten einigten sich schließlich mit den Belagerern, daß jeder Freie im Besitz eines Mantels abziehen dürfe –, und kam von dort unverzüglich nach Athen. In der Stadt fiel der Volksversammlung erneut die Aufgabe zu, sich selbst abzuschaffen. Ein Vertrauter der Oligarchen stellte den Antrag, 30 Männer zu wählen, die eine neue Verfassung ausarbeiten sollten. Es gab Ekklesiasten, die ahnten, worum es ging, und so war die Zustimmung zunächst verhalten. Theramenes erklärte daraufhin, der Vorschlag habe den Beifall Lysanders, und dieser erklärte, es gehe für die Athener weniger um die Verfassung als um das nackte Leben. Beweis dieser Behauptung war er selbst. So gingen die einen, die anderen schwiegen. Der Antrag wurde angenommen, und zum Schein durfte die Versammlung auch zehn der Dreißig wählen, zweifellos vorsortiert. Weitere zehn bestimmten die sogenannten Ephoren, und das letzte Drittel wählte Theramenes selbst aus, der sich dann auch mit Kritias und dem Antragsteller unter den Dreißig befand. In der Darstellung des Aristoteles erscheint Theramenes als Verfechter der *Pátrios Politeía,* der sich erst auf Druck Lysanders auf die Seite der Oligarchen stellte. Das freilich ist Teil einer frommen Legende, denn das Schlagwort von der «altüberkommenen Verfassung» sollte nur die erneute Abkehr von der Demokratie verschleiern. Tatsächlich war Theramenes auch bei der Ausarbeitung einer ersten Liste von Bürgern dabei, dem *Lysándrou Katálogos,* auf welche die gesetzt wurden, die den Machthabern verdächtig schienen.

An ihren Auftrag, um dessen Willen sie eingesetzt worden waren, verschwendeten die Dreißig keinen Gedanken. Sie regierten nach Gutdünken. Volksversammlungen wurden nicht mehr einberufen, statt dessen wählten sich die Dreißig den Rat der Fünfhundert als politisches Gremium, mittels dessen sie ihre Macht ausübten. Der Rat war, wie gesehen, schon vor dem Machtwechsel mehrheitlich oligarchisch, nun fügten sich auch die, die auf einer eigenen Meinung beharrt hatten, denn die Dreißig, die den Vorsitz führten, ließen offen abstimmen. Zudem wurde der Rat nach Abschaffung der Volksgerichte zum Gerichtshof, vor dem die Dreißig ihre Prozesse führten, spektakulärerweise auch einmal gegeneinander. Die Hinrichtungen und die Gefängnisaufsicht übernahmen weiterhin die «Elfmänner», geführt von einem der treuesten Vasallen, von Satyros, der schon bei der Beseitigung des Kleophon hervorgetreten war. 300 Peitschenträger bildeten dazu noch eine Art Leibwache.

Die Dreißig eröffneten ihr Regiment mit einem Schauprozeß. Jeder sollte sehen, wozu sie entschlossen waren, und jeder konnte sehen, wozu sie fähig waren. Als erstes wollten sie an den Feldherren und Taxiarchen, die als Anhänger der Demokratie noch während der Zeit des Übergangs nach der Kapitulation als Verschwörer festgenommen worden waren, ein Exempel statuieren, und so wurde der Rat der Fünfhundert mit der Aburteilung betraut. Den Vorsitz führten die Dreißig. Sie saßen auf der Tribüne, die sonst den Prytanen, dem geschäftsführenden Ausschuß, vorbehalten war, und beobachteten das Geschehen. Vor ihnen waren zwei Tische aufgestellt. Während bei den Gerichtsverhandlungen der Demokratie geheim abgestimmt wurde, mußten nun die Ratsherren ihre Stimmsteine offen auf den jeweiligen Tisch legen. Derjenige, auf dem sich die Stimmsteine für das Todesurteil sammelten, stand direkt vor den Dreißig. Nach der Abstimmung zeigten sich diese gnädig und gestatteten den Angehörigen, Müttern, Ehefrauen und Schwestern, einen letzten Besuch.

Die nächste Handlung war ein Racheakt, und doch war es die einzige Maßnahme, die auf breite Billigung (zumindest unter den Aristokraten) stieß. Nun wurden die festgenommen, die – so Xenophon – «in der Demokratie von falschen Anklagen gelebt hatten», und anschließend vom Rat in bereitwilliger Pflichterfüllung zum Tode verurteilt. Das ausufernde Sykophantentum war ein Übel des Gerichtswesens, das wirkungsvoll zu bekämpfen die Demokratie tatsächlich versäumt hatte. Doch unterschieden die Dreißig im nachhinein kaum zwischen berechtigten und falschen Anklagen. Gleichzeitig schufen sie ein neues Denunziantentum weit schlimmeren Ausmaßes, nur daß sich dieses vornehmlich gegen Anhänger der Demokratie richtete.

Für das weitere Vorgehen reichte den Dreißig der Schutz durch die Peitschenträger nicht. So wurden sie bei Lysander in Sparta vorstellig und baten um eine lakedaimonische Besatzung, bis «sie die Schlechtgesinnten entfernt und eine neue Staatsverfassung eingerichtet hätten». Sparta billigte das, 700 Mann Besatzung rückten in die Akropolis ein, im sechsten Jahrhundert die Bastion der Tyrannen. Die Dreißig übernahmen den Unterhalt, und das setzte einen Kreislauf in Gang. Je mehr Personen den Verbrechen der Dreißig zum Opfer fielen, desto stärker bedurften diese des Schutzes der spartanischen Besatzung. Um sich diesen finanziell zu sichern, mußten sie ihre Verbrechen ausweiten. Die Hinrichtung angesehener Bürger erfolgte nun nicht mehr allein aus politischen Gründen, sondern besaß – wie in den römischen Proskriptionen der ausgehenden Republik – zunehmend wirtschaftliche Motive. Viele Bürger flohen, obwohl Sparta ein Verbot erließ, athenische Flüchtlinge aufzunehmen, und auch deren Vermögen fielen der Staatskasse anheim.

Als erster erkannte Theramenes die heillose Zwangslage, in die sich die Dreißig mit ihrer Herrschaft manövriert hatten, und suchte sich, wie schon 410 und 406, aus der bedrohlichen Situation zu retten. Er wollte nicht zur Konkursmasse der Dreißig gehören. Theramenes war *der* geniale politische Opportunist, ihm eine Moral irgendwelcher Art zu unterstellen hieße ihn beleidigen. So forderte er, die Regierung auf eine breitere Basis zu stellen und eine Liste von Bürgern vorzulegen, denen Anteil am Staat zu gewähren sei. Die genaue Zahl ist nicht bekannt, sicherlich lag sie höher als die Dreitausend, auf die sich die Dreißig dann einigten.

Die Dreitausend wurden sehr schnell privilegiert, oder anders ausgedrückt, wer nicht zu ihnen gehörte, wurde per Gesetz seiner Rechte beraubt und der Willkür der Dreißig ausgeliefert. Nur die Dreitausend hatten das Anrecht auf ein Gerichtsverfahren, was freilich noch kein rechtmäßiges Urteil garantierte. Nur die Dreitausend durften Waffen besitzen, die der anderen Bürger wurden konfisziert und auf der Akropolis deponiert. Danach setzte eine neue Hinrichtungswelle ein. «Sie töteten», schreibt Xenophon, «als könnten sie tun, was sie wollten, viele aus Haß und viele des Geldes wegen.» Schließlich verfielen sie auf eine Idee, die sich nicht ohne Abschwächung perfide nennen läßt. Sie beschlossen, eine Anzahl von Metoiken aus keinem anderen Grund den «Elfmännern» zur Exekution zu übergeben als dem, daß sie das Geld besaßen, mit dem die Dreißig die Schulden bei den Spartanern für geleistete Wachdienste begleichen wollten. Um die einzelnen durch ihre Verbrechen noch stärker aneinander zu binden, sollte jeder von ihnen die Festnahme eines Metoiken anordnen.

Für Theramenes war dies die rote Linie. Er wußte, wenn er sie überschritt, würde er zusammen mit den Dreißig nach deren Sturz, den er ohne Veränderungen als unvermeidlich ansah, hängen. So versuchte er seinen Kopf zu retten, aber verlor ihn um so rascher. Kritias war nicht mehr bereit, Opposition aus den eigenen Reihen zu dulden. Vor dem willfährigen Rat, der bisher nur Gegner verurteilt hatte, begann der Prozeß gegen Theramenes. Auf dem Platz vor dem Bouleuterion marschierten Besatzungssoldaten auf, junge Gefolgsleute, heimlich bewaffnet, mischten sich unter die Zuhörer, als Kritias den Theramenes beschuldigte, er untergrabe die Verfassung. Dieser verteidigte sich, und zwar nach Meinung Xenophons so überzeugend, daß die Ratsherren ihn freigesprochen hätten. Dazu kam es nicht, denn Kritias strich Theramenes von der Liste der Dreitausend, und so konnten ihn die Dreißig – überflüssig zu sagen, daß dabei eine Stimme fehlte – selbst zum Tode verurteilen. Theramenes flüchtete sich an den Altar und rief Götter und Menschen an, «auf das herabzusehen, was hier geschehe». Zumindest die anwesenden Ratsherren taten dies regungslos. Theramenes hatte keine Freunde mehr unter ihnen. Die Henker zerrten ihn auf Befehl des Kritias weg, schleiften den sich nach Kräften Wehrenden über den Marktplatz und zwangen ihn dann, den Schierlingsbecher zu leeren. Die Restauration fraß ihre Väter.

Rückkehr zur Demokratie Die Hinrichtung des Theramenes hatte die Reihen geschlossen, das System schien stabilisiert, doch im Norden Attikas, an der Grenze zu Boiotien, bereitete sich aus kleinen Anfängen der unerwartet schnelle Sturz der Dreißig vor. 70 Verbannte hatten unter der Führung des ehemaligen Strategen Thrasybulos, eines demokratisch gesinnten Aristokraten, ein leerstehendes Kastell namens Phyle besetzt. Die Dreißig ahnten die Gefahr, wenn sie diese in ihren Dimensionen auch unterschätzten. Sie rückten sofort mit den Dreitausend und der Reiterei aus, eine Erstürmung des Kastells scheiterte jedoch. Als sie den Bau einer Umfassungsmauer begannen, um die Besatzung auszuhungern, setzte in der Nacht – es war etwa Mitte November – starkes Schneetreiben ein, das auch den nächsten Tag über anhielt. Die Dreißig kehrten um, ohne etwas erreicht zu haben. Sie begnügten sich damit, die Aufständischen an der Verproviantierung aus dem Umland zu hindern, indem sie zwei Reiterabteilungen und einen Teil der spartanischen Besatzung in der Nähe von Phyle stationierten. Dennoch stieg die Zahl der Verschworenen um Thrasybulos schon bald auf das Zehnfache an, da immer mehr Bürger und Metoiken aus Athen flohen. Die Dreißig hatten alle, die nicht auf der Liste der Dreitausend standen, in den Piräus zwangsüberführt, deren Güter und Ländereien für sich und ihre Anhänger beschlagnahmt – der Publizist Isokrates spricht von 5000 –, nur die Dreitausend selbst durften die Stadt betreten.

Für die Machthaber schien zunächst noch wenig Grund zur Sorge zu bestehen. Sie verfügten über 3000 Schwerbewaffnete, die gesamte athenische Reiterei, 700 Besatzungssoldaten aus Sparta vor Ort und die Möglichkeit, Lysander um Hilfe zu bitten. Ihre Gegner zählten 700 Mann, die vor allem mit thebanischer Unterstützung ausgerüstet worden waren. Als diese aber einen unerwarteten Sieg gegen das vor Phyle stationierte Vorkommando errangen, glaubten sich die Dreißig nicht mehr sicher und suchten einen Zufluchtsort. Sie fanden ihn in Eleusis, wo sie auch ihr letztes Verbrechen begingen. Kritias alarmierte, so berichtet Xenophon, der dabei war, ohne das dem Leser jemals zu sagen, die Reiter und zog mit ihnen nach Eleusis, wo unter dem Vorwand, es würden noch Besatzungssoldaten gebraucht, eine Musterung durchgeführt wurde. Wer sich eingetragen hatte, mußte durch eine schmale, zum Meer führende Pforte gehen, wo er von den dort aufgestellten Reitern ergriffen und nach Athen verschleppt wurde. Am nächsten Tag fand im Odeion des Perikles eine Versammlung der Dreitausend stand, die als willfährige Helfer der Dreißig alle Festgenommen zum Tode verurteilten und sie den «Elfmännern» zur Hinrichtung übergaben. Dem Augenzeugen Lysias zufolge ließen die Dreißig während ihrer Herrschaft insgesamt rund 2500 Bürger exekutieren, spätere Quellen verringerten die Zahl auf 1500.

Schon Anfang Dezember 404 stieß Thrasybulos bis zum Piräus vor, ohne dort auf Widerstand zu treffen; er konnte mit Verbündeten rechnen, da sich im Piräus all die versammelten, die vom Bürgerrecht ausgeschlossen waren. Die Dreißig boten sofort all ihre Truppen auf, überzeugt, die numerische Überlegenheit – sie konnten die Phalanx 50 Schilde tief aufstellen, während die gegnerischen Hopliten nur zehn Schilde tief standen – sichere ihnen den Sieg. Auf eine Anhöhe im Hafen Munychia zurückgedrängt, bot sich aber namentlich den gegnerischen Leichtbewaffneten mit ihren Wurfspeeren und den Steinschleuderern die günstigere Position für die Schlacht. Zudem waren die Aufständischen stärker motiviert. Nach dem ersten Zusammenprall wichen die Truppen der Dreißig zurück. Zwar verloren sie nur 70 Mann, doch waren unter diesen so wichtige Leute wie Charmides, der den Zehnmännerausschuß anführte, der speziell für die Belange des Piräus eingeführt worden war, und Kritias. Der Hydra der Dreißig waren die tükkischsten Köpfe abgeschlagen, ohne daß ihr neue nachwuchsen. Am Tag nach der Niederlage versammelten sich die dezimierten Dreißig im Bouleuterion. Sie waren niedergeschlagen und ratlos; den Dreitausend jagten sie keine Furcht mehr ein, auch wenn diese unter sich zerstritten waren. Diejenigen, die sich an schweren Gewalttaten beteiligt hatten, mußten eine Versöhnung fürchten und sprachen sich vehement dafür aus, den Leuten im Piräus auf keinen Fall die Hand zu reichen. Die aber, die sich von Unrecht frei fühlten, plädierten dafür, das Übel der Stasis möglichst bald zu beenden. Einig waren sich alle darin, den Dreißig den Gehorsam aufzukündigen, da sie die Stadt zugrunde richteten. Daß sie sich selbst bis dato eifrig daran beteiligt hatten, war vergessen. Sie beschlossen, die Dreißig abzusetzen und ein Zehnmänner-Gremium zu wählen, einen aus jeder Phyle.

Die entmachteten Dreißig zogen nach Eleusis, ihr Regime war gestürzt, doch so schnell wollten sich die meisten der Dreitausend ihre Privilegien, mochten sie diese auch von den (mittlerweile) falschen Leuten bekommen haben, nicht nehmen lassen. Dazu zeigte sich namentlich die konservative Ritterschaft unversöhnlich. Wo immer die Reiter Leute aus dem Piräus antrafen, die zur Verproviantierung aufs Land gekommen waren, metzelten sie diese, immerhin die eigenen Mitbürger, nieder. Mochte das Regime der Dreißig auch gescheitert sein, Sparta war weiterhin auf der Seite der Oligarchen, und darauf konnten sich auch die Dreitausend verlassen. Sie schickten ebenso wie die abgesetzten Dreißig in offenbar konzertierter Aktion Botschafter in die Peloponnes, der Demos sei von den Spartaner abgefallen, und baten um Unterstützung, um ihn wieder zur Räson zu bringen. Sparta gewährte ihnen eine Soforthilfe von 100 Talenten, um ein Söldnerheer anzuwerben. Gleichzeitig wurden Lysander als Harmost zu Land und sein Bruder als Nauarch der Flotte ausgesandt. Wenn der Piräus abgeriegelt war, würden die Aufrührer rasch kapitulieren. Tatsächlich schienen sie verloren, doch da traf überraschend Hilfe von unerwarteter Seite ein.

In Sparta hatte Lysanders eigenmächtiges Handeln nach dem Sieg von Aigospotamoi den Neid nicht nur der Könige geweckt. Viele Standesgenossen fürchteten, dank seiner Verbindungen könnte er sich eine eigene Machtstellung neben den Behörden schaffen. So wurde nun der König Pausanias offiziell mit dem Bundesheer entsandt. Auftragsgemäß ging Pausanias auch zunächst gegen die im Piräus Eingeschlossenen vor. Nach einer ersten verlustreichen Schlacht änderte er jedoch sein Vorgehen. Statt auf militärische Aktionen setzte er auf Friedensverhandlungen, ein Plan, den er Xenophon zufolge von Anfang an gehabt hatte. Um Lysanders Macht einzuschränken, mußte er ihn seines Einflusses auf die Oligarchen berauben oder zumindest mit der Begünstigung der Demokraten ein Gegengewicht schaffen. Er veranlaßte die «Leute aus dem Piräus» und dazu Privatleute aus Athen, soweit sie an Ausgleich und Frieden interessiert waren, Gesandte nach Sparta zu schicken. Schließlich tat dies auch widerstrebend die offizielle Regierung der «Zehn» in Athen. In Sparta beschlossen die Volksversammlung und die Ephoren, 15 Männer mit dem Auftrag nach Athen zu schicken, die Parteien auszusöhnen. Im Ergebnis einigten sich beide Seiten darauf, von nun an Frieden zu halten und es jedem zu ermöglichen, «den ihn angestammten Platz oder Besitz wieder einzunehmen». Ausgenommen von der Amnestie waren die Dreißig und deren Büttel, das Exekutionskommando der «Elfmänner», sowie der Zehnmänner-Ausschuß für den Piräus, wohl auch die «Zehn», die die Nachfolge der Dreißig angetreten hatten. Auch wer mit eigener Hand einen Bürger oder Metoiken getötet hatte, fiel nicht unter die Amnestie, die durch Verträge und vor allem Eide gesichert war. Jedem, der aus irgendwelchen Gründen der neuen demokratischen Ordnung nicht vertraute, war es gestattet, nach Eleusis zu kommen, das damit einen von Athen abgetrennten Sonderstaat bildete. Wer Athen verließ, behielt seinen Besitz dort, ebenso blieben ihm das Bürgerrecht und die Möglichkeit, jederzeit zurückkehren zu können. Danach, Ende des Sommers 403, entließ Pausanias sein Heer, die Leute aus dem Piräus zogen mit ihren Waffen auf die Akropolis und opferten der Athena. Dann tagte nach längerer Unterbrechung wieder die Volksversammlung.

In den beiden nächsten Jahren begann sich die athenische Wirtschaft zu erholen, mancher, der zunächst nach Eleusis geflüchtet war, kehrte zurück, da sich die Angst vor Repressalien als unbegründet erwies. Die Herrschaft der Oligarchen in Eleusis bröckelte. Sie warben, wohl zu ihrem Schutz, Söldner an. Dagegen bot das nun wieder demokratische Athen das Bürgerheer auf. Als die oligarchischen Feldherren, vermutlich zum überwiegenden Teil identisch mit den geflüchteten Dreißig, zu Verhandlungen kamen, wurden sie festgehalten und widerrechtlich getötet – ohne Zweifel ein Racheakt, aber es blieb der einzige. Für die übrigen in Eleusis galt die Amnestie von 403, Eleusis gehörte wieder zu Athen.

Xenophon schließt mit diesen Ereignissen seine auf Athen konzentrierte Geschichte, bevor er nun in den *Hellenikά* Sparta in den Vordergrund rückt. Auch er, der ehemalige Anhänger der Dreißig, gibt sich aus dem Abstand von zwei oder drei Jahrzehnten versöhnlich: «Sie schworen, erlittenes Unrecht zu vergessen, und so leben sie heute noch gemeinsam als Bürger eines Staates, und das Volk hält seine Eide.»

Nea Demokratia Nur acht Monate hatte die oligarchische Herrschaft gedauert, doch ihr Schreckensbild prägte die nun wieder demokratische Verfassung Athens für über achtzig Jahre. Die Willkür der Dreißig, gestützt von den 3000 Bürgern in der Stadt, hatte oligarchische Verfassungsentwürfe für längere Zeit obsolet gemacht, das aristokratische Vorbild Sparta seinen Glanz gänzlich verloren. Erst die von den athenischen Oligarchen herbeigerufene und ausgehaltene lakedaimonische Besatzung hatte die vielen Hinrichtungen ermöglicht. Umgekehrt verlor der Demos seinen Ruf als Tyrann, den er sich in der Zeit der Seeherrschaft erworben hatte. Alle entsprechenden Vorwürfe zerschellten an der Herrschaftspraxis der 30 Oligarchen, der ihnen später fälschlich den Namen «Tyrannen» einbrachte. Alleinherrscher waren sie nicht gewesen. Da die Dreißig gleichsam zur Verkörperung der Rechtsunsicherheit wurden, konnte die neue Demokratie, die auf der alten fußte, leicht als das Gegenteil wahrgenommen werden.

Viel wichtiger freilich war, daß die wieder demokratisch gewordenen Athener nicht dieselben Fehler begingen wie 410 nach dem Ende der oligarchischen Regierungen der Vierhundert bzw. der Fünftausend, als sie ihre Gegner verbannten oder in die Flucht trieben. Dies hatte Haß und Rache provoziert und nicht unwesentlich zur späteren Installierung der Dreißig beigetragen. «*Me mnesikakein*», sich an das Üble nicht zu erinnern (und es daher auch nicht zu vergelten), schworen die Athener, und dies muß den Anhängern der Demokratie schwergefallen sein, denn viele besaßen zumindest einen Angehörigen, den die Dreißig getötet hatten. Diejenigen von ihnen, die vermögend gewesen waren, mußten auch auf einen Teil des ihnen geraubten Besitzes verzichten. Sie erhielten zwar die Immobilien zurück, von den beweglichen Gütern aber nur die, welche zwar konfisziert, aber noch nicht weiterverkauft waren.

Versteckte Ressentiments blieben dennoch. So entsandte die Volksversammlung, als der Spartaner Thibron im Jahre 400 vertragsgemäß athenische Verstärkungen im Kampf gegen die Perser anforderte, bereitwillig 300 Reiter, die unter den Dreißig gedient hatten. Xenophon, der sich aus freien Stücken den Spartanern angeschlossen hat, kommentiert, das Volk habe es als Gewinn für die Demokratie betrachtet, wenn jene außer Landes zugrunde gingen. Der Historiker ist in dieser Sache freilich Partei. Vermutlich war der Demos schon zufrieden, wenn die Reiter lebend außer Landes waren. Ein Wille zur Versöhnung war aber generell vorhanden. «Immerhin übten die Männer, die damals zurückkehrten, ziemliche Mäßigung», räumte selbst Platon, Kritias' Neffe, später ein, freilich um fortzufahren, der Verfall der geschriebenen Gesetze und der Sitten habe angehalten und sogar in geradezu erschreckender Weise zugenommen.

Mit der Einführung der Nomothesie geschah indes zu dieser Zeit gerade das Gegenteil, und so fragt sich, ob Platons Urteil auf Unkenntnis oder Böswilligkeit beruht. Auch wenn es manchen, der unter der Herrschaft der Dreißig zu leiden hatte, nach Rache verlangte, auf formaljuristischem Weg war sie nicht zu erlangen. Jeder Beklagte hatte die Möglichkeit eines förmlichen Einspruchs, und wenn die Klage sich auf den Vorwurf stützte, unter den Dreißig politisches Unrecht begangen zu haben, war sie nichtig. In diesem Fall galt die Amnestie. So lag es durchaus im Interesse der Oligarchen, die Vereinbarungen anzuerkennen. Die Einhaltung von Eiden, Verträgen und Gesetzen schützte sie vor Verfolgungen und garantierte ihren Besitz. Doch der Nutzen war gegenseitig. Die Integration der Oligarchen sicherte die demokratische Verfassung, brachte inneren Frieden und sogar ein gewisses Maß an *Homónoia*, an Eintracht.

Schon 410 hatten die Athener nach der Rückkehr zur Demokratie erste Maßnahmen ergriffen, die demokratische Ordnung zu stabilisieren. Eine Kodifizierungskommission war eingerichtet worden, um die ungeschriebenen Gesetze, die der öffentlichen Meinung zufolge auf Gesetzgeber des sechsten und siebten Jahrhunderts, auf Solon und Drakon zurückgingen, zu sichten und zu veröffentlichen. 403/2 beschloß die

Volksversammlung, die gesammelten Gesetze nochmals zu revidieren. Von nun an wurde auch strikt zwischen den *Nómoi*, den grundsätzlich und auf Dauer geltenden Gesetzen, und den *Psephísmata*, den tagesaktuellen Beschlüssen der Volksversammlung, unterschieden. Nach außen wurde das auch dadurch deutlich, daß es nun nicht mehr die Ekklesia war, die die *Nómoi* verabschiedete. Um bestehende Gesetze zu überprüfen und zu revidieren oder neue zu erlassen, wurden 501 oder 1001 sogenannte Nomotheten eingesetzt, die – wie bei der Bestellung der Geschworenen – aus den 6000 gelost wurden, die jährlich den Richtereid geschworen hatten. Ähnlich den Geschworenen traten auch sie offenbar nur an einem einzigen Tag zusammen und berieten über eines oder mehrere Gesetze. Wie im fünften Jahrhundert einmal im Jahr in der Ekklesia darüber abgestimmt wurde, ob das Scherbengericht abzuhalten sei, so wurden nun in jeder ersten Volksversammlung des Jahres die gesammelten *Nómoi* vorgelegt. Sofern einer der Anwesenden dies wollte, konnte er dann einen Antrag auf Änderung stellen. Falls sich in der übernächsten Volksversammlung eine Mehrheit fand, die eine Revision befürwortete, erging der Beschluß, zu diesem Zweck eine entsprechende Anzahl von Nomotheten auszulosen.

Die Ergebnisse, zu denen die Nomotheten gelangten, brauchten nicht mehr von der Ekklesia gebilligt zu werden, doch konnten sie kassiert werden, falls vor den Geschworenengerichten Klage gegen sie erhoben wurde. Zwar gab die Volksversammlung damit Kompetenzen ab, doch blieb der Demos, nun in Gestalt der Nomotheten, weitgehend Herr über seine Gesetzgebung. Vermieden wurden aber nun übereilte, unter emotionalem Druck gefaßte, wenig diskutierte oder nur flüchtig überprüfte Gesetze. Das verlieh der Demokratie zusätzliche Stabilität, ohne sie zu sehr einzuschränken.

Wie die Geschworenen und die Nomotheten, die gleichermaßen einen Sold von drei Obolen – etwa ein bescheidener Tagesverdienst – erhielten, wurden seit 403 auch die Ekklesiasten entlohnt, zunächst mit einer Obole pro Sitzung, ein Entgelt, das schon bald auf zwei und wenig später auf die obligatorischen drei Obolen erhöht wurde. Die Volksversammlungen füllten sich, es wurde gedrängt und geschoben – in Aristophanes' *Ploutos* balgen sich die Besucher um ihre Obolen –, denn vielleicht wurden sie nur an die ersten 6000 ausgezahlt. Dank dieser finanziellen Nachhilfe füllte sich die wichtigste demokratische Institution wie nicht einmal zu Blütezeiten des Perikles. Die Athener beteiligten sich an der Gestaltung ihres Staates, auch wenn er nicht mehr die politische und wirtschaftliche Bedeutung hatte wie in den vierziger Jahren des fünften Jahrhunderts. Weitere Reformen, wie die Einführung von neun Vorsitzenden (*Próhedroi*), die durch Los für die Leitung einer jeden Sitzung des Rats und der Volksversammlung neu bestimmt wurden, banden mehr Bürger in wichtige Funktionen ein und verbesserten auch den Schutz vor Bestechungen.

DIE DEMOKRATIE UND IHRE FEINDE

Der Fall Sokrates Mit dem Sturz der Dreißig, der seiner Meinung nach elften Verfassungsänderung (*Metabolê*), und dem Ende des Eleusinischen Sonderstaates schließt Aristoteles den historischen Teil seiner *Athenaion Politeia* und geht zum systematischen über. «Von da an», schreibt er, «hat diese Verfassung bis heute [die zwanziger Jahre des 4. Jahrhunderts) Bestand gehabt, wobei sich die Macht der Menge immer erweitert hat. Denn das Volk hat sich selbst zum Herrn über alles gemacht und verwaltet alles durch Volksbeschlüsse und Gerichte, in denen das Volk die Macht hat.»

Während das 4. Jahrhundert im übrigen Griechenland eine Phase des Zerfalls und der Bürgerkriege war, blieb allein die athenische Demokratie, die aus der bittersten Niederlage der Stadt hervorging, stabil, keinerlei Stasis erschütterte sie. Ihr Ende kam mit den Makedonen 322 schließlich von außen, und selbst danach gab es lange Jahre Bestrebungen, zur Demokratie zurückzukehren. In keiner griechischen Stadt konnte im 4. Jahrhundert eine so hohe Zahl von Bewohnern (sicherlich bei weitem nicht alle) ein menschenwürdiges Dasein führen wie in Athen. Und doch erschien etwa Mitte der achtziger Jahre eine Schrift, verfaßt von einem Bewunderer autoritärer Systeme, die das Ansehen der athenischen Demokratie auf zweieinhalb Jahrtausende nachhaltig beschädigte: Platons *Apologie des Sokrates*, die mindestens ebenso seine eigene ist. Die Verteidigungsrede wird in manchem für authentisch gehalten – jedenfalls im Sinne des Thukydides, d. h. «in engem Anschluß an das wirklich Gesagte» –, in vielem ist sie es sicherlich nicht. Wie stark die bloße Beschränkung auf das allein vom Autor als wichtig Erkannte verfälscht und verzerrt, weiß jeder, der Caesars Version des Gallischen Krieges gelesen hat. Platons leitende Idee war es, den Fall Sokrates, der einer von mehreren seit den vierziger Jahren war und für die Athener keinerlei besondere Bedeutung hatte, zu einem singulären zu machen, zu einem Exempel des Guten (hier des seinen Prinzipien treuen Einzelkämpfers) wie des Schlechten (dort der so emotionalen wie ungebildeten Masse). Sokrates unterliegt in einem unsinnigen Prozeß, in dem eine unkundige Zuhörerschaft seiner Verteidigungrede vor allem mit Schreien, Lärmen und Krakeelen begegnet. Immer wieder muß er seine Argumentation unterbrechen, um Ruhe zu erbitten. Zu Fall bringen ihn bei Platon nicht die Kläger, Meletos oder Anytos, sondern die Verleumder und der Neid der «Vielen». Der griechische Terminus lautet *Polloí*, und *Polloí* ist ein Synonym für Demokratie. Platons *Apologie* ist seiner Intention nach nicht zuletzt ein Angriff auf die athenische Demokratie.

Der historische Sokrates Als Aristophanes mit seinen *Wolken* Sokrates 423 auf die Bühne bringt, muß dieser bereits eine stadtbekannte Größe gewesen sein. Komödien, wie Aristophanes sie schrieb, verzerrten zur Kenntlichkeit, auch wenn der Dichter nicht nur ein Einzelporträt zeichnen, sondern in Sokrates auch allgemein das neue Denken abbilden wollte. Das Publikum wird in der Karikatur das Original wiedererkannt haben. Wenn dieser Sokrates mit dem des Platon oder Xenophon nichts gemein hat, besagt das wenig, zumal nicht bekannt ist, wie der frühe Sokrates dachte und sprach. Platon und Xenophon waren damals gerade erst geboren. Aristophanes sei mit seinem Sokrates-Bild der Wahrheit am nächsten gekommen (*Aristophanes in Socrate depingendo proxime ad verum accessit*), behauptete der junge Kierkegaard. Gerade in den Zeiten des Krieges und – ab 415 – der oligarchischen Angriffe auf die Demokratie, die Sokrates zwar nicht schätzte, deren Regeln er aber befolgte, entfaltete er seine wirksamste Lehrtätigkeit, ohne daß wie gegen andere Philosophen irgendeine Klage gegen ihn erhoben wurde – und das, obwohl viele seiner Schüler aus den wohlhabenden Familien überzeugte Oligarchen waren. Erst das Regime der Dreißig sollte die Einstellung der Athener zu ihm verändern, und das auch nicht sofort.

Zum Schülerkreis des Sokrates zählten führende Männer aus dem Umfeld der Dreißig, so Charmides und vor allem Kritias, der eine ein

Onkel Platons, der andere dessen Vetter. Sokrates selbst gehörte zu den auserwählten 3000 Bürgern, die damals das Bürgerrecht besaßen und nicht wie die übrigen die Stadt verlassen mußten. Das Mißtrauen des Volkes gegen sie überdauerte den Sturz der Dreißig und war in vielen Fällen, mit Sicherheit nicht in allen, auch berechtigt.

Um die Anklage gegen Sokrates als gänzlich unberechtigt erscheinen zu lassen, mußte Platon seinen Lehrer aus dem Dunstkreis der Dreißig entfernen. Er tut dies zweimal, zunächst in der *Apologie* und sehr viel später noch in einem Brief. In der *Apologie* verteidigt sich Sokrates gegen (un)ausgesprochene Vorwürfe dieser Art, wobei freilich eigentlich Platon spricht: «Als wir dann die Oligarchie bekommen hatten, zitierten die Dreißig mich und vier andere zu sich in den Rundbau [die Tholos, in der die Prytanen tagten]; sie gaben uns den Befehl, den Salaminier Leon, der hingerichtet werden sollte, aus seiner Heimat herbeizuschaffen – wie sie ja auch sonst allerlei Leuten allerlei befohlen haben, um möglichst viele zu Mitschuldigen zu machen. Damals habe ich wohl wirklich nicht durch Worte, sondern durch die Tat bewiesen, daß ich um mein Leben (wenn's auch etwas grob klingt) keinen Deut besorgt bin, daß sich alle meine Sorge darauf richtet, kein Unrecht und keinen Frevel zu begehen. Denn ich habe mich ja durch diese Regierung nicht einschüchtern lassen, daß ich – so mächtig sie war – etwas Unrechtes getan hätte: Als wir den Rundbau verließen, da gingen die anderen vier nach Salamis und schafften Leon herbei, ich hingegen machte mich aus dem Staube und ging nach Haus. Und vielleicht hätte ich deswegen sterben müssen, wenn die Regierung nicht binnen kurzem gestürzt worden wäre.»

Sokrates ging also, sagt Platon, vor dem Mord nach Hause und überließ die Tat anderen. Da dies nur begrenzt nach Widerstand klingt, fügt der Autor einen Irrealis hinzu, in dem zumindest die Zeitangabe nicht ganz richtig ist. Der Mord an Leon von Salamis ereignete sich (gegen Platon) bereits zu Beginn der Herrschaft der Dreißig. Zudem wurde die Liste der Dreitausend, in der jeder Einzelfall geprüft wurde, erst danach konstituiert, und offenbar hatten die Dreißig keine Bedenken, Sokrates dennoch daraufzusetzen. Daß er angeblich am Liebesleben des Kritias Anstoß nahm – so soll er in Anwesenheit vieler gesagt haben, in Kritias rege sich etwas Schweinisches, wenn er sich an seinem Liebhaber zu reiben begehre wie die jungen Schweine an den Steinen –, änderte nichts daran, zumal diese Äußerung in der Zeit vor der Oligarchie fiel. Ohne Zweifel billigte Sokrates keinesfalls die Verbrechen der Dreißig, er war ein Mann der Überzeugung durch das Wort, nicht durch Gewalt. Gleichwohl mußte die demokratische Öffentlichkeit ihn, der zu den Dreitausend gehörte, als Unterstützer der Dreißig wahrnehmen, und dies um so mehr, als er ja als Lehrer des Kritias galt und in aller Öffentlichkeit wichtige Prinzipien der Demokratie wie die Besetzung der Ämter kritisierte.

Mit einer gewissen Wahrscheinlichkeit gibt Aristophanes, komödienhaft überzeichnet, das Bild des Sokrates wieder, das die Athener, die ihn auf der Agora und an anderen Plätzen sahen, ohne näher mit ihm in Berührung zu kommen, von ihm hatten: ein Sonderling, der die Jugend gegen die Älteren aufbrachte, nicht an die alten Götter glaubte, sondern neue einführen wollte und sonst auch allerlei unnützen Hokuspokus trieb. Als gefährlich wie den Naturphilosophen Anaxagoras, den Sophisten Prodikos oder den Religionsfrevler Diagoras betrachteten sie ihn nicht. Dies änderten die Herrschaft der Dreißig und die Nähe des Sokrates zu einigen von ihnen. In den Augen derer, die in dieser Zeit vertrieben worden waren oder ihren Besitz verloren hatten, mußte nun auch er als *misódemos*, als Feind des Volkes, erscheinen, und das wird auch der hauptsächliche Grund gewesen sein – und nicht die von Platon und Xenophon kolportierte persönliche Feindschaft –, warum an einem Tag Anfang des letzten Winters des 5. Jahrhunderts drei Bürger beim Archon Basileus erschienen, einem der jährlich in einem umständlichen Wahl-Losverfahren bestimmten Beamten, der in der sogenannten Königshalle auf der Agora residierte und für religiöse Vergehen zuständig war. Offiziell führte ein Mann namens Meletos, Sohn des Meletos, die Klage. Er wurde begleitet von zwei sogenannten *Sýnergoi*, «Fürsprechern», welche die Klage bekräftigten. Platon überliefert die Namen: Lykon und Anytos, Sohn des Anthemion. Wesentliches ist nur über letzteren bekannt, die anderen sind nicht mehr als Strohmänner. Anytos, ein reicher Gerbereibesitzer, zählte im letzten Jahrzehnt zu den führenden attischen Politikern und kommandierte als Stratege im Jahre 409 auch den Einsatz einer Flottenabteilung. Er gehörte zunächst zu den Oligarchen, die unter dem Schlagwort der *Pátrios Politeía* eine Abwendung von der Demokratie forcierten, ging aber später ins Lager der Demokraten über, nachdem er unter der Herrschaft der Dreißig verbannt worden war. Er stand sogar dem Kreis des Sokrates nahe. Weswegen es zum Bruch kam, ist nicht überliefert.

Gleichzeitig mit der Klageschrift des Meletos (*Graphê*) hatte Sokrates eine schriftliche Erwiderung (*Antigraphé*) abgegeben. Der Archon Basileus nahm die Klageschrift an, ob er sie aus anderen als formalen Gründen ablehnen konnte, ist unbekannt. Außerdem benannte er einen Termin für die Voruntersuchung (*Anákrisis*) und ließ die Klage außerdem am Denkmal der zehn Phylenheroen aushängen, das als eine Art öffentliche Anschlagtafel diente. Die Parteien zahlten eine Gerichtsgebühr, die später der Verlierer allein tragen mußte. Dies hielt vermutlich nicht vom voreiligen Prozessieren ab, wohl aber die Strafe von 1000 Drachmen, die derjenige Kläger zahlen mußte, der nicht mindestens ein Fünftel der späteren Richterstimmen auf seine Sache vereinen konnte. Die Ankläger des Sokrates sahen offenbar die Stimmung im Volk auf ihrer Seite.

Bei der Voruntersuchung legten beide Parteien zunächst ihre Beweismittel vor und beschworen die Wahrheit ihrer eingereichten Dokumente. Sofern beide Seiten willens waren, konnte schon in der *Anákrisis* ein Vergleich erzielt werden. Darauf waren im vorliegenden Fall die Kläger freilich nicht aus. Sie forderten ein Verfahren, und so wandte sich der Magistrat an die Thesmotheten, welche die Größe des Gerichtshofes, des Dikasterions, sowie einen Tag für den Prozeß festsetzten. Für diesen waren 500 Richter vorgesehen. Das ließ auf einen nicht besonders wichtigen Prozeß schließen. Bei bedeutenden Gerichtsverfahren konnten 1000 oder 1500, ja sogar 6000 Richter bestellt werden.

Präliminarien eines Jahrhundertprozesses Der Prozeß gegen Sokrates begann an einem Tag des siebten attischen Monats, also im Januar oder Februar 399. In der Morgendämmerung versammelte sich an der Nordostecke der Agora, wer von den jährlich gelosten 6000 Geschworenen Zeit und Lust hatte, bei den an diesem Tag anstehenden Prozessen – der gegen Sokrates geführte war nicht der einzige – sein Amt auszuüben. Es war niemandem möglich, sich einen bestimmten Prozeß auszusuchen. Der Zufall bestimmte, wer an diesem Tag und in welchem Verfahren er Richter wurde. So sollte Bestechung möglichst ausgeschlossen werden.

Zehn Türen, entsprechend der Zahl der attischen Phylen, führten zu dem Bezirk, in dem die Prozesse stattfanden. Genaueres ist über die Örtlichkeiten zur Zeit der Jahrhundertwende nicht bekannt. Die Türen

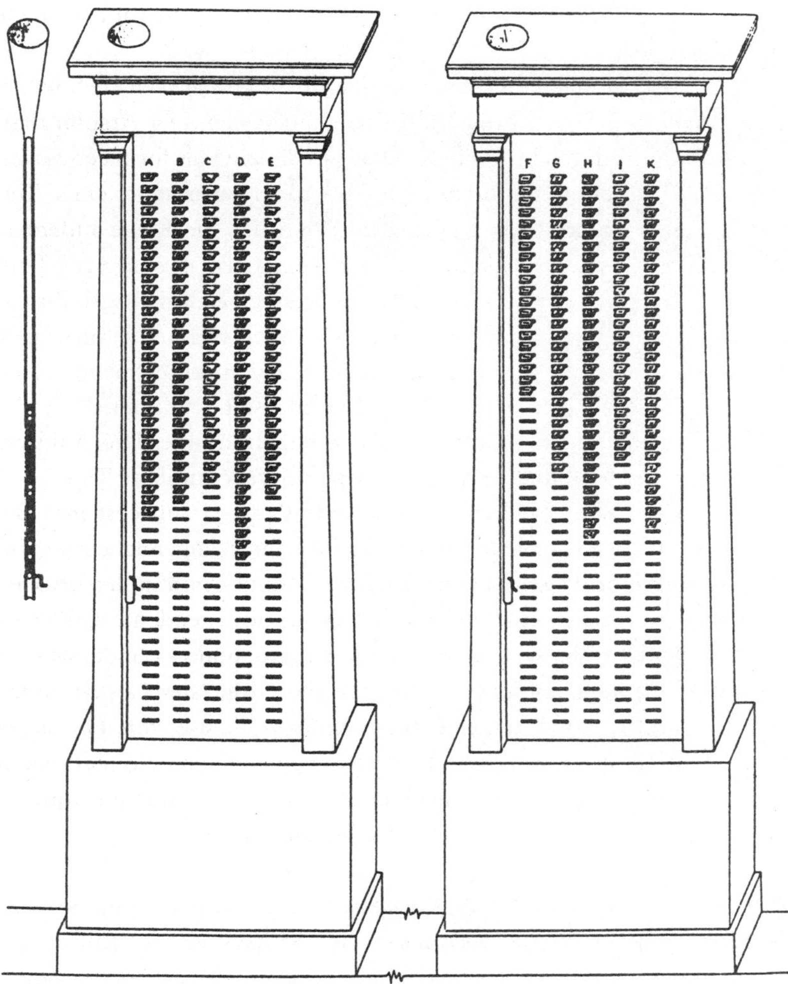

Abb. 7: Losmaschine (Kleroterion) zur Auswahl der Geschworenen für einen Sitzungstag

waren jeweils von zwei Losmaschinen flankiert. Überreste solcher steinernen *Kleroterien* wurden im 19. Jahrhundert entdeckt, doch die Ausgräber erkannten zunächst deren Funktion nicht. Erst der Papyrusfund mit dem Text der athenischen *Athenaion Politeia* des Aristoteles im Jahre

Abb. 8: Heliasten- oder Geschworenentäfelchen, das in das Kleroterion eingesteckt wurde

1888 verschaffte Klarheit. Jeder Phyle war ein Eingang vorbehalten, an dem sich deren Mitglieder sammelten. Sie hatten, soweit sie für das Amtsjahr 400/399 als Geschworene erlost waren, ein Richtertäfelchen erhalten. Diese Täfelchen wurden in die Losmaschine, eine mannshohe Stele mit fünf senkrecht angeordneten Reihen von Schlitzen, gesteckt. Danach wurden mittels schwarzer und weißer Bällchen, die durch eine in das Kleroterion gebohrte Röhre liefen, diejenigen ermittelt, die an diesem einen Tag als Richter fungieren sollten. Noch wußten die auf diese Weise Erlosten freilich nicht, in welches Dikasterion sie verwiesen wurden, denn es gab meist nicht nur eines, das von 500 Richtern besetzt war. So wurde auch über den Gerichtshof noch per Los entschieden. Vor dem Eintritt in das Dikasterion erhielt jeder Geschworene eine Marke, ein *Sýmbolon*, das ihm seinen Platz auf den 25 hölzernen Bänken zuwies. Das *Sýmbolon* wurde später in eine weitere Marke umgetauscht, mit der jeder bewies, daß er nicht vorzeitig gegangen war, sondern der Sitzung bis zum Schluß beigewohnt hatte, und dafür dann auch die übliche finanzielle Entschädigung – drei Obolen – erhielt.

Auch damit war die Prozedur aber noch nicht beendet. Es wurde noch gelost, welcher der an diesem Tag amtierenden Gerichtsmagistrate welchem Dikasterion vorsitzen sollte. War dies geschafft, mußten aus den teilnehmenden Richtern diejenigen gelost werden, die eine Aufgabe zu erfüllen hatten. Einer bediente die Wasseruhr, vier waren für die Stimmsteine und ihre Auszählung verantwortlich, fünf zahlten abschließend den Richtersold aus. Erst wenn diese Helfer ausgelost waren, konnte das Verfahren beginnen. Das Ganze wirkt umständlich, doch war das angesichts von mehr als 200 Gerichtstagen im Jahr für die Athener Routine und dürfte nicht viel länger als eine Stunde gedauert haben.

Der Staat gegen Sokrates Der Prozeß begann auf ein Signal des Herolds hin, auf der einen Seite Meletos mit seinen beiden Unterstützern Anytos und Lykon, auf der anderen Sokrates, der ebenfalls zwei *Sýnergoi* besaß, die Platon freilich der Dramaturgie wegen verschweigt. Es war auch der Herold, der Anklageschrift und Verteidigung vorlas, ehe der Hauptankläger, also Meletos, von einem Podium aus sein Plädoyer hielt. Es folgten die beiden Nebenkläger. Danach sprach der Angeklagte, der selbst reden mußte oder jedenfalls den Text, wenn er von einem Redenschreiber verfaßt worden war, in eigener Person vorlas. Sokrates sprach angeblich aus dem Stegreif, aber natürlich war er vorbereitet und konnte sich auch auf seine beiden *Sýnergoi* verlassen, selbst wenn wir nicht wissen, worauf deren Argumentation abzielte. Die Zeit war bemessen und wurde nur unterbrochen, wenn Dokumente, Aussagen oder Gesetzestexte eingeschaltet wurden. Für die genaue Zeitangabe sorgte eine Wasseruhr mit dem griechischen Namen *Kleps-(H)ýdra*, die Wasserstehlerin.

Der Wortlaut der Anklage hat sich erhalten. Diogenes Laertios (der im 3. Jahrhundert n. Chr. Biographien griechischer Denker verfaßte) zitiert ihn in seinem Werk über «Leben und Meinungen berühmter Philosophen» und beruft sich dabei auf einen gewissen Favorinus, einen Rhetor des 2. Jahrhunderts n. Chr., der noch selbst die Abschrift im Metroon, dem Archiv von Athen, gesehen haben will: «Diese Anklage verfaßte und reichte unter Eid ein Meletos, des Meletos Sohn aus dem Demos Pitthos, gegen Sokrates, des Sophroniskos Sohn aus dem Demos Alopeke: Sokrates versündigt sich durch Ableugnen der vom Staate anerkannten Götter sowie durch Einführung neuer göttlicher Wesen; auch vergeht er sich an der Jugend, indem er sie verführt. Der Antrag geht auf Todesstrafe.»

Nach Platon bezog sich Sokrates in seiner Verteidigungsrede *expressis verbis* auf Aristophanes' Komödie *Die Wolken*, die zu der Zeit, als er die *Apologie* schrieb, also um oder nach 385, zum Beispiel durch eine Wiederaufführung, einem größeren Kreis von Athenern bekannt gewesen sein dürfte. Diese alten Anklagen fürchte er mehr als die jetzigen, sagt er einleitend und formuliert sie auch: Es gebe, so der Vorwurf in den *Wolken*, einen gewissen Sokrates, einen weisen Mann, der die Dinge am Himmel betrachte und alles unter der Erde erforsche und der schlechteren Sache zum Siege verhelfe. Demgegenüber lautete jedoch die aktuelle Klageschrift des Meletos, Sokrates frevle, indem er die jungen Männer verderbe und nicht an die Götter glaube, die die Stadt verehre, sondern an einen neuen Daimon.

Jeder Athener kannte die beiden prominentesten Schüler des Sokrates, Alkibiades und Kritias, und jeder wußte um die Rolle, die sie in der Geschichte der Stadt gespielt hatten. Was in Platons *Apologie* nicht erscheint, sind die politischen Vorwürfe – wie zum Beispiel der einer Kollaboration mit führenden Gegnern der Demokratie –, wegen derer Sokrates nach der Amnestie von 403 zwar nicht angeklagt werden durfte, die aber bei der Entscheidung der Richter durchaus von Gewicht gewesen sein könnten. In Xenophons konkurrierender *Apologie* wird dies deutlich. Platon löst den Fall hingegen aus dem historisch-politischen Kontext. Von den Dreißig ist dabei nie die Rede, und Sokrates kühne Erwiderung, er habe die (in erster Linie wohl adlige) Jugend nicht schlechter gemacht, sondern sie im Gegenteil gebessert, wird seiner Sache kaum zuträglich gewesen sein. Worauf die abschließende Meinung der Richter schließlich fußte, ist schwer zu sagen. Die Entscheidung war knapp. Schließlich fehlten Sokrates nur 30 Stimmen zum Freispruch, 280 votierten gegen ihn, 220 für ihn. In der davon unberührten Frage des Strafmaßes, über welches nicht die Richter bestimmten, sondern für das beide Parteien einen Vorschlag einbringen mußten, wandten sich weitere von ihm ab. Das freilich hängt mit einer Provokation zusammen. Sie ging wohl nicht so weit, wie es Platon in der *Apologie* glauben machen will. Dort beantragt Sokrates für sich die kostenlose Speisung im Prytaneion, die höchste Ehre, welche die Stadt zu vergeben hatte, während er darauf verzichtet, Verbannung zu beantragen – eine Strafe, die eine Mehrheit hätte finden können, wie es wenige Jahrzehnte zuvor im Prozeß gegen den Philosophen Anaxagoras der Fall gewesen war. Nun entschieden sich sogar 340 Richter gegen ihn.

Das Urteil war ohne Zweifel ein Fehlurteil, aber kein Justizskandal, denn gegen die gängige Rechtspraxis wurde nicht verstoßen. Die Richter irrten, wenn sie Sokrates als Gefahr für die Demokratie betrachteten, doch begünstigte sicherlich viel von dem, was Sokrates tat, diese Meinung. Die Athener stellten einen Zusammenhang her zwischen dem, was Sokrates lehrte, und dem, was einige seiner Schüler wie Kritias umtrieb. Nach der Niederlage im Krieg und dem Sturz der Dreißig geschah dies in einem Moment tiefer Unsicherheit, als alles, was jahrzehntelang das Leben in der imperialen Demokratie ausgemacht hatte, in Frage gestellt war. Wenn das auch falsch war, so gab es doch Gründe für diesen Irrtum. Anders als Platon und Xenophon behaupten, bereuten die Athener ihr Vorgehen auch nicht, da sie in Sokrates anders als die Nachwelt keine Person von welthistorischer Bedeutung sahen, sondern einen Mitbürger, der sich auf die Seite der Gegner der Demokratie geschlagen hatte. Bezeichnend ist das Urteil, das der Redner Aischines Jahrzehnte später beiläufig fällt: «Hierauf habt ihr, Athener, Sokrates, den Sophisten, hingerichtet, weil er offensichtlich Kritias unterrichtet hat, einen der Dreißig, die die Demokratie zerstörten.»

Als Sokrates alle Möglichkeiten zur Flucht, die ihm geboten worden waren, ausschlug, wurde aus dem Fehlurteil auch noch ein Justizmord; *cum grano salis* läßt sich auch von einem Justizselbstmord sprechen. Es war das letzte Urteil dieser Art und beendete die erste Phase der Aufarbeitung der Herrschaft der 30 Tyrannen. Daß es von den Dreitausend, die darin verwickelt waren, genau denjenigen traf, der es am wenigsten verdiente, ist eine unfreiwillige Ironie; daß damit die Demokratie beschädigt oder gar als unheilvolle Staatsform diskreditiert war, dagegen ein Fehlurteil Platons. Die Oligarchie hatte kurz zuvor nahezu zweieinhalbtausend Menschen hinrichten lassen, und dies meistenteils ohne Prozeß. Zweifellos urteilte der Demos falsch, aber doch nicht so falsch wie sein Gegner Platon, der sich selbst von jedem Verdacht der Kollaboration mit den Dreißig freispricht – nach anfänglicher Begeisterung habe er sich abgewandt –, um später in seinen Dialogen den größten Schlächter in der Geschichte Athens, Kritias, als ehrenwerten Mann von hoher Begabung zu schildern.

UNORDNUNG UND VERWIRRUNG

Krieg ohne Alternative Mit der Kapitulation von 404 war das athenische Seereich untergegangen, der Krieg der griechischen Poleis aber keineswegs zu Ende, er wandelte nur seinen Charakter. Bis dahin standen zwei Militärbündnisse gegeneinander. Nun aber war Sparta zum Hegemon Griechenlands aufgestiegen, doch fehlte ihm das Herrschaftswissen, wie es Athen eigen war. In der Gewißheit des Sieges überschätzten die Spartaner ihre Möglichkeiten, die Rückschläge kamen schnell und von unerwarteter Seite. Im persischen Thronkampf hatte Sparta 401 den Thronprätendenten, den jüngeren Kyros, bei seinem Marsch mit den zehntausend Söldnern – unter ihnen auch Xenophon – gegen seinen Bruder, den amtierenden Großkönig Artaxerxes II., unterstützt. Die Söldner siegten bekanntlich, doch Kyros fiel, der Großkönig blieb auf seinem Thron, und Sparta besaß einen neuen Feind.

Unter den Spartanern selbst zeigte sich Uneinigkeit. Bereits in der strategischen Ausrichtung gegenüber Athen hatten das Ephorat und der König Pausanias die Pläne Lysanders durchkreuzt. Nun erhob sich auch gegen die überseeische Politik des seit Aigospotamoi mächtigsten Mannes in Griechenland Widerstand aus den eigenen Reihen. Sogar eine Revolte brach in der Stadt aus, die Thukydides noch wegen ihrer inneren Stabilität gelobt hatte. Ein Spartaner ohne Vollbürgerrecht namens Kinadon erhob sich 396 gegen die herrschende Spartiatenschicht. Erst Verrat beendete die Verschwörung, Kinadon wurde in eine Falle gelockt und samt seinen Gefolgsleuten hingerichtet.

Besonders unzufrieden zeigten sich die Verbündeten; der Triumph über Athen war einzig Spartas Sieg geworden, doch nicht der ihrige. Sie strebten nach Autonomie, wandelten sich zu heimlichen Gegnern oder scheuten sogar, sobald sie eine Schwäche des Hegemons vermuteten, die offene Konfrontation nicht. Wo die Spartaner Niederlagen hinnehmen mußten, ergossen sich selbst von seiten langjähriger Verbündeter Hohn und Spott über sie. Als beispielsweise die Überlebenden eines weitgehend aufgeriebenen spartanischen Regiments auf dem Heimweg die Stadt Mantineia passieren mußten, taten sie das noch vor Tagesanbruch im Schutz der Dunkelheit, weil sie die Schadenfreude der Mantineer, ihrer eigenen Verbündeten, fürchteten.

Aus nichtigen Anlässen kam es zu Kämpfen mit der Vormacht. So entwickelte sich 395 ein unbedeutender Grenzkonflikt zu einem veritablen Krieg zwischen Sparta und seinen ehemaligen Verbündeten Theben und Korinth, an deren Seite Athen und Argos traten. Dieser sogenannte Korinthische Krieg dauerte acht Jahre, ohne – von den üblichen Verlusten abgesehen – irgendein Ergebnis hervorzubringen. Während sich die Spartaner aber trotz aller Schwierigkeiten noch im Mutterland behaupten konnten und 394 sogar in zwei großen Landschlachten am Nemeabach bei Korinth und bei Koroneia über die Allianz ihrer Gegner siegreich blieben, unterlagen sie zur See beim zypriotischen Knidos einer vom Athener Konon geführten persischen Flotte und verloren die Herrschaft über die Ägäis. Die von Lysander installierten Besatzungen und deren Harmosten wurden vertrieben, die Dekadarchien aufgelöst. Mit Hilfe persischer Subsidien begannen die Athener ein Jahrzehnt nach der Zerstörung ihrer Mauern diese wieder aufzubauen. Vor allem aber erlangten sie erneut die Kontrolle über die Inseln Lemnos, Imbros und Skyros an der Getreideroute ins Schwarze Meer. Die Spartaner spannten alle Kräfte an, ihre Hegemonie auf dem griechischen Festland zu verteidigen, und verabschiedeten sich zu diesem Zweck auch von der Parole, die Freiheit der griechischen Städte jenseits der Ägäis schützen zu wollen. Sie überließen diese im sogenannten Königsfrieden (auch «Friede des Antalkidas» genannt) von 386 dem Großkönig. Das war alles andere als ein Verrat an der griechischen Sache – ein Vorwurf, der noch durch die moderne Literatur geistert, in der «die Großmacht des Ostens den Griechen den Fuß auf den Nacken setzt» und sie zu «ewiger Ohnmacht und Knechtschaft» verdammt –, sondern nur mehr die Preisgabe einer Propagandalüge, waren doch nach 404 diese Städte keineswegs frei, sondern hatten unter einer spartanischen Herrschaft gestanden, die weit brutaler war, als es die persische werden sollte. Der Wechsel in der Vorherrschaft war jenseits der Ägäis mit einem Ende der Kriege verbunden, und tatsächlich setzte bald danach auch in Ionien ein spürbarer wirtschaftlicher Aufschwung ein. Als Alexander von Makedonien ein halbes Jahrhundert später bei seiner Invasion des Perserreiches die Formel von der Befreiung wieder aufgriff, gab es nicht wenige Griechenstädte in Kleinasien, die nur geringe Lust zeigten, sich ‹befreien› zu lassen.

Im Gegenzug für den formellen Verzicht der Lakedaimonier warf sich der Perserkönig zum Wächter (*Phýlax*) der spartanischen Herrschaft in Griechenland auf. Xenophon überliefert das diesbezügliche Edikt des Großkönigs in der griechischen Version: «König Artaxerxes hält es für recht, daß die Städte in Asien ihm untertan sind und von den Inseln Klazomenai und Zypern, daß die anderen griechischen Städte aber, große und kleine, in die Unabhängigkeit entlassen werden mit Ausnahme von Lemnos, Imbros und Skyros. Diese sollen wie von alters her den Athenern gehören. Wer aber diesen Frieden nicht annimmt, gegen den werde ich Krieg führen mit denen zusammen, die diesen Frieden wollen, zu Land und zur See, mit Schiffen und mit Geld.»

Die Autonomieklausel sicherte dabei Spartas Führungsanspruch, da sie den Zusammenschluß von Städten und die Einrichtung von Bundesstaaten verbot oder bestehende (wie den boiotischen) auflöste. Mit persischer Rückendeckung vermochten die Lakedaimonier ihre Macht weitere Jahre zu stabilisieren. Sie griffen sogar im fernen Olynth auf der Halbinsel Chalkidike ein, wo sie einen rivalisierenden Staatenbund zerschlugen.

Im Jahre 378, etwa ein Jahrhundert nach dem ersten, gründeten die Athener einen zweiten Seebund. Nach Niederlagen haben gute Vorsätze Konjunktur, und so wollten sie diesmal alles vermeiden, was den früheren Seebund so verhaßt gemacht hatte. Sie forderten keine Tribute (*Phóroi*) mehr – die Verbündeten zahlten freiwillige Beiträge (*Syntáxeis*) –, sie installierten keine Besatzungen, schickten keine Aufsichtsbeamten, durften kein Land auf dem Territorium der Verbündeten besitzen, griffen nicht in deren innere Ordnung ein und faßten auch keine Beschlüsse mehr im Alleingang. Es gab einen Bundesrat (*Synhédrion*), in dem allein die Verbündeten saßen, und es gab die athenische Volksversammlung; Beschlüsse mußten gemeinsam gebilligt werden.

Während sich Athen – wie sich bald herausstellen sollte, vergeblich – anschickte, erneut eine imperiale Politik zu verfolgen, beschleunigte sich der Niedergang Spartas. Die Thebaner vertrieben 379 die spartanische Besatzung aus ihrer Burg, der Kadmeia; der von ihnen geführte Boiotische Bund, der mit dem Königsfrieden zerschlagen worden war, wurde wieder ein Machtfaktor.

Nachdem die bipolare Welt des 5. Jahrhunderts mit Aigospotamoi in eine Hegemonie Spartas übergegangen war, kristallisierte sich im weiteren mit Theben und dem wiedererstarkten Athen eine Konstellation aus drei konkurrierenden Mächten heraus. Spartas Versuch, das Rad zurückzudrehen, führte schnell zur Katastrophe. Bei Leuktra wurde 371 das Heer der Lakedaimonier dank einer neuartigen Taktik des thebanischen Feldherrn Epameinondas, der sogenannten Schiefen Schlachtordnung, nahezu aufgerieben. Die Spartaner, deren Vormachtstellung zusammenbrach, waren nicht einmal mehr in der Lage, den Aufstand der jahrhundertelang unterdrückten Messenier niederzuschlagen. Die Messenier gründeten anfangs der sechziger Jahre einen eigenen Staat, Sparta verlor ein Drittel seines Wirtschaftsgebietes. Athen fürchtete das erstarkte Theben und stellte sich nun auf die Seite Spartas, doch die Schlacht um die künftige Hegemonie in Griechenland endete 362 bei dem Städtchen Mantineia im militärischen Patt, Epameinondas fiel. Die führenden hellenischen Poleis waren nun gleich ohnmächtig, der Peloponnesische Krieg, der knapp sieben Jahrzehnte vorher mit dem Einmarsch des Spartanerkönigs Archidamos in Attika begonnen hatte, fand sein spätes unrühmliches Ende. Im Norden stieg – von den Griechen lange nicht bemerkt oder ignoriert – ein Königreich zur Großmacht auf, das Makedonien Philipps II. und seines Sohnes Alexanders III., der später der Große genannt wurde.

Xenophons letzte Worte Als Xenophon das Werk des Thukydides fortzusetzen begann, besaß er einen wohldurchdachten Plan. Seine Darstellung des Krieges bis zur Ankunft der spartanischen Flotte im Piräus, der folgenden Herrschaft der Dreißig in Athen und ihrem Zusammenbruch – zum nicht geringen Teil aus dem eigenen Erleben berichtet – ist folgerichtig und in sich geschlossen. Für die Schilderung der weiteren Ereignisse von 400 bis 362, im wesentlichen der vergebliche Kampf Spartas um den Erhalt seiner Macht, fand der Historiker jedoch keine klare Linie mehr. Die Bücher drei bis sieben seiner *Hellenikά* geraten zu einer bloßen Aufreihung von Staseis, Feldzügen, Belagerungen und Schlachten. Der Krieg zerfiel in zahllose unzusammenhängende Einzelaktionen, hinter denen Xenophon kein strategisches Konzept, welcher Seite auch immer, zu entdecken vermochte. Was geschah, bestimmte häufig der Zufall. Xenophon blieb nur, die Sinnlosigkeit vieler Aktionen zu konstatieren. In fremdes Territorium einzufallen, die Feldfrüchte zu vernichten, das Vieh wegzutreiben, die Hütten anzuzünden und dann wieder umzukehren nannte sich Feldzug. Um Ziel einer Invasion zu werden, genügte es, der Nachbar des Angreifers zu sein. So fielen die Arkader vor allem deswegen in das angrenzende Gebiet der Heraier ein, weil sie für das Heer, das sie gegen die Spartaner gesammelt hatten, nach deren Abzug keine andere Beschäftigung wußten und sich daher die Zeit mit Brandschatzen vertrieben. Von den Lakedaimoniern berichtet Xenophon, daß sie gegen die Argiver zogen, weil sie es nicht ertrugen, daß diese – im Gegensatz zu ihnen – in Frieden lebten und «die Früchte ihres Landes genossen». Gegen die Olynthier unternahmen sie einen Feldzug, weil den Feinden nach dem ersten Angriff «vielleicht noch ein Baum oder Stück bestellten Ackers geblieben war, den sie noch zerstören» konnten. Beschönigung ist Xenophon in solchen Fällen fremd. Als die Spartaner gegen die Elier (deren Gebiet um das berühmte Olympia lag) zogen, schlossen sich die Nachbarn nur deswegen an, weil sie bei der Verteilung der erwarteten Beute zur Stelle sein wollten. Ein «Unternehmen zur Verproviantierung der Peloponnes», nennt der Historiker den Raubzug. Geschont wurde nichts und niemand, getötet wurde um des Tötens willen oder, wie Xenophon ungewohnt zynisch sagt, weil «der Gott die Gelegenheit dazu gab»; und er gebraucht ein Bild für das Ergebnis: «Die Menschen, ansonsten nur gewohnt, Haufen von Getreide, Holz oder Steinen zu sehen, erblickten nun Haufen von Leichen.»

Der Historiker, der, anders als sein Vorgänger, an das Wirken der Götter glaubte, empörte sich besonders über das Verhalten der Bürgerkriegsparteien, für die keinerlei menschliches oder göttliches Gebot zu gelten schien. Anschläge an hohen Festtagen auszuüben hatte seit Harmodios' und Aristogeitons Attentat auf den Tyrannen Hipparch von Athen (514) gleichsam Tradition. In Korinth massakrierten Verschwörer die gegnerischen Aristokraten, als diese sich am Festtag der Artemis Eukleia ahnungslos auf der Agora und vor dem Theater versammelten. Wer sich an die Altäre, zu den Götterstatuen auf dem Markt oder in die Heiligtümer flüchtete, wurde ebenfalls umgebracht. Die Tempel boten schon lange keinen Schutz mehr. Die Verfolger erstiegen die Gebäude, deckten die Dächer ab und erschlugen die Asylsuchenden mit den Ziegeln. Die, die sich gegen die Zusicherung freien Geleits ergaben, wurden, wie bei einer Stasis in Tegea, gefesselt, verschleppt und hingerichtet. Wer dennoch überlebte, wurde verbannt, sein Besitz konfisziert. Tausende solcher Flüchtlinge irrten durch Griechenland, schürten Unruhe, verdingten sich als Söldner. Wenn 362 die Kriegswirren zu Ende gingen und einem «allgemeinen Frieden», einer *koinè Eiréne*, wichen, so hatte das mehrere

Gründe, zu denen Einsicht jedoch nicht gehört. Die Städte waren zu erschöpft, um weitere Rüstungen betreiben zu können, die Armeen zu schwach, um gegen gleich schwache Gegner siegen zu können, viele Polisbürger zu ängstlich – nicht unbedingt vor dem Feind, eher vor dem, was in ihrer Abwesenheit zu Hause geschah –, um selbst ins Feld zu ziehen. Nachdem fast siebzig Jahre lang gekämpft worden war, wußte niemand, wie es nach der letzten Schlacht wohl weitergehen sollte. Auch Xenophon resigniert: «Unordnung und Verwirrung waren noch größer als vorher», resümiert er und beendet damit sein Geschichtswerk.

DER KITT DER DEMOKRATIE

Demokratie ohne Reich Die imperiale Demokratie scheiterte zweimal. Zunächst 404 an den Lakedaimoniern und dann, nach Gründung eines neuen Seebundes, an den eigenen Bundesgenossen. Eine Zeitlang respektierten die Athener die Verpflichtungen, die sie 378 eingegangen waren. Schon in den sechziger Jahren aber griffen sie wieder zu Methoden, mit denen sie ihre Stadt schon einmal ruiniert hatten. Unter Umgehung der Bundesversammlung wurden die Bundesgenossen besteuert, athenische Trieren landeten im Norden und Osten der Ägäis, athenische Truppen eroberten Orte auf der thrakischen Chersones und auf der Chalkidike. Die Verbündeten auf den Inseln, in Kleinasien und am Hellespont waren bald dieser stetigen Übergriffe und der Abgaben leid, auch wenn sie nicht mehr Tribute hießen. Byzantion und die Inseln Rhodos, Chios und Kos sagten sich 357 von der Vormacht los. Die Athener entsandten Schiffe, Söldner und Strategen und führten zwei Jahre lang einen vergeblichen Krieg gegen ihre Bundesgenossen, an dessen Ende sie deren Autonomie anerkennen mußten. Der zweite Traum vom Imperium war dahin; Athen mußte sich auf sich selbst besinnen und tat das nicht ohne Erfolg. Der Verzicht auf ebenso teure wie unnötige Seeoperationen brachte eine wirtschaftliche Erholung. Die Demokratie bereicherte sich nun, wenn auch unfreiwillig, nicht mehr an den Verbündeten, und sie funktionierte, obwohl die Kosten, die sie verursachte, höher lagen als zur Zeit des Perikles. Im 4. Jahrhundert spielten zwar die Ausgaben für

Magistrate kaum mehr eine Rolle, dagegen wurde nun der Besuch der Volksversammlung bezahlt, und das machte in den dreißiger Jahren etwa 45 Talente pro Jahr aus. Dazu kamen die Ausgaben für Rat und Gerichte in einer Höhe zwischen 22 und 37 Talenten, für Ehrendekrete in einer Höhe von 10 bis 20 Talenten und später die *Theoriká* (Schaugelder für die Theaterbesucher) in unbekannter, aber nicht geringer Höhe. Das waren beträchtliche Summen, welche die Stadt zum Beispiel aus Verkaufssteuern, Zolleinnahmen, Verpachtungen oder Bergwerkserträgen aufbringen mußte.

Gleichwohl waren die Bürger mit ihrem Staat zufrieden, von niemandem wurde die Verfassung in Frage gestellt. Das Regime der Dreißig hatte ja alle oligarchischen Bestrebungen desavouiert. Den großen Krieg mit Sparta verlor vor allem die Aristokratie. Der letzte, dem Aristoteles in seinem *Staat der Athene*r eine führende Rolle auf seiten der «Vornehmen» zuschreibt, ist Theramenes; für das 4. Jahrhundert kennt er bereits keine adligen Führer mehr. Es formierte sich eine neue Elite, die nicht mehr über umfangreichen Landbesitz verfügte. Die Redner, die damals in der Volksversammlung auftraten, waren meistenteils vermögend, aber selten von adliger Abstammung. Wer Vermögen besaß, leistete mehr oder weniger gern freiwillige Zahlungen für den Staat, die sogenannten Leiturgien, d. h., er übernahm die Kosten für sportliche Wettbewerbe (wie etwa bei den Panathenaien, den großen athenischen Festspielen zu Ehren der Stadtgöttin), finanzierte einen Chor für Theateraufführungen (wie etwa bei den Dionysien) oder rüstete eine Triere für die Dauer eines Jahres aus. Dies brachte Ehre ein, vielleicht auch einen Kranz als Auszeichnung und verbesserte die Chancen, in eines der Wahlämter zu gelangen. Die Vermögenden hatten nicht mehr Rechte, aber doch wohl mehr Möglichkeiten. Im Prinzip konnte aber jeder attische Bürger in der Ekklesia initiativ werden. Wer Anträge stellte, mußte weder reich sein noch für dieses Unterfangen gewählt werden. Jeder *Idiótes* (Privatmann) konnte das tun, doch war es schließlich wohl nur eine Minderheit, die von diesem Recht aktiv Gebrauch machte. Wer erfolgreich agieren wollte, brauchte eine rhetorische Ausbildung, und die kostete Geld. Die meisten Bürger blieben Zuhörer. Sie gingen oft auch nur der Tagegelder wegen auf die Pnyx, lachten über die Redner, pfiffen sie aus oder applaudierten ihnen. Manche brachten Anträge ein und Argumente vor, aber die meisten taten dies wohl nicht regelmäßig. Dessenungeachtet nahm der Demos – ausgeschlossen waren freilich Metoiken, Frauen und Sklaven – Anteil an der Politik und entschied auch über sie. Die Ärmeren wurden bezahlt, wenn sie die Volksversammlung besuchten, als Nomotheten abstimmten oder als Geschworene in den Dikasterien (Gerichtshöfen) saßen. Insbesondere aber erhielten sie die sogenannten Schaugelder, wenn sie die Theateraufführungen oder andere staatliche Feste besuchten. Nicht ohne Grund befand der Staatsmann Demades, die *Theoriká* seien der Kitt, der die Demokratie zusammenhalte.

Demokratie und Wirtschaft Was sich gegenüber der verklärten Zeit des ersten Seebundes geändert hatte, waren die Kompetenzen im militärischen Bereich. Wer im 5. Jahrhundert Feldzüge beantragte, stand auch für deren Exekutierung ein. Der auf ein Jahr gewählte Strategos sprach vor dem Volk und führte das Heer zu Wasser oder zu Land. Diese Personaleinheit zerfiel nach dem Peloponnesischen Krieg. Das Amt spaltete sich gleichsam auf. Die Kriegführung wurde komplizierter, die Redekunst artifizieller. Es gab technische Neuerungen auf dem Militärsektor; Söldnerarmeen ergänzten zunehmend die Bürgertruppen, und um erstere effizient zu führen, bedurfte es des Berufsoffiziers. Die Strategen, die nun die auswärtigen Kriege im Namen Athens führten, hielten sich selten in Athen auf und sprachen noch seltener zum Volk. Die Rednerbühne beherrschten Männer, die bei den Feldzügen allenfalls als Soldaten dienten. Da es nach Mantineia an bedeutenden Kriegen mangelte und der einzige, der eine solche Bezeichnung verdiente, mit einer Niederlage endete, winkte kaum Siegeslorbeer. Das Interesse der Bürger galt dem wirtschaftlichen Bereich. Es entstanden neue Ämter für Finanzen, und auf diese und ihre Verwalter richtete sich der Blick der Bürger. Wer in diese Ämter gewählt wurde, kam zu Popularität und Ansehen. Seit der Mitte des 4. Jahrhunderts waren dies drei Männer, die nacheinander und miteinander, teilweise aber auch gegeneinander maßgeblichen Einfluß ausübten: Eubulos, Demosthenes und Lykurg. Keiner von ihnen hatte jemals das Strategenamt inne, die wichtigste Magistratur vor und während des siebenundzwanzigjährigen Krieges.

Eubulos reorganisierte die Finanzen Athens in der Zeit von 354 bis 346. Unter seiner Ägide wurden auch zum ersten Mal die genannten Schaugelder für Theaterbesuche an das Volk ausgezahlt. Später wurde

Geld nicht nur für den Besuch der Dramenaufführungen, sondern auch an anderen Festtagen verteilt. Die Kasse, das *Theorikón*, verwaltete ein Kollegium, das vermutlich vierjährlich durch Handabstimmung gewählt wurde und jeweils vom Zeitpunkt der Großen Panathenaien an amtierte. Wenn Überschüsse im Jahreshaushalt erzielt wurden, so flossen diese in Kriegszeiten in die Kriegskasse (*Stratiotikón*), in Friedenszeiten jedoch an das *Theorikón*. Ein eigenes Gesetz verbot eine Umwidmung der Gelder. Die Auszahlung der Schaugelder blieb nicht die einzige Aufgabe des Kollegiums, auch wenn sie unter dem Aspekt, sich Popularität zu verschaffen, die attraktivste war. Die Mitglieder beteiligten sich in Anwesenheit des Rates mit den Verkäufern (*Polétai*) an der Verpachtung von Staatsland, Minenkonzessionen und Steuereinnahmen. Die Kasse finanzierte Schiffswerften, den Bau von Arsenalen und Straßen. In den Händen der Behörde lag – so ein zeitgenössischer Redner – «nahezu die gesamte Verwaltung des Staates». Es scheint vor allem Eubulos gewesen zu sein, dem es gelang, die nach dem Bundesgenossenkrieg zerrütteten Finanzen Athens zu sanieren. Auch nach dem Ende seiner Amtszeit hielt die wirtschaftliche Gesundung an, da Athen in den nächsten Jahren – mit Ausnahme des Feldzuges gegen Euboia – auf teure Kriege und eine aufwendige Interventionspolitik verzichtete.

Demokratie und Frieden Wie die vierziger Jahre wirtschaftspolitisch von Eubulos geprägt wurden, so außenpolitisch von Demosthenes. Spätestens seit der Eroberung Olynths durch Philipp II. im Jahre 348 betrieb der athenische Staatsmann eine Politik, die sich strikt gegen den Makedonenkönig richtete. In gewisser Weise provozierte er erst das, was er verhindern wollte, nämlich das Vordringen der Makedonen nach Mittelgriechenland. Bei Chaironeia besiegte im Jahre 338 Philipp II. ein Bündnis griechischer Staaten mit Athen und Theben an der Spitze (Sparta fehlte). Die Hand- und Schulbücher reden von einem epochalen Ereignis, vom Ende einer Ära und der griechischen Freiheit. Die Freiheit, welche die Griechen zuallererst verloren, war freilich nur die, einander sinnlos totzuschlagen. Der Vertrag, den der Makedonenkönig im Winter 338/7 in Korinth mit den griechischen Städten schloß, garantierte die Unverletzlichkeit der einzelnen Verfassungen; und zu keinem Zeitpunkt hat Philipp II. versucht, die athenische Demokratie anzutasten. Ein allgemeiner Friede, dessen Einhaltung im Gegensatz zu früher nun auch

Abb. 9: Modell der Pnyx in der Ausgestaltung, die sie in der Lykurgischen Ära erhalten sollte

gesichert war, versprach dem von seiner geographischen Lage begünstigten Athen eine ganz andere Freiheit, nämlich die Chance auf ein sicheres Leben in relativem Wohlstand. Und tatsächlich hat die Stadt in den folgenden 16 Jahren einen wirtschaftlichen Aufschwung erlebt wie seit 100 Jahren nicht mehr. Die Demokratie war gefestigt, und ihre Kosten mußten nicht wie im 5. Jahrhundert mit den Tributen unwilliger Verbündeter bestritten werden. Diese Zeit ging, benannt nach dem Mann, der von 338 bis 325 als Aufseher ein neugeschaffenes Amt für Finanzen leitete, als *Lykurgische Ära* in die Geschichte ein. Es war eines der seltenen Wahlämter, und die Amtszeit dauerte eine Penteteris, nach altem Sprachgebrauch vier Jahre. Je länger die Friedenszeit in Europa währte – in Asien herrschte zu dieser Zeit Krieg, und zwar der Krieg Alexanders –, desto stetiger stiegen die Einnahmen der Stadt, und es ist keine Überraschung, daß es die zweite und die dritte Amtszeit sind, in denen Lykurgs Wirtschaftspolitik besonders wirksam wurde.

Die Einkünfte Athens wuchsen nach Chaironeia auf etwa 1500 Talente jährlich – zum Vergleich: Die athenischen Bundesgenossen zahlten im blühenden 5. Jahrhundert des Perikles an Tributen insgesamt 460 Talente im Jahr. Während seiner Amtszeit verfügte Lykurg über 18 900 Talente. Dies verdankte sich neben den üblichen Einnahmen aus Verpachtungen, Konfiskationen und Sondersteuern auch dem stetig zunehmenden Handel. Seit den Verträgen von Korinth herrschte ein innergriechischer Frieden, durch energische Maßnahmen hatte man die Seeräuber erfolgreich bekämpfen können, und mit Alexanders Vordringen nach Osten entstanden neue Absatzmärkte. Die Bautätigkeit in Athen belegt den Aufschwung besser als Zahlen. Die Zeiten, in denen Demosthenes noch klagen konnte, daß die Privathäuser besser hergerichtet seien als die öffentlichen Bauten, waren vorbei. Seit dem Friedensschluß mit Alexander 336 errichtete die Stadt auch Bauten für kulturelle, staatspolitische und religiöse Zwecke. Im Gebiet des Flusses Ilissos wurde an einem Gymnasion, einer Palaistra (einer Sportstätte) und am Panathenaischen Stadion gebaut. Tempel, Propyla (Torbauten), Stoen (Wandelhallen) entstanden auf der Agora, im Heiligtum des Dionysos und des Asklepios, außerhalb Athens in Oropos und Eleusis, des weiteren war auf dem Markt ein Gerichtsgebäude vorgesehen. Seit den vierziger Jahren des 5. Jahrhunderts, als neben anderem der Parthenon entstanden war, gab es in Athen keine vergleichbare Bautätigkeit mehr. Ziel war eine noch stärkere Beteiligung der Bürger am staatlichen Leben; Athen bereitete sich auf neue Aufgaben im Reiche Alexanders vor. So wurde die Ephebenausbildung, ein militärisches Training der Jugend, das aber auch einen religiösen und staatspolitischen Unterricht vorsah, intensiviert. Ein neues Bewußtsein der eigenen Geschichte zeigte sich in der Ehrung der klassischen Dichter, deren Bronzestatuen auf Antrag Lykurgs im Theater aufgestellt wurden, der Einführung weiterer Chor- und Komödienwettkämpfe oder der finanziellen Absicherung von Kultbelangen.

Um die Bürger zur vermehrten Teilnahme zu bewegen, wurden die Versammlungsorte umgebaut. Das Dionysos-Theater, in dem auch die Volksversammlung tagte, wurde in Stein ausgeführt, insbesondere aber die Pnyx umgestaltet; die Vergrößerung des Auditoriums und zwei weiträumige Stoen mit Ladenpassagen sollten die Attraktivität für die Besucher der Volksversammlung erhöhen. Es gab weitere Pläne für eine Steigerung des Außenhandels, der nun auch wieder in den Westen führen sollte, doch der Aufschwung brach jäh zusammen. In den Abendstunden des 10. Juni 323 war Alexander, nachdem er elf Jahre lang Tausende von Kilometer durch Asien gezogen war, an physischer Erschöpfung und psychischer Zerrüttung in Babylon gestorben. Sein Reich, das West und Ost vereinen sollte, zerbrach noch schneller, als es entstanden war. Die Athener stürzten sich, da der Verlust der reichen Insel Samos drohte, in einen Krieg gegen die als schwach eingeschätzten Nachfolger. Nach anfänglichen Erfolgen unterlagen sie – die neugerüstete Flotte sank vor der Insel Amorgos. Wie einst die Spartaner in den Piräus, so zogen nun im September 322 die siegreichen Makedonen in den Hafen Munichia ein. Die Stadt mußte Kriegsentschädigungen leisten, eine Besatzung aufnehmen und die makedonenfeindlichen Politiker ausliefern. Die Besatzer erzwangen auch eine Verfassungsänderung. Antipater, Alexanders *Strategós* für Europa und nun Regent von Makedonien, sah die «Unruhestifter» unter den ärmeren Bürgern, die er für die Kriegsbeschlüsse verantwortlich machte. Durch die Einführung eines Zensus von 2000 Drachmen beschränkte er daher das Bürgerrecht auf 9000 Bürger, 12 000, die ihn nicht erfüllen konnten, verloren es. Die Demokratie wurde nicht enthauptet, aber halbiert. Athen kehrte zu einer timokratischen Ordnung zurück, doch dies war nicht der Zusammenbruch eines zerrütteten Systems, es war ein von außen erzwungener Umsturz.

Immer wieder versuchten die Athener in den folgenden Jahren, in denen die Stadt nur noch ein Spielball im Krieg der Diadochen war, zu ihrer alten Verfassung zurückzukehren, und es kamen zwischenzeitlich, so im Jahr 318 und in den Jahren nach 307, Momente der Unabhängigkeit. In der Zeit nach 287 erlebte das demokratische System, dessen Strukturen nie gänzlich ausgelöscht worden waren, sogar eine letzte Blüte, bevor es schließlich nur noch eine tote Hülle war, in der sich in der zweiten Jahrhunderthälfte wieder eine Oligarchie etablierte. Von der Demokratie blieb die Idee.

ANHANG

QUELLENNACHWEISE

VORWORT

Hegel: Vorlesungen über die Philosophie der Geschichte, Werke 12, 1986, 325; Gleichsetzung von Oligarchen und Aristokraten: Xenophon, Hellenika 2.3.32; Aristokraten als *Polloí (Pleîstoi)*: Xenophon, Hellenika 4.4.1.

VOR DEM KRIEG

Überfall auf Plataiai: Thukydides 2.2–6 (Th. wird im folgenden ohne Namensangabe zitiert, die Angaben zu Xenophon beziehen sich auf die *Hellenikâ*), E. Kirsten, RE XX.2, 1950, 2304, Datierung: Busolt 904–916; Fest: 3.56.2, 3.65.1, *Pathologie:* 3.82.8 (Ü. Verf.); Zurückbleibende: 2.78.3; Einfall des Heerbanns: 2.12.5, Herodot 7.233.2 beziffert die Zahl der Angreifer auf 400.
Selbstzeugnisse des Thukydides 2.48.3, 4.104–107, 5.26; s. Markellinos passim; Herodots Vorträge: Markellinos 54; Abneigung gegen Sparta: s. Will, Thukydides Misolakon 13–24; zur Biographie des Thukydides s. Will, Thukydides 223–229; Kriegsbeginn: 2.2.1 (Vretska); 5.26.3.
Zur Tragödie s. J. Latacz, Einführung in die griechische Tragödie, Göttingen 1993, 29–45, G. A. Seeck, Die griechische Tragödie, Stuttgart 2000, 58–66; Pro-Agon und Odeion: Platon, Symposion 194A, Theophrast, Charaktere («Der Redselige»); zur *Medeia* s. H. Kuch, Euripides, Leipzig 1984, 51 ff., D. Ebener, Euripides I, Berlin 1972, 6 ff.; Befreiung und Rache: s. G. Murray, Euripides und seine Zeit, Darmstadt 1957, 46; Zitat: Euripides, Medeia V 106–108 (Ebener); Frauenraub: Herodot 1.1–5; Quellen zur Biographie des Euripides s. Ebener 36–41, Will, Melos 31 f.
Anlässe und Megarisches Psephisma: Andokides, Rede über den Frieden mit den Lakedaimoniern 3.8, vgl. Aischines 2.75; Plutarch, Perikles 29–30; Acharner-Zitat: Vers 515–522 (Seeger); *Aitíai* und *Próphasis*: 1.23.6; Badian 125 ff., Braunert 38 ff., de Ste.Croix, 1 ff., Will, Perikles 90–95.

DIE PERIKLEISCHEN JAHRE

Kriegstreiber Perikles: 1.127.2 (Vretska); «erster Mann»: 2.65.9; Komödienzitate: Telekleides, Poetae Comici Graeci (PCG) VII F 47, F 45; Plutarch, Perikles 3.6, 16.2 (Wuhrmann), 7.16.

Kassen Athens: Auflistung des Perikles: 2.13; Heliodor: FgrHist 373 F 1; Aufwendungen für Schiffshäuser: Isokrates 7.66; Aufwendungen für Poteidaia: Isokrates 15.113; vgl. IG I^2 296; Aufwendungen für Kerkyra: IG I^2 295; IG I^3 364, IG I^2 295 (433/2); s. ausführlich Will, Perikles 100–105.

Verspottung des Perikles: Kratinos, PCG IV F 258, Adespota, PCG VIII F 703; Plutarch, Perikles 3.5, 16.1, Will, Thukydides 269–275; Aspasia: Plutarch, Perikles 32; Anaxagoras: Diodor 12.39.2, Plutarch, Perikles 32, Nikias 23, Diogenes Laertios 2.12–14; Diopeithes: Aristophanes, Ritter V 1085, Plutarch, Perikles 32; Pheidias: Aristophanes, Frieden V 606, Plutarch, Perikles 31; Pseudo-Xenophon 1.4, 3.1.

Stimmung in Griechenland: 2.8; Apollon in Delphi: 1.118.3; Versammlung am Isthmos: 2.10, Archidamos und Oinoe: 2.12, 2.18–19, Busolt 928; «Feiglinge» an den Thermopylen: Herodot 7.229–232; Thukydides über Zerstörungen: 2.19.2; Evakuierung: 2.14–17; Situation in und vor Athen: 2.19–23.1; Ackerland verschont 2.22.2; Archidamos' Acharner-Kalkül 2.20.4; athenischer Gegenangriff, athenische Bündnisse: 2.25–32.

Peloponnesische Einfälle in Attika: 2.10–23 (431 v. Chr.), 2.47–54 (430), 3.1 (428), 3.26 (427), 4.2 (425); Herodot-Parodie: Aristophanes, Frieden V 497–556, General Lamachos: Aristophanes, Frieden V 566–568, 575–579, 1072–1226.

Epitaphios 431/0: 2.34–46; erster Epitaphios: Plutarch, Perikles 28, Will, Perikles 203–207; Unterstützung für Bauern: Plutarch, Perikles 34; Seefahrtmetapher: Plutarch, Perikles 33; Euripides-Zitate: Herakliden V 956 f., 182 f., 201 f. (Ebener); Will, Melos 32–34.

Pest: 2.47–53; Erdbeben, Hungersnot, Tsunami, Vulkanausbruch: 3.85.2, 3.87, 3.89, 3.116; Katastrophen (Zitat): 1.23.3 (Vretska); «ägyptische Mäuse»: Plinius, Naturalis Historia 8.132; Krankheitstheorie: Ps.-Hippokrates, Von der Umwelt 12.58; weitere Ereignisse im Sommer 430: 2.55–58; Zitat: 2.54.1 (Vretska). Zur Pest s. Schmitz 44–65, Will, Perikles 342 (mit einer These, die ich hier korrigiere).

Apollons Pest: Homer, Ilias 1.45–100; Opposition und Absetzung: 2.59, 2.65, Plutarch, Perikles 32, 34 f., Platon, Gorgias 515e, Diodor 12.45; Absetzungsverfahren: Aristoteles, Staat der Athener 43.4, 61.2; Würdigung des Perikles: 2.65.4–9 (Vretska).

MYTILENE UND PLATAIAI

Tötung von Gesandten und Kaufleuten: 2.67; Angriff auf den Piräus: 2.93 f.; Mytilene-Konflikt: 3.2–6, 3.8–18, 3.25, 3.27–50; private Ursache des Konflikts: Aristoteles, Politik 1304a; Abtrünnige: 3.9.1; Argumentation der Mytilener: 3.13; Alkidas mit dem Schwert: 3.32; Paches' Ende: Plutarch, Nikias 6, Aristeides 26; Heldenfrauen: Anthologia Graeca VII 614 (Beckby).
Das Ende Plataiais: 2.71–78, 3.20–24, 3.53–68; Unterdrückte im Seebund: 2.72.

BÜRGERKRIEG IN KERKYRA

Stasis und Polemos: Platon, Politeia 470c (Schleiermacher); Stasis in Kerkyra: 3.69–81, 4.46–48; Thukydides-Zitat: 3.81.5 (Vretska).

FELDHERR UND SOLDAT

Strategen: s. W. Schwahn, RE Suppl. VI, 1935, 1071–1081; Paches: 3.34.
Hopliten: s. Kromayer/Veith 47–52; Soldat Sokrates: Platon, Symposion 219e-221c, Apologie 28e, Diogenes Laertios 2.22–23, Plutarch, Moralia 581de, A. Patzer, Sokrates als Soldat. Geschichtlichkeit und Fiktion in der Sokratesüberlieferung, Antike und Abendland 45, 1999, 1–35; *Eisphorá* 3.19; Verluste an Hopliten: 2.58.3, 4.101.1, 5.11.2.

SCHLACHTEN IM WESTEN

Kampfverlauf: 3.94–102, 105–114; Flotten nach Kerkyra und Sizilien 3.80, 3.86; Katastrophen 3.89; Nikias gegen Melos 3.91; Gründung von Herakleia 3.92–93; Poseidon und Agesipolis: Xenophon 4.7.4; Athener gegen Leukas: 3.94–96; Niederlage bei Aigition: 3.97 f.
Demosthenes siegt über Ambrakioten: 3.105–109; Schlacht bei Idomene: 3.110–114.
Boten-Dialog: 3.113; Töten Wehrloser: 3.98, 3.112; athenische Verluste: 2.79, 4.101, 5.74; Hopliten: 3.98; Reaktion des Euripides: Gomme II 425; zum Boten-Dialog s. Will, Melos 129–123, Stahl, Thukydides129–139.

DIE WENDE

Unternehmen Pylos: 4.3–41; zum Bürgerkrieg in Kerkyra s. S. 67–74.
Kleon: Plutarch, Perikles 33, 35, Nikias 2, 7 f.; Hermippos-Zitat bei Plutarch, Perikles 33; Kleon Hellenotamias: IG I^2 297, Busolt, Hermes 25, 1890, 640–645; Kleon bei Thukydides: 3.36, 3.41, 3.47, 3.50, 4.21 f. u. a.; s. Will, Thukydides 68–75.
Verhandlungen: 4.17–23; Lage vor Pylos 4.26; Kommando für Kleon 4.27 f.
Kampf auf Sphakteria: 4.27–39; Caesars Schilde: Bellum Gallicum 1.25.3 f.; Eindruck in Griechenland, Anekdote: 4.40.
Aristophanes' *Ritter* ein Friedensstück: Hypothesis Frieden; Porträtmaske: Aristophanes, Ritter V 230 ff.; Charakteristik Kleons: Aristophanes, Ritter V 243 ff., 421 ff., Zitat: Aristophanes, Ritter V 1112–1119 (Seeger); Chor der Wolken: V 581 ff.; Diäten des Perikles: Aristoteles, Staat der Athener 27.3, Politik 1274a8–9; Kratinos' Weinflasche: Hypothesis Wolken 5; Diätenerhöhung Kleons: Scholion Aristophanes, Wespen 88, 300; s. Weinreich LXXIII–XCVII, Schmid, Griechische Literaturgeschichte I.4, 1946, 186–191, 231–280.
Kampf am Delion: 4.89–101; «Vögel zum Fraß»: Ilias 1.4–5; Kriegsmaschine: 4.100 (Landmann/Vretska).

DAS JAHR DES BRASIDAS

Brasidas: 4.70–74; Historikerschelte: Markellinos 26 f.; Hilfsgesuche aus dem Norden 4.80.1, 4.83.6; Helotenproblem und -lösung: 4.80.3–4 (Vretska).
Der lange Marsch: 4.78–88; Reden in Torone und Skione: 4.114, 4.120.
Thukydides und Brasidas: 4.103–108; Thukydides-Zitat: 4.108.4 (Vretska); Hannibal: Livius 28.12.
Reaktion auf Amphipolis: 4.109; Gnome: 4.109.4 (Vretska); Entscheidung im Norden: 4.110–131; Waffenstillstand: 4.117–119; Spartaner fürchten Brasidas' Erfolge: 4.117; Skiones Schicksal: 4.123, 5.32; Feldzug mit Perdikkas: 4.124–128; Rückeroberung von Mende: 4.130; Chrysis: 4.133.
Kampf um Amphipolis: 5.6–11; Tributerhöhung: IG I^3 71, Koch 317 ff.; Heros Brasidas 5.11; Thukydides' Urteil über Kleon und Brasidas: 5.16.1; Stößel und Mörser: Aristophanes, Frieden V 228–284; Suda s. v. *Archidámios Pólemos.*
Euripides' Bild von Menelaos: Andromache V 325, 336; Spartaner-Zitat: V 445–453 (Ebener).

FRIEDEN UND BÜNDNISSE

Gründe des Friedens: 5.12–17; Friedensvertrag: 5.18.
Zitate des Aristophanes: Landleute, Fragment 5 (Weinreich), Frieden V 296–298 (Seeger).
Vertragsumsetzung, Bündnis Athen-Sparta: 5.21–24; Bündniswirrwarr: 5.27–32, 5.35–47; Ausschluß von den Spielen: 5.48–50; Sparta in schlechtem Ruf: 5.28.2; Defensivbündnis: 5.23; Ephoren: 5.36.1; Bündnis Korinth-Argos: StV II 190; Bündnis Sparta-Boiotien: StV II 191; Verhandlungen Sparta-Argos: StV II 192; Bündnis Athen-Argos: StV II 193; betrogene Betrüger: 5.46.1.
Alkibiades: Plutarch, Nikias 10, Alkibiades 14; Alkibiades bei Thukydides: 5.43 (Vretska), 5.52.2, 5.53, 5.56.3, 6.15.2–4 (Charakteristik); Alkibiades in der Komödie: Aristophanes, Frösche V 1425; Alkibiades und Epidauros: 5.53–56; Lakonische Stele 5.56.

DIE SCHLACHT VON MANTINEIA

Krieg mit Argos: 5.57–77; Kriegsentschluß Spartas 5.57 (Vretska); athenisches Hilfskorps: 5.61; «schönstes Heer»: 5.60.3; «größte Schlacht» 5.74.1; Truppenstärke: 5.68; Waffenstillstand mit Argos: 5.57–59; Flußstau: Xenophon 5.2.4–7; «größte Überraschung: 5.66.2; Befehlsstruktur: 5.66.3–4; Ermutigungsreden: 5.69; Oboen: 5.70; Schlachtenbild: Xenophon, Anabasis 1.8.8–9, 17–18 (Müri); rechter Flügel: 5.71.1; Spartas Ruf 5.75.3; neue Bündnisse: StV II 194, 195.

DER LETZTE OSTRAKISMOS

Hyperbolos: 8.73, Aristophanes, Frieden V 681–684, 686–692, Scholion Aristophanes, Ritter 1304, Plutarch, Nikias 11 (Ziegler), Plutarch, Alkibiades 13, Plutarch, Aristeides 7, Platon, Hyperbolos, Fragment 203 (= Plutarch, Nikias 11.6); Ostrakismos: Philochoros FGrHist 328 F 30, Androtion FGrHist 324 F 6, Aristoteles, Staat der Athener 43.5, Diodor 11.55.1–3, Plutarch, Aristeides 2, 7.
Hilfe für Argos: 5.82, Defensivbündnis StV II 196, Argiver für Alkibiades: 6.29; Nikias: Plutarch, Nikias 11 (Ziegler).

MELOS

Gründung der Spartaner: 5.84.2; Angriff 426/5: 3.91; Tributstele: IG I[3] 71 I Z.65; Angriff 416: 5.84–116; Histiaia: 1.114.3; Aigina: 2.27.1; Torone: 5.3.4; Skione 5.32.1; Liste bei Xenophon 2.2.3; Aristophanes-Zitat: Vögel V 186 (Seeger); melischer Hunger: Suda s. v. *Limos Meliaios*. Zu Melos s. Will, Melos 25–30. Melier-Dialog 5.85–113; Retter Griechenlands: Herodot: 7.139.5. Zum Melier-Dialog s. Schadewaldt 301, J. Burckhardt, Griechische Kulturgeschichte I, Werke 19, München 2002, 225; ausführlich Will, Melos 98–112.
Zitat Andromache: Euripides, Troerinnen V 637 f.; «Barbarengreuel»: Euripides, Troerinnen V 764; Prolog: Euripides, Troerinnen V 95–97 (Ebener); Schicksal der Griechen: Euripides, Troerinnen V 374–383, 432; Talthybios' Schlußwort: Euripides, Troerinnen V 1284 f.; s. dazu G. Murray, Euripides und seine Zeit, Darmstadt 1957, 72–78, Latacz 333 f., S. Melchinger, Die Welt als Tragödie, II Euripides, München 1980 215–222, Will, Melos 34–40.

DIE SIZILISCHE DISKUSSION

Verträge mit Segesta und Leontinoi: StV II 139, 163; Athen und Sizilien: Plutarch, Alkibiades 17 (Ziegler); Friedenskongreß von Gela: 4.58–65; griechische Verwandte: 6.6.1.
Sizilien, Land und Leute: 6.1–6; Debatte 6.8–26; Versprechen der Segestaner: 6.6.2–3; vgl. 8.1–2; Antrieb des Demos: 6.24.2–4 (Vretska); Ausstattung der Flotte: 6.31; zur Debatte s. Will, Thukydides 115–123; Demokratie und Sizilien: M. I. Finley, Antike und moderne Demokratie, Stuttgart 1987, 25.

DER SOMMER DER UNGEWISSHEIT

Hermensturz: 6.27–29, 6.60, Plutarch, Alkibiades 18–21, Diodor 13.2.3, Philochoros FgrHist 328 F 133, Busolt 1287–1295, Rubel 192–204. Will, Melos 46 f.
Abfahrt: 6.30–32; Charakteristik des Unternehmens: 6.31.6; Gebete und Trankopfer: 6.31 f.; Frachtschiffe: 6.44.1.
Hexenjagd: 6.60 f., Andokides, Mysterien-Rede passim, Plutarch, Alkibiades 20 f., Busolt 1308 f., Rubel 199 f., Will, Melos 51–54.
Abrechnung: 6.61, 6.65, Andokides, Mysterien-Rede 12–18, 35, 67 u. passim, Plutarch, Alkibiades 18–21, Attische Stelen: IG I[3] 421–430, HGIÜ I 123, Will, Melos 55–58.

BELAGERER UND BELAGERTE

Überfahrt: 6.43–46; Strategie-Diskussion: 6.47–49; Mut der Syrakusaner: 6.63.2; Rückberufung des Alkibiades 6.53 (Weißenberger/Vretska); Verrat der Pläne 6.74; erste Aktionen in Sizilien: 6.50–52, 6.62.

Lage in Syrakus, Reden des Hermokrates und Athenagoras 6.32–41; erste Kämpfe 6.63–71; Rückzug der Athener 6.73–74; zu Syrakus s. M. I. Finley, das antike Sizilien, München 1979, 93, 97 f.

Reden im Winter 415/14: 6.76–80, 6.82–87, 6.89–92; Entscheidung der Kamariner 6.88.1–2; Alkibiades-Rede in Sparta: 6.89–92.

1. Siegeszeichen: 6.94; 2. Siegeszeichen: 6.97; 3. Siegeszeichen: 6.98; 4. Siegeszeichen 6.100; 5. Siegeszeichen 6.103; «Alles nach Wunsch»: 6.103.2.

Gylippos: 6.93.2–3, 6.104, 7.1–7, Plutarch, Nikias 19; Mitleid: 7.81.1; Reden des Gylippos: 7.5.3–4, 7.21.2, 7.66–68, s. Will, Thukydides 22–25.

Brief des Nikias: 6.10–15; Wesen des Demos 7.14.4, Vorverweis auf Geschehen: 7.48.3–4, s. Will, Thukydides 94.

DIE ENTSCHEIDUNG

Verstärkungen nach Sizilien: 7.16 f., 7.20, 7.26, 7.31, 7.33, 7.35, 7.42; Truppenzahlen s. Busolt 1370; Bericht des Philistos: Plutarch, Nikias 21; Plemmyrion 7.22–24; Umrüstung der Schiffe 7.36; Nachtangriff 7.43–46, Zitat: 7.44.4–8 (Vretska); Rat des Demosthenes: 7.47; Reden im Feldherrenkollegium 7.47–49; Faden der Demokratiekritik: 7.14; Thukydides über Nikias: 7.50.3–4; Thukydides zur «Propheterei»:5.103.2 (Vretska); Zuversicht der Syrakusaner: 7.56; Niederlage des Eurymedon: 7.52.

Schiffskatalog: 7.55–59, vgl. Homer Ilias 2.494–759; Rede des Nikias: 7.61–64; Rede des Gylippos: 7.65–68; Nikias' Schlußrede: 7.69.2 (Vretska); Niederlage im Großen Hafen: 7.69–71; Fußtruppen an Land: 7.71.

Abzug des Heeres: 7.72–81; Situation des Heeres: 7.75.3–4 (Vretska); Kapitulation: 7.82–85.

Hinrichtung der Feldherren und Steinbrüche: 7.86 f.; Nikias-Epitaph 7.86.5; *Panolethria* 7.87.5, Herodot 2.120; die Nachricht in Athen: 8.1.

Euripides: Plutarch, Nikias 17.4, 29, Will, Melos 40 f.

ATHEN IM ZWEIFRONTENKRIEG

Befestigung von Dekeleia: 7.19; Selbstvertrauen der Spartaner: 7.18.2; Bruch des Friedensvertrages: 6.105; Achillesferse Dekeleia: 6.91.6.

Von Händlern freier Ort: Aristophanes, Vögel V 44, 121; Salaminia: Aristophanes, Vögel V 147; *Nefelokokkygía*: Aristophanes, Vögel V 819, 821, 917, 963, 1023, 1565; Nikias-Nickerei: Aristophanes, Vögel V 640; *Monótropos*-Zitate bei Weinreich 729, F18–20.

Timon: Phrynichos F 19 (*Monótropos*), Aristophanes, Vögel V 1547–49, Aristophanes, Lysistrate V 803 ff., Neanthes von Kyzikos, FGrHist 84 F 16, Lysias Rede 47 (Fr.), Suda, s. v. Timon, Athenaios 7.309d (Antiphanes), Anthologia Graeca VII 313–320, 577, Plutarch, Antonius 69–70, Lukian, Timon; *Timoneion*: Strabon 17.1.9; zu Timon s. J. Irmscher, Timon von Athen, der Menschenfeind, in: L. Belloni et al., Studia Classica, 1995, 1029–1033; *Lakonistaí*: Plutarch, Phokion 10, Platon, Protagoras 342bc, Demosthenes 54.34, Aristophanes Vögel, V 1281 ff., Aristophanes, Wespen V 474 ff., Timaios FGrHist 566 F 140.

Die Lage 413: 8.2; Lob der Athener: 7.28; Kritik der Spartaner: 8.96; Philonikia: 7.28.3 (Vretska); Pathologie: 3.82; Gewinnsucht der Politiker: 2.65.7, Will, Melos 85 f.

KRIEG UNTER NEUEN VORZEICHEN

Tod des Thukydides: Didymos und Zopyros bei Markellinos 32, Plutarch, Kimon 4.3, Luschnat, RE Suppl. XII, 1970, 1105. Die Moderne fand auch noch einen Mörder: s. L. Canfora, Die verlorene Geschichte des Thukydides, Berlin 1990, 91 ff.

Mykalessos: 7.29–30 (Vretska), *Bellum se ipsum alet*: Livius 34.9.12, Pausanias 1.23.3–4, Will, Melos 78–87.

Thukydides über die Neutralen: 8.2.1; über den Zorn: Xenophon 5.3.7; neue Abgaben: Thuk. 7.28.4, s. Welwei, Athen 213, Kagan, Fall 8; Abfall von Chios, Methymna und Milet: 8.5–11, 8.14–17, 8.22–26, 8.30–34, 8.38–43; Abfall von Rhodos 8.44; Abfall Euboias: 8.95 f.; Thukydides über Chios: 8.24.4; zweckgebundene Reserven 2.24.1; Unentschlossenheit der Lakedaimonier: 1.68–71 (Rede der Korinther); 8.96 (Rinner).

Drei Verträge: StV II 200, 201, 292 (Thukydides 8.18, 8.37, 8.58); Schiffe aus Sizilien: 8.26.1; Schiffe der peloponnesischen Verbündeten: 8.3; Verschwinden des Therimenes: 8.38; Erklärung des Kallikratidas: Xenophon 1.6.7; Besitz des Großkönigs: 8.18; Unterhalt durch Großkönig: 8.3; 3. Vertrag: 8.58.

DER STAATSSTREICH

Ende der Demokratie und Zerfall der Oligarchie: 8.52–54, 8.63–98; Alkibiades, Sparta und Kleinasien: 8.6, 8.11 f., 8.14, 8.17, 8.26; Mordplan der Spartaner: 8.45, Plutarch, Alkibiades 24; Alkibiades bei Tissaphernes: 8.47.1 (Rinner); Alkibiades' Eigeninteresse: 8.48.4; Schmähwort Ciceros, De legibus 3.20; Demos hält still: 8.48.3.

Umsturz in Samos: 8.21; Kamele des Großkönigs: Demosthenes 14.27; Alkibiades in Sparta: 6.89–92; *Anoía*: 6.89.6

Phrynichos: 8.25, 8.27.5 (Rinner); Adelskritik: 8.48.6 (Rinner); der schöne Schein der neuen Ordnung: 8.66.1; Peisandros: 8.53 f.

Terror der Oligarchen, Kritik des Thukydides: 8.66 (Rinner); Lob einzelner «Putschisten»: 8.68; Theramenes: Xenophon 1.3; Sturz der Demokratie bei Aristoteles: Staat der Athener 29–33.

Scheitern der Gesandtschaft: 8.56; Zusammenschluß der Verschwörer 8.63; Pläne der Verschwörer: 8.67, Aristoteles, Staat der Athener 29–32; Kollektiv-Tyrannis: Bleckmann 2007, 92; «niemandem untertan»: 8.68.4; Entlassung des Rats: 69.1–70.1; Verhalten der Verbündeten, Kommentar des Thukydides: 8.64.5.

Putsch in Samos: 8.73; «Knüppel des Volkes»: Aristoteles, Rhetorik 3.10, Auseinandersetzung in Samos: 8.76.1; Bett des Tissaphernes: 8.81.3; Thron des Kyros: Xenophon 1.5.3; Alkibiades schreckt beide Seiten: 8.82.2; Rechtfertigung der «Wenigen»: 8.72; Lob des Thukydides: 8.86 (Rinner); dazu: Plutarch, Alkibiades 26 (Ziegler).

Botschaft des Alkibiades: 8.86.5–6; Lob des Thukydides: 8.97.2 (Rinner); Phrynichos: 8.92.2, Lysias, Gegen Agoratos 70–76, Lykurg, Gegen Leokrates 113; Ende der Stasis: 8.98.4.

DER BEGINN DES SEEKRIEGES

Hölzerne Mauern: Herodot 7.141–144; Seeschlacht bei Patras: 2.84; Fahrt des Mindaros: 8.101; Mahlzeiten an Land: Xenophon 6.2.27–30. Zur Triere s. L. Casson, Die Seefahrer der Antike, München 1979, 144–169, A. Köster, Das antike Seewesen, Berlin 1923, 111–142, Bleckmann 2007, 45–49, und insbesondere hier J. S. Morrison, J. F., Coates, Die athenische Triere, Mainz 1990, 19–209.

Agis über Getreidezufuhr: Xenophon 1.1.35; Abfall von Byzanz: 8.80.3; Mindaros am Hellespont: 8.99–103; Siegesnachricht von Kynossema: 8.106.5 (Rinner); Kyzikos: Xenophon 1.1.11–22; Nachricht an Sparta: Xenophon 1.1.23.

Psephisma des Demophantos: Andokides, Mysterienrede 96–98 (K. Geus); Diobolie: Aristoteles, Staat der Athener 28.3, s. Bleckmann 1998, 387–442, St. Podes, Zur Problematik der Diobolie und Obolos-Zahlungen, Grazer Beiträge 18,1992, 35–45, Welwei 1999, 231.

ALKIBIADES

Alkibiades' Rückkehr: Xenophon 1.4.8–23; Zollstation: Xenophon: 1.1.22; Meinungen über Alkibiades: Xenophon 1.3.13–17, Diodor 13.68.4; zu Alkibiades s. Heftner 117 ff.

Lysander: Nepos, Lysander passim, Plutarch, Lysander 7 (Dictum), Comparatio 5; Lysander bei Kyros: Xenophon 1.5.1–10; Schlacht bei Notion 1.5.11–14; neue Strategen: 1.5.15–17; Kritik an Alkibiades: Plutarch, Alkibiades 36; Aristophanes über Alkibiades: Frösche V 1425.

DIE ARGINUSEN

Lysander und Kallikratidas: Xenophon 1.6.1–13; Kallikratidas: Diodor 13.76.2; Krieg auf Lesbos: Xenophon 1.6.13–23; Rüstung der Athener: Xenophon 1.6.24 f., Aristophanes, Frösche V 720, Philochoros FgrHist 328 F 141.

Schlacht: Xenophon 1.6.26–38.

Der Prozeß: Xenophon 1.7.1–35; Epitaphios des Thukydides: 2.43.-46.1; Reaktion auf Verlustmeldungen in Sparta: Xenophon IV.5.10; Vorbeschluß des Rates: Xenophon 1.7.9 f. (Verf.).

Diodor-Bericht: 13.102; Chabrias rettet Schiffbrüchige: Diodor: 15.35.1; zum Arginusenprozeß s. L. Burckhardt, Eine Demokratie wohl, aber kein Rechtsstaat? Der Arginusenprozeß des Jahres 406 v. Chr., in: ders., v. Ungern-Sternberg 2000, 128–143, G. Németh, Der Arginusen-Prozeß. Die Geschichte eines politischen Justizmordes, Klio 66, 1984, 51–57, A. Mehl. Für eine neue Bewertung eines Justizskandals, ZRG 99, 1982, 32–80, W. v. Wedel, Die politischen Prozesse im Athen des fünften Jahrhunderts, Bullettino dell' Instituto di Diritto romano 74, 1971, 107–188 (hier: 158–172), Busolt 1597–1609, Bleckmann 1998, 509–569.

DIE KAPITULATION

Die Schilfrohrverschwörung: Xenophon 2.1; Miletmassaker: Plutarch, Lysander 8, Diodor 13.104; Friedenswünsche nach Kyzikos: Diodor 13.52 f., Philochoros FgrHist 328 F 139; Kleophon: Diodor 13.53.2, Aristoteles, Staat der Athener 34.1, Xenophon 2.2.15; Philokles: Xenophon 2.1.31 f.
Lysander verweigert Schlacht: Xenophon 2.17–24; Alkibiades: 2.1.25 f.; Schlacht: 2.1.27–29, Plutarch, Lysander 9–12; Behandlung der Gefangenen: Xenophon 2.1.30–32; Statuengruppe in Delphi: HGIÜ I 151; der Sieger bestimmt: Xenophon 2.1.32 (Handschrift D, Parisinus 1642).
Die Nachricht: Xenophon 2.2.3 (Verf.); Versöhnung: Aristophanes, Frösche V 687–692 (Seeger); Spitzname des Patrokleides: Scholion Aristophanes Vögel 790; Dekret des Patrokleides: Andokides 1.27–29, s. Bleckmann 1998, 612; Kleophon: Aischines 2.76, Lysias 13.8, 13.12, 30.9–14.
Lysander nach dem Sieg: Xenophon 2.2.1–9, Plutarch, Lysander 11–13; Harmosten: Xenophon: 1.1.32, 1.2.18, 1.3.5, 1.3.15, 2.3.14; Ehrungen für Athener: Isokrates 18.59–61; Zitat des Theopomp: Plutarch, Lysander 13 (Ziegler), Bürgerrecht für Samier: HGIÜ I 153.
Belagerung Athens: Xenophon 2.2.10–21, Plutarch, Lysander 15; Friedensbedingungen: StV II 211; Anfang der Freiheit: Xenophon 2.2.23.

ENDE UND ANFANG

Herrschaft der Dreißig: Xenophon 2.3.11–22; Widerstand gegen oligarchische Bestrebungen: Lysias 13.13–34; Lysander in Samos: Xenophon 2.3.6 f.; Theramenes, Führer der Adligen: Aristoteles, Staat der Athener 34.3; *Lysándrou Katálogos:* Isokrates 18.16, 21.2; Schauprozeß: Lysias 13.35–39; Sykophanten: Xenophon 2.3.12; spartanische Besatzung: Xenophon 2.3.13; Hinrichtungswelle: Xenophon 2.3.21; Metoikenmorde: Xenophon 2.3.40; Theramenes: Xenophon 2.3.23–56. Zu den Dreißig s. Th. Lenschau, RE, VIA, 1937, 2355–2377.
Rückkehr zur Demokratie: Xenophon 3.4.1–42; Beschlagnahmungen: Isokrates 7.67; Eleusinier: Xenophon 2.4.8–10; Gesamtzahl der Hinrichtungen: Lysias nach dem Scholion zu Aischines 3.235, Isokrates 12.67, 20.11, s. Lehmann 53, Németh 141; Zehnmänner-Gremium: Xenophon 2.4.23; versöhnliches Ende: Xenophon 2.4.43.
Schwur der Athener: Andokides 1.90, Xenophon 2.4.43; Kommentar Xenophons: 3.1.4; Kommentar Platons: 325e f.; Obolen in der Volksversammlung:

Aristophanes, Ploutos V 329 f.; zu den demokratischen Reformen s. Hansen 145 f., 155, 167–180; Stahl, Gesellschaft 96, Welwei 1999, 258–264, Haßkamp 49–62.

DIE DEMOKRATIE UND IHRE FEINDE

Elfte Verfassungsänderung: Aristoteles, Staat der Athener 41.2 (Chambers); Verleumdung der *Polloí*: Platon, Apologie 16.
Platon, Charmides, Kritias: Platon, Charmides 155a; Salaminier Leon: Platon, Apologie 20 (Fuhrmann); «überließ Tat anderen»: vgl. P. Hacks, Werke 1, Berlin 2003, 137 f.; Liebesleben des Kritias: Xenophon, Memorabilia 1.2.30; Kritik der Ämter: Xenophon, Memorabilia 1.2.9. Der Vorwurf, Kritias sei ein schlechter Hirte, den Sokrates nach Xenophon «irgendwo» erhoben haben soll, ist eine offenkundige Erfindung des späten Xenophon (Memorabilia 1.2.32); *Patrios Politeia*: Aristoteles, Staat der Athener 34.3.
Anklageschrift: Diogenes Laertios 2.40 (Apelt); alte Vorwürfe (Aristophanes): Platon, Apologie 2; Anklageschrift: Platon, Apologie 11; Aischines über Sokrates: 1.173; zum Sokrates-Prozeß s. P. Scholz, Der Prozeß gegen Sokrates. Ein ‹Sündenfall› der athenischen Demokratie, in: Burckhardt/v. Ungern-Sternberg 2000, 157–173, Stone 1 ff., J. Malitz, Sokrates im Athen der Nachkriegszeit (404–399 v. Chr.), in: Sokrates. Geschichte, Legende, Spiegelungen. Sokrates-Studien II. Hrsg. von H. Kessler, Kusterdingen 1995 11–38, Welwei 1999, 256 f., M. I. Finley, Sokrates und die Folgen, in: ders., Antike und moderne Demokratie, Stuttgart 1980, 76–117; zum Prozeßwesen s. insbesondere R. Flacelière, Griechenland. Leben und Kultur in klassischer Zeit, Stuttgart 1977, 314–324, G. Thür, Das Gerichtswesen Athens im 4. Jahrhundert v. Chr., in: Burckhardt/v. Ungern-Sternberg 2000, 30–49 (hier: 42–46), K.-W. Welwei, Die Entwicklung des Gerichtswesens im antiken Athen, in: Burckhardt/v. Ungern-Sternberg 2000, 15–29.

UNORDNUNG UND VERWIRRUNG

Neid auf Lysander: Xenophon 2.4.28–30; Verschwörung des Kinadon: Xenophon 3.3.4–11; Schadenfreude der Mantineer: Xenophon 4.5.18; Schlacht am Nemeabach: Xenophon 4.2.9–23; Schlacht bei Koroneia: Xenophon 4.3.15–23; Schlacht bei Knidos: Xenophon 4.3.10–12; Königsfriede: Xenophon 5.1.29–31 (Verf.); Beurteilung des Königsfriedens: H. Bengtson, Griechische Geschichte,

[5]1977, 271; Olynth: Xenophon 5.2.37–5.3.9, 5.3.26; Zweiter Seebund: StV II 257; Wende: Xenophon 5.4.1–12; Leuktra: Xenophon 6.5.1–6.5.52; Messenier: Xenophon 7.1.36; Mantineia: Xenophon 7.5.18–26; Arkader und Heraier: Xenophon 6.5.22; Lakedaimonier und Argiver: Xenophon 4.4.19; Lakedaimonier und Olynthier: Xenophon 5.3.3; «Haufen von Leichen»: Xenophon 4.4.11–12; Tod an den Altären: Xenophon 4.4.2–4; Tod in Tegea: Xenophon 6.4.6–9; «Unordnung und Verwirrung»: Xenophon 7.5.26.

DER KITT DER DEMOKRATIE

«Kitt der Demokratie»: Plutarch, Moralia 1011B; zur attischen Demokratie s. vor allem Hansen passim; Kosten: Hansen 155, 195; zu den Bundesgenossen und dem Aufleben des athenischen Imperialismus s. Mossé 52 ff. und bes. 60.

Redner und Strategen: Hansen 278–280; *Theoriká*: Hansen 100, 273, Leppin 559 f. Rohde passim.

Vertrag mit Philipp: StV III 402, 403; Lykurgische Ära: Engels, Leokratea 13–28; zum Programm s. Engels, Lykurg 5–29, Hansen 165, 274, 312; Gelder Lykurgs: vgl. Plut. mor. 852B; Will, Athen 78 f. Engels, Leokratea 21; Kultbelange: Will, Athen 77–100, 136, Will, Alexander 101–107, Mitchel 163–214, Hintzen-Bohlen. 1 ff.; Privathäuser – öffentliche Bauten: Demosthenes 3.29; Kapitulation Athens: Antipater: StV III 415; Demokratie nach 322: Habicht 53–153.

GLOSSAR

Agorá	Marktplatz
Aitía	Beschuldigung, «Anlaß»
Akmé	Blütezeit
Antilogía	Gegenrede
Aparché	Erstlingsgabe; ein Sechzigstel des Phóros, das der Göttin Athena zustand
Apella	Volksversammlung in Sparta
Apocheirotonía	Abstimmung in der Volksversammlung, durch die ein Feldherr (oder ein anderer Beamter) vorläufig seines Amtes enthoben werden konnte
Archaí	Beamte der athenischen Demokratie
Arché	Herrschaft, Reich
Árchon	Oberbeamter; in Athen gab es neun. Nach dem Archon *epónymos* (namengebend) wurde das Jahr benannt
Areiopag	Staatsgerichtshof; der aus ehemaligen Archonten gebildet wurde
Asébeia	Gottlosigkeit
Átimos	Person, die mit Ehrverlust (Atimía) bestraft wird
Atthidograph	Verfasser einer Geschichte Athens (Atthís)
Boiotarchen	7 bis 11 Beamte, die den Boiotischen Bund leiteten
Boulé	Rat der 500 in Athen: vorberatende Behörde für die Volksversammlung
Bouleuten	Mitglieder der Boulé, jährlich gewählt, später gelost
Bouleutérion	Gebäude, in dem der Rat der 500 tagte
Choínikes	Kornmaß; Sing. Choînix (etwa 1,1 l); entspricht etwa dem Tagesbedarf
Chorege	Bürger, der Schauspieler und Chor während des Einstudierens eines Dramas bezahlte
Choregie	Freiwillige Finanzierung eines dramatischen oder lyrischen Chores
Chresmologe	Orakeldeuter

Dekadarchía	Zehnmännerherrschaft
Dêmos	Volk; Gesamtheit der Bürger; Volk als Gegensatz der Aristokratie; beschlußfassende Mehrheit in der Athener Volksversammlung; Verwaltungseinheit in Attika. Als Demotikon war der Demos, aus dem ein Athener stammte, Bestandteil des Namens
Diaphoraí	Streitpunkte
Dionysien	Fest zu Ehren des Gottes Dionysios; die Großen Dionysien fanden im Februar/März statt
Drachme	Währungseinheit Athens; 1 Drachme = 6 Obolen, 1000 Drachmen = 1 Talent
Eisangelía	Anzeige in der Volksversammlung
Eisphorá	Vermögenssteuer
Ekklesía	Volksversammlung in Athen
Ekklesiazusen	Frauen in der Volksversammlung
Enomotía	Kleinste Heereseinheit der Spartaner; eine Móra umfaßte im 4. Jhdt. 16 Enomotien. Eine Enomotía zählte zwischen 32 und 36 Mann
Epheben	Junge Männer, die ab dem 18. Lebensjahr eine zweijährige staatliche Ausbildung absolvierten
Ephoren	Im 4. Jhdt. die fünf höchsten Jahresbeamten in Sparta
Epimachie	Schutzbündnis (defensiv)
Epistoleús	Unteradmiral in Sparta
Harmosten	Von Sparta eingesetzte Statthalter einer eroberten oder von Sparta abhängigen Polis
Hegemonie	Vorherrschaft
Hegemón	Führer, Herrscher, Gebieter
Hellenotamíai	Zehn attische Beamte, die die Tribute der Bündner verwalteten
Heloten	Staatssklaven in Sparta; unterworfene Bevölkerung Lakoniens und Messeniens
Hetäre	Gefährtin» (*Hetaíra*): euphemistisch für Prostituierte
Hetairie	Gesellschaft; Verein; Klub mit politischen Zielen, in Athen meist Verfechter einer Oligarchie
Hippeîs	Ritter; seit Solons Reformen Angehörige der zweithöchsten Klasse
Hopliten	Schwerbewaffnete Fußsoldaten
Hýbris	Selbstüberschätzung des Menschen
Hypomosía	Einspruch gegen die Gültigkeit einer Abstimmung
Isonomie	«Rechtsgleichheit»; Synonym für Demokratie

Kairós Richtiger Zeitpunkt einer Entscheidung
Kleruchie Athenische Kolonie
Kotýle Becher (Hohlmaß: 0,27 l)
Krypteía Militärische Ausbildung der Jugend in Sparta; u. a. Überwachung der Heloten
Lakedaimonier Offizielle Bezeichnung für Spartaner und Perioiken
Leiturgie Dienstleistung des Bürgers für den Staat
Lenaien Dionysosfest im Januar/Februar
Lochagós Hauptmann; Führer eines Lóchos
Lóchos Heeresabteilung in Sparta. Eine Móra umfaßte im 4. Jhdt. zwei Lóchoi
Lógos, oi Rede(n)
Medismós Parteinahme für die Perser, Vorwurf des Verrats an die Perser
Metoike «Mitbewohner»; Fremder mit dem Status eines Freien, der in Athen arbeitete, Steuern bezahlte, aber kein Bürgerrecht besaß
Metoíkion Metoikensteuer in Höhe von 12 Drachmen jährlich
Móra Spartanisches Regiment; im 4. Jhdt. besaß Sparta 6 Mórai; die Móra umfaßte zu dieser Zeit 2 Lóchoi oder 8 Pentekostyen oder 16 Enomotien
Nauarch Kommandeur der spartanischen Flotte
Némesis Strafe der Götter (für menschliche Hybris)
Neodamoden Freigelassene Heloten, die zum Kriegsdienst herangezogen wurden
Nómos Gesetz (im Gegensatz zum Psephisma mit unbegrenzter Geltungsdauer)
Nomothesie Gesetzgebungsverfahren
Nomotheten Gesetzgebender Ausschuß von 1000, aus der Geschworenenliste gelosten Bürgern
Obole Währungseinheit; 6 Obolen = 1 Drachme
Ostrakismós Scherbengericht
Paián Schlachtgesang
Panathenaien Hauptfest Athens zu Ehren der Stadtgöttin
Párodos, oi Seiteneingang des Theaters
Peisistratiden Söhne bzw. Anhänger des Tyrannen Peisistratos
Peltasten Leichtbewaffnete
Pentekontaetie «50 Jahre»; Zeit zwischen den Perserkriegen und dem Peloponnesischen Krieg
Pentekostyen Spartanische Heeresabteilung; eine Móra umfaßte im 4. Jhdt. 8 Pentekostyen

Perioiken	Umwohner Spartas in den Berg- und Küstenregionen Lakoniens. Sie hatten eingeschränkte politische Rechte, leisteten aber Heeresfolge
Philonikía	Siegesbegier, Streitsucht
Phóros, oi	Beitrag (Tribut) der Bundesmitglieder im 1. Attischen Seebund
Phratrie	Bruderschaft; Unterabteilung der Phyle
Phyle	«Stamm»; in Athen seit 508/7 eine von 10 Unterabteilungen der Bürgerschaft, die eine militärische Einheit stellte und 50 Ratsherren in die Boulé entsandte
Pleonexía	Mehrhabenwollen
Polemarch	Im Sparta des 4. Jhdt.s. Anführer einer Móra; in Athen bis in die Anfänge des 5. Jhdt.s. der oberste Heerführer
Pólemos	Krieg
Poleten	Beamte, die Verpachtung staatlichen Landes, von Steuern und Minenkonzessionen überwachten
Poliorkinetik	Belagerungstechnik
Pólis, eis	Stadt; Staat
Pnýx	Hügel Athens, auf dem die Volksversammlung tagte
Proboúleuma	Vorbeschluß des Rates für die Volksversammlung
Próhedroi	Gremium von neun Männern, die den Vorsitz in Rat und Ekklesia führten
Próphasis	(«Tieferer») Grund
Propyläen	Torgebäude der Akropolis
Própylon, a	Vorhalle
Próxenos	Gastfreund; er diente in seiner Stadt befreundeten Bürgern anderer Städte
Prytaneîon	Amtshaus der Prytanen
Prytanen	Geschäftsführende Mitglieder der Boulé: für jeweils ein Zehntel des Jahres je 50 Bouleuten aus einer der zehn Phylen
Prytanie	Amtsdauer der Prytanen (35/36 Tage)
Pséphisma, -ta	Beschluß (der Volksversammlung)
Rat	Siehe Boulé
Ritter	Siehe Hippeîs
Satrap	Statthalter des Großkönigs
Skytále	Von einem Papyrusband spiralförmig umwickelter Stab, der in Sparta zur Übermittlung von Geheimbotschaften diente
Stásis, eis	Bürgerkrieg, Aufruhr, Bürgerkriegspartei
Stéle, ai	Säule, Pfeiler
Statér	Goldmünze im Wert von 24 Drachmen

Stoá	Säulenhalle
Strategen	Die 10 Strategoí waren die höchsten Militärbeamten Athens; sie wurden für ein Jahr gewählt
Stratiotiká	Kriegsgelder, Kriegskasse
Sykophanten	Denunziaten; private Ankläger in Athen, die mit (falschen) Anklagen oder der bloßen Drohung mit solchen Geld erpreßten
Symmachie	Bündnis
Sýmmachos, oi	Verbündeter
Synhédrion	Beratende Versammlung des 1. Attischen Seebundes
Sýntaxis	Beitrag für die Bundeskasse im 2. Attischen Seebund
Talent	Währungseinheit: 1 Talent = 6000 Drachmen
Tamías	Finanzbeamter
Taxiarch	Unterfeldherr; in Athen Führer der Hopliten
Táxis	In Athen das Hoplitenkontingent einer Phyle
Téle	Zoll, Steuern (Sing. Télos)
Theoriká	Schaugelder; Gelder, die im 4. Jahrhundert an die Besucher der Theateraufführungen gezahlt wurden
Theten	Seit der Reform Solons die vierte Vermögensklasse
Trierarch	Kapitän einer Triere
Triere	Dreiruderer

Terminologischer Hinweis: Während die Athener nur unter ihrem klassischen Ethnikon firmieren, erscheint ihr Gegenpart hier unter drei Namen (Spartaner, Lakedaimonier und Peloponnesier), die synonym für die Kriegsmacht Sparta stehen. Schon die historiographischen Quellen haben dies im Unterschied zu den inschriftlichen selten getrennt, obwohl die Bezeichnung «Spartaner» eigentlich nur die kleine Zahl der Vollbürger umfaßt, während die Lakedaimonier staatsrechtlich von den Spartanern sowie den Umwohnern, den Perioiken, gebildet werden. Von «Peloponnesiern» ist bei Thukydides die Rede, wenn zusätzlich noch die Verbündeten Spartas beteiligt sind.

Ein größeres Problem stellt die begriffliche Unterscheidung der Bürgerkriegsparteien in den Städten dar. Auf der einen Seite stehen die Aristokraten bzw. Oligarchen, auf der anderen Seite die Mehrzahl der Bürger. In den Quellen figurieren die einen als *Áristoi*, *Béltistoi* oder *Krátistoi* (die Besten) oder einfach *Olígoi* (die Wenigen), die anderen als *Polloí*, *Pleíones* (die Vielen, die Mehrzahl) oder als *Dêmos* (das Volk). Während Rom zwischen den einfachen Bürgern, der Plebs, und dem Gesamtvolk einschließlich der Adligen, dem Populus, trennte, beschreibt Demos das Volk sowohl mit als auch ohne Adel. Um Verwirrungen zu vermeiden, wird Demos hier nur in letzterem Sinne verwendet.

Einer notwendigen Vereinfachung geschuldet, ist im folgenden die Gleichsetzung von Aristokraten und Oligarchen als der einen Seite des Bürgerkriegs, wie sie sich auch schon in der antiken Historiographie findet. Auch wenn beide in den allermeisten Fällen die Verachtung des nichtadeligen Volkes teilten, so konnte ihr Verhältnis zur Demokratie durchaus unterschiedlich sein. Nicht jeder Aristokrat war Befürworter einer Oligarchie, nicht jeder Oligarch ein Aristokrat. Um sich als Oligarch zu fühlen, genügte es, Geld und Einfluß zu besitzen, Abstammung war dann zweitrangig. Gleichzeitig gab es Adlige, die die wirtschaftlichen Vorteile der Demokratie für sich erkannten. Einige – wie Perikles – nutzten dies zum persönlichen Aufstieg.

Die zeitgenössische Geschichtsschreibung, von Herodot über Thukydides bis Xenophon, unterschied dabei nicht zwischen Aristokratie und Oligarchie als Herrschaftsform. Die Vorstellung vom Verfassungskreislauf, in dem die letztere als eine Entartung der ersteren gilt, kam erst später auf. Was als «Oligarchie» bezeichnet wurde, umfaßte ein großes Spektrum. Der Begriff läßt sich sowohl auf das Zehnmänner-Regime der spartanischen Harmosten wie auch die Tyrannis der Dreißig oder die Regierung der Fünftausend in Athen anwenden. Im 4. Jhdt. begannen sich Gruppen unabhängig von ihrer Größe als «oligarchisch» oder «demokratisch» zu bezeichnen, ein austauschbares Etikett für Machtinteressen. So glaubten sich nach einem Bericht Xenophons vom Bürgerkrieg in Korinth die Adligen, also «die Wenigen», gegenüber den «Vielen» in der Mehrheit.

CHRONOLOGIE

481–79	Invasion der Perser in Griechenland
479–431	Pentekontaetie: 50jährige Friedensperiode
451/0	Bürgerrechtsgesetz des Perikles.
449	Frieden des Kallias (?)
448	Einladung zum panhellenischen Kongreß in Athen (?)
448/7	Gründung athenischer Kolonien auf Euboia, Naxos und Andros
446	Abfall Euboias und Megaras
446/5	Einfall Spartas in Attika. Unterwerfung Euboias. Dreißigjähriger Frieden (Winter)
445	Bau der Mittleren (Südlichen) Mauer
444	Panhellenische Kolonie in Thurioi
441/0	Krieg Athens mit Samos. Aufstand in Byzanz
439	Unterwerfung von Samos (Frühjahr)
437	Gründung von Amphipolis
435	Seeschlacht bei Leukimme. Kapitulation von Epidamnos
433	Epimachie Athen-Kerkyra. Schlacht bei den Sybota-Inseln
433/2	Forderungen Athens an Poteidaia
432	Schlacht bei Poteidaia. Prozesse gegen Anaxagoras und Phidias. Megarisches Psephisma
431	Thebanischer Überfall auf Plataiai. Rüstungen der Kriegsgegner. Einfall des Archidamos in Attika. Athenische Flottenfahrt zur Peloponnes. Vertreibung der Aigineten
430	Zweiter Einfall der Peloponnesier. Die Pest in Athen. Neue Fahrt zur Peloponnes Heerfahrt nach Poteidaia. Absetzung des Perikles
429	Fall von Poteidaia. Tod des Perikles. Seesieg des Phormion
428	Dritter Einfall der Peloponnesier. Abfall von Mytilene (Winter). Ausbruch der Belagerten aus Plataiai. Salaithos in Mytilene
427	Vierter Einfall der Peloponnesier. Mytilene kapituliert. Athenisches Strafgericht über Mytilene. Plataiai kapituliert. Spartanisches Strafgericht über Plataiai. Unruhen in Kerkyra

426 Naturkatastrophen in Griechenland. Spartaner gründen Herakleia Trachis. Kämpfe in Westgriechenland (Winter)
425 Fünfter Einfall der Peloponnesier. Kämpfe vor Pylos. Spartaner auf Sphakteria. Ende des Bürgerkriegs auf Kerkyra
424–404 Dareios II.
424 Sizilischer Friedenskongreß in Gela. Brasidas nach Thrakien. Athenische Niederlage am Delion (Winter). Verlust von Amphipolis. Rettung von Eion durch Thukydides (Winter)
423 Einjähriger Waffenstillstand
422 Kleon und Brasidas fallen vor Amphipolis
421 Friede des Nikias (April). Defensivbündnis zwischen Athen und Sparta
418 Schlacht bei Mantineia
417 Ostrakismos des Hyperbolos (?)
416 Athenischer Überfall auf Melos
415 Beratung der Volksversammlung über Sizilienfahrt. Hermenfrevel. Ausfahrt der Flotte. Abberufung des Alkibiades. Erste Kämpfe vor Syrakus
414 Belagerung von Syrakus. Alkibiades in Sparta. Wiederbeginn des Krieges zwischen Athen und Sparta (Dekeleisch-Ionischer Krieg). Gylippos in Syrakus
413 Besetzung von Dekeleia durch die Spartaner. Massaker von Mykalessos. Untergang der athenischen Flotte im Großen Hafen von Syrakus. Gefangennahme der Überlebenden
412 Vertrag Spartas mit Persien. Abfall verschiedener Verbündeter von Athen (Chios, Milet, Lesbos)
411 Sturz der Demokratie in Athen. Herrschaft der Vierhundert. Verfassung der Fünftausend. Seesieg der Athener bei Kynossema
410 Seesieg des Alkibiades bei Kyzikos. Wiederherstellung der Demokratie
408 Alkibiades' Rückkehr nach Athen
407 Seesieg Lysanders bei Notion. Sturz des Alkibiades
406 Seeschlacht bei den Arginusen. Arginusenprozeß
405 Lysander siegt bei Aigospotamoi
404–358 Artaxerxes II.
404 Kapitulation Athens
404–403 Herrschaft der Dreißig in Athen
404 Thrasybulos in Phyle
403 Rückkehr zur Demokratie. Amnestie in Athen
401 Der Zug der Zehntausend. Schlacht bei Kunaxa

400–394	Spartanisch-persischer Krieg in Kleinasien
400–360	Agesilaos II., König in Sparta
399	Prozeß und Tod des Sokrates
396	Agesilaos in Kleinasien
395	Sieg der Thebaner bei Haliartos. Tod des Lysander
395–386	Korinthischer Krieg
394	Schlachten am Nemeabach und bei Korinth. Niederlage der Spartaner in der Seeschlacht bei Knidos. Sieg des Agesilaos bei Koroneia
394–380	Agesipolis I., König in Sparta
393	Konon baut die Mauern von Athen wieder auf
393–388	Bürgerkrieg in Korinth
392–386	Korinthisch-argivischer Doppelstaat
392	Entsendung des Antalkidas nach Sardes
389	Siege des Thrasybulos zur See. Feldzug des Agesilaos in Akarnanien
389–387	Kämpfe auf und um Aigina
388	Tod des Thrasybulos
387	Friedensverhandlungen in Susa
386	Friede des Antalkidas (Königsfriede)
385/4	Feldzug der Spartaner gegen Mantineia
382	Spartanisch-olynthischer Krieg. Besetzung der Kadmeia
381–379	Feldzug der Spartaner gegen Phleius
380–371	Kleombrotos I., König in Sparta
379	Kapitulation von Olynth. Abzug der spartanischen Besatzung aus der Kadmeia
378–371	Feldzüge der Spartaner gegen Boiotien
378/7	Gründung des zweiten Attischen Seebunds
377/6	Angriffe Spartas auf Boiotien
375/4	Friedenskongreß in Sparta
374	Seesieg der Athener bei Naxos
374–372	Kämpfe um Kerkyra
372	Einigung Thessaliens unter Iason von Pherai
371	Friede zwischen Athen und Sparta. Schlacht bei Leuktra. Gründung von Megalopolis
371–362	Vorherrschaft Thebens
370	Gründung des Arkadischen Bundes. Tod des Iason. 1. Feldzug des Epameinondas in die Peloponnes. Wiederaufbau von Mantineia
369	2. Feldzug des Epameinondas. Gründung eines unabhängigen messenischen Staates

367	3. Feldzug des Epameinondas. Vertrag zwischen Boiotien und Persien in Susa
367–357	Dionysios II., Tyrann in Syrakus
366	Frieden zwischen Boiotien und den nordpeloponnesischen Staaten
365–363	Krieg zwischen Arkadern und Eliern
362	4. Feldzug des Epameinondas in die Peloponnes. Schlacht bei Mantineia. Tod des Epameinondas
361	Allgemeiner Friede in Griechenland
361–338	Archidamos III., König in Sparta
359–336	Philipp II. von Makedonien
357–355	Athenischer Bundesgenossenkrieg
351–338	Aufstieg des Demosthenes als Gegner Philipps II.
338	Philipp besiegt die Griechen bei Chaironeia
338–326	Sog. Lykurgische Ära
334–323	Zug Alexandes des Großen nach Asien
322	Sturz der Demokratie in Athen
317	Etablierung des Herrschaft des Demetrios von Phaleron unter Kassander (Frühjahr)
307	Restituierung der Demokratie (Sommer)
301	Friedensschluß mit Kassander: Anerkennung der Unabhängigkeit Athens
295/4	Belagerung Athens
294	Übergabe an Demetrios Poliorketes (März). Makedonische Besatzungen in Athen
287	Erhebung in Athen. Wiedereinrichtung der demokratischen Verfassung

LITERATUR- UND QUELLENVERZEICHNIS

ATHEN UND SPARTA

Bengtson, H./Werner R., Die Staatsverträge des Altertums. II. Die Verträge der griechisch-römischen Welt von 700 bis 338 v. Chr., III. Die Verträge der griechisch-römischen Welt von 338 bis 200 v. Chr., München 1969, [2]1975 (= StV)

Bleckmann, B., Athens Weg in die Niederlage. Die letzten Jahre des Peloponnesischen Krieges (411–404), Stuttgart 1998

Bleckmann, B., Der Peloponnesische Krieg, München [2]2016

Bleicken, J., Die athenische Demokratie, Paderborn [2]1994

Braunert, H., Der Ausbruch des Kampfes zwischen Athen und Sparta. Eine antike Kriegsschuldfrage, in: GWU 20, 1969, 38–52

Burckhardt, L., v. Ungern-Sternberg, J. (Hg.), Große Prozesse im antiken Athen, München 2000

Busolt, G., Griechische Geschichte bis zur Schlacht bei Chaeroneia. III.2. Der peloponnesische Krieg, Gotha 1904

Clauss, M., Sparta, München 1983

De Ste Croix, G. E. M., The Origins of the Peloponnesian War, London 1972

De Souza, P., The Peloponnesian War, 431–404 B. C., Oxford 2002

Dreher, M., Athen und Sparta, München [2]2012

Dreyer, B., Untersuchungen zur Geschichte des spätklassischen Athen (322–ca. 230 v. Chr.), Stuttgart 1999

Ebener, D., Kleon und Diodotos, Halle 1956

Eder, W. (Hg.), Die athenische Demokratie im 4. Jahrhundert v. Chr. Vollendung oder Verfall einer Verfassungsform?, Stuttgart 1995

Engels, J., Zur Stellung Lykurgs und zur Aussagekraft seines Militär- und Bauprogramms für die Demokratie vor 322 v. Chr., in: Ancient Society 23, 1992, 5–29

Flacelière, R. Griechenland. Leben und Kultur in klassischer Zeit, Stuttgart 1977

Flaig, E., Die Versammlungsdemokratie am Nadir. Entscheidungstheoretische Überlegungen zum Arginusenprozess, in: HZ 297, 2013, 27–63

Funke, P., Homónoia und Arché, Wiesbaden 1980

Gehrke, H.-J., Jenseits von Athen und Sparta. Das Dritte Griechenland und seine Staatenwelt, München 1986

Geske, N., Nikias und das Volk von Athen im Archidamischen Krieg, Stuttgart 2005

Günther, L.-M., Perikles, Tübingen 2010

Habicht, Chr., Die Geschichte der Stadt in hellenistischer Zeit, München 1995

Hansen, M. H., Die Athenische Demokratie im Zeitalter des Demosthenes, Berlin 1995

Hanson, V. D., A War like no other. How the Athenians and Spartans fought the Peloponnesian War, New York 2005

Haßkamp, D., Oligarchische Willkür – demokratische Ordnung. Zur athenischen Verfassung im 4. Jahrhundert v. Chr., Darmstadt 2005

Heftner, H., Der oligarchische Umsturz des Jahres 411 v. Chr. und die Herrschaft der Vierhundert in Athen, Frankfurt/M. 2001

Hintzen-Bohlen, B. Die Kulturpolitik des Eubulos und des Lykurg, Berlin 1997

Kagan, D., The Fall of the Athenian Empire, Ithaca/London 1987

Kagan, D., The Archidamian War, Ithaca/London [2]1987

Kagan, D., The Peace of Nicias and the Sicilian Expedition, Ithaca/London 1981

Kagan, D., The Outbreak of the Peloponnesian War, Ithaca/London 1969

Krentz, P., The Thirty at Athens, London 1982

Kromayer, J., Veith, G., Heerwesen und Kriegführung der Griechen und Römer, H. d. A IV 3.2, München 1928

Lazenby, J. F., The Peloponnesian War. A Military Study, London/New York 2004

Lehmann, G. A., Die revolutionäre Machtergreifung der «Dreißig» und die staatliche Teilung Attikas (404–401 v. Chr.), in: Antike und Universalgeschichte, Münster 1972, 201–233

Lehmann, G. A., Überlegungen zur Krise der attischen Demokratie im Peloponnesischen Krieg, in: ZPE 69, 1987, 33–73

Leppin, H., Zur Entwicklung der Verwaltung öffentlicher Gelder im Athen des 4. Jahrhunderts v. Chr, in: Eder 1995, 557–571

Lotze, D., Lysander und der Peloponnesische Krieg, Berlin 1964

Mann, Chr., Die Demagogen und das Volk, Berlin 2007

Meier, Chr., Athen, Berlin 1993

Mitchel, F. W., Lycourgan Athens 338–322 B. C., in: Lectures in Memory of Louise Taft Semple, Cincinnati 1973, 163–214

Mitchell, B., Kleon's Amphipolitan Campaign, in: Historia 40, 1991, 170 ff.
Mossé, Cl., Der Zerfall der athenischen Demokratie (404–86 v. Chr.), Zürich/München 1979
Németh, G., Kritias und die Dreißig Tyrannen, Stuttgart 2006
Ober, J., Mass and Elite in Democratic Athens, Princeton 1989
Powell, A., Warum zerstörte Sparta 404 oder 403 v. Chr. nicht Athen?, in: K. Brodersen (Hg.), *Vincere scis, victoria uti nescis*, Berlin 2008, 18–36
Pritchard, D. M., Public Spending and Democracy in Classical Athens, Austin 2015
Rebenich, S., Fremdenfeindlichkeit in Sparta?, in: Klio 80, 1998, 336–359
Rohde, D., Von der Deliberationsdemokratie zur Zustimmungsdemokratie. Die öffentlichen Finanzen Athens und die Ausbildung einer Kompetenzelite im 4. Jh. v. Chr., Stuttgart 2019
Roisman, J., The General Demosthenes and his Use of Military Surprise, Stuttgart 1993
Ruschenbusch, E., Die Einführung des Theorikon, in: ZPE 36, 1979, 303–308
Schmidt-Hofner, S., Das Klassische Griechenland, München 2016
Schubert, Ch., Perikles, Darmstadt 1994
Schulz, R., Feldherren, Krieger und Strategen, Stuttgart [2]2013
Schulz, R., Athen und Sparta, Darmstadt [3]2008
Stahl, M., Gesellschaft und Staat bei den Griechen. Klassische Zeit, Paderborn 2003
Stone, I. F., Der Prozess gegen Sokrates, Wien 1990
Thommen, L., Sparta, Stuttgart/Weimar 2003
Welwei, K.-W., Das klassische Athen, Darmstadt 1999
Welwei, K.-W., Sparta, Stuttgart 2004
Will, W., Athen und Alexander, München 1983
Will, W., Perikles, Reinbek 1995
Will, W., Demosthenes, Darmstadt 2013
Wirth, G., Philipp II., Stuttgart 1985
Wirth G., Lykurg, Hypereides, Lykurg und die Autonomía der Athener, Wien 1999
Witte, J., Demosthenes und die Patrios Politeia, Bonn 1995
Zahrnt, M., Olynth und die Chalkidike, München 1971

THUKYDIDES UND XENOPHON

Adcock, F. E., Thucydides and his History, Cambridge 1963
Andrewes, A., The Mytilene Debate: Thucydides 3.36–49, in: Phoenix 16, 1962, 64–85

Antonios, R., Form und Wandel des Machtdenkens der Athener bei Thukydides, Stuttgart 1984

Baden, H., Untersuchungen zur Einheit der Hellenika Xenophons, Diss. Hamburg 1966

Badian, E., Thucydides and the Outbreak of the Peloponnesian War: A Historian's Brief, in: E. Badian, From Plataea to Potidaea, Baltimore 1993, 125–162

Badian, E., Xenophon the Athenian, in: Tuplin 2004, 33–53

Balot, R., Forsdyke, S., Foster, E. (Hg.), The Oxford Handbook of Thucydides, Oxford 2017

Baltrusch, E./Wendt Ch. (Hg.), Ein Besitz für immer? Geschichte, Polis und Völkerrecht bei Thukydides, Baden-Baden 2011 (= Baltrusch/Wendt)

Baltrusch, E., «Der passendste aller Feinde»? Sparta bei Thukydides, in: Baltrusch/Wendt 137–151

Banderet, A., Untersuchungen zu Xenophons Hellenika, Diss. Berlin 1919

Bleckmann, B., Alkibiades und die Athener im Urteil des Thukydides, in: HZ 282, 2006, 561–583

Breitenbach, H. R., Xenophon von Athen, in: RE IX A, 1983, 1571–1928

Bringmann, K., Xenophons Hellenika und Agesilaos, in: Gymnasium 78, 1971, 224–241

Cartledge, P. A./Debnar, P. A., Sparta and the Spartans in Thucydides, in: Rengakos/Tsakmakis 558–588

Cawkwell, G., Thucydides and the Peloponnesian War, London/New York 1997

Deininger, G., Der Melierdialog (Thuk. V 85–113), Diss. Erlangen 1939

Delebecque, E., Essai sur la Vie de Xénophon, Paris 1957

Diesner, H. J., Wirtschaft und Gesellschaft bei Thukydides, Halle 1956

Dillery, J., Xenophon and the History of His Times, London/New York 1995

Fritz, K. v., Die Griechische Geschichtsschreibung, Berlin 1967

Gärtner, Th., Die Mytilene-Debatte im thukydideischen Geschichtswerk, in: Gymnasium 111, 2004, 225–245

Gomme, A. W./Andrewes, A./Dover, K. J., A Historical Commentary on Thucydides, Bd. 1–5, Oxford 1945–1981

Gray, V., The Character of Xenophon's Hellenica, London 1989

Grein, W., Über die Pest des Thukydides, Diss. München 1950

Gribble, D. W., Individuals in Thucydides, in: Rengakos/Tsakmakis 439–468

Heitsch, E., Geschichte und Situationen bei Thukydides, Stuttgart/Leipzig 1996

Herter, H. (Hg.), Thukydides, Darmstadt 1968

Herter, H., Pylos und Melos, in: ders., Thukydides 366–399

Hornblower, S., A Commentary on Thucydides, Bd. 1–3, Oxford 1990–2008

Hose, M., Peloponnesian War: Sources other than Thucydides, in: Rengakos/Tsakmakis 669–691

Kakridis, J. Th., Der thukydideische Epitaphios, München 1961

Kohl, W., Die Redetrias vor der sizilischen Expedition (Thukydides 6,9–23), Meisenheim 1977

Kallet, L., Money and the Corrosion of Power in Thucydides: The Sicilian Expedition and its Aftermath, Berkeley 2001

Lendle, O., Einführung in die griechische Geschichtsschreibung, Darmstadt 1992

Leppin, H., Thukydides und die Verfassung der Polis, Berlin 1999

Leppin, H., Sprachen der politischen Verfassung bei Thukydides, in: Baltrusch/Wendt 109–122

Ludwig, G., Thukydides als sophistischer Denker, Frankfurt am Main 1952

Luschnat, O., Die Feldherrnreden des Thukydides, Leipzig 1942

Luschnat, O., Thukydides, RE Suppl. XII, 1970, 1086–1354

Malitz, J., Der Preis des Krieges. Thukydides und die Finanzen Athens, in: F. Burrer/H. Müller (Hg.), Kriegskosten und Kriegsfinanzierung in der Antike, Darmstadt 2008, 28–45

Meier, M., «Die größte Erschütterung für die Griechen». Krieg und Naturkatastrophen im Geschichtswerk des Thukydides, in: Klio 87, 2005, 329–345

Meister, K., Die griechische Geschichtsschreibung, Stuttgart 1990

Meister, K., Das Recht des Stärkeren bei Thukydides, in: Baltrusch/Wendt 249–267

Meyer, C., Die Urkunden im Geschichtswerk des Thukydides, München 1970

Nickel, R., Xenophon, Darmstadt 1979

Raaflaub, K. A., Thucydides on Democracy and Oligarchy, in: Rengakos/Tsakmakis 189–223

Rechenauer, G., Polis nosousa: Politics and Disease in Thucydides – the Case of the Plague, in: ders./V. Pothou, Thucydides – a Violent Teacher?, Göttingen 2011, 241–260

Rengakos, A., Form und Wandel des Machtdenkens der Athener bei Thukydides, Stuttgart 1984

Rengakos, A./Tsakmakis A. (Hg.), Brill's Companion to Thucydides, Leiden 2006 (= Rengakos/Tsakmakis)

Rengakos, A., Thukydides, in: HGL I 381–417

Romilly, J. de, Thucydide et l'imperialisme Athenien, Paris 1951

Scardino, C., Gestaltung und Funktion der Reden bei Herodot und Thukydides, Berlin 2007

Scardino, C., Xenophon, in: HGL II 623–630

Schadewaldt, W., Die Anfänge der Geschichtsschreibung der Griechen, Frankfurt/Main 1982

Schmid, W./Stählin, O., Geschichte der griechischen Literatur VII.1.5, München 1948

Schmitz, Th. A., The Mytilene Debate in Thucydides, in: D. Pausch (Hg.), Stimmen der Geschichte, Berlin/New York 2010, 45–66

Schmitz, W., Göttliche Strafe oder medizinisches Geschehen – Deutungen und Diagnosen der «Pest» in Athen (430–426 v. Chr.), in: M. Meier (Hg.), Pest, Stuttgart 2005, 44–65

Scholten, H., Die Sophistik. Eine Bedrohung für die Religion und Politik der Polis?, Berlin 2003

Schubert, Ch./Laspe, D., Perikles' defensiver Kriegsplan: Eine thukydideische Erfindung?, Historia 58, 2009, 373–394

Schuller, W., Die griechische Geschichtsschreibung der klassischen Zeit, in: J. M. Alonso-Nunez (Hg.), Geschichtsbild und Geschichtsdenken im Altertum, Darmstadt 1991, 90–112

Schulz, F., Spaltung und Einigung Athens im Jahr 411, in: Baltrusch/Wendt 123–136

Schwartz, E., Das Geschichtswerk des Thukydides, Bonn [2]1929

Schwinge, E.-R., Komplexität und Transparenz. Thukydides: eine Leseanleitung, Heidelberg 2008

Smarczyk, B., Thucydides and Epigraphy, in: Rengakos/Tsakmakis 495–522

Sonnabend, H., Thukydides, Hildesheim 2004

Stadter, Ph. A., The Speeches in Thucydides, N. Carolina 1973

Stahl, H.-P., Thukydides. Die Stellung des Menschen im geschichtlichen Prozess, München 1966

Stahl, H.-P., Literarisches Detail und historischer Krisenpunkt im Geschichtswerk des Thukydides. Die Sizilische Expedition, in: RhM 145, 2002, 68–107

Thauer, Ch. R., Thukydides und antikes Völkerrecht aus Sicht der Internationalen Beziehungen, in: Baltrusch/Wendt 195–214

Tuplin, C. (Hg.), Xenophon and His World, Stuttgart 2004

Vössing, K., Objektivität oder Subjektivität, Sinn oder Überlegung? Zu Thukydides' gnóme im ‹Methodenkapitel› (1,22,1), in: Historia 33, 2005, 210–215

Vogt, J., Das Bild des Perikles bei Thukydides, in: HZ 182, 1956, 249–266

Walter, U., Herodot und Thukydides, in: E. Stein-Hölkeskamp/K.-J. Hölkeskamp (Hg.), Die Griechische Welt. Erinnerungsorte der Antike, München 2010, 400–417

Wendt, Ch., Eine Völkerrechtsgeschichte ohne Thukydides?, in: Baltrusch/Wendt 215–228

Westlake, H. D., Individuals in Thucydides, Cambridge 1969

Wiesner, J., Antiphon der Sophist und Antiphon der Redner – ein oder zwei Autoren?, in: WS 107/108, 1994/95, 225–243

Will, W., Die griechische Geschichtsschreibung des 4. Jahrhunderts, in: J. M. Alonso-Nunez (Hg.), Geschichtsbild und Geschichtsdenken im Altertum, Darmstadt 1991, 113–135

Will, W., Thukydides und Perikles. Der Historiker und sein Held, Bonn 2003

Will, W., Der Untergang von Melos, Bonn 2006

Will, W., Die Philonikia der Athener: Thukydides 7.27–30, in: V. Lica (Hg.), Philia. Festschrift für G. Wirth, Galati 2006, 61–70

Will, W., Thukydides Misolakon, in: M. Rathmann (Hg.), Studien zur antiken Geschichtsschreibung, Bonn 2009, 13–24

Zimmermann, B. (Hg.), Handbuch der griechischen Literatur der Antike I München 2011 (= HGL I)

Zimmermann B., Rengakos, A. (Hg.), Handbuch der griechischen Literatur der Antike II, München 2014 (= HGL II)

LITERATURNACHTRAG

Kleinlogel, A. (Hg.), Scholia Graeca in Thukydidem, Berlin 2019

Kopp, H., Das Meer als Versprechen. Seeherrschaft bei Thukydides, Göttingen 2017

Meister, K., Studien zur griechischen Geschichtsschreibung, Wiesbaden 2020

Roberts, J., The Plague of War, Oxford 2019

The Oxford Handbook of Thucydides, Oxford 2017

Wevelsiep, Chr., Der Moment des Thukydides, Bonn 2017

QUELLEN (IN ÜBERSETZUNG)

Andokides, übers. u. erl. v. A. G. Becker, Leipzig 1832

Aristophanes, Sämtliche Komödien, übers. v. L. Seeger u. O. Weinreich (Fragmente), Zürich/Stuttgart 1968

Diogenes Laertios, Leben u. Meinungen berühmter Philosophen, übers. v. O. Apelt, Hamburg 1967

Euripides, Tragödien I-VI, übers. v. D. Ebener, Berlin 1972–1990

Diodoros, Griechische Weltgeschichte XI-XIII, übers. v. O. Veh, komm. v. W. Will, Stuttgart 1998

Diodoros, Griechische Weltgeschichte XIV-XV, übers. v. O. Veh, komm. v. Th. Frigo, Stuttgart 2001

Hellenika von Oyrhynchos, übers. u. komm. v. R. Behrwald, Darmstadt 2005

Historische griechische Inschriften I-III, übers. v. K. Brodersen, W. Günther, H. H. Schmitt, Darmstadt 1992–1999

Isokrates, Sämtliche Werke, 2 Bde., übers. v. Chr. Ley-Hutton u. komm v. K. Brodersen, Stuttgart 1993–1997

Lykurg. Rede gegen Leokrates, hrsg. u. übers. v. J. Engels, Darmstadt 2008

Lysias. Reden, übers. u. komm. v. I. Huber, Darmstadt 2004

Markellinos, Leben des Thukydides, übers. u. komm. v. W. Will, in: A. Düren, W. Will, Pseudo-Plutarch. Markellinos, Stuttgart 2017, 117–156

Plutarch, Große Griechen und Römer I-VI, übers. v. W. Wuhrmann u. K. Ziegler, München 1954–1965

Pseudo-Xenophon, Die Verfassung der Athener, hrsg. u. übers. v. G. Weber, Darmstadt 2010

Thukydides, Geschichte des Peloponnesischen Krieges, übers. v. G. Landmann, München 1993

Thukydides, Der Peloponnesische Krieg, übers. v. H. Vretska u. W. Rinner, Stuttgart 2004

Thukydides, Der Peloponnesische Krieg, übers. v. M. Weißenberger, Berlin 2017

Volksbeschlüsse in Seebundangelegenheiten, übers. u. komm. v. Chr. Koch, Frankfurt/M. 1991

Xenophon, Hellenika, übers. u. komm. v. W. Will, Wiesbaden 2016

DANKSAGUNG

Für Hinweise und Korrekturen danke ich – wie immer – Thomas Frigo, Rüdiger Kinsky und Jan Timmer. Der Lektor des Verlags C.H.Beck, Stefan von der Lahr, regte das Thema an und gab wertvolle Ratschläge, bei Andrea Morgan lag die Betreuung des Manuskriptes in gewohnt zuverlässigen Händen. Das Buch ist den Freunden und Mitspielern des Schachclubs Bonn/Beuel gewidmet.

BILDNACHWEIS

Abb. 1: akg-images/Fototeca Gilardi
Abb. 2: akg-images/John Hios
Abb. 3: akg-images
Abb. 4: Eric Vandeville/akg-images
Abb. 5: akg-images/Nimatallah
Abb. 6: © 1988 Paul Lipke/Trireme Trust Archive, Wolfson College, Cambridge
Abb. 7: Aus Manfred Clauss, Einführung in die Alte Geschichte, S. 85, Abb. 10, München 1993
Abb. 8: bpk/Antikensammlung, SMB/Ingrid Geske
Abb. 9: © American School of Classical Studies at Athens, Agora Excavations
Karten: © Peter Palm, Berlin

VERZEICHNIS DER NAMEN UND GEOGRAPHISCHEN BEGRIFFE